Beck-Wirtschaftsberater im dtv

Optionen und Futures verstehen

dtv

Beck-Wirtschaftsberater

Optionen und Futures verstehen

Grundlagen und neue Entwicklungen

Von Igor Uszczapowski

7., überarbeitete Auflage

Deutscher Taschenbuch Verlag

www.dtv.de
www.beck.de

Originalausgabe

Deutscher Taschenbuch Verlag GmbH & Co. KG,
Friedrichstraße 1a, 80801 München

Druck und Bindung: Druckerei C.H. Beck, Nördlingen
(Adresse der Druckerei: Wilhelmstraße 9, 80801 München)
Satz: Fa. ottomedien, Darmstadt
Umschlaggestaltung: Agentur 42, Bodenheim
ISBN 978-3-423-05808-7 (dtv)
ISBN 978-3-406-62580-0 (C. H. Beck)

9 783406 625800

Vorwort zur 7. Auflage

Der Verkaufserfolg des Buches „Optionen und Futures verstehen" und auch das neue Layout der Reihe, in der es erscheint, geben Anlass, die inzwischen 7. Auflage des Werks vorzulegen.
Das Buch legt die grundsätzlichen Zusammenhänge des Geschäfts mit Optionen und Futures dar. Da sich hinsichtlich der prinzipiellen „Geschäftsmechanik" kaum Änderungen eingestellt haben, ist der Aktualisierungsbedarf insgesamt verhältnismäßig gering.
Im einleitenden Teil werden die wesentlichen Merkmale der in Deutschland entstandenen börslichen Infrastruktur für Derivate entstehungsgeschichtlich behandelt. Deshalb verwende ich darin weiterhin den Namen „Deutsche Terminbörse", die nach dem Zusammenschluss der eidgenössischen SOFFEX im Mai 1998 nunmehr den Namen „Eurex" trägt.
„Optionen und Futures verstehen" ist von Anfang an ein großer Erfolg beschieden gewesen. Für diesen Zuspruch bin ich meinen vielen Leserinnen und Lesern dankbar. Nicht selten erhalte ich Rückmeldung von Lesern, die durch die Lektüre des Buches entscheidende Impulse für die erfolgreiche Gestaltung ihrer Karriere erhalten haben. Mich selbst begleitet die Beschäftigung mit dem Thema der derivativen Finanzmärkte in immer neuen Lebensetappen als Inspirationsquelle und willkommener Wissensfundus.
Im ersten Teil des Buches wird mein Bestreben deutlich, Optionen und Futures in den größeren Zusammenhang von Wirtschaft und Gesellschaft einzuordnen. Mein Interesse an dieser Sichtweise hat sich im Laufe der Jahre zu einem noch globaleren Blick auf unsere Gesellschaft ausgeweitet. Derzeit befasse ich mich im Rahmen einer umfassenden Theorie unserer Zivilisation mit den kulturellen, erkenntnistheoretischen, politologischen und rechtsphilosophischen Bedingungen leistungsfähiger Institutionen der Wirtschaft.
Man sieht, dass Optionen und Futures reizvolle Perspektiven sowohl für den Geist als auch für das praktische Leben bieten.

Kaiserslautern, im September 2011 *Igor Uszczapowski*

Inhaltsübersicht

Inhaltsverzeichnis

1. Kapitel

Zur Einführung

Wenn ich mir etwas wünschen dürfte,
so wünschte ich mir weder Reichtum noch Macht,
sondern die Leidenschaft der Möglichkeit;
ich wünschte nur ein Auge, das ewig jung,
ewig von dem Verlangen brennt, die Möglichkeit zu sehen.
Kierkegaard, Der Augenblick

> Papa, Charly hat gesagt…
> … sein Vater hat gesagt:
> Optionen und Futures sind Teufelszeug!

Was antwortet man darauf? Was sind eigentlich Optionen und Futures? Wozu dienen sie? Welche Chancen bieten sie? Welche Risiken sind bei ihrem Einsatz zu berücksichtigen? Solche Fragen kommen seit der Gründung der **Deutschen Terminbörse** im Jahre 1989 vermehrt auf uns alle zu (Im Mai 1998 wurde die DTB in Eurex umbenannt; siehe Vorwort).

Die Relevanz dieses Themenbereichs spricht nicht nur Börsenprofis und Privatanleger, sondern ebenso den Nichtspezialisten, den mündigen Bürger an, der sich zusehends dazu aufgerufen sieht, einen Standpunkt zu vertreten, wenn weitreichende Thesen zur Diskussion stehen, die eine fundierte Einschätzung der gesellschaftlichen und volkswirtschaftlichen Bedeutung dieser Innovationen herausfordern.

Haben Futures den **Crash von 1987** verursacht? Stimmt es, dass Finanzmärkte, dominiert von Spielern, ihren vernünftigen Bezug zu den realwirtschaftlichen Märkten eingebüßt haben und dass spekulative Exzesse, die unsere Volkswirtschaft bedrohen könnten, durch Optionen und Futures forciert werden?

Was, auf der anderen Seite, ist mit einer Aussage anzufangen wie dieser: „Wer sich nicht an den Terminbörsen engagiert, ist ein Spekulant."? Hat man es mit gefährlicher Augenwischerei zu tun, wenn man lesen muss: „Die modernen Termininstrumente, Optionen und Futures, eröffnen Anlegern ein weites Feld neuer Möglichkeiten, Anlagerisiken zu begrenzen. Wem die Wirkung dieser Finanzprodukte vorenthalten bleibt, ist unkontrollierbaren Risiken stärker ausgesetzt. Der Erfolg seiner Investitionen ist ungewisser, seine Haltung somit spekulativer als nötig."

1. Optionen und Futures in der Bundesrepublik Deutschland – eine erste Orientierung

Das vorliegende Buch zielt darauf ab, fundiertes Wissen zu vermitteln, mit dessen Hilfe die Möglichkeiten und Grenzen dieser neuen Anlageinstrumente erkennbar und die angeschnittenen Problemfelder sachlich beurteilbar, wenn natürlich auch nicht immer schlüssig entscheidbar werden. Dabei bestehen die Anliegen dieses Buches darin, die Grundprinzipien von Optionen und Futures einerseits in verständlicher Form und sorgfältiger Entfaltung des Stoffs auch und gerade jenen Leserinnen und Lesern, die noch keine Vorkenntnisse besitzen, nahezubringen, andererseits aber auch deren technische, wissenschaftliche und sonstige, wenn man so will, fortgeschrittene Aspekte ins Licht zu rücken, ohne die selbst ein Grundverständnis der Materie bedenklich unvollständig bleibt und zu Fehlschlüssen oder zu nicht optimalen Entscheidungen verleiten kann.

Über das erste Kapitel: Es gilt die These zu begründen, derzufolge Optionen und Futures, oft verfemt als gefährliche Spekulationsinstrumente, tatsächlich ein breites Spektrum von sinnvollen Einsatzmöglichkeiten erschließen, die gerade dem Zweck der Risikobeschränkung und rationalen Risikosteuerung dienlich sind. Im ersten Kapitel wird deshalb der Versuch unternommen aufzuzeigen, was Risiko ist, wie es gemessen und verwaltet wird, warum es auch ohne künstliche Risikoproduktion, wie wir sie aus Glücksspielen kennen, einen volkswirtschaftlich vorgegebenen Bestand an Risiken gibt, und wie Finanzmärkte, deren herkömmliche Institutionen und Produkte und in deren weiterem Umfeld auch Optionen und Futures dazu beitragen, mit diesen Risiken besser umzugehen.

Über das zweite Kapitel: Hier wird erklärt, was Optionen sind, wie sie auf Grund der Einbettung in eine börsliche Infrastruktur auf ihre ganz eigene Art dazu verwendet werden können, die Flexibilität des Anlegers zu erhöhen, seinen vielschichtigen Zielvorgaben präziser nachzukommen und insbesondere seinem Wunsch nach Risikoschutz genauer und in vielfacher Hinsicht auf einzigartige Weise zu entsprechen.

Über das dritte und vierte Kapitel: Im dritten Kapitel werden der Versicherungscharakter von Optionen genauer dargestellt und das Verständnis für das Verhalten von Optionen im Lichte der modernen Optionspreistheorie vertieft. Dies bereitet den Boden für das vierte Kapitel, das sich als eine Einführung versteht in die zahlreichen komplexeren Kombinationen und fortgeschrittenen Strategien, welche sich mit den im zweiten Kapitel vorgestellten Grundgeschäftsarten des Optionswesens verwirklichen lassen.

Über das fünfte Kapitel: Im fünften Kapitel werden Futures im Grundsatz sowie in ihren vielseitigen konkreten Ausprägungen vorgestellt. Dabei wird auch deren Rolle im Crash von 1987 behandelt.

Über das sechste Kapitel: Mit der modernen Optionspreistheorie ist ein neues Paradigma in die Wissensbestände der Finanzwirtschaft eingedrungen, das auf beispiellose Weise bestehende Denkansätze und in mindestens gleich großem Maße auch die Praxis dieser weiten Disziplin gleichsam hinter sich in Marsch zu setzen weiß.

Angesichts dessen widmen wir uns im sechsten Kapitel der Herleitung einer der leistungsfähigsten, vielseitigsten und zugleich transparentesten Varianten der Optionspreistheorie – namentlich dem

Bionomialmodell – und werfen von wechselnden Standpunkten den Blick auf das, was als die Drehscheibe gelten darf, über die diese Theorie zu den unterschiedlichsten Anwendungen gelangt: die Put-Call-Paritätsbeziehung. Angefügt wird ein Abriss von der Art, wie neuerdings Fragestellungen der Corporate Finance durch den dargelegten Ansatz in neues Licht getaucht werden.

Über das siebte Kapitel: Termingeschäfte, das Thema dieses Buches, spielen eine so wichtige Rolle bei den Transaktionen des Devisenbereichs, dass man kaum umhin kann, auch ihnen ein Kapitel zuzudenken, wobei wir allerdings, am Schluss dieses Bandes angelangt, die Grundprinzipien und Strategien von Derivativen nicht noch einmal „in grün", sondern vielmehr die verbleibenden Eigentümlichkeiten dieser Spielart abhandeln.

1.1 Zurück zur Zukunft

Was benötigt man, wenn einem ein Options- und ein Futureshändler begegnen, die beide bis zum Hals in frischem Beton stecken? Eine Pumpe, eine Schaufel, ein Stemmeisen? Falsch. Mehr Beton. Der Witz hat an Aktualität eingebüßt, seit sich Kreditwirtschaft und Gesetzgeber in konzertierter Aktion gegen die wettbewerbsstrategischen Gefahren stemmen, die dem Finanzplatz Deutschland durch die Abwanderung von Kapital an ausländische Börsenplätze mit reichhaltigerem Leistungsangebot insbesondere im Bereich der Termingeschäfte drohen. Optionen und Futures sind Termin- oder Zukunftsgeschäfte, die sich dadurch auszeichnen, dass die Geschäftserfüllung (Kauf oder Verkauf eines bestimmten Objekts) erst zu einem zukünftigen Zeitpunkt zu vorab vereinbarten Konditionen erfolgt.

Zukunfts- oder Termingeschäfte haben eine lange Vergangenheit, eine bis in die späten 80er Jahre des zwanzigsten Jahrhunderts eher trostlose Gegenwart und nun wieder eine Zukunft in Deutschland. Vom „no future for futures" zum „back to the futures" war es ein kleiner und dennoch gewaltiger Sprung – ein Sprung der sich im Wesentlichen innerhalb von zwei Jahren, 1988–90, vollzogen hat, in denen weitgehende rechtliche Neuregelungen sowie der Aufbau einer vollcomputerisierten Spezialbörse für Optionen und Futures verwirklicht wurden.

Während börsennotierte Optionen und Futures – was genau sich hinter diesem Begriff verbirgt zeigen die folgenden Kapitel – seit zwanzig Jahren zunächst in den Vereinigten Staaten und zunehmend im europäischen Ausland eine anhaltende Erfolgsgeschichte erlebten, die deren Ausreifung zum seriösen Instrument moderner Vermögensverwaltung und wachsende Akzeptanz in weiten Kreisen des professionellen wie des privaten Anlegerpublikums mit sich brachte, verschloss man sich lange Zeit in der Bundesrepublik Deutschland diesen Entwicklungen.

1.2 Der Tunnel-Effekt

Albert O. Hirschmann, ein amerikanischer Gelehrter, der sich in seinem Werk auch ausgiebig mit Problemen der Dritten Welt befasst, hat bei seinen Studien zur Entwicklungsgeschichte der betreffenden Länder ein Phänomen entdeckt, das er als den **Tunnel-Effekt** bezeichnet. Es handelt sich dabei um ein menschliches Verhaltensmuster, das er am Beispiel eines in einem Autotunnel entstandenen Staus erläutert. Solange sich der Stau auf beide der in entgegengesetzter Richtung verlaufenden Fahrbahnen erstreckt, fügen die Menschen sich nolens volens in ihr ärgerliches Schicksal. Die Situation ändert sich, wenn der Stau sich einseitig, d. h. nur auf einer der Fahrbahnen aufzulösen beginnt. Je flüssiger die einseitige Verkehrsbewegung wird, desto ungeduldiger werden die Zurückbleibenden. Dies kann sich bis zu einem regelrechten Panikgefühl des Verlassenseins, des Übergangenseins, des Zukurzkommens, ja des Betrogenseins steigern.

Der Kern des Phänomens liegt darin, dass das Bewusstsein der Bewegung, des Vorankommens anderer, das Bewusstsein der eigenen Stagnation weckt und Handlungsbedarf schafft, wo er zuvor nicht oder in weitaus geringerem Maße empfunden wurde. Die geradezu plötzlich hereinbrechende, wiewohl durchaus nicht überstürzte Erleichterung und Modernisierung des Options- und Futuresgeschäfts in der Bundesrepublik Deutschland haben in gewissem Maße Ähnlichkeit mit dem beschriebenen Tunnel-Effekt. Innerhalb relativ kurzer Zeit sah man sich hierzulande von einer ständig an Fahrt gewinnenden Kolonne von Konkurrenten zurückgelassen. Börsen in Frankreich und Großbritannien begannen 1988/90 Optionen und Futures auf deutsche Wertpapiere mit beachtlichem Erfolg anzubieten. Auch die Schweiz trug mit eindrucksvollen Resultaten dem steigenden Bedarf an diesen modernen Investitionstypen durch die Einrichtung der Swiss Options and Financial Futures Exchange (**SOFFEX**) Rechnung.

1.3 Das Ende der Abschreckung

Die Zurückhaltung, ja Rückständigkeit und scheinbare Interesselosigkeit deutscher Anleger auf diesem Sektor des Investitionswesens, oft als Ergebnis der deutschen Sicherheitsmentalität hingestellt, beruhte in Wahrheit wohl eher auf den – verglichen mit ausländischen Börsenplätzen – stark erschwerten Geschäftsbedingungen und zum Teil ausdrücklichen Verboten, mit denen deutsche Anleger von Optionen und Futures lange Zeit abgeschreckt worden sind. Angesichts solcher Behinderungen muss der über viele Jahre bestehende Mangel an einer angemessenen Infrastruktur und an Experten auf diesem Feld vornehmlich als unweigerliche Folgeerscheinung, nicht aber als Ausdruck einer aus freien Stücken eingenommenen Haltung der Ablehnung von Optionen und Futures gewertet werden.

Unter den vielen Gründen für die verhältnismäßig späte Öffnung des deutschen Kapitalmarktes findet sich auch ein zum großen Teil historisch bedingtes Defizit an Vertrautheit mit der facettenreichen und nicht selten recht komplexen, keineswegs aber, wie dieses Buch zeigen möchte, undurchdringlichen Materie. Halbwissen und die aus ihr entstehende Anfälligkeit gegenüber Vorurteilen haben hierzulande sicherlich zu der an Diskriminierung grenzenden Vernachlässigung von Optionen und Futures beigetragen.

Die bis August 1989 bestehende rechtliche Benachteiligung und die damit verbundene kommerzielle Rückständigkeit des Options- und Futures-Wesens in der Bundesrepublik Deutschland lassen sich durch folgenden Vergleich veranschaulichen: In einem Land, in dem Autohersteller für die Unfälle verantwortlich gemacht werden können, die den Abnehmern ihrer Fahrzeuge, verschuldet oder unverschuldet, widerfahren, wird es keinen großen Anreiz geben, Autos herzustellen. Die Autobranche dieses Landes wird infolgedessen kaum mit der Konkurrenz auf Auslandsmärkten mithalten können.

In einer ähnlichen Lage befanden sich bis in die jüngste Vergangenheit Optionen und Futures in der Bundesrepublik Deutschland. Die Rechtslage ermöglichte es nämlich einer bedeutenden Anzahl von potentiellen Nutzern, in der Hauptsache privaten Anlegern, sich Verbindlichkeiten, die bei Geschäften mit Optionen und Futures entstehen können, wegen deren Status als Spielschulden – die nicht einklagbar sind – zu entziehen. Die natürlichen Anbieter dieser Produkte, vor allem Banken, waren aus diesem Grunde dazu gezwungen, Sicherheitsleistungen zu verlangen, die wiederum den ökonomischen Sinn von Optionen und Futures stark herabsetzten. Gleichzeitig bestanden starke Beschränkungen für Großanleger, deren Markteintritt heute mehr denn je eine unverzichtbare Voraussetzung für einen florierenden Handel ist. Unter diesen Umständen war der deutsche Markt dazu verurteilt, vor sich „hinzudümpeln". Neuerdings haben sich die Rahmenbedingungen, in denen sich die Anbieter und Nutzer dieser Produkte bewegen müssen, nachhaltig im Sinne einer deutlich verbesserten Freisetzung des ökonomischen Leistungsvermögens von Optionen und Futures verändert.

2. Die Deutsche Terminbörse (seit 1998 Eurex)

Die Deutsche Terminbörse ist eine der ersten vollcomputerisierten Börsen überhaupt und folgt sehr eng dem Weg, den die SOFFEX seit 1987 vorgezeichnet hat. Wie auch in der Schweiz, ist der Entschluss, das lärmende Börsenparkett durch die lautlose Präzision eines Zentralcomputers zu ersetzen, historisch bedingt: Um das Problem der Einbindung der in beiden Ländern auf eine lange Tradition zurückblickenden Regionalbörsen und die Gefahr unwirtschaftlicher Duplikation und Marktzersplitterung gar nicht erst aufkommen zu lassen, wählte man ein System, mittels dessen ein standortunabhängiger Handel möglich wird. Denn alles, was technisch zur Marktteilnahme benötigt wird, ist der Anschluss an den Zentralcomputer, der Angebot und Nachfrage sammelt und vermittelt. Gehandelt wird ausschließlich über Bildschirme, statt, wie an Präsenzbörsen üblich, durch Zuruf. Die Börsenteilnehmer geben also Aufträge und Kurse von ihren jeweiligen Eingabestellen in das EDV-System der Deutschen Terminbörse ein, wo sie automatisch zugeordnet und zusammengeführt werden. Die bei den Börsenteilnehmern stehenden Rechner sind mit dem Zentralrechner der Deutschen Terminbörse in Frankfurt über Standleitungen der Bundespost verbunden. So kann Wall Street, oder richtiger gesagt, „Mainhattan" im Prinzip auch nach „Hintertupfing" kommen.

2.1 Computerisierung, Markteffizienz und der Nutzen für den Anleger

Von der **Computerisierung** der Börse verspricht man sich noch weitere Vorzüge: Die Übermittlung und Verarbeitung von Informationen verlaufen außerordentlich schnell und effizient, wodurch Verbuchung und Abwicklung zügiger und mit weniger Fehlern behaftet erfolgen können und die umfassende Überwachung und kontinuierliche Aufsicht von Geschäften erleichtert werden. Ein tiefer, umfassender und aktueller Einblick in relevante Marktdaten, wie Preise, Umsätze, die Größe der Geschäftsabschlüsse, das Angebots- und Nachfrageniveau und dergleichen ist gewährleistet. Der elektronische Verbund aller Handels-, Informations- und Abwicklungsinstanzen verkürzt die Reaktionszeiten. Auch können die Kosten des Handels auf Grund erhöhter Effizienz gesenkt werden.

Stichwort **Effizienz:** Tatsächlich ist die Entwicklungsgeschichte moderner Finanzinstrumente, wie Optionen und Futures, untrennbar verbunden mit einem unaufhaltsamen Trend zur Effizienz der Wertpapiermärkte. Unter der Effizienz eines Marktes versteht man speziell, dass die Marktteilnehmer alle handelsrelevanten Informationen umgehend und gleichzeitig erhalten, dass der Handel schnell und selbst bei großen Beträgen reibungslos und ohne Preisschocks auszulösen, erfolgen kann, und dass **Transaktionskosten** –

die Kosten, die für die Durchführung des Geschäfts berechnet werden müssen – minimiert werden. Markteffizienz ist also vor allen Dingen gut für den Nutzer der Märkte, den Konsumenten von Investment-Dienstleistungen.

Die Computerisierung der Deutschen Terminbörse versteht sich in diesem Sinne als entschlossener Versuch, Markteffizienz herbeizuführen. Die verschiedenen börslichen Sondereinrichtungen, die mit der Deutschen Terminbörse ihr Debut in der Bundesrepublik Deutschland erleben – wie zum Beispiel das sogleich kurz anzusprechende **Market-Maker-System** – stehen wie der verstärkte Einsatz von Rechnern im Dienst der Markteffizienz. Der Begriff der Markteffizienz und die sie flankierenden Organisationsformen moderner Börsen werden grundlegend und ausführlich im ersten Kapitel im Rahmen der Besprechung der volkswirtschaftlichen Funktion von Finanzmärkten dargestellt und später in den Kapiteln über Optionen und Futures noch einmal anhand der Besonderheiten dieser Instrumente vertieft. Wir beschränken uns daher an dieser Stelle auf einen kurzen Abriss.

2.2 Das Market-Maker-System

Dem Market-Maker-System der DTB kommt die Aufgabe zu, einen lebhaften und kontinuierlichen Handel sicherzustellen. In einem Land, in dem drei in jeder Hinsicht – einschließlich des Wartungsservices – gleichwertige Automobilmarken angeboten werden, wird wohl diejenige sich am besten verkaufen, für die Händler zur Stelle sind, die Neuwagen, aber auch Gebrauchtwagen dieser Marke, jederzeit bereit sind, anzukaufen und wiederzuverkaufen. Man kann sich also von dem Wagen schnell und unproblematisch trennen, wenn er seinen Wert für den bisherigen Besitzer verloren hat und den Erlös aus dem Verkauf für Dinge verwenden, die nun einen größeren Nutzen haben als der Besitz dieses Autos.

Genau das leistet das Market-Maker-System der DTB im Hinblick auf Optionen und Futures. Weil die Market-Maker dazu verpflichtet sind, jederzeit zu kaufen oder zu verkaufen, kann man sicher sein, dass man sich zu jedem Zeitpunkt aus einem Wert heraus- und in einen anderen hineinbewegen kann. Dies erhöht ganz offensichtlich die Flexibilität der Marktteilnehmer. Außerdem sind die Market-Maker dazu verpflichtet, „vernünftige" Kurse zu stellen, also Kauf- und Verkaufspreise so zu gestalten, dass der dringend Kauf- oder Verkaufswillige sein Geschäftsziel erreichen kann, ohne dafür „über den Tisch gezogen" zu werden. Unter diesen Bedingungen sind viel mehr Menschen willens, in den Markt einzutreten, was den Handel flüssiger, alternativenreicher und billiger macht.

Die Deutsche Terminbörse bietet Dienstleistungen an, deren Existenzberechtigung vom langfristigen Nutzen für den Abnehmer, das Anlegerpublikum, entschieden wird. Schon bei ihrer Geburt war sie umgeben von Konkurrenten. Die folgenden Kapitel zeigen, auch wenn die DTB oder die strukturverwandte SOFFEX nicht immer namentlich angesprochen werden, durch welche Produkte und organisatorischen Besonderheiten Börsen ihrer Art sich den Konsumenten zu empfehlen suchen.

2.3 Bedenken und Ängste oder: vom Abenteuer der Mündigkeit

Zur Einstimmung in die im ersten Kapitel behandelten Fragen sei abschließend der Versuch unternommen, den gesellschaftspolitischen und volkswirtschaftlichen Rahmen abzustecken, innerhalb dessen sich die Logik und der Aufbau von Börsen allgemein und der DTB im Besonderen verstanden wissen wollen.

Wovor fürchten sich die Menschen im Zusammenhang mit modernen Börsengeschäften, Termingeschäften und den vermeintlich nachteiligen Auswirkungen der neuen deutschen Institution, der DTB?

Als Lafette, von der fast alle Einwände gegen das Wertpapiergeschäft im Allgemeinen und gegen Termingeschäfte im Besonderen lanciert werden, fungiert der Oberbegriff der **Spekulation.** Marktwirtschaftlich verfasste Ökonomien zeichnen sich dadurch aus, dass das Miteinander, die Interaktion von selbstverantwortlichen Individuen, und nicht der Dirigismus politischer Zentralinstanzen die Verteilung (Allokation) von Ressourcen steuert. Solch ein freiheitliches System macht es erforderlich, dass unterschiedliche individuelle Neigungen und Absichten (Präferenzen) und die verschiedenartigen Handlungsweisen, Strategien und persönlichen Eigenarten, die bei der Verfolgung gewählter Ziele zur Anwendung kommen, nicht nur toleriert, sondern auch aktiv durch Einrichtung von zweckdienlichen Institutionen unterstützt werden.

Organisierte Märkte, und nichts anderes sind Börsen wie die DTB, leisten zu diesem Zweck einen unverzichtbaren Dienst. Sie tun dies, indem sie die Bewältigung volkswirtschaftlich vorgegebener und nicht etwa, wie im Spielkasino, willkürlich ins Leben gerufener Risiken ermöglichen.

Gewiss ist es in einer freiheitlichen Ordnung möglich, die gewährte Freiheit zu missbrauchen. Gewiss hat die Börse auch Platz für den verantwortungslosen und den selbstzerstörerischen Spekulanten. So wenig aber wie die technischen Glanzleistungen des modernen Individualverkehrs für unzurechnungsfähige Trunkenbolde geschaffen worden sind, und so wenig wie man das moderne Auto verdammen oder gar abschaffen sollte, weil mitunter schrecklicher Missbrauch mit ihm getrieben wird, so wenig ist die Börse für den Glücksspieler intendiert.

In der Regel sind auf Dauer hochspekulative Aktionen ohnehin selbsteliminierend und wegen der aus langer Tradition gewachsenen manipulationsverhindernden Vorkehrungen der Börsen nicht in der Lage, den Restmarkt zu dominieren. Die Empörung über gelegentliche Exzesse pflegt dennoch zu einem das ganze Wertpapiergeschäft und dessen Institutionen umschlingenden Ablehnungsdenken auszuwachsen, das in Verboten und anderen Interventionsmaßnahmen Schutz vor den „unheimlichen Machenschaften", den „bedrohlichen Spielen" der Börsianer zu finden hofft. Dem unvorsichtigen Umgang mit Investitionen sollte man jedoch nicht ohne weiteres mit Verboten zu Leibe rücken. Allzu schnell ist der Spielraum verstellt, der dem Börsengeschehen eingeräumt werden muss, wenn es seiner komplexen wirtschaftlichen Funktion zufriedenstellend nachkommen soll. Wer „ja" sagt zur Souveränität des freien Wirtschaftssubjekts, der muss sich darüber im Klaren sein, dass er konsistenterweise auch „ja" sagen muss zu dessen Eigenständigkeit in der Bestimmung des Maßes an Risiko, dem er sich durch seine ökonomischen Entscheidungen aussetzen will.

Börsen sind durch ihre Organisationsstruktur und Usancen ganz bewusst für die freie, faire und effiziente Umverteilung der von freien Individuen getragenen Risiken ausgelegt. Sie sind ein einzigartiges Instrument zur Koordinierung und gegenseitigen Ergänzung von Menschen mit individuellen Einschätzungen der Zukunft, verschiedenartigen Ansichten, Fähigkeiten und Neigungen sowie mit unterschiedlicher Risikobereitschaft. Die Institution Börse könnte gar keine so weit zurückreichende Tradition aufweisen, wenn sie von unbesonnenen und rücksichtslosen Spielertypen beherrscht wäre. Tatsächlich sind Börsen Evolutionsprodukte, in denen das jahrhundertalte Erlebnis der mannigfachen Handelsrisiken in zahllosen sicherheitsstiftenden organisatorischen Maßnahmen seinen Niederschlag gefunden hat.

Ein letztes bevor wir in medias res gehen, in die Materie eintauchen: Das vorliegende Buch ist dem Zweck gewidmet, Verständnis für die grundlegenden Prinzipien von Optionen und Futures zu schaffen. Das konkrete Geschäft erfordert jedoch die Berücksichtigung zahlreicher zusätzlicher Einzelheiten, die sich oftmals im Laufe der Zeit und von Börse zu Börse, ja von Anbieter (Bank oder Broker) zu Anbieter anders gestalten können. Wir verzichten deshalb hier darauf, solch wichtige Details wie Börsengebühren, Vermittlerprovisionen, Sicherheiten, bilanzielle, steuerliche Gesichtspunkte, Kontraktmerkmale, Börsengepflogenheiten etc. im Einzelnen zu behandeln. Die Leserinnen und Leser fahren besser, wenn sie sich über diese Aspekte nach dem jeweils aktuellsten Stand sorgfältig von den Options- und Futures-Spezialisten seriöser Institutionen der Kreditwirtschaft aufklären lassen, die in der Regel gerne Informationsmaterial hierüber bereitstellen.

2. Kapitel

Wozu es Finanzmärkte gibt

Inwiefern ist denn das Spiel schlechter als irgendeine Art Geldgewinn,
als zum Beispiel – nun, sagen wir, der Gewinn im Handel?
Allerdings gewinnt hier von hundert nur einer und
neunundneunzig verlieren. Aber was geht das mich an?
Aus dem Roman „Der Spieler" von Dostojewski

1. Einleitung

Mark Twain war der Auffassung, dass der Oktober einer der gefährlichsten Monate für Aktienspekulationen sei. Die anderen Monate, in denen der Aktienspekulant hohen Risiken ausgesetzt ist, seien Juli, Januar, April, September, November, Mai, März, Juni, Dezember, August und Februar.

Die Zeiten haben sich geändert, seit *Mark Twain*, wohl um die Jahrhundertwende, seine Strategie des Risikomanagements ganz im Sinne der obigen Einschätzung wie folgt formulierte: „Es gibt zwei Situationen im Leben, in denen man seine Finger von Spekulationsgeschäften lassen sollte: Wenn man sich's nicht leisten kann und wenn man sich's leisten kann."

Die Zeiten haben sich insofern geändert, als heutzutage durch die Entwicklung neuer Anlagetypen – insbesondere derjenigen, die den Gegenstand dieses Buches bilden – Optionen und Financial Futures – eine weitgehende Begrenzung von Verlustrisiken möglich geworden ist.

Bevor die Methoden, Techniken und Produkte, die die modernen Finanzmärkte zu diesem Zwecke anbieten, im Einzelnen dargestellt werden, ist es nützlich, darauf einzugehen, wozu es Aktien und andere Anlageformen überhaupt gibt, welcher Art die mit ihnen verbundenen Risiken sind, und ob und wie die Privatperson, die Geschäftsfrau, der Geschäftsmann, das mittlere Unternehmen, das Großunternehmen und die Gesellschaft als Ganzes von ihnen profitieren können.

1.1 Die unterschiedlichen Bedeutungen des Begriffs der Spekulation

Zuallererst aber ist es wichtig, die unterschiedlichen Bedeutungen, die dem Begriff der **Spekulation** zugewiesen werden, klar auseinanderzuhalten.

Meistens verbinden wir, wie *Mark Twain* das zweifellos tat, mit dem Ausdruck „Spekulation" die Vorstellung von mutwilliger Risikoübernahme. Bei dem Wort denken wir an das Hazard, an das Glücksrittertum der Kasinos, wobei auf eine geringe Gewinnchance hin mitunter große Beträge im wahrsten Sinne des Wortes „aufs Spiel gesetzt" werden; vielleicht denken wir auch an eine übermütig eingegangene Wette, an den Nervenkitzel von allerlei Glückspielen oder gar an das Verhängnis der Spielsucht, dessen absurde Tragik *Dostojewski* in seinem Roman „Der Spieler" aus den Abgründen seiner eigenen Erfahrung nachzeichnet. Kurzum, gemeint ist meist die unvernünftige, durch nichts erzwungene Gefährdung von Werten (meistens in Form von Geld) in der leichtsinnigen Hoffnung auf deren dramatische Vermehrung.

Neben dem Mißverhältnis von Gewinnaussichten und Einsatz („Alles auf eine Karte setzen") nimmt diese landläufige Bedeutung des Ausdrucks auch noch die Komponente der Willkür in sich auf: Das Spielkasino ist eine Fabrik, in der Risiken erzeugt werden, die nicht bereits bestehen und denen sich niemand auszusetzen haben würde, wenn nicht der Mutwille die Spieler dazu triebe.

Demgegenüber bezeichnet der **Spekulationsbegriff der Finanzwelt** geradezu das Gegenteil: Die Übernahme von volkswirtschaftlich gegebenen Risiken. In diesem Sinne sind Äußerungen wie „Spekulanten sind wichtig für den Markt“ oder „Ohne Spekulation keine Absicherungsgeschäfte“ zu verstehen. Hinter solchen Aussagen verbirgt sich die Erkenntnis, dass, wie überhaupt im Leben, auch in der Wirtschaft ein gewisser Risiko-Bestand unvermeidlich anfällt und so verwaltet werden sollte, dass von ihm der geringste Schaden ausgeht. Zur Erreichung dieses Ziels sind Mechanismen von großem Wert, die es ermöglichen, Risiken so unter den Menschen zu verteilen, dass zu jedem Zeitpunkt diejenigen, die sie am ehesten zu tragen vermögen, dies für eine angemessene Gegenleistung tun können. Finanzmärkte sind solche Mechanismen.

1.2 Die Lebensberechtigung der Finanzmärkte

Wenn Finanzmärkte gut funktionieren, erlauben sie Risikoabgebern zu einem passablen Preis, Risiken auf diejenige abzuwälzen, die dazu am besten geeignet, bereit und in der Lage sind.

BEISPIEL: Zwei sehr fähige Informatik-Studentinnen möchten nach soeben abgeschlossenem Studium ihre Fertigkeiten als freie Unternehmerinnen umsetzen. Sie sind sich, wie man so sagt, zu 80 % sicher, dass das Projekt, welches ihnen vorschwebt, ein kommerzieller Erfolg werden wird – d. h. schon bald weit mehr als die mit ihm verbundenen laufenden und Investitionskosten in Höhe von, nehmen wir an, zehn Millionen € erwirtschaften wird. Das Risiko ist den Jungunternehmerinnen in spe dennoch zu hoch, weil im Falle eines Scheiterns untilgbare Schulden in Höhe von zehn Millionen € für sie der existenziellen Vernichtung gleichkämen.

Trotzdem besteht für die Informatikerinnen kein Grund zu resignieren. Anderen Zeitgenossen mag der Sachverhalt nämlich in einem ganz anderen Licht erscheinen. Für sie mögen zehn Millionen eine Kleinigkeit sein – Spielgeld, so wie für Otto Normalverbraucher die 5 € Lotto-Einsatz: Geld also, oder **Risikokapital,** wie es die Financiers nennen, dessen Verlust man ohne weiteres verkraften kann. Außerdem könnte es sein, dass gerade der Geschäftssektor, in dem sich die jungen Informatikerinnen betätigen wollen, erfahrungsgemäß floriert, wenn ein anderer Geschäftssektor, in dem ein potentieller Kapitalgeber bereits Geld angelegt hat, in Schwierigkeiten ist, und umgekehrt. Eine Investition in das Projekt der Informatikerinnen verspräche, so gesehen, eine Stabilisierung des Gesamtertrags, denn wenn die Erfahrungswerte verlässlich sind, dann wird die schwache Leistung des einen Projekts jeweils von einer umso stärkeren des anderen ausgeglichen, so dass immer ein vielleicht bescheidenerer, dafür aber sicherer Gewinn zu erwarten ist. Denn demgegenüber könnte die Konzentration des zur Investition zur Verfügung stehenden Geldes auf nur eines der beiden, statt auf beide Projekte, zwar günstigenfalls einen höheren Ertrag einbringen, schlimmstenfalls aber auch zu einem wesentlich deutlicheren Verlust führen. Die Verteilung einer bestimmten Investitionssumme auf mehr als eine Anlage begründet – sehr wichtiger Begriff – ein sogenanntes **Portefeuille.**

Schließlich mag sich der Investor sagen: Ich sehe die Chancen des Projekts wie die Informatikerinnen selbst und meine absehen zu können, dass eine hohe Rendite (= auf ein Jahr oder einen anderen Zeitraum bezogener Zinsbetrag, ausgedrückt als Prozentsatz des angelegten Kapitals) viel wahrscheinlicher ist als eine niedrige oder gar eine negative (= mehr Geld investiert als zurückerhalten), und dass von allen gleichermaßen riskanten Investitionsmöglichkeiten diese bei weitem den besten wahrscheinlichen Ertrag (= Rendite) verspricht. Man sieht: Was für den einen machbar, attraktiv und durchaus seriös ist, kann für den anderen Spekulation im schlechtesten Sinne des Wortes sein.

Aufgrund ihrer unterschiedlichen Lebenslage, Vermögensstruktur, Risikotoleranz und vielfältigen sonstigen Umstände haben Teilnehmer am Wirtschaftsleben oft einander ergänzende Bedürfnisse, Interessen und Fähigkeiten. Es ist Aufgabe der Finanzmärkte, diese Menschen auf effiziente und kostengünstige Weise zusammenzubringen, so dass die Ersparnisse/Gelder einer Gruppe (Investoren) anderen Gruppen (Kapitalnehmern) zur Finanzierung von Vorhaben zugänglich gemacht werden. Dabei ist es von großem volkswirtschaftlichem Nutzen, wenn diese Vermittlungswirkung der Finanzmärkte dafür sorgt, dass investibles Kapital nicht brachliegt und zur Leistungserstellung bereitstehende Menschen und Ressourcen nicht wegen unzureichender Finanzierung unproduktiv bleiben müssen.

1.3 Wertpapiere

Für die Bereitstellung ihres Kapitals erhalten Investoren sogenannte Effekten oder Wertpapiere. Es handelt sich dabei in aller Regel um Dokumente, die ein Recht auf Eigentum und/oder Teilhabe an künftigen Gewinnen des finanzierten Unternehmens verbriefen. Wertpapiere teilen sich in zwei Großkategorien auf, nämlich **Schuld- und Forderungstitel** zum einen und **Beteiligungstitel** zum anderen.

1.3.1 Schuld- oder Forderungstitel, wie vor allen Dingen Kredite, Darlehen und Anleihen

Schuldtitel beinhalten das Versprechen, zu festgesetzten Terminen Zinszahlungen zu leisten und den geliehenen Betrag zu einem bestimmten Zeitpunkt (oder innerhalb eines Zeitraums) zurückzuzahlen.

1.3.2 Beteiligungstitel, wie vor allen Dingen Aktien und ihre vielfältigen Spielarten

Aktien repräsentieren einen Anspruch auf Einflussnahme aufgrund von Mitsprache- und Mitwirkungsrechten an der Unternehmensführung.

In der Regel machen Aktionäre ihren Einfluss in der Wahl des Aufsichtsrates geltend (Stimmberechtigung). Der Aufsichtsrat setzt die Absichten und Interessen der Aktieninhaber auf dem Wege der Kontrolle und Einsetzung eines geeigneten Top-Managements durch. Das Top-Management ist zuständig für das konkrete Tagesgeschäft.

Außerdem verbindet sich mit dem Besitz von Aktien ein Anspruch auf die Vermögenswerte, welche nach Abgeltung sämtlicher Gläubigerforderungen, die sich wiederum aus der Finanzierung durch Schuldtitel ergeben, noch als Eigentum des Unternehmens verblieben sind. Des Weiteren ist damit die Teilhabe an den Gewinnen des

Unternehmens auf dem Wege von Dividenden-Ausschüttungen sowie durch Wertsteigerung der Aktie verbunden. Typischer Anlass für einen Beteiligungsfinanzierungsvorgang ist die Unternehmensgründung oder -vergrößerung.

So könnten unsere Informatik-Studentinnen durch Ausgabe von Aktien den Markt für Beteiligungskapital zur Freisetzung ihrer volkswirtschaftlichen Leistungskraft in Anspruch nehmen.

2. Der Preis von Kapital

Das Risiko solcher Unternehmungen, wie sie unsere Informatik-Studentinnen gründen könnten, liegt bei den sogenannten Gesellschaftern, den Käufern der Aktien. Diese stellen heute Gelder bereit, weil sie die Wahrscheinlichkeit für ausreichend hoch halten, dass ihnen in der Zukunft genügend zurückfließen wird, um den zunächst geübten Nutzenverzicht und das eingegangene Risiko eines teilweisen oder gänzlichen Kapitalverlustes zu rechtfertigen. Im Folgenden sollen die zwei Faktoren – Nutzenverzicht und Risiko –, die den Preis von Kapital wesentlich bestimmen, genauer beleuchtet werden.

2.1 Nutzenverzicht

Wer Geld abtritt an andere, kann mit diesem Geld für den Zeitraum des Ausleihens keinen Konsum finanzieren oder sonstigen unmittelbaren Nutzen aus diesem Teil seines Vermögens ziehen. Er verzichtet auf Konsum (z. B. eine schöne Reise) oder sonstigen Nutzen (z. B. Wiederanlage in ein neues, aussichtsreicheres Projekt). Bei der Erfassung dieser Nachteile begegnen einem zwei sehr wichtige und in diesem Buch stets wiederkehrende Begriffe: Opportunitätskosten und Liquidität.

2.1.1 Opportunitätskosten

Die Auswirkungen einer zeitweisen Bindung von Geld in einer Investition müssen auch daraufhin untersucht werden, ob nicht sogenannte **Opportunitätskosten** entstehen. Ein Sparer, dessen Geld sich seit fünf Jahren auf seinem Sparkonto zu zwei Prozent pro anno verzinst, hat jährliche Opportunitätskosten in Höhe von drei Prozent, wenn es ihm über den gleichen Zeitraum möglich gewesen wäre, durch eine andere Investition fünf Prozent für sein Geld zu erhalten.

Opportunitätskosten sind demnach nichts anderes als entgangene Einkünfte, weil man nicht die günstigste Investition getätigt hat.

2.1.2 Liquidität

Unter der **Liquidität** eines Vermögenswertes ist dessen Eignung als Zahlungsmittel, d. h. die Leichtigkeit und Geschwindigkeit, mit der er in (Bar-) Geld zu verwandeln ist, zu verstehen.

Der Prozess des Geldverleihens und der Geldaufnahme kann aufgefasst werden als ein Handel in Liquidität, d. h. als ein Tauschgeschäft, bei dem ein liquider Wert, wie z. B. Geld, gegen einen weniger liquiden (z. B. Festgeld, das auf einige Monate oder gar Jahre blockiert ist, oder einen Bausparvertrag) für eine entsprechende Kompensation abgetreten wird.

Ein liquider Vermögenswert zeichnet sich demnach dadurch aus, dass er problemlos zu (barem) Geld gemacht werden kann, so dass die in ihm liegende Kaufkraft möglichst ohne Verzögerung genutzt werden kann.

Ein Gemälde, für das die Besitzerin zwei Jahre nach einem Käufer suchen muss, um einen angemessenen Veräußerungspreis zu erzielen, ist daher als illiquide zu bezeichnen. Wie wertvoll die Eigenschaft der umgehenden Liquidierbarkeit einer Investition ist, wird einem bewusst, wenn man bedenkt, dass die Lebensumstände eines Investors und die zur Wahl stehenden Investitionsmöglichkeiten im Laufe der Zeit sich ständig ändern können. Ein Anleger mag krank werden, eine sehr günstige Alternativinvestition entdecken (Opportunitätskosten!), einer Frau mit überaus „einnehmendem" Wesen verfallen oder aus sonstigen Gründen meinen, den Wert seines Vermögens dringend realisieren zu müssen.

Aus einer Auswahl von verschiedenen Anlageformen ist demnach vernünftigerweise diejenige zu wählen, die, ceteris paribus, am liquidesten ist.

BEISPIEL: „Ceteris paribus" ist eine lateinische Phrase, in die sich die Ökonomen verliebt haben, nachdem sie entdeckten, dass sie ihnen das Leben um einiges leichter machen kann. Der Ausdruck besagt soviel wie: Es sei vorausgesetzt, dass alles andere – außer den angesprochenen Größen – gleich bleibt.
Die vermeintliche Tatsache, dass Ökonomen das Spiel mit Annahmen und Voraussetzungen mitunter etwas übertreiben, persifliert folgender Insiderwitz, auf den im Verlaufe des Buches noch Bezug zu nehmen sein wird:
Ein Physiker, ein Ingenieur und ein Ökonom erleiden Schiffbruch. Sie retten sich und einige Dosen Proviant auf eine einsame Insel. Ein Dosenöffner fehlt. Der Physiker macht sich sofort daran, komplizierte Formeln zu entwickeln, anhand derer der Punkt der zylindrischen Dosenstruktur ermittelt werden kann, an dem die Ausübung von Druck am effektivsten ist. Der Ingenieur sucht indes nach einem Gegenstand, der geeignet wäre, die Dosen aufzubrechen. Schließlich schaltet sich der Ökonom mit seinem Lösungsvorschlag ein und verkündet mit verklärtem Gesichtsausdruck: „Nehmen wir doch einmal an, es befände sich ein Dosenöffner in unserem Besitz . . ."

2.1.3 Der Zukunftswert des Geldes und die Zinsrechnung

Zurück zur Frage der Liquidität. Welchen Sinn könnte es haben, Geld abzutreten? Warum sollte jemand heute auf Geld und somit auf die Möglichkeit, dessen Kaufkraft sofort in Anspruch zu nehmen, verzichten? Die Antwort: Wenn durch den heutigen Nutzenverzicht ein umso größerer Nutzeneffekt in der Zukunft ermöglicht wird, haben Investoren einen Anreiz, sich vorübergehend von der Kaufkraft ihres Geldes zu trennen.

Um solch einen Anreiz zu schaffen, müssen heute zur Verfügung stehende 100 € – um einen beliebigen Betrag zu nennen – in der Zukunft, sagen wir in einem Jahr, auf einen Wert von mehr als 100 € anwachsen – 110 € vielleicht. 10 € sind 10 % von 100 €. Eine Investition in Höhe von 100 €, die in einem Jahr auf 110 € anwächst, hat eine jährliche Rendite von 10 %. Diese simple Rechnung beinhaltet schon sehr viel von dem, was man über eine der wichtigsten finanzmathematischen Methoden, die **Aufzinsung** und den entgegengesetzten Vorgang, die **Abzinsung,** wissen sollte.

Die Aufzinsungsrechnung ermittelt also denjenigen €-Betrag, den der Investor in der Zukunft für das angelegte Kapital erhalten wird, wenn der Zeitraum der Investition, der Zinssatz und die Häufigkeit der Zinszahlungen bekannt sind. 100 € mit 10 % über ein Jahr, bei einmaliger Zinsauszahlung aufgezinst, ergibt 110 € – wie wir gerade gesehen haben.

Bei der Abzinsungsrechnung ermittelt man, wiederum nach Maßgabe des Investitionszeitraums, des Zinssatzes und der Häufigkeit der Zinszahlungen, welchen heutigen Wert (man sagt auch Gegenwarts- oder Barwert) ein in der Zukunft anfallender Betrag haben müsste. 110 €, die in einem Jahr erwachsen, entsprechen bei einmaliger Zinszahlung und einem Zinssatz von 10 % einem Betrag von 100 € heute. (Im Anhang unter 1. kann der interessierte Leser die mathematischen Details der Zins- und Zinseszinsrechnung finden.)

Geld wird nur dann vom „rationalen Wirtschaftssubjekt" verliehen, wenn es einen ausreichenden Zukunftswert besitzt, d. h. in der Zukunft um soviel mehr wert sein wird, als erforderlich ist, den zwischenzeitlich entgangenen Nutzen und die Risiken der Investition lohnend erscheinen zu lassen. Das Maß dieses Zukunftswertes ist die Rendite, der Aufzinsungs- bzw. Abzinsungsfaktor, – der Preis für Geld. An den Finanzmärkten wird dieser Preis des Kapitals ständig neu ausgehandelt.

2.2 Risiko

Die andere, sehr wesentliche Komponente des Preises von Kapital ist jener Teil der Rendite, der den Kapitalgeber dafür entschädigen soll, dass er seine Investition verschiedenen Risiken aussetzt.

Zunächst gibt es da die Unsicherheit des Einkommens.

2.2.1 Unsicherheit des Einkommens

Ein Aktieninhaber ist beispielsweise grundsätzlich der Ungewissheit über das Eintreffen und die Höhe von Dividenden und Kapitalzuwächsen (bei Kursverbesserungen) ausgesetzt. Weiterhin ist auf das Erfüllungsrisiko hinzuweisen.

2.2.2 Erfüllungsrisiko

Der Inhaber eines festverzinslichen Papiers, wie zum Beispiel einer Anleihe, hat im Gegensatz zum Aktionär ein sicheres (nominelles) Einkommen. Ihm fließen in vereinbarten Zeitabständen feste Zins- und Tilgungszahlungen zu. Sein Risiko liegt zum einen darin, dass der Schuldner zahlungsunfähig werden könnte, und somit die Erfüllung oder, wie man auch sagt, „die Bedienung" der Schulden ausbleibt. In diesem Zusammenhang spricht man von der Bonität eines Schuldners. Je größer die Gewissheit der Bedienung von Schulden ist, desto höher ist die Bonität.

2.2.3 Zinsrisiko

Aber auch das will bedacht sein: Es besteht nämlich die Gefahr, dass die Zinsen allgemein, etwa auf Grund stärkerer Inflation, steigen, und damit der Handelswert einer Anleihe sinkt. Wenn der Inhaber eines solchen Papiers unter diesen Umständen aus irgendwelchen Gründen verkaufen will oder muss, so erhält er nun weniger für die Anleihe, als er selbst hat bezahlen müssen. Das liegt daran, dass der Preis einer Anleihe fällt (steigt), wenn die Marktzinsen steigen (fallen).

Anleihen müssen nämlich, um wettbewerbsfähig zu bleiben, sich dem Ertragsniveau alternativer Investitionen anpassen. Steigen die Renditen konkurrierender Anlageformen, sollten auch die Renditen von Anleihen anziehen. Das tun sie, indem die wichtigste variable Komponente der Gesamtrendite eines festverzinslichen Titels, die Kosten ihres Erwerbs, gesenkt werden, d. h. ihr Preis fällt. Die Rendite steigt, weil die Kosten der Investition – der Kaufpreis – herabgesetzt, die aus ihr erwachsenden Zuflüsse – Kuponzahlungen und Tilgungszahlung – jedoch nicht verändert werden.

Umgekehrt müssen die Renditen von Anleihen fallen und ihre Kurse steigen, wenn die zu erwartenden Erträge anderer Investitionen rückläufige Tendenz aufweisen.

Liquide Investitionstitel bilden ein interagierendes Netzwerk, in dem jedes Element mit dem anderen durch das Band der Rendite, ihren gemeinsamen Nenner, anhand dessen ihre relative Attraktivität bemessen werden kann, verknüpft ist. Die Abstände, die zwischen den Renditen verschiedener Titel bestehen, drücken größtenteils objektive Unterschiede aus. Stellt etwa die X-Anleihe eines börsennotierten, vielleicht auch „angesehenen“ oder „etablierten“ multinationalen Unternehmens, ceteris paribus, ein geringeres **Bonitätsriskio** dar als die Y-Anleihe eines jungen, noch nicht völlig etablierten Unternehmens, so spiegelt sich das darin wider, dass der eine Titel eine geringere Rendite aufweist als der andere. Ändert sich an diesem einen Unterschied – der Bonität – zwischen beiden Firmen nichts, sollte, ceteris paribus, jede Zinsanpassung bei der einen Anleihe eine gleich große bei der anderen nach sich ziehen. Ansonsten verfälschten die Preise dieser Anleihen den objektiven Unterschied, der zwischen ihnen als Investitionsalternativen besteht.

Auch Aktien sind von Veränderungen im Zinsniveau betroffen. Sie können an Wert verlieren, wenn Zinsen steigen. Die Ertragskraft und die weiteren Geschäftsaussichten der Firma, die die in Frage stehenden Aktien ausgegeben hat, mögen nicht ausreichen für eine außerordentliche Erhöhung der Dividende. Da diese sich aber nun schlechter ausmacht neben Investitionen, die das neue Zinsniveau widerspiegeln, muss der Preis der Aktie herabgesetzt werden, wenn ihre Rendite konkurrenzfähig bleiben oder überhaupt ein realistisches Niveau einnehmen soll.

Der Börsen-Crash vom Oktober 1987 wird unter anderem auch darauf zurückgeführt, dass der von einer beträchtlich anziehenden Inflationsrate ausgelöste nachdrückliche Anstieg der Renditen von Anleihen die Renditen von vielen Aktien gewissermaßen hinter sich zurückließ. In verhältnismäßig kurzer Zeit, d. h. innerhalb weniger Monate, verloren Aktien auf diese Weise sehr stark an Attraktivität, so dass sie abgestoßen wurden zugunsten besser rentierender Werte, wie etwa Anleihen der amerikanischen Regierung.

Im Kapitel über Futures werden die Umstände und wahrscheinlichen Ursachen des Crash ausführlicher behandelt. Tatsächlich ist es so, dass ohne ein gutes Verständnis von Futures ein so wichtiges, uns alle betreffendes Ereignis wie der Börsenkrach vom Oktober 1987 gar nicht mehr zu verstehen ist.

2.2.4 Inflationsrisiko

Eine der Gefahren bei der Anlage von Geld besteht darin, dass die Kaufkraft der Zuflüsse aus der Investition sich als geringer erweist als ursprünglich erwartet wurde.

BEISPIEL: Eine Investition von 100 € wächst innerhalb eines Jahres auf 110 € an, womit sie eine jährliche Rendite von 10 % „abwirft". Nach Ablauf des Jahres, während dessen die 100 € auf 110 € anwachsen, ist jedoch rückblickend eine jährliche Inflationsrate von 11 % festzustellen. Das heißt, wenn ein Kilo einer bestimmten Ware vor einem Jahr 10 € gekostet hat, dann kostet es nun 11,10 €. Zehn Kilo dieser Ware würden demnach 111 € kosten. Wer vor einem Jahr 100 € zu 10 % angelegt hat, um sich heute die betreffende Ware zu kaufen, ist, trotz seiner Investition, nun weniger gut dran als vor einem Jahr. Damals nämlich hätten ihn zehn Kilo derselben Ware lediglich 100 € gekostet. Heute fehlt ihm sogar ein ganzer Euro zur Finanzierung seines vollen Bedarfs an der betrachteten Ware.

3. Begriffe und Techniken des modernen Investitionsmanagements

Eine klare Vorstellung von dem, was Investitionsrisiken sind, wie man sie objektivieren, messen, berechnen und sinnvoll miteinander vergleichen kann, ist, wie wir sehen konnten, Voraussetzung für den verständigen Umgang mit Anlagemitteln. Wer Risiko versteht, erkennt auch die positiven, rationalen und, wenn es auch zunächst widersinnig klingen mag, die konservativen, absichernden Effekte der Spekulation. Deshalb wenden wir uns zunächst dem modernen Begriff des Finanzrisikos zu.

3.1 Einige zentrale Begriffe der modernen Portefeuille-Theorie

Mark Twain hat einmal eine Klassifikation der Steigerungsformen des Lügens vorgeschlagen: nobel gemeinte Notlügen, gewöhnliche Lügen und – Statistik. Es besteht kein Zweifel daran, dass die Statistik als eine der höchsten Formen der Täuschung missbraucht werden kann. Statistische Hilfsmittel können aber auch, wie wir sehen werden, redliche Verwendung finden. Sie sind nützlich, ja unverzichtbar für ein modernes Investitionsmanagement.

3.1.1 Risiko, Ertrag und erwarteter Ertrag

Um den Begriff des Risikos möglichst präzise zu fassen, definiert man ihn in der modernen Investitionstheorie gerne als die durchschnittliche Abweichung der möglichen Erträge einer Anlage vom erwarteten Ertrag. Was heißt das? Wie berechnet man die möglichen Erträge und wie ermittelt man aus diesen den erwarteten Ertrag?

Zur Verdeutlichung sei das **Beispiel** einer Aktienanlage herangezogen: Bei der Berechnung der derzeitigen Rendite eines Aktienengagements nimmt man den aktuellen Börsenkurs, addiert dazu, was an Dividendenzahlungen angefallen ist und zieht davon den Kaufpreis (auch **Einstandskurs** genannt) ab. Der so ermittelte Wert wird dann ins Verhältnis zum Kaufpreis gesetzt, d. h. als Prozentsatz des Kaufpreises ausgedrückt:

$$\text{Aktienrendite (in \%)} = \frac{(\text{aktueller Preis} + \text{Dividende} - \text{Kaufpreis}) \cdot 100}{\text{Kaufpreis}}$$

Anhand dieser Formel ließen sich die Renditen, die den jeweiligen Aktienkursen (bei gegebenem Kaufpreis oder, wie die Börsianer auch sagen, Einstandspreis) entsprechen, Tag für Tag, Woche für Woche oder Monat für Monat – je nachdem, was man für aussagekräftige Zeitintervalle hält – errechnen.

3.1.2 Die Normalverteilung und ihre Standardabweichung als Risikomaßstab

Nicht immer, aber bei vielen Anlageformen dennoch häufig genug, um eine Verallgemeinerung zu erlauben, lässt sich beobachten, dass das statistische Hilfsmittel der **Normalverteilung** eine gute Beschreibung der zeitlichen Renditestruktur liefert. Mit der **zeitlichen Renditestruktur** ist die Häufigkeit gemeint, mit der die verschiedenen Tagesrenditen z. B. während eines bestimmten Zeitraums aufgetreten sind. Bei einer aktiv gehandelten Aktie ändert sich deren Rendite ständig mit den täglichen Schwankungen in ihrem Preis. (Für denjenigen, der genauer nachhaken möchte, sind im Anhang die Normalverteilung und ihre Merkmale ausführlicher erläutert, vgl. Kapitel 2.7).

Renditen, die normalverteilt sind, zeichnen sich dadurch aus, dass starke Abweichungen von derjenigen Rendite, welche die größte Eintrittswahrscheinlichkeit besitzt, d. h. am häufigsten zu beobachten ist, weniger wahrscheinlich sind als kleine. Man nennt diese am häufigsten vorkommende Rendite auch den Erwartungswert der Rendite oder den erwarteten Ertrag.

Außerdem ist die Normalverteilung symmetrisch, d. h. für eine gegebene prozentuale Abweichung vom Erwartungswert ist die Wahrscheinlichkeit einer positiven ebenso groß wie die einer negativen Divergenz (= Abweichung).

Das Maß für die durchschnittliche Abweichung vom Erwartungswert bei einer Normalverteilung ist die sogenannte Standardabweichung. Wegen der Symmetrie der Normalverteilung kann der Grad des Risikos von verschiedenen Anlagen, die normalverteilt sind, anhand dieser einen Maßzahl, der Standardabweichung, verglichen werden. Wenn die Chance einer positiven Abweichung genauso groß ist wie die einer negativen, dann ist diejenige Anlage mit der größten Gesamtausschlagsbreite, d. h. der größten Standardabweichung, auch diejenige mit dem größten Potential sowohl für überdurchschnittliche Verluste als auch für überdurchschnittliche Gewinne. (Eine genauere Darstellung dieses Sachverhalts und der statistischen Grundlagen der Normalverteilung findet sich im Anhang, unter 2.)

Titel, die mit hohem Risiko behaftet sind, müssen eine entsprechend hohe Rendite anbieten, um Investoren dazu zu bewegen, ihr Geld in sie zu investieren. Doch selbst riskante Anlageformen können bei geschickter Zusammenstellung eines Portefeuilles ein insgesamt akzeptables Risikoniveau ergeben.

3.1.3 Diversifikation

Solch eine Risikoverringerung durch **Portefeuille-Bildung** oder Diversifikation ist in dem Maße möglich, wie die verschiedenen Investitionen eine negative Korrelation miteinander aufweisen. Negative Korrelation liegt dann vor, wenn die eine Investition eine Entwicklung nimmt, die der der anderen entgegengesetzt ist. Die einfachste Form eines diversifizierten Portefeuilles erzielt man mit zwei Anlagen, bei denen die eine sich immer dann gut rentiert, wenn die andere schlechte Resultate erbringt, und umgekehrt.

Die Erfahrung zeigt, dass eine geschickte Diversifikationsstrategie das Gesamtrisiko einer Investition um bis zu 70 % reduzieren kann. Damit ist folgendes gemeint: Investiert man zehn Millionen Dollar in 20 verschiedenen Aktientiteln statt in nur einer Aktie, kann mit einer um bis zu 70 % verringerten Standardabweichung der Portefeuille-Erträge, also einem um 70 % geringeren Risiko der Anlage gerechnet werden. Die Erfahrung zeigt auch, dass der Diversifikationseffekt bei mehr als 20 Titeln sehr schnell abzuklingen beginnt (vgl. Abb. 1).

Diese scheinbar theoretisch entrückten Betrachtungen sind in Wirklichkeit durchaus nicht l'art pour l'art, Kunst um der Kunst willen. Wer mit spitzem Bleistift rechnet, kann guten Nutzen aus ihnen ziehen.

Erinnern wir uns an die Informatikerinnen, die Beteiligungskapital, also Investoren, suchen, die ungünstigenfalls einen Teil des Risikos und günstigenfalls Teile des voraussichtlichen Ertrags eines Projekts übernehmen. Wenn das Projekt, für das ein Anleger Geld zuschießt, vergleichsweise riskant, aber auch bei Gelingen überdurchschnittlich rentabel ist, kann es sich für den Investor als optimal erweisen, darin einen Prozentsatz seines Vermögens zu investieren. Denn das zusätzliche Risiko, welches in das Gesamtportefeuille auf diese Weise

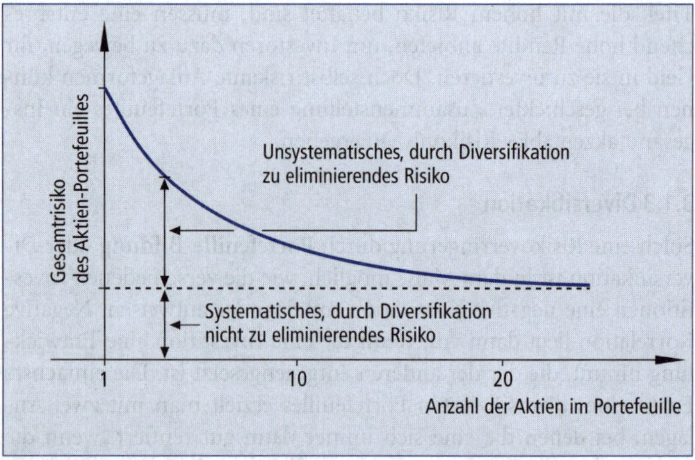

Abb. 1: Möglichkeiten und Grenzen der Risikoreduzierung durch Diversifikation im Aktien-Portefeuille (Risiko = Varianz der Erträge)

hineingenommen wird, mag auf Grund der günstigen Korrelation dieser mit anderen Investitionen per Diversifikationswirkung auf der Ebene aller Investitionen ausgeglichen werden. Der Fachmann begründet dies wie folgt:

Da der erwartete Ertrag des Gesamt-Portefeuilles sich als Durchschnitt der erwarteten Erträge der Einzelkomponenten des Portefeuilles errechnet, kann durch Anreicherung mit riskanten (= hochrentierlichen) aber gut diversifizierten, also negativ korrelierten Titeln, der Gesamtertrag erhöht werden, ohne eine proportionale Steigerung des Risikopotentials in Kauf nehmen zu müssen.

Hier erkennt man wieder, wie vielschichtig die Thematik der Spekulation ist und wie sehr ihre Behandlung der sorgfältigen Differenzierung bedarf. Es kann somit für einen konservativen Anleger durchaus rational sein, ein Portefeuille mit riskanten Titeln bis zu dem Punkt aufzufüllen, an dem bei gegebener Risikopräferenz der Ertrag der Gesamtanlage optimiert wird.

3.1.4 Systematisches und unsystematisches Risiko

Das durch Diversifikation reduzierbare Risiko einer Anlage nennt man **unsystematisches Risiko.** Was übrigbleibt an Risiko, nennt man **systematisches Risiko.** Das systematische Risiko ist auf Faktoren zurückzuführen, die sämtliche Emittenten von Finanztiteln gleichermaßen betreffen. Ein Portefeuille, das aus den Aktien eines Regenschirmherstellers besteht, lässt sich wahrscheinlich weniger riskant gestalten, wenn man es durch die Aktien eines Bikiniherstellers ergänzt. Geht es dem einen gut, geht es dem anderen schlecht – hier nützt Diversifikation. Setzt hingegen eine nachdrückliche Rezession ein, dann haben wohl beide Hersteller das Nachsehen – hier nützt eine solche Diversifikationsstrategie nichts.

Das wahre Risiko einer Investition liegt also im systematischen Risiko. Das unsystematische Risiko lässt sich „hinwegdiversifizieren". Deshalb ist der professionelle Investor, laut moderner Investitionstheorie, auch nur bereit, einem möglichen Counterpart für die Übernahme von systematischem Risiko eine Prämie zu bezahlen.

Umso wichtiger ist es, diese Art von Risiko zu identifizieren. Die Maßzahl, mit der der Grad der Abhängigkeit einer Investition vom systematischen Risiko bestimmt wird, nennt man **Beta.** Beta drückt aus, um wieviel Prozent der Wert einer Einzelanlage sich bewegt, wenn der Markt als Ganzes seinen Wert verändert.

- Ein Beta von 1 bedeutet: Steigt (fällt) der Markt um 1 %, so steigt (fällt) der Einzelwert auch um 1 %.
- Ein Beta von 0,6 bedeutet: Steigt (fällt) der Markt um 1 %, so steigt (fällt) der Einzelwert um 0,6 %.
- Ein Beta von 1,3 bedeutet: Steigt (fällt) der Markt um 1 %, so steigt (fällt) der Einzelwert um 1,3 %.

Auch dem systematischen Risiko ist beizukommen. Optionen und Futures spielen dabei eine herausragende Rolle. Die Diskussion von Futures auf Aktienindizes wird dies erhellen.

3.2 Die drei Formen der Markteffizienz

Durch ihre Existenz und „Bauweise“ räumen Finanzmärkte ihren Teilnehmern Vorteile ein, die über ihren Nutzen für das eine oder andere Individuum hinaus die volkswirtschaftliche Effizienz verbessern. Bevor wir diesen Leitgedanken anhand des Beitrags weiterverfolgen, den die spezifische „Bauweise“ von Finanzmärkten und ihren Institutionen leisten, möchten wir noch kurz auf die Frage eingehen, warum das statistische Gebilde der Normalverteilung so nützlich ist bei der strengen Erfassung des Risikoniveaus einer Investition. Um den Boden hierfür zu bereiten, werden wir ein wenig ausholen müssen, aber nur scheinbar abschweifen von dem zu erklärenden Phänomen.

3.2.1 Informationseffizienz

Wir sahen bereits: Eine wichtige Funktion der Finanzmärkte besteht in der Erhöhung des Informationsstandes der Wirtschaft. Die an diesen Märkten ausgehandelten Preise liefern Daten, auf Grund welcher Finanztitel bewertet, Spar- und Investitionsentscheidungen gefällt und maßgebliche Orientierungshilfen, Indikatoren des Zustandes von Branchen, ja der Gesamtwirtschaft, entwickelt werden.

Es ist daher wünschenswert, dass ein Markt informationseffizient ist, nämlich dergestalt, dass

- sämtliche für die Ermittlung des richtigen Preises des Handelsobjektes relevanten Informationen
- allen Marktteilnehmern
- sofort

bekannt werden.

In einem Markt mit diesen Vorzügen drückt der aktuelle Kurs die bestmögliche Einschätzung des wahren Wertes einer Aktie aus.

Wenn die Bedingung der Informationseffizienz erfüllt ist, ist jede Kursänderung unabhängig von der ihr vorausgegangenen, u. z. in dem Sinne, dass alle gehaltvollen Informationen im letzten Preis voll enthalten sind und ein neuer Preis auf gänzlich neuen Informationen beruht, auf deren Art die bisherigen Informationen keinen Rückschluss erlauben.

Nehmen wir an, dass die anhaltende Managementkrise der börsennotierten Firma X ein Stadium erreicht hat, welches Anlass gibt, bei unveränderter Geschäftsführung deren Bankrott binnen sechs Monaten zu erwarten. In einem informationseffizienten Markt würde diese Information allen sofort bekannt werden und sich umgehend in einem neuen, angemessen verringerten Kurs der X-Aktie widerspiegeln.

Als informationsmäßig ineffizient würde man hingegen einen Markt bezeichnen, in dem zunächst nur einige Eingeweihte, sogenannte Insider, von dieser wichtigen Nachricht erfahren und die Information sich nur allmählich allgemein ausbreiten würde. Eine Tendenz könnte sich dadurch aufbauen, dass erst die Insider, dann andere in ihrem engeren Umfeld, dann wieder andere aus deren Umgebung darüber informiert werden und deshalb systematisch zu verkaufen beginnen. Die Kenntnis des wahren Zustands der Firma X setzt sich also nur langsam, zunächst gleichsam als Rinnsal privilegierten Wissens herabfließend, dann immer breiter werdend und erst allmählich ein klare Tendenz bildend durch, bis schließlich alle Marktteilnehmer bemerken, was die Firma X wirklich wert ist. Dies könnte dazu führen, dass die Kursänderungen der Aktie nicht mehr ein willkürliches Hin und Her darstellen, sondern klare Tendenzen verraten.

In einem informationseffizienten Markt hingegen erfolgt die korrekte Bewertung der Aktie schlagartig. Danach herrscht tabula rasa. Das bedeutet, dass aus dem Studium der in früheren Preisen enthaltenen Informationen keine Rückschlüsse auf das künftige Verhalten des Aktienpreises gezogen werden können. Jede neue Information ist wirklich vollkommen neu, nicht aus Gewesenem abzuleiten. Alles kann geschehen. Gute Nachrichten können eine schlagartige Verbesserung, schlechte Nachrichten eine schlagartige Verschlechterung des Kurses herbeiführen.

Die Kursänderungen sind in diesem Sinn vollkommen willkürlich. Sie gleichen dem Schrittmuster eines schwer Betrunkenen, der in zufälligen Bewegungen daher wankt. In der phantasievollen Sprache anglophiler Statistiker bezeichnet man daher das Phänomen voneinander unabhängiger Werte einer Zufallsvariablen als einen **Random Walk.**

Im Geleit eines Angetrunkenen finden wir uns so endlich am Ausgangspunkt wieder: der Nützlichkeit der Normalverteilung.

Das Charakteristikum des Random Walk, das für die Brauchbarkeit der Normalverteilung bei der Beschreibung von Aktienkursverläufen und der mit ihnen verknüpften Wahrscheinlichkeiten ausschlaggebend ist, besteht in der Trendlosigkeit der Random-Variablen, zu deutsch der Zufallsvariablen. Denn wenn kein Trend vorliegt, dann gilt insbesondere, dass die Wahrscheinlichkeit eines Ausschlags in die eine Richtung genauso groß ist wie in die entgegengesetzte.

Damit sind wir wieder bei der Symmetrie der Normalverteilung angelangt. Diese beinhaltet, wie wir sahen, dass eine bestimmte prozentuale Abweichung vom Erwartungswert, von 5 % z. B., mit gleich großer Wahrscheinlichkeit positiv wie negativ verläuft, also 5 % über, aber auch genauso gut 5 % unter dem Wert mit der größten Eintrittswahrscheinlichkeit liegen kann. Empirische Studien bekräftigen, dass, cum grano salis, die Renditen an Aktienmärkten sich nach dem Prinzip des Random Walk entwickeln. Somit kann die übersichtliche, weil durch nur zwei Parameter – Erwartungswert und Standardabweichung – eindeutig und vollständig zu beschreibende Normalverteilung zur Erfassung von Renditen herangezogen werden.

3.2.2 Allokative Effizienz

Ein wichtiges Anliegen dieses ersten Kapitels ist es, Verständnis dafür zu schaffen, dass Finanzmärkte nicht Institutionen des Glücksspiels, sondern unverzichtbare Drehscheiben der effizienten Verteilung von Ressourcen und volkswirtschaftlich gegebenen Risiken sind.

Sie bewirken, dass Menschen mit komplementären Neigungen, Zukunftserwartungen, Mitteln und Absichten leichter zueinander finden, so dass einerseits Investoren mehr Möglichkeiten haben, Geld so anzulegen, wie es ihre Risikobereitschaft, ihre Ertragsvorstellungen und ihre Zeitplanung verlangen, und andererseits Kapitalnehmer mit höherer Wahrscheinlichkeit die Finanzierung finden, die den Erfordernissen der von ihnen verfolgten Projekte am angemessensten ist. Die ideale Erfüllung dieses volkswirtschaftlichen Auftrages bezeichnet man als allokative Effizienz.

Aufgrund der auf ihnen ständig erfolgenden Bewertung von Kapitalnehmern und deren Ertragschancen üben Finanzmärkte Einfluss aus auf die Allokation volkswirtschaftlicher Ressourcen. Der sich dabei ergebende Konsens bestimmt ganz maßgeblich die Aussichten Kapitalsuchender auf Finanzierungszuspruch.

3.2.3 Operationale Effizienz

Damit das volkswirtschaftliche Ziel allokativer Effizienz erreicht werden kann, muss ein Markt Informationseffizienz besitzen, welche ihrerseits wiederum operationale Effizienz voraussetzt. Der Grundgedanke der Informationseffizienz ist bereits in der Diskussion des Random Walk von Kursveränderungen und ihrer statistischen Beschreibung durch die Normalverteilung eingeführt worden. Wir wollen uns deshalb im Weiteren auf jene Merkmale der Finanzmärkte konzentrieren, die operationale Effizienz bewirken.

Operationale Effizienz meint die zweckmäßige Einrichtung von Märkten, so dass

- Handelswillige mit einander ergänzenden Tauschzwecken angezogen,
- die für den Handel relevanten Informationen möglichst schnell, umfassend und gerecht vermittelt und
- Transaktionskosten gering gehalten werden.

3.3 Die Rolle der Börse

Zur Bewerkstelligung dieser Effizienz-Ziele sind zahlreiche Spezialinstitutionen entstanden, nicht zuletzt die Börse selbst. Die zeitliche und örtliche Konzentration von Handelswilligen an einer Börse bewirken die **Reduktion von Such- und Informationskosten** und eine Erhöhung der Wahrscheinlichkeit des Geschäftsabschlusses.

3.3.1 Händler und Market-Maker

Des Weiteren wird der an den Finanzmärkten stattfindende Prozess des Austausches von Leihkapital (investiblen Überschussgeldern) mit Finanztiteln (Papieren, die Rechte und Forderungen der Kapitalgeber gegenüber den Kapitalnehmern verbriefen) durch das Auftreten von spezialisierten Händlern erleichtert. Im Idealfall agieren diese Händler als sogenannte **Market-Maker.** Das bedeutet, dass sie für einen gegebenen Finanztitel zu jedem Zeitpunkt einen verbindlichen Preis, zu dem sie zu kaufen, und einen verbindlichen Preis, zu dem sie zu verkaufen bereit sind, angeben oder „stellen", wie es im Fachjargon heißt. Durch solche Market-Maker bleibt ein Titel auch dann noch handelbar, wenn sich viele Anbieter und Nachfrager aus diesem oder jenem Grunde zurückgezogen haben.

Auf diese Art und Weise entsteht **Liquidität** im Markt. Wie wir bereits an anderer Stelle sehen konnten, bestimmt der Liquiditätsgrad einer Investition maßgeblich deren Attraktivität und Preis. Je leichter es für einen Investor ist, sich aus einer Investition durch Wiederveräußerung des ihr zugrundeliegenden Finanztitels zurückzuziehen, desto eher ist er bereit, sein Geld in ihr zu binden, und desto geringer wird die Zusatzprämie sein, die er als Kompensation für das Liquiditätsmanko verlangt. Dies bedeutet, dass ein reger Handel in einem Finanztitel die Kapitalaufnahmekosten für die kapitalsuchende Institution reduziert.

3.3.2 Emissionsmärkte (Primärmärkte) und Zirkulationsmärkte (Sekundärmärkte)

In diesem Zusammenhang ist es sinnvoll, zwischen Emissions- oder **Primärmärkten** und Zirkulations- oder **Sekundärmärkten** zu unterscheiden.

Der Primärmarkt ist der Markt für Emissionen von Finanztiteln. An den Primärmärkten werden Aktien, Anleihen und andere Titel „emittiert", „begeben" oder, wie man auch sagen kann, „aufgelegt", d. h. zum ersten Mal Interessenten angeboten. Auf den Sekundärmärkten hingegen werden bereits vorhandene Titel ge- und verkauft. Den Unterschied zwischen diesen Märkten kennen wir aus dem Alltag. Ein Neuwagen wird am Primärmarkt erworben. Sein Wiederverkauf ist ein Vorgang des Sekundärmarktes.

Es gibt durchaus Finanzierungsarten, in denen ein Primärmarkt, nicht aber ein **Sekundärmarkt** existiert. Kredite z. B. sind oft nicht handelbar. Das Handelbarmachen, die sogenannte Verbriefung von Finanztiteln, greift jedoch zunehmend um sich; das große Schlagwort lautet „Securitization"; in dem mit diesem Ausdruck bezeichneten Prozess werden Sekundärmärkte für Forderungen (Aktiva) geschaffen, die bisher nicht oder schwer weiterveräußerbar waren. Dabei werden nicht selten für sich genommen verhältnismäßig geringfügige Aktiva, wie einzelne Autokredite und Hypotheken, gebündelt, als Großpakete emittiert und in einem Sekundärmarkt für die Dauer ihrer Laufzeit hin- und hergehandelt.

Ein aktiver Sekundärmarkt ist aus folgenden Gründen wichtig: Wie uns die Funktion des Händlers, insbesondere des Market-Makers, gezeigt hat, wird der Wert einer Investition von dem Grad ihrer Liquidität beeinflusst. Außerdem kommt dem Sekundärmarkt die wichtige Aufgabe zu, Informationen für die Preisfindung neuer Emissionen zu liefern.

Will die Weltbank durch die Emission einer Anleihe eine Milliarde € aufnehmen, so richtet sich die Preisbildung nach dem aktuellen Stand der Kurse (und somit der Renditen) von bereits ausstehenden vergleichbaren Anleihen. Der Handel am Sekundärmarkt spiegelt die Konditionen wider, zu denen Investoren gegenwärtig bereit sind, angesichts alternativer Anlagemöglichkeiten, konjunktureller und sonstiger Gesichtspunkte einem Emittenten Kapital zur Verfügung zu stellen. Auf diese Weise gewährleistet ein wohlfunktionierender Sekundärmarkt, dass die Bereitsteller von Kapital bessere und kontinuierliche Informationen über die gegenwärtige Situation und die Zukunftsaussichten kapitalsuchender Einheiten erhalten. Eine solchermaßen verbesserte Informationslage fördert gleichzeitig die Bereitschaft, Emittenten Kapital zu überlassen.

3.3.3 Minimierung von Transaktionskosten

Vom Standpunkt der Teilnehmer an Primär- oder Sekundärmärkten ist das Erfordernis geringer Transaktionskosten, d. h. Kosten, die bei der Durchführung eines Geschäftes anfallen, vordringlich. Wenn z. B. am Primärmarkt die Geschäftsspesen (Händlerprovision, Abwicklungsgebühren, Steuern) einen bedeutenden Prozentsatz des geliehenen Geldes ausmachen und auf diese Weise den effektiv zu zahlenden Zinssatz hochtreiben, wird die Nachfrage nach Leihgeld zurückgehen. Geringere Kapitalkosten erlauben ein größeres Investitionsvolumen und können so zum stärkeren Wachstum einer Wirtschaft beitragen. Selbstverständlich ist, ceteris paribus, die Handelsbeteiligung umso größer, je kostengünstiger die Marktteilnahme ist. Geringe Transaktionskosten sind damit eine ganz entscheidende Voraussetzung für große Umsätze, für hohe Liquidität. Das wird sich später auch bei der Diskussion von Futures-Märkten und den Gründen für deren außerordentlich hohe Liquidität erweisen. Der ökonomische Wert eines Finanzmarkts steigt somit, je geringer der durchschnittliche Anteil der Transaktionskosten am gehandelten Betrag ist.

3.3.4 Der Sinn börslicher Konventionen, Regeln und Gestaltungseigenheiten

Die institutionellen Merkmale des Handels in Wertpapieren, insbesondere die organisatorische Ausgestaltung von Börsen und die an ihnen zu beobachtenden Gepflogenheiten und normierten Handelspraktiken haben das Ziel, die Kosten der Marktnutzung, d. h. die Transaktionskosten, niedrig zu halten.

So ist denn der vornehmliche Zweck börslich organisierter Zirkulationsmärkte in der Verringerung der Kosten von Wertpapiertransaktionen durch die zweckmäßige Ausstattung des Handelsgegenstandes, der Handelskonventionen und der Handelsarena zu sehen. Die Besonderheiten der modernen Spezialbörsen für Termingeschäfte zeigen dies ganz deutlich, wie in den folgenden Kapiteln über Optionen und Futures ausführlich zu berichten sein wird.

Usancen: Um die Kosten für die Identifikation von passenden Kontrahenten und die eigentliche Geschäftsabwicklung zu minimieren, haben sich Konventionen an den Börsen eingebürgert, sogenannte Usancen. Mittels dieser werden der zeitliche und sonstige Aufwand verringert, der bei Auftragsannahme, Weiterleitung, Bearbeitung, Marktbeobachtung, Partnersuche, Geschäfsabschluss, Abrechnung gegenüber dem Kunden und Geschäftserfüllung zu entstehen pflegt.

Eine solche zweckdienliche Verhaltensvorschrift begründet die Beschränkung der Handelslizenz auf Händler von zweifelsfreier Bonität. Dadurch entfällt der zum Teil aufwändige Prozess der Bonitätsprüfung des Handelspartners (= Kontrahenten). Eine andere Usance, die Vereinheitlichung nämlich, oder, wie man auch sagen kann, die **Standardisierung des Handelsgegenstandes,** hat den Sinn, Angebot und Nachfrage zu homogenisieren, d. h. die Wahrscheinlichkeit zu erhöhen, dass das, was angeboten wird, in seinen Merkmalen mit dem übereinstimmt, was nachgefragt wird.

3.3.5 Der Nutzen der Standardisierung des Handelsgegenstands

Man stelle sich eine Firma vor, die 10.000 Aktien emittiert, von denen jede Aktie mit anderen Rechten versehen ist. Ein Handel in diesen Papieren könnte nur schwer aufkommen, weil der Handelsgegenstand nicht einheitlich ist. Was der eine anbietet, entspricht nicht genau dem, was der andere sucht. Es verhält sich anders, wenn, wie heutzutage allgemein üblich, alle 10.000 Aktien eines Emittenten gleich ausgestattet sind. Dann nämlich gibt es sehr viel mehr Aktieninhaber mit vergleichbaren Tauschobjekten. Die Wahrscheinlichkeit erhöht sich, dass just zum Zeitpunkt, an dem der eine den Wunsch verspürt, zu verkaufen, ein anderer kaufen möchte.

Marktbreite: Wenn eine große Anzahl von Investoren mit unterschiedlichen Interessen, Gewohnheiten, Neigungen, Markterwartungen in einem Markt engagiert sind, so spricht man von einem breiten Markt.

Ein anderer „Börsenkniff" – die Reduktion der variablen Ausstattungsmerkmale eines Finanztitels auf wenige Kriterien, wie Preis und Stückzahl –, ist dazu geeignet, die Marktbreite zu erhöhen, indem sie zur Verringerung der Verhandlungszeit beiträgt und Annahme sowie Weiterleitung der Aufträge erleichtert.

Markttiefe: Wenn Kauf- und Verkaufspreise in dichten Intervallen auftreten spricht man von einem tiefen Markt. Markttiefe und Marktbreite wirken sich dämpfend auf die Preisentwicklung aus; sie verringern die Schwankungsbreite oder wie man auch häufig sagt: die **Volatilität** der auftretenden Kurse. Und natürlich bedeuten sie Liquidität und damit niedrigere Transaktionskosten.

4. Zusammenfassung und Einordnung von Termingeschäften in die Finanzlandschaft

4.1 Spekulation, Allokation, Effizienz

Um die Rolle, die Struktur und die Bedeutung der Institution Börse als der am höchsten entwickelten Form von Finanzmärkten angemessen würdigen zu können, ist es erforderlich, um ihre Ansiedlung am Schnittpunkt drei einander durchdringender, volkswirtschaftlich bedeutender und durch sie verbesserter Formen von Effizienz – allokativer, informatorischer und operationaler Effizienz – zu wissen.

Allokative Effizienz beschreibt die Zuleitung von Geldern zu den vielversprechendsten, produktivsten Nutzern. Dabei setzt allokative Effizienz sowohl informatorische als auch operationale Effizienz voraus.

Unter **operationaler Effizienz** ist zu verstehen, dass Bedingungen geschaffen sind, unter denen die größtmögliche Anzahl von Käufern und Verkäufern von Effekten Transaktionen sicher, verläßlich und auf schnelle Weise zu den niedrigstmöglichen Kosten abwickeln können.

Informatorische Effizienz schließlich bezeichnet die umgehende Erfassung und Übermittlung aller für die korrekte Bestimmung des Wertes einer Finanzmarktpapiers benötigten Informationen.

Wie wir bereits in der Einführung sehen konnten, ist auch die Deutsche Terminbörse natürlich nicht davor gefeit, dass sich auch Spielernaturen an ihr tummeln, bis sie sich selbst ausmanövrieren. Hier soll aber nochmals unterstrichen werden, dass sie eben kein Spielkasino, sondern ein Treffpunkt von Individuen mit unterschiedlichen Präferenzen, Handlungsweisen und Strategien ist und dadurch die Verteilung volkswirtschaftlicher Risiken ermöglicht, die gegen ein entsprechendes Entgelt erworben oder verkauft werden.

Durch ihre Organisationsstruktur und Usancen sind Börsen ganz bewusst für die freie, faire und effiziente Umverteilung der von individuellen Wirtschaftssubjekten getragenen Risiken ausgelegt. Börsen sind ein einzigartiges Instrument zur Koordinierung und zur Schaffung von Kontakten zwischen Menschen mit individuellen Einschätzungen der Zukunft, verschiedenartigen Ansichten, Fähigkeiten, Neigungen und Risikotoleranzen.

Durch ein System von börslichen Konventionen, Einrichtungen und Praktiken, wie sie an den heute schon bestehenden Börsen und an solchen neuerer Konstruktion etwa für Futures und Optionen – wie der EUREX – bestehen, können die Gefahren von Handels-Engagements gezielt und sehr effektiv eingedämmt, kontrolliert und antizipiert werden, ohne dass das unverzichtbare „laissez faire – laissez aller“ freier selbstverantworteter Tauschentscheidungen dirigistisch beschnitten wird.

Diesseits des Extremen und innerhalb der Margen des Vernünftigen bleibt trotzdem noch viel Risiko. Dessen muss man sich unbedingt bewusst sein: Keiner – auch nicht der kompetenteste Börsenprofi – ist gefeit vor den Risiken und unvoraussehbaren Entwicklungen des Markts. Es gibt keine olympische Warte, von der aus eine objektive, im Voraus erfolgende Bestimmung von verlustreichen (und somit spekulativen) und erfolgreichen (und deshalb nichtspekulativen) Engagements möglich wäre. In diesem Sinne sind alle darauf angewiesen, zu „spekulieren“ – zumal derjenige der sich passiv verhält, sich den Entscheidungsqualen, aber auch den Ertragsverbesserungs- und Absicherungsoptionen des aktiven Handels verschließt. Deshalb ist denen, die den volkswirtschaftlichen Nutzen von Börsen als Agentur für die effiziente Allokation bestehender Geschäftsrisiken verstehen und diese für sich dienstbar machen, jede Ausweitung des bereitstehenden Strategienspektrums, des Angebots an Risikoabwälzungsgelegenheiten und somit an Flexibilität, wie sie durch sachdienliche börsliche Innovationen geschaffen wird, willkommen.

Was für herkömmliche Wertpapierbörsen gilt, trifft insofern gar umso mehr für moderne Terminbörsen zu, als diese viele hochwillkommene Absicherungsmöglichkeiten und erwartungskongruente Strategien erschließen, die durch den traditionellen Bestand an Handels- und Investitionstechniken überhaupt nicht zu verwirklichen sind.

Soweit das Wesentliche der vorhergehenden Darstellung der ökonomischen Daseinsberechtigung, der Funktionsweise und der Struktur von Finanzmärkten. Wo aber sind sogenannte **derivative Finanzinstrumente,** wie Optionen und Futures, innerhalb des geschilderten Zusammenhangs genau einzuordnen?

4.2 Märkte für Kassa- und derivative Instrumente

Zunächst soll der Begriff „derivativ“ erläutert werden.

Derivative Finanzinstrumente sind solche Anlagen, deren eigener Wert wiederum vom Wert eines anderen Finanztitels abhängt.

4.2.1 Kassamarkt und derivativer Markt

Man bezeichnet den Markt, in dem der zugrundeliegende Finanztitel gehandelt wird, als **Kassamarkt.** Der für Aktienoptionen relevante Kassamarkt ist eben der herkömmliche Aktienmarkt. Der Kassamarkt bei Futures auf Bundesanleihen ist der Markt, in dem Bundesanleihen gehandelt werden etc.

Eine **Kaufoption** gibt zum Beispiel dem, der sie erwirbt, das Recht, einen bestimmten Kassatitel, eine Aktie etwa, zu einem im Voraus festgelegten Preis innerhalb einer bestimmten Frist zu beziehen. Ohne auf die Einzelheiten dieser Konstruktion jetzt schon eingehen zu müssen, wird schon deutlich, dass der Wert der Kaufoption abhängig sein muss vom Wert der ihr zugrundeliegenden Aktie.

Auch Futures-Kontrakte haben derivativen Charakter. Ein Futures- oder Termingeschäft unterscheidet sich von einer Option jedoch unter anderem darin, dass derjenige, der es abschließt, eben nicht ein Recht, auf dessen Inanspruchnahme man auch verzichten kann, sondern die feste Verpflichtung übernimmt, einen zugrundeliegenden Gegenstand zu einem festgelegten Zeitpunkt in der Zukunft, im Falle des Verkaufs eines Futures, zu verkaufen, oder, im Falle des Kaufs eines Futures, zu kaufen. Der Preis eines Futures ist somit ebenfalls abhängig vom Wert eines anderen Titels.

4.2.2 Einzigartige Erweiterung der Palette der Möglichkeiten – zur Existenzberechtigung von Optionen und Futures

Die Eigenschaft der Abhängigkeit vom Wert des zugrundeliegenden Werts und die Möglichkeit der zeitweisen oder gänzlichen Substitution von Positionen im Kassamarkt durch Positionen in derivativen Instrumenten erschließen, wie zu zeigen sein wird, mannigfaltige Möglichkeiten der Investitionsabsicherung und -steuerung, aber auch profitabler Handelsstrategien, die in einer Welt ohne solche Instrumente nicht zu erreichen wären.

Die Absicherung von Wertpapier-Portefeuilles gegen Kurs- oder Währungsschwankungen, Zinsänderungen oder systematisches Risiko und die genaue Bestimmung der Proportionen, in denen Risiko und Ertragserwartung einander gegenüberstehen, und damit der gesamte Prozess der Risikoumwälzung in den Finanzmärkten, wird durch Optionen und Futures einerseits erheblich verfeinert und andererseits umfassender gestaltet.

Tatsächlich bereichern Optionen und Futures die Gemeinschaft der Kapitalmarktnutzer um eine dritte Dimension des Risikomanagements. Denn, wie wir zum Teil bereits sahen, lässt sich das einem Portefeuille innewohnende Risiko auf zwei Arten kontrollieren. Einerseits geschieht dies, wie bereits erwähnt, durch Diversifikation. Andererseits kann das Verhältnis gesteuert werden, in dem sich risikobehaftete und risikolose Komponenten (insbesondere Staatspapiere, die einen berechenbaren Ertrag ohne Erfüllungsrisiko erbringen) in einem Portefeuille begegnen.

Neben diesen indirekten, oft transaktionsintensiven, damit aufwendigen und teuren und dennoch bisweilen unflexiblen Techniken des **Risikomanagements** bieten Optionen und Futures die Möglichkeit der direkten Versicherung von Anlagen. Dadurch verbessern diese Instrumente die Leistungskraft der bestehenden Finanzmärkte.

Die beträchtlich erweiterten Möglichkeiten für das Risikomanagement geben Anlegern den Mut, überhaupt oder verstärkt in den betreffenden Kassamärkten zu operieren. So ist immer wieder beobachtet worden, dass die Einführung von derivativen Instrumenten zu erhöhten Umsätzen an den Kassamärkten führt.

Options- und Futuresmärkte sind wichtige Ergänzungen traditioneller Finanzmärkte auch deshalb, weil mit ihnen vom aggressiven bis zum äußerst konservativen Verhalten alle Grade an Investitionswagnis eingegangen und nahezu beliebige **Ertrags-Risiko-Strukturen** gebildet werden können, wie sie in den jeweiligen Kassainstrumenten nicht zu erzielen sind.

Durch ein entsprechendes Engagement in Optionen, nämlich die im nächsten Kapitel ausführlich besprochene Strategie des Long-Straddle, ist es zum Beispiel möglich, von starken Ausschlägen des Kurses einer Aktie zu profitieren, ganz gleich in welche Richtung die Ausschläge erfolgen, und nur dann einen Verlust zu erleiden, wenn der Markt wider Erwarten stagniert. Mit herkömmlichen Aktien kann man dagegen nur dann Geld verdienen, wenn der Kursausschlag in eine der beiden, korrekt vorhergesehenen Richtungen erfolgt.

Der sachkundige Einsatz von Futures-Kontrakten kann zur fast völligen Beseitigung von Kursschwankungs-, Zinsänderungs-, Währungs- und Gesamtmarktrisiken genutzt werden. Um der Redlichkeit willen und zur Vermeidung von Illusionen muss gleich hinzugefügt werden, dass die Versicherungsleistung dieser Instrumente in der Regel, das heißt, wenn sie richtig bewertet worden sind und demnach nicht zu billig angeboten werden, umso kostspieliger wird, je umfassender und verlässlicher die Sicherheitswirkung sein soll. Wegen des durch Optionen und Futures erweiterten Handlungsspielraums sehen mehr Menschen mehr Möglichkeiten, mit Gewinn oder ausreichender Aussicht auf Gewinn am Handel teilzunehmen.

Die von derivativen Instrumenten begleiteten Märkte werden somit im oben eingeführten Sinne breiter und tiefer. Die Marktteilnehmerschaft weitet sich aus. Liquidität, das Kennzeichen florierender Märkte, entsteht, so dass die tangierten Finanzmärkte ihre drei wesentlichen Aufgaben – Kapitalbeschaffung, Kapitalaustausch (= Liquidität) und Kapitalbewertung – besser erfüllen können.

Während Optionen und Futures nicht direkt am Prozess der Kapitalbeschaffung beteiligt sind, d. h. eine Firma kann nicht Geld aufnehmen, indem sie Optionen oder Futures anbietet, so fördern beide jedoch die Effizienz der Emissionsmärkte durch die Erhöhung der Liquidität und durch die Verbesserung der Informationseffizienz an den Sekundärmärkten.

Gerade als derivative Instrumente sind Optionen und Futures prädestiniert, die Informationseffizienz der betroffenen Märkte zu erhöhen. Denn wie wir soeben aus der Definition von derivativen Instrumenten ersahen, wird deren Wert von dem des zugrundeliegenden Handelsobjekts abgeleitet. Die schnelle Erfassung und unverzügliche korrekte Bewertung von Informationen über dieses Handelsobjekt sind demnach von größter Bedeutung für die Preisfindung bei Optionen und Futures.

Wenden wir uns deshalb nun diesen neuen Instrumenten, ihrer Infrastruktur und den mit ihnen einhergehenden Handels- und Investitionstechniken ausführlicher zu.

3. Kapitel

Optionen – die Grundgeschäftsarten

Welcher Laie wird wohl je verstehen, dass der Verkäufer der Verkaufsoption bei Ausübung der Verkaufsoption durch den Käufer der Verkaufsoption der Käufer der von dem Käufer der Verkaufsoption verkauften Wertpapiere ist?
Serge Demolière

Ziel des zweiten Kapitels ist es, anhand der Darstellung der vier grundlegenden Geschäftsarten des Optionswesens deren wesentliche Konstruktionsmerkmale und einzigartige Anwendungsmöglichkeiten nahezubringen.

Etwas Neues unter der Sonne? Dabei soll in einem ersten Schritt ein allgemeiner Eindruck gegeben werden davon, was gemeint ist, wenn von einzigartigen Anwendungsmöglichkeiten die Rede ist. Was ist neu? Was bieten Optionen, das nicht schon durch andere Finanzinstrumente geleistet wird?

Optionen bieten dem erzkonservativen Anleger ebenso interessante Möglichkeiten wie dem hyperaggressiven Spekulanten. Von der vollständigen Absicherung gegen einen Wertverfall bis hin zur extremen Risikoübernahme mit theoretisch unbegrenztem Verlustpotential kann jeder Punkt auf dem Risikospektrum mit großer Präzision durch eine entsprechende Optionsstrategie angepeilt werden. Dabei lassen sich Versicherungswirkungen für Portefeuilles erzielen, die sonst unerreichbar bleiben müssten. Neben einer beliebig feinen

Risikosteuerung (**Risk-Management**) erschließen Optionen auch neue Wege bei der Ausnutzung von Markttendenzen (**Exposure-Management**). Wir haben am Schluss des ersten Kapitels bereits das Beispiel des Straddles angesprochen. Die zwei Formen des Straddles, Long-Straddle und Short-Straddle, werden weiter unten im Detail erläutert. Fürs Erste beschränken wir uns auf das, was mit ihnen zu bewirken ist.

Die Verwendung eines Long-Straddles führt im Falle des Eintretens einer bestimmten Markterwartung, nämlich großer Ausschläge mit unbekannter Richtung, unfehlbar zu einem Gewinn – eine Investitionsmöglichkeit, die mit herkömmlichen Finanzinstrumenten überhaupt nicht besteht. Umgekehrt versetzt eine andere Form des Straddles, der Short-Straddle, den Investor in die Lage, einen Gewinn zu erwirtschaften, wenn sich überhaupt keine oder nur geringfügige Kursveränderung einstellen. Auch hierin begegnet uns ein Novum angesichts dessen, was im traditionellen Wertpapiergeschäft zu bewerkstelligen ist.

Risk-Management und Exposure-Management können zum **Präferenzmanagement** zusammengefasst werden. Das Präferenzmanagement erlaubt es Investoren, sich genau so zu positionieren, sich genau auf jene Weise und in dem Maße den abzusehenden Marktgeschehnissen auszusetzen, wie es erforderlich ist, um bei

- gegebener Markterwartung und
- gegebener Risikobereitschaft
- die günstigste Rendite zu erzielen.

In diesem Sinne führen kompetent gehandhabte Optionsstrategien zur Performance-Verbesserung, d. h., zu einem optimalen Verhältnis von Risiko und Ertrag. Dieser Sachverhalt wird in Abb. 2 illustriert.

Auf der senkrechten Achse sind unterschiedliche Grade des Risikos, auf der in die Tiefe reichenden die unterschiedlichen Markterwartungen und auf der dritten die zum optimalen Präferenzmanagement erforderlichen Optionsstrategien abgetragen.

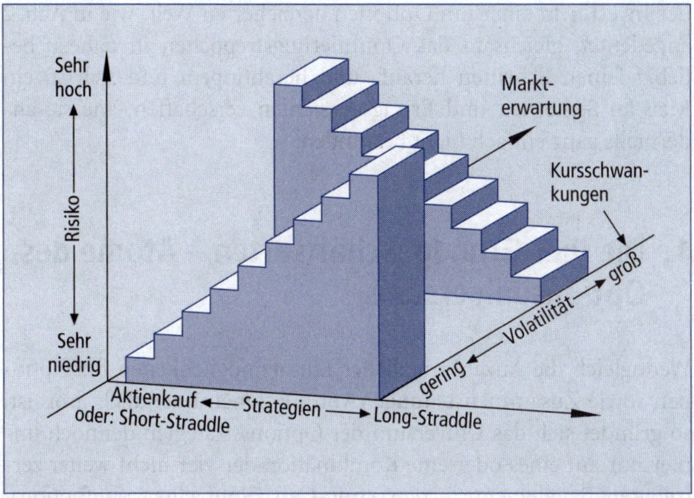

Abb. 2: Das Zusammenspiel von Risiko, Markterwartung und Optionsstrategie

In Abb. 2 ist exemplarisch für eine Markterwartung mit großen Kursschwankungen von unbekannter Ausschlagsrichtung die Möglichkeit der Risikodämpfung, welche die Optionsstrategie des Long-Straddles gegenüber einer bloßen Aktienposition erschließt, angedeutet. Gleichzeitig erkennt man auf Abb. 2, dass bei entgegengesetzter Markterwartung (geringe Kursschwankungen) der Long-Straddle mit viel, dagegen ein Aktienengagement und, in noch ausgeprägterem Maße, der Short-Straddle, mit wenig Risiko behaftet sind.

Der Short-Straddle wirft mit Sicherheit einen Gewinn ab, wenn die Kurse stabil, wenn sie unverändert bleiben. Er ist somit in stagnierenden Märkten wenig riskant – so wie eine Aktienposition auch; gleichzeitig aber erwirtschaftet man mit dem Short-Straddle gerade bei Kursstagnation den höchsten Gewinn, während eine Aktie nur bei Kursbewegungen Gewinne verzeichnen kann. Long-Straddle und Short-Straddle sind somit echte Erweiterungen des Strategienspektrums, welche dem Investor in einer optionslosen Welt vorenthalten bleiben. Durch verständige Wahl einer Optionsstrategie kann der Investor in einer um Optionen bereicherten Welt, wie in Abb. 2 angedeutet, gleichsam das Optimierungstreppchen in nahezu beliebig feinen Schritten herauf- und herabtippeln und sich so ein Maß an Sicherheit und Ertragsaussichten verschaffen, wie sie andernfalls ganz einfach nicht bestünden.

1. Die vier Grundgeschäftsarten – Atome des Optionsuniversums

Wenngleich die Anzahl nützlicher Einsatzmöglichkeiten für Optionen sowie Zusammenstellungen von Optionen unendlich groß ist, so gründet sich das Universum der Optionsstrategien dennoch immer nur auf eines oder eine Kombination der vier nicht weiter zerlegbaren Bauelemente – den **Long-Call** (Kauf einer Kaufoption), den **Short-Call** (Verkauf einer Kaufoption), den **Long-Put** (Kauf einer Verkaufsoption) und den **Short-Put** (Verkauf einer Verkaufsoption).

1.1 Was allen Optionen gemeinsam ist

Bevor wir auf diese vier Grundgeschäftsarten im Einzelnen eingehen, sei das allen Optionen Gemeinsame kurz festgehalten:

Eine Option ist ein Recht zum Kauf oder Verkauf einer Aktie, das durch Zahlung einer sogenannten **Optionsprämie,** den Preis der Option, erworben werden kann. Der Inhaber oder Käufer einer Option erwirbt dieses Recht vom Optionsverkäufer oder **Stillhalter** oder **Schreiber.** Macht der Inhaber der Option von dem erworbenen Recht Gebrauch, so spricht man von der **Ausübung** der Option. **Eine Option kann, muss aber nicht ausgeübt werden.**

Wird sie jedoch ausgeübt, so ist der Stillhalter dazu verpflichtet, dem Ausübungswunsch des Inhabers der Option Folge zu leisten. Bei Ausübung der Option erlischt das in ihr enthaltene Recht. Wenn keine Ausübung erfolgt, verfällt eine Option am Ende ihrer befristeten Lebensdauer bzw. Laufzeit.

Optionen, die jederzeit während ihrer Laufzeit ausgeübt werden können, nennt man amerikanische Optionen. Optionen, die nur am Ende ihrer Laufzeit ausgeübt werden können, sind als europäische Optionen bekannt. Die geographischen Bezeichnungen „amerikanisch“ und „europäisch“ haben heute ihre Bedeutung verloren, da beide Arten von Optionen sowohl in Amerika als auch in Europa gehandelt werden.

1.2 Calls und Puts

Unterscheidet man Optionen nach dem in ihnen enthaltenen Recht, so sind zwei grundlegende Typen von Optionen zu nennen:

- Kaufoptionen, sogenannte **Calls,** und
- Verkaufsoptionen, sogenannte **Puts.**

Es lohnt sich an dieser Stelle noch einmal zu wiederholen: Im Optionsgeschäft ist der Handelsgegenstand immer ein Recht,

- im Fall des Calls, das Recht etwas zu kaufen,
- im Fall des Puts, das Recht etwas zu verkaufen.

In beiden Fällen hat der Verkäufer des Rechts die unbedingte Pflicht, dem Ausübungswunsch, sofern dieser vom Käufer geäußert wird, Folge zu leisten. Es besteht also, wenn man so will, eine grundsätzliche Asymmetrie zwischen Käufer und Verkäufer – Ersterer kann, muss aber nicht von seinem Recht Gebrauch machen, letzterer hat unter allen Umständen der von ihm eingegangenen Verpflichtung nachzukommen, wenn und nur wenn dies von seinem Kontrahenten, dem Käufer der Option, verlangt wird.

1.2.1 Call (Kaufoption)

Die **Kaufoption** (Call) beinhaltet das Recht,

- einen zugrundeliegenden Gegenstand oder **Basiswert,** eine Aktie etwa,
- zu einem im Voraus bestimmten fixen Preis, dem **Ausübungspreis,**

- während (amerikanische Option) oder nur am Ende der **Laufzeit** (europäische Option) der Option

zu **kaufen.**

1.2.2 Put (Verkaufsoption)

Die **Verkaufsoption** (Put) beinhaltet das Recht

- einen zugrundeliegenden Gegenstand oder **Basiswert,** eine Aktie etwa,
- zu einem im Voraus bestimmten fixen Preis, dem **Ausübungspreis,**
- während (amerikanische Option) oder am Ende der **Laufzeit** (europäische Option) der Option

zu **verkaufen.**

Die unterschiedliche Situationen, in denen sich Käufer und Verkäufer bei Calls und Puts befinden, sind zusammenfassend in Abb. 3 wiedergegeben.

1.3 Long und short

Es ist wichtig, sich Folgendes bewusst zu machen und sich die dazugehörige Terminologie anzueignen: Um einen Call kaufen zu können, muss jemand diesen Call verkaufen; um einen Put kaufen zu können, muss jemand diesen Put verkaufen.

Wer eine Option kauft, der hat eine **Long-Position** oder, wie man auch sagen kann: Er ist die Option long. Wer eine Option verkauft, der hat eine **Short-Position** oder wie man auch sagt: Er ist die Option short.

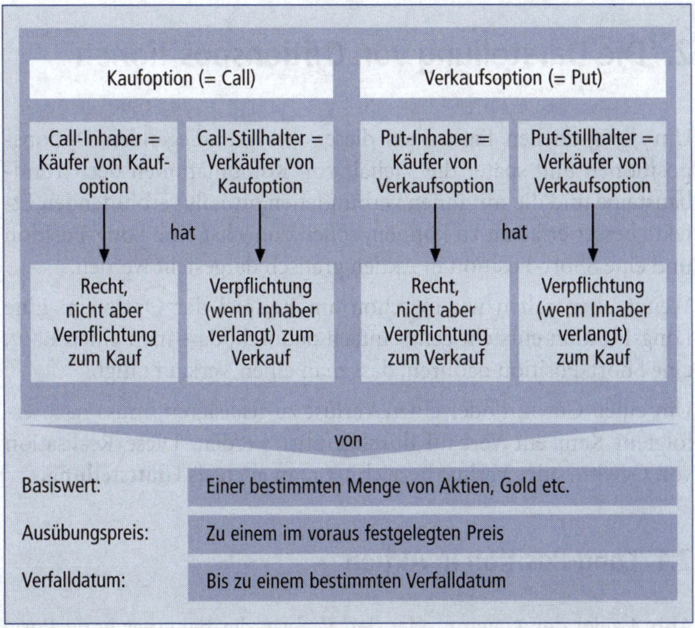

Abb. 3: Rechte und Pflichten bei der Ausübung von Optionen

1.4 Die vier Grundgeschäftsarten im Überblick

Die vier Grundgeschäftsarten im Optionshandel sind somit

- der **Long-Call,** eine Position, die durch Kauf der Kaufoption entsteht, und
- der **Short-Call,** eine Position, die durch Verkauf der Kaufoption entsteht, sowie
- der **Long-Put,** eine Position, die durch Kauf einer Verkaufsoption entsteht, und
- der **Short-Put,** eine Position, die durch Verkauf einer Verkaufsoption entsteht.

2. Die Darstellung von Optionspositionen

Um die speziellen Eigenarten dieser vier grundlegenden Optionspositionen und später die Vielfalt von Kombinationen der Grundbausteine und die mit ihnen verbundenen oftmals verblüffenden Effekte besser erfassen zu können, sollen zunächst eine Long-Position und eine Short-Position in Aktien grafisch dargestellt werden.

Weiter oben sahen wir es schon am Beispiel der Optionen: Eine Long-Position entsteht ganz einfach dadurch, dass man einen Kauf, eine Short-Position dadurch, dass man einen Verkauf tätigt.

Um einen Gewinn oder einen Verlust zu realisieren, muss nach erfolgtem Kauf ein Verkauf durchgeführt werden. Diese Realisation von Gewinn oder Verlust bezeichnet man auch als **Glattstellung.**

2.1 Long-Position in Aktien

Abb. 4 zeigt den Gewinn oder den Verlust, der bei einer Long-Position in Aktien zu einem beliebigen Stichtag (= Tag der Glattstellung) realisiert wird.

Auf der horizontalen Achse sind die verschiedenen zum Zeitpunkt der Glattstellung denkbaren Aktienkurse abgetragen. Die mit „Long-Aktie" bezeichnete Diagonale schneidet die horizontale Achse dort, wo der **Einstandskurs,** d. h. der Kurs, zu dem gekauft wurde, abgetragen ist.

Der Punkt, an dem sich horizontale und vertikale Achse treffen, bezeichnet die Gewinnschwelle oder den **Break-Even-Point,** wo weder Gewinn noch Verlust anfällt. Unterhalb dieses Punktes ist der Verlust € für € abgetragen. Auf der vertikalen Achse ist oberhalb der Stelle, an der die horizontale Achse auftrifft, der Gewinn € für € verzeichnet.

In dem von uns unterstellten Fall ist eine Aktie zu 100 € gekauft worden. Steigt der Aktienkurs bis zum Stichtag, an dem die Glattstellung erfolgt, sprich die erworbene Aktie wieder verkauft wird, auf 104 € wie in Abb. 4, so stellt sich ein Gewinn von 4 € ein. Fällt

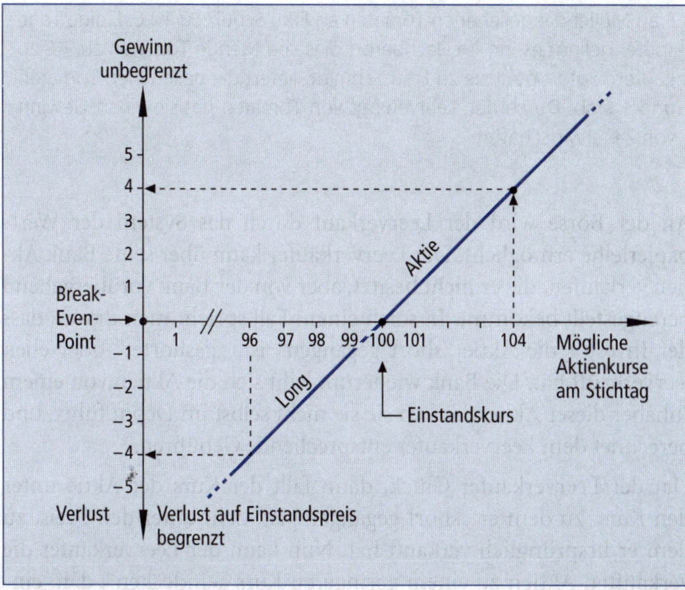

Abb. 4: Long-Position in einer Aktie

der Aktienkurs bis zum Stichtag, in unserem Beispiel auf 96 €, so entsteht ein Verlust in Höhe von 4 €.

Der Leerverkauf: Vor der Betrachtung der Short-Position in Aktien gilt es, ein auf den ersten Blick verwirrendes Phänomen zu untersuchen: den sogenannten **Leerverkauf.** Diese in der mitunter sehr ausdrucksstarken Sprache der Börsianer auch als Blankoverkauf, Windhandel oder Verkauf à découvert bezeichnete Form eines Handelsabschlusses stellt den Verkauf eines Handelsgegenstandes dar, den der Verkäufer (noch) nicht besitzt.

BEISPIEL: So schwer, wie man zunächst glaubt, ist das gar nicht zu verstehen. Es ist zum Beispiel durchaus nicht ungewöhnlich, dass ein Autohändler seinem Kunden ein Fahrzeug verkauft, das er zurzeit noch nicht besitzt. Oder man stelle sich vor, Frau Müller leiht sich Tomaten von Frau Schmidt. Frau Schmidt möchte dafür die gleiche Menge Tomaten und 1 € als Leihgebühr in einer Woche zurückerhalten. Sogleich verkauft

Frau Müller die geliehenen Tomaten an Frau Schulz zu 10 €. Einige Tage später gelingt es ihr, im Nachbarort dieselbe Menge Tomaten zu 7 € zu kaufen. Sofort geht sie zu Frau Schmidt, liefert die geliehenen Tomaten und 1 € ab. Durch den Leerverkauf von Tomaten hat sie einen Gewinn von 2 € erwirtschaftet.

An der Börse wird der Leerverkauf durch das System der Wertpapierleihe ermöglicht. Der Leerverkäufer kann über seine Bank Aktien verkaufen, die er nicht besitzt, aber von der Bank vorübergehend bereitgestellt bekommt. In solch einem Fall spricht man davon, dass der Investor die Aktie „short gegangen" ist, „geshortet" oder eben leerverkauft hat. Die Bank wiederum leiht sich die Aktien von einem Inhaber dieser Aktien, sofern sie sie nicht selbst im Depot führt, und berechnet dem Leerverkäufer entsprechende Gebühren.

Hat der Leerverkäufer Glück, dann fällt der Kurs der Aktie unter den Kurs, zu dem er „short gegangen" ist, d. h. unter den Preis, zu dem er ursprünglich verkauft hat. Nun kann der Leerverkäufer die verkauften Aktien zu einem geringeren Kurs „eindecken", d. h. einkaufen bzw. in Bestand nehmen, als den, zu dem er ursprünglich verkauft hatte. Er kann jetzt die geliehenen Aktien auslösen und, wenn der Kursrückgang groß genug war, alles in allem, d. h. nach Abzug der Gebühren, einen Gewinn einbehalten aus der Differenz zwischen Verkaufs- und Kaufpreis.

An Finanzplätzen wie denen der USA, wo das System der Wertpapierleihe und des Leerverkaufs selbstverständlich ist, rege genutzt wird und ein harter Konkurrenzkampf zwischen den Anbietern solcher Geschäfte besteht, erhält der Leerverkäufer sogar Geld für das Eingehen einer Short-Position – denn der Erlös aus dem Leerverkauf kann zinsbringend angelegt werden. In den USA ist das System der Wertpapierleihe mit dem des Effektenkredits wie folgt verknüpft: Ein Wertpapierinstitut räumt einem Kunden einen Effektenkredit zu, sagen wir, 10 % p. a. ein. Die mit dem Kredit erworbenen Aktien verbleiben dem Kreditgeber als Sicherheiten, die er zugleich berechtigt ist, an Leerverkäufer zu verleihen. Der Leerverkäufer wiederum erhält eine Zinsgutschrift von, sagen wir, 6 % p. a. auf seine Short-Position, in der allfällige Gebühren schon berücksichtigt sind. Das vermittelnde Wertpapierinstitut behält also für seine Dienste als Intermediär eine Zinsmarge von 4 % p. a. ein.

Damit man die Übersicht leichter bewahrt, sollte man sich im Hinblick auf Short-Positionen immer vergegenwärtigen, dass gilt:

$N = V - K + Z$

Dabei bedeuten:

N = Nettogewinn/-verlust bei Leerverkauf

V = Verkaufspreis (aus dem zuerst erfolgten Verkauf)

K = Kaufpreis (aus dem späteren Kauf)

Z = Zinsgutschrift

2.2 Short-Position in Aktien

Die Institution des Leerverkaufs ermöglicht also die zeitliche Umstellung von Kauf und Verkauf.

BEISPIEL: Vergleichen wir einen Anleger, der heute eine Aktie zu 1.000 € kauft, und einen anderen, der zum gleichen Zeitpunkt die Aktie zu 1.000 € leerverkauft. Beide wollen ihre Positionen eine Woche später glattstellen. Wenn der Kurs bis dahin auf 950 € herabsinkt, macht der Anleger mit der Long-Position einen Verlust von 50 €, da er zu 1.000 € gekauft hat und zu 950 € verkauft. Der Inhaber einer Short-Position in den gleichen Aktien macht einen Gewinn von 50 €, da er zu 950 € kauft und zuvor aber zu 1.000 € verkauft hatte.

Das Gewinn/Verlustprofil einer Short-Position ist das genaue Spiegelbild einer Long-Position. Dieser Sachverhalt ist in Abb. 5 grafisch wiedergegeben: Jede Einheit (= € oder andere zutreffende Währungseinheit), um die der Aktienkurs unter den Einstandskurs bis zum Stichtag gefallen ist, spiegelt sich bei der Short-Position als Gewinn, bei der Long-Position als Verlust wider. Umgekehrt schlägt sich jeder Aktienanstieg bei der Short-Position als Verlust, bei der Long-Position jedoch als Gewinn nieder.

Abb. 5 verdeutlicht diese Komplementarität von Long und Short. Ist der Inhaber einer Long-Position in der Gewinnzone, dann befindet sich die Short-Position in der Verlustzone und umgekehrt.

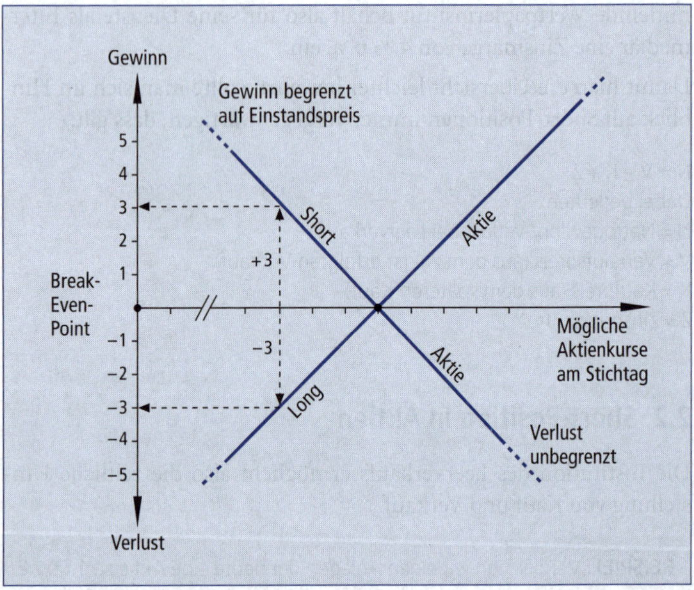

Abb. 5: Short-Position in einer Aktie

Diese Konstellation bietet sich deshalb auch dazu an, eine wichtige Eigenschaft der hier gewählten graphischen Notation anzusprechen. Es lassen sich nämlich aus zwei oder mehreren Strategien, in unserem Beispiel einer Long-Position und einer Short-Position in Aktien, durch Überlagerung der Gewinn/Verlustprofile der individuellen Positionen wieder neue Positionen und mit ihnen neue Gewinn/Verlustprofile herstellen.

Der Schlüssel hierzu liegt in einer ganz einfachen Regel. Diese besagt, dass sich durch Addition der vertikalen Abstände von der horizontalen Achse die Punkte des neuen Gebildes ermitteln lassen. Wer etwa sowohl eine Long-Position in Aktien als auch eine Short-Position in Aktien, im Sinne unseres Beispiels, eingenommen hat, der besitzt eine aggregierte, eine zusammengesetzte Position, die für jeden möglichen Aktienkurs am Stichtag weder einen Gewinn noch einen Verlust verursacht. Das ist so, weil die möglichen Gewinne der Long-Position von den zugleich entstehenden Verlusten der

Short-Position oder aber die möglichen Gewinne aus der Short-Position von den gleichzeitig auftretenden Verlusten aus der Long-Position ausgeglichen werden.

Geometrisch ergibt sich eine Linie, die mit der horizontalen Achse zusammenfällt. Addiert man nämlich, wie in Bild 5 aufgezeigt, den vertikalen Abstand der Long Position von der horizontalen Achse, der z. B. beim Preis von € 97 –3 beträgt, mit dem vertikalen Abstand der Short-Position von der horizontalen Achse, der bei diesem Preis +3 beträgt, erhält man 0. Das gleiche Resultat stellt sich für alle möglichen Preise der Aktie ein, da ja long und short sich stets ausgleichen. Worauf es hier vor allen Dingen ankommt: Es entsteht auf Grund der Überlagerung von Long-Position und Short-Position eine neue Investitionsform, die sich in ihrem Gewinn/Verlustverhalten von ihren jeweiligen Komponenten unterscheidet. Das Gewinn/Verlustprofil der zusammengesetzten neuen Investition hat die Form einer Geraden und die Eigenschaft der Risiko- und Ertragslosigkeit.

Ein letztes Wort zu den Annahmen, die der soeben eingeführten Darstellungsweise zugrunde liegen. Man geht davon aus, dass weder Transaktionskosten anfallen, noch Steuern zu zahlen sind. Außerdem tut man der Übersichtlichkeit zuliebe so, als erwarte der Investor keine Verzinsung. Denn der Break-Even-Point kann nur dann mit dem Einstandskurs zusammenfallen, wie in den Abb. 4 und 5 unterstellt, wenn der Investor für den zeitweisen Verzicht auf eine Summe Geldes keine Kompensation in Form eines positiven Ertrags erwartet. Anders ausgedrückt: Ein €, den er heute in eine Investition steckt, muss ihm in der Zukunft auch nur wieder einen € wert sein.

Doch nun zum ersten der vier Grundbausteine, dem Long-Call.

Bei der folgenden detaillierteren Diskussion des Long-Calls und der anderen Grundgeschäftsarten wird auch wieder von Transaktionskosten, Steuern und anderen Zusatzausgaben abgesehen. Überdies konzentrieren wir uns zunächst bei der Erläuterung der Grundgeschäftsarten auf deren Gewinn/Verlustverhalten am Verfalltag.

3. Long-Call oder Kauf einer Kaufoption

Abb. 6 zeigt das Gewinn/Verlustprofil eines Long-Calls am Verfalltag. In dem gewählten Beispiel wird unterstellt, dass der Optionskäufer durch die Zahlung einer Prämie in Höhe von 4 € das Recht erwirbt, eine Aktie zu 100 € zu beziehen.

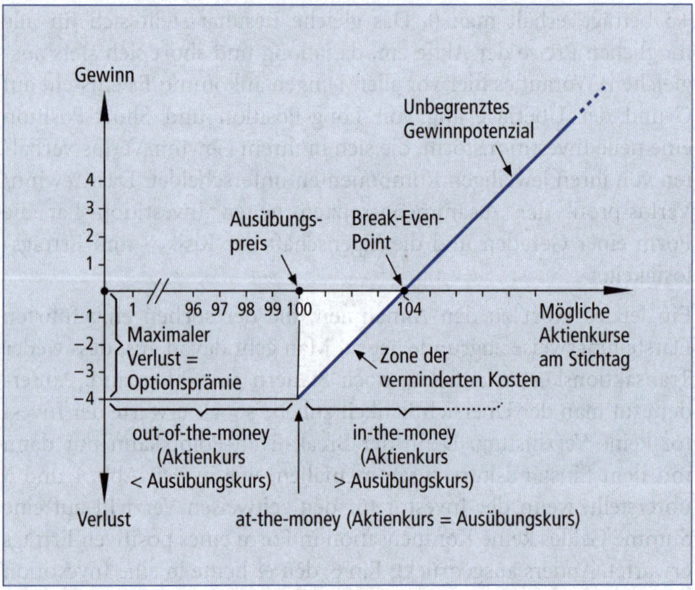

Abb. 6: Long-Call

3.1 In-the-money

Die Ausübung der Option lohnt, wenn der Aktienkurs über dem Ausübungspreis liegt. Diese Situation ist im Fachjargon mit dem Ausdruck belegt: Die Option ist **in-the-money** (im Geld). In diesem Fall kann nämlich die Aktie zu 100 € bezogen und zu einem höheren Kurs, z. B. 102 €, am Kassamarkt verkauft werden. Der resultierende Gewinn reduziert die Kosten des Optionserwerbs. Im obigen

Beispiel verringern sich die Anschaffungskosten von 4 € um 2 €. Der Bereich von Aktienkursen, die die Kosten des Engagements herabsetzen, jedoch keinen Nettogewinn bewirken, bezeichnet man als Zone der verminderten Kosten.

Steigt der Aktienkurs um den für die Option investierten Betrag, also z. B. von 100 € auf 104 €, ist die Gewinnschwelle, der Break-Even-Point, erreicht – weder Verlust noch Gewinn stellen sich ein. Jeder Anstieg darüber hinaus trägt dem Optionsinhaber einen Gewinn ein, der theoretisch unbegrenzt und tatsächlich sehr hoch sein kann.

Die Position des Long-Calls bietet dem Inhaber dieser Option den Vorzug, einerseits an Gewinnen teilhaben zu dürfen, die beliebig groß sein können, andererseits aber nur ein beschränktes Verlustpotential in Kauf nehmen zu müssen. Der maximale Verlust des Call-Inhabers beläuft sich auf den Betrag der Optionsprämie.

3.2 At-the-money und out-of-the-money

Dieser im Verhältnis zum Ausübungspreis geringe Verlust entsteht,

- wenn der Ausübungspreis und der Aktienpreis gleich sind, d. h. die Option, wie man sagt, **at-the-money** (am Geld) ist, oder aber
- wenn der Ausübungspreis über dem Aktienpreis liegt und die Option als **out-of-the-money** (aus dem Geld) bezeichnet wird.

Diese drei Begriffe – in-the-money, at-the-money und out-of-the-money – werden uns durch das ganze Buch begleiten. Es ist daher wichtig, dass man genau weiß, was sie bedeuten.

Abb. 7 zeigt deshalb die Bedeutung dieser Termini noch einmal in anderer Form. Die Begriffe – in-the-money, at-the-money und out-of-the-money – sind aus der Sicht des Long-Call-Inhabers definiert. Später, wenn wir die Position seines Kontrahenten betrachten, also die Position des Verkäufers einer Kaufoption, sollte kein Durcheinander aufkommen hinsichtlich der Begriffe in-the-money, out-of-the-money und at-the-money. Sie sind für ihn genauso wie für den Long-Call definiert.

	Call ist:
Aktienkurs > Ausübungspreis →	in-the-money
Aktienkurs = Ausübungspreis →	at-the-money
Aktienkurs < Ausübungspreis →	out-of-the-money

Abb. 7: Mögliche Stadien eines Calls

Die Ausübung einer At-the-money-Option ist nicht in Betracht zu ziehen, weil der Wiederverkauf der bezogenen Aktie zwar keinen Verlust, aber auch keinen Gewinn einbringt und deshalb nicht einmal zur Kostenreduktion beiträgt – und in praxi einen Verlust durch unnötige Transaktionskosten verursachen dürfte. Von der Ausübung einer Out-of-the-money-Option ist ohnehin abzuraten. Welchen Sinn hätte es, eine Aktie durch Ausübung einer Option zu einem höheren Preis als den am Kassamarkt geforderten zu kaufen?

3.3 Volle Teilnahme am Gewinnpotential bei geringerem Kapitaleinsatz

Einer der Gründe, welcher Investoren bewegt, Calls zu kaufen liegt in der Tatsache, dass diese Instrumente die volle Teilnahme an einer profitablen Kursentwicklung der zugrundeliegenden Aktie ermöglichen, zugleich aber einen bedeutend geringeren Kapitaleinsatz erfordern als bei einer Direktinvestition in der Aktie.

BEISPIEL: In unserem Beispiel etwa verhält es sich so, dass ein Aktienkäufer, der eine Aktie für 100 € kauft, einen Gewinn in Höhe von ((106 € – 100 €)/100 € = 0,06 =) 6 % seiner Ausgaben erzielt, wenn die Aktie auf 106 € ansteigt und verkauft wird. Der Call-Inhaber hingegen muss nur 4 € statt 100 € bezahlen, um am gleichen Kursanstieg teilzunehmen. Denn er übt die Option aus, zahlt 100 €, verkauft sie aber zu 106 €. Er macht damit einen Gewinn in Höhe von ((6 € – 4 €)/4 € =

0,5 =) 50 % seiner ursprünglichen Ausgabe. Und das bei einem Kapitaleinsatz, der lediglich 4 % des Kapitaleinsatzes der alternativen Direktinvestition ausmacht.

Calls senken auf Grund des geringen mit ihnen verbundenen Kapitaleinsatzes das Niveau der Eintrittsschranken für Investoren von Risikokapital. Auch verhältnismäßig kleine Anleger können nun mit ihrem geringen Risikokapital, Geld, das man sich zu verlieren leisten kann, auf eine Hausse, einen steigenden Markt (= bull market), spekulieren.

3.3.1 Der Hebeleffekt (Leverage)

Der Kapitaleinsatz ist geringer und damit die prozentuale Reagibilität des Werts der Option auf Veränderungen des Aktienkurses sehr viel größer als die des Werts einer Direktinvestition in die Aktie. Man nennt dies **Hebeleffekt** oder **Leverage.**

3.3.2 Die Gefahr des Totalverlusts

Diese hohe Reagibilität ist ein zweischneidiges Schwert. So wie sich recht schnell dramatisch hohe prozentuale Gewinne einstellen, kommt es bei ungünstiger Kursentwicklung auch ganz rasch zum Totalverlust.

Wäre der Kurs der Aktie bei 100 € stehengeblieben, so dass eine Ausübung nicht lohnen würde, wäre der Aktienbesitzer nicht ärmer und nicht reicher als beim Kauf der Aktie, der Call-Inhaber hingegen würde 100 % seines Einsatzes, nämlich die 4 € an Optionsprämie, verlieren.

3.3.3 Begrenztes und im Voraus bekanntes Verlustpotential

In absoluten Beträgen jedoch hält sich der Verlust durchaus in Grenzen. Außerdem ist von vornherein bekannt, dass der maximale Verlust, ganz gleich wie tief die Aktie stürzen mag, nicht höher als die Optionsprämie sein kann.

Auch ist zu bedenken, dass bei einer Direktinvestition Opportunitätskosten gegenüber der Optionsstrategie anfallen. Man muss nämlich mit der für 4 € erworbenen Long-Call-Position immerhin 96 € weniger investieren. Dieses Geld kann wieder angelegt werden. Das so entstehende Einkommen kann zum Ausgleich von Verlusten oder zur Erhöhung von Gewinnen beitragen.

3.3.4 Vorsicht: Begrenzte Laufzeit von Optionen

Bei all diesen Überlegungen muss man sich immer darüber im Klaren sein, dass Aktienoptionen in der Regel eine sehr kurze Lebensdauer (oft nur wenige Monate), verglichen mit den ihnen zugrundeliegenden Aktien, besitzen. Nach Ablauf des kurzen Zeitraums ihres Bestehens verfällt die Option unweigerlich. Wenn sich also während (amerikanische Option) oder nach Ablauf (europäische Option) der Laufzeit keine Konstellation einstellt, die es zulässt, die Optionsposition mit Gewinn glattzustellen oder auszuüben, verpufft der Einsatz unwiederbringlich – 100 % des Einsatzes sind vernichtet. Der Aktieninhaber kann demgegenüber im Prinzip beliebig lange an seiner Positon festhalten und Zeiten abwarten, in denen seine Aktien wieder kräftig ansteigen.

Ungeachtet dieser Gefahren kann der Kauf von Calls auch eher konservativen Gründen dienen.

3.3.5 Die 90/10-Regel

BEISPIEL: Nach Eröffnung der Eurex verzichtet eine konservative Investorin, die traditionell einen gewissen Prozentsatz ihres Vermögens in Aktien anlegt, auf Direktengagement in einer ihr interessant erscheinenden Aktie und kauft statt dessen unter wesentlich geringerem Kapitaleinsatz Calls auf diese Aktie. Das eingesparte Kapital legt sie in risikolosen Rentenpapieren an. Gegenüber einer Direktinvestition in Aktien ist damit ihr Risiko wesentlich stärker eingeschränkt: Denn sie kann nur den kleinen Teil Geldes, den sie in Calls anlegt, und mit Sicherheit niemals mehr als diesen, verlieren. Gleichzeitig sind ihre Gewinnaussichten nicht wesentlich geringer als bei der Direktinvestition, da sie, abgesehen von den Ausgaben beim Erwerb der Calls, am vollen Gewinnpotential der Aktie teilnimmt.

Spielen wir diese verständlicherweise sehr beliebte und unter dem Namen 90/10 bekannte Strategie an einem konkreten Beispiel durch. Die Bezeichnung 90/10 kommt übrigens von einer Faustregel, die besagt, man solle 90 % seines Geldes sicher, z. B. in Rentenpapieren, und 10 % in Optionen anlegen, um den soeben geschilderten Effekt zu erzielen. Man muss kaum dazu sagen, dass natürlich jeder für sich sorgfältig prüfen muss, welche Investitionen in welchen Proportionen getätigt werden sollten.

BEISPIEL: Der Betrachtungszeitraum belaufe sich auf ein Jahr. Der ursprüngliche Kapitaleinsatz zu Beginn sei 1.000. 000 €, die zunächst in sichere Anleihen investiert werden. Nehmen wir an, unserer Investorin erwachsen aus diesem Rentenportefeuille, das 6 % p. a. rentiert, halbjährliche Zinseinnahmen in Höhe von 30.000 €. Als ihr wieder 30.000 € zufließen, erscheint ihr gerade die Aktie der Firma Fesch außerordentlich vielversprechend. Ihr Kurs liegt bei 100 €. Ein Call auf diese Aktie mit einer Laufzeit von sechs Monaten und einem Ausübungspreis von 100 € kostet zurzeit 4 €.
Die Dame entschließt sich kurzerhand, eine Zehe in den Optionsteich zu stecken: Von den 30.000 € legt sie zwar immer noch 10.000 € sicher in Termingeld an, das zu 4 % p. a. rentiert – die verbleibenden 20.000 € jedoch benutzt sie, um Calls zu kaufen. Da ein Call pro Aktie 4 € kostet, kann sie sich durch ihre Optionsinvestition das Bezugsrecht auf 5.000 Aktien sichern.
Nach einem halben Jahr ist die Aktie bei einem Kurs von 125 € angelangt. Die Dame schreitet entzückt zur Ausübung, zahlt 5.000 × 100 € = 500.000 € für den Bezug der Aktien, die sie wiederum umgehend am Kassamarkt zu einem Gegenwert von 5.000 × 125 € = 625.000 € veräußert.
Neben diesem außerordentlichen Gewinn in Höhe von 125.000 € erhält sie 200 € als Zinsertrag aus der halbjährlichen Anlage der 10.000 € zu 4 % p. a. und 10.000 € auf Grund der Rückzahlung des in Termingeld angelegten Geldes, sowie 30.000 € halbjährlicher Zinszahlungen aus dem Rentenportefeuille. Summa summarum erwirtschaftet die Strategie einen Gesamtbetrag in Höhe von 165.200 € oder eine Rendite von 16,52 % p. a. des ursprünglich eingesetzten Kapitals von 1.000.000 €.
Hätte sie stattdessen die Zinseinnahmen aus dem Rentenportefeuille nicht in Optionen, sondern gänzlich in risikolosem Termingeld angelegt, wären ihr nach einem Jahr 30.000 € halbjährlicher Zinszahlungen aus

dem Rentenportefeuille, 30.000 € durch Rückzahlung des schon nach einem halben Jahr als Termingeld angelegten Zinsertrags sowie 600 € halbjährlicher Zinsertrag der Termingeldanlage von 30.000 € (4 % p. a., 2 % für ein halbes Jahr) – summa summarum also nur 60.600 € oder 6,06 % p. a. des eingesetzten Kapitals als effektiver Vermögenszuwachs nach einem Jahr zugeflossen.
Sie hat also durch das 90/10-Verfahren 104.600 € mehr verdient als ohne den Einsatz von Optionen. Sie hätte noch viel mehr verdienen können. Der Aktienkurs hätte ja noch höher steigen können – auf 140 €, 180 € – er hätte aber auch fallen können! Wie sieht also eigentlich der GAU, der größte anzunehmende Unfall der Strategie aus?
Der tritt schon ein, wenn der Aktienkurs stagniert, am Ende der Laufzeit der Option noch immer oder schon wieder bei 100 € liegt. Dann nämlich lohnt die Ausübung der Calls nicht: 20.000 €, der Betrag, der in Calls angelegt wurde, ist verloren. Der Zinsertrag aus der Wiederanlage des Termingeldertrags bringt 200 €, die Rückzahlung der Termingeldanlage 10.000 € und die zweite Zinszahlungen aus dem Rentenportefeuille 30.000 €. Im schlimmsten aller möglichen Fälle stünde ein Vermögenszuwachs in Höhe von 40.200 € und damit eine Rendite von nie weniger als 4,02 % p. a. einem Ertrag von 60.600 € und also einer Rendite von 6,06 % p. a. gegenüber.

Während also das Verlustpotential der im Stile der 90/10-Regel verlaufenden Optionsstrategie gegenüber der sicheren Strategie auf eine verhältnismäßig geringe Unterschreitung der sicheren Rendite beschränkt werden kann, ist das Gewinnpotential, die Höhe der Überschreitung der sicheren Rendite, unbegrenzt. Diese Asymmetrie von Risiko und Chance verbessert das Risiko-Ertragsverhältnis für den, der bereit ist, die Möglichkeit geringer unterdurchschnittlicher Erträge als Preis für die Möglichkeit sehr hoher Erträge hinzunehmen.

Grundsätzlich besteht für den Nutzer von Calls also die Möglichkeit, sich rückzuversichern gegen die irrtümliche Annahme einer negativen Marktentwicklung. Er kann nämlich mit einem verhältnismäßig geringen Kapitaleinsatz engagiert bleiben für den Fall, dass die Kurse doch steigen. Hierzu sei beispielhaft eine Abwandlung dieses Gedankens vorgestellt.

3.3.6 Absicherung von Leerverkäufen

Eine Anlegerin mag etwa einen anhaltenden Kursabfall antizipieren und unternimmt deshalb Leerverkäufe am Aktienmarkt. Um sich gegen einen kostspieligen Irrtum abzusichern, kauft sie At-the-money-Calls. Steigen die Kurse wider Erwarten, erleidet sie durch Ausübung der Calls einen klar begrenzten und von vornherein abzusehenden Maximalverlust.

BEISPIEL: Leerverkauf einer Aktie zu 350 € und Kauf eines Calls mit einem Ausübungspreis von 345 € sowie einer Prämie in Höhe von 10 €. Die Aktien steigen auf 400 €. Es entsteht ein drohender Verlust aus Glattstellung des Leerverkaufs in Höhe von 50 €. Statt einer Glattstellung durch Kauf im Aktienmarkt, erfolgen die Ausübung der Option und Glattstellung der Short-Position in Aktien durch Andienung der durch Optionsausübung erworbenen Aktien. Der Verlust ist auf 355 € – 350 € = 5 € begrenzt.
Einen positiven Ertrag erwirtschaftet sie, sofern der Kursrückgang groß genug ist, um mit dem bei Glattstellung im Aktienmarkt erzielten Gewinn die Kosten der Optionsinvestition zu übertreffen. Das wäre der Fall, wenn die Aktie z. B. auf unter 340 € gefallen wäre. Zum Beispiel auf 339 €. Denn der Leerverkauf der Aktie erbrachte 350 €, abzüglich der Kosten für den Aktienkauf zu 339 € und der Kosten des Calls von 10 € (Kosten insgesamt 349 €), verbleibt ein Gewinn von 1 €.

3.3.7 Calls als zeitliche Brücke

Calls können auch als zeitliche Brücke dienen. Man stelle sich vor, der Kurs einer Aktie habe ein historisches Tief erreicht und erscheint einem Investor angesichts guter Aussichten der Firma deshalb ungewöhnlich attraktiv. Der interessierte Investor hat allerdings den Großteil seines Geldes noch einige Wochen oder Monate anderweitig gebunden. Durch den Kauf entsprechender Calls könnte er sicherstellen, dass er zum Zeitpunkt der Verfügbarkeit seines Geldes die Aktien dennoch zum heutigen Kurs kaufen kann.

3.3.8 Diversifikation

Mit Calls rückt auch gerade für den kleineren Investor das Absicherungsprinzip der Diversifikation in größere Nähe, weil mit einem bestimmten Kapital Engagements in einer größeren Anzahl verschiedener Aktien möglich werden.

4. Short-Call oder Verkauf einer Kaufoption

Es gilt der Grundsatz: kein Long-Call ohne Short-Call. Die oben besprochene Long-Position in einem Call kann nur eingenommen werden, wenn sich ein Kontrahent findet, der die andere Seite des Handels zu übernehmen, d. h. einen Call zu schreiben, zu verkaufen, oder wie man auch sagt, short zu gehen, bereit ist. Wenn also jemand einen Call mit einem Ausübungspreis von 100 € zu 4 € kauft, so muss jemand anderer einen Call mit einem Ausübungspreis von 100 € zu 4 € verkauft haben.

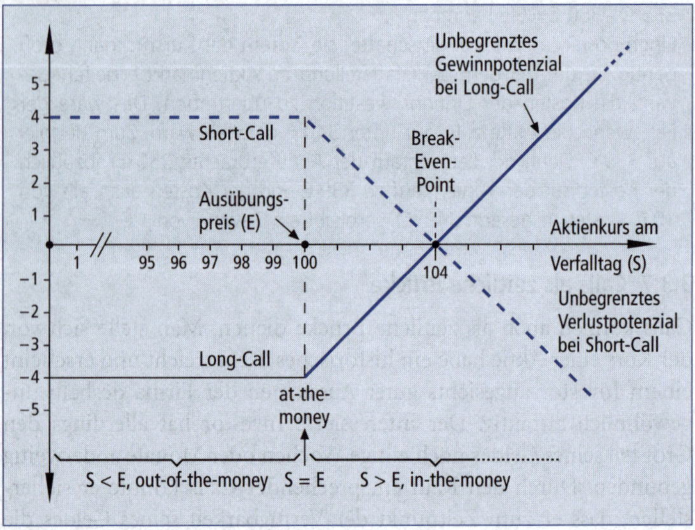

Abb. 8: Long-Call und Short-Call

4.1 Formen des Calls

Der Short-Call ist in Abb. 8 mit gestrichelter Linie angedeutet. Apropos: Wir fügen uns der auch in der deutschsprachigen Literatur oft befolgten Konvention, den **Ausübungspreis** mit **E** (= exercise price) und den Aktienpreis mit **S** (= stock price) zu bezeichnen.

Steigt der Aktienkurs über den Ausübungspreis von 100 €, so gerät der Short-Call in die Zone des verminderten Gewinns. Wäre der Aktienkurs am Verfalltag 102 €, müsste der Short-Call im Falle der Ausübung der Option durch den Long-Call diesem die zugrundeliegende Aktie zu 100 € andienen. Der Verlust von 2 €, der sich daraus ergibt, dass die Aktie zu 102 € am Kassamarkt erworben, jedoch dem Long-Call zu nur 100 € verkauft werden muss, schmälert die Prämieneinnahme und damit den Nettogewinn des Short-Calls von 4 € auf 2 €. Der Break-Even-Point ist erreicht, wenn sich dieser Verlust auf die volle Prämienhöhe beläuft. Kurssteigerungen, die über 104 € hinausgehen, tragen dem Short-Call wachsende Nettoverluste ein.

4.1.1 Begrenzter Gewinn, unbegrenztes Verlustpotential des Verkäufers eines Calls

Wie man aus Abb. 8 ersieht, macht der Schreiber, d. h. der Verkäufer eines Calls, bestenfalls einen auf die an ihn gezahlte Optionsprämie begrenzten Gewinn – hier 4 €. Dem unbegrenzten Gewinnpotential des Long-Calls (Käufer des Calls) steht das unbegrenzte Verlustpotential des Short-Calls (Verkäufer des Calls) gegenüber. Dem maximalen Verlust des Long-Calls entspricht der maximale Gewinn des Short-Calls.

4.1.2 Long-Call und Short-Call – spiegelverkehrte Abbilder voneinander

Beim Short-Call ist alles genau umgekehrt wie beim Long-Call. Was des einen Freud, ist des anderen Leid: Die Gegenüberstellung von Long-Call und Short-Call verdeutlicht, dass jedweder Gewinn des Call-Inhabers vom Call-Stillhalter als Verlust verbucht werden muss, und dass ersterer verringerte Kosten hat, wenn letzterer verringerten Gewinn verzeichnet und umgekehrt.

4.2 Optionen – ein Nullsummenspiel

Die Tatsache, dass der Short-Call das spiegelverkehrte Abbild des Long-Calls ist, zeigt einen wesentlichen Gesichtspunkt der Optionsmärkte auf. Der Optionshandel stellt ein Nullsummenspiel dar. Das heißt: Was der eine gewinnt, verliert der andere.

4.2.1 Heterogene Marktteilnehmerschaft – Voraussetzung für Liquidität

Die Marktteilnehmerschaft im Optionsgeschäft sollte deshalb möglichst heterogen sein, d. h. sich aus Individuen und Institutionen mit ganz unterschiedlichen Erwartungen, Einschätzungen, Risikopräferenzen und zeitlichen Investitionshorizonten zusammensetzen. Denn wie das Beispiel der zwei Call-Positionen erkennen lässt, kann ein Call-Geschäft nur zustandekommen, wenn sich Menschen mit unterschiedlichen Vorstellungen über die Marktentwicklung begegnen.

4.2.2 Strategien mit dem Short-Call

Der Verkäufer eines Calls erwartet nämlich im Gegensatz zum Käufer des Calls, der deutliche Kursgewinne voraussieht, einen stagnierenden oder leicht fallenden Markt.

Bei ausgeprägtem Kurspessimismus wäre der Short-Call unangebracht, weil der sogenannte Long-Put, wie wir gleich sehen werden, mit jedem Punkt, um den die Aktie fällt, größeren Gewinn einträgt, während der Gewinn beim Short-Call auf die Optionsprämie beschränkt bleibt.

Ungedeckter (naked) Short-Call:

Im reinen oder nackten oder „naked" Short-Call sieht sich der Investor, wie wir aus dessen unbegrenztem Verlustpotential bereits ersahen, einer extrem riskanten Situation ausgesetzt. Der (naked) Short-Call, auch schon fälschlich als „nacktes kleines Freudenmädchen" übersetzt worden, liegt dann vor, wenn sich die anzudienenden Aktien noch nicht im Besitz des Call-Schreibers befinden.

Wenn eine Ausübung erfolgt, muss die zugrundeliegende Aktie zu einem festen Preis angedient werden. Die Aktie kann grundsätzlich aber zwischenzeitlich im Kassamarkt beliebig teuer geworden sein, so dass erhebliche Verluste bei der Eindeckung entstehen könnten.

Sicherheitenstellung beim Short-Call:
Wegen des hohen Risikos dieser Position ist der Call-Schreiber dazu verpflichtet, Sicherheiten zu hinterlegen. Um eine Überfrachtung mit Details zu vermeiden, möge an dieser Stelle eine „Pi-mal-Daumen"-Vorstellung von der Höhe der Sicherheiten genügen: Diese bewegen sich in gut funktionierenden Optionsmärkten in einer Bandbreite, die sich aus der vollen Optionsprämie zuzüglich eines Prozentsatzes (5 % – 30 %) des aktuellen Kurswerts der zugrundeliegenden Aktie zusammensetzt. Auf das Thema der Sicherheitenstellung gehen wir am Schluss des Kapitels kurz ein.

Short-Call bei stagnierenden, leicht steigenden oder leicht fallenden Aktienkursen:
Der Schreiber eines Calls muss sich also schon sehr sicher sein, dass der Markt stagnieren oder nur um soviel steigen wird, dass die Ausübung für den Long-Call nicht in Frage kommt, und der Call-Verkäufer so die ungeschmälerte Einnahme aus dem Optionsverkauf als Gewinn verbuchen darf.

Wichtig

Bei aktivem Handel vor Verfalltag kann der Short-Call auch bei fallenden Kursen Gewinn erbringen

Wir betrachten zu Einführungszwecken und um der klaren Darstellung des Grundsätzlichen willen in diesem Kapitel nur Gewinne und Verluste am Verfalltag. Der Vollständigkeit halber sei hier dennoch folgender Vorgriff auf das nächste Kapitel erlaubt. Durch entsprechende Glattstellungsmaßnahmen kann sich der Verkäufer eines Calls seiner Verpflichtungen bereits vor Verfall der Option entledigen. Wir gehen später noch in diesem Kapitel auf die Einzelheiten eines solchen Vorgehens ein. Wir werden dann sehen, dass der Kauf eines Calls (Long-Call) durch den Verkauf eines Calls (Short-Call) mit identischen Kontraktspezifikationen (Ausübungspreis, Verfalldatum etc.) und der Verkauf eines Calls (Short-Call) durch den Kauf eines Calls (Long-Call) mit identischen Kontraktspezifikationen glattgestellt werden können. Wir werden ebenfalls sehen, dass Calls, ceteris paribus, steigen (fallen), wenn der zugrundeliegende Aktienkurs steigt (fällt). Das bedeutet insbesondere, dass ein Short-Call bei fallenden Aktienkursen durch Einnahme einer Long-Call-Position profitabel glattgestellt werden kann: Der ursprüngliche Verkauf des Calls (Einnahme einer Short-Call-Position) würde in solch einem Fall zu einem höheren Kurs als der zur Glattstellung erforderliche Kauf eines Calls mit identischen Kontraktspezifikationen (Einnahme einer Long-Call-Position) erfolgen.

Die Möglichkeit vorzeitiger Glattstellung ist von großer Bedeutung, da sie ein Sichlösen aus riskanten Positionen erlaubt. D. h. mehr Investoren werden sich dazu bereit finden, Positionen wie den Short-Call einzunehmen, da sie darauf rechnen können, sich bei drohender Gefahr durch Glattstellung aus Ihnen zurückziehen zu können. Hierin besteht ein wichtiges Novum der DTB (der jetzigen EUREX) und anderer moderner Optionsbörsen. Vor Gründung der DTB waren Verkäufer von Optionen in der Bundesrepublik Deutschland bis zum Verfall an ihre Positionen und die damit verbundenen Pflichten gebunden.

Covered-Short-Call:

Sicherheiten werden nicht benötigt, wenn ein Call-Schreiber die bei Ausübung anzudienenden Aktien bereits im Bestand hält. In einem solchen Fall spricht man von einem gedeckten Short-Call oder Covered-Call-Write.

Der Verkäufer eines Covered-Short-Calls erwartet stagnierende Aktienkurse. Durch die Anreicherung seines Aktienbestands mit gedeckten Calls sichert er sich ein zusätzliches Einkommen über den Zufluss der Optionsprämie. Dieses Einkommen reduziert die Anschaffungskosten und somit auch den Break-Even-Point der Aktienposition, gegen die der Call geschrieben wird. Wenn der Aktienkurs nur gering ansteigt, sodass die Ausübung für den Call-Inhaber nicht lohnt, partizipiert der Covered-Short-Call zudem an Gewinnen aus dem Aktienbestand. Dieser Vorteil wird durch die Hingabe des Gewinnpotentials bei Aktienkursen oberhalb des Ausübungspreises des Calls erkauft.

Bei Aussicht auf deutlich fallende Aktienkurse wäre wohl eher die Absicherung durch eine Verkaufsoption angebracht. Gleichwohl, bei fallenden Kursen dienen die Einnahmen aus dem Optionsverkauf beim Covered-Short-Call zur Dämpfung auftretender Verluste im Aktienbestand – sie reduzieren also die Wertminderung des Gesamtportefeuilles. Nachhaltig steigende Kurse bringen Opportunitätskosten mit sich, denn bei entsprechender Kursverbesserung wird die Ausübung des Calls verlangt werden, wobei Aktien an den Käufer der Option zu einem unter dem am Kassamarkt erzielbaren Kurs veräußert werden müssen.

In einem fallenden, stagnierenden oder leicht steigenden Markt fährt der Anleger, der Calls auf seinen Aktienbestand schreibt, besser, als wenn er sich auf eine reine Aktienposition beschränkt.

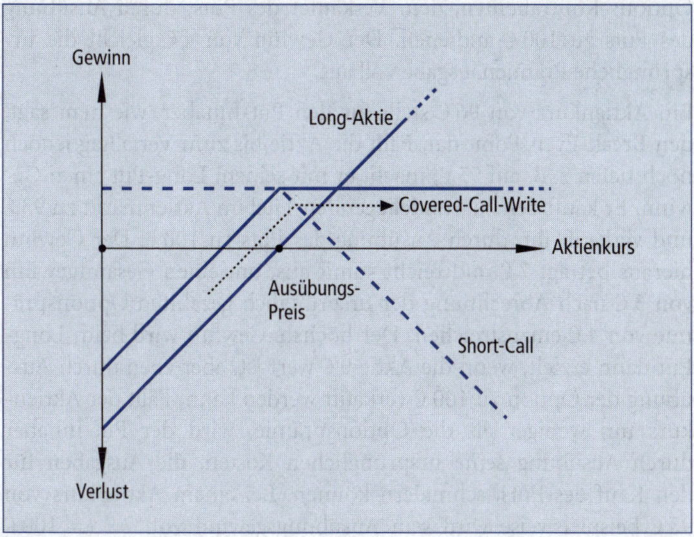

Abb. 9: Covered-Short-Call

Das Profil dieser zusammengesetzten Position ergibt sich, wie beschrieben, aus der Überlagerung zweier verschiedener Profile – einer Long-Position in Aktien und eines Short-Calls.

5. Long-Put oder Kauf einer Verkaufsoption

Das Gegenstück eines Calls ist der Put. Der Käufer eines Puts (Verkaufsoption) profitiert von Kursrückgängen der zugrundeliegenden Aktie, da er bei Ausübung der Option die Stücke zu einem über dem Marktpreis liegenden Ausübungspreis veräußern kann.

Abb. 10 ist zu entnehmen, dass ein Long-Put, der zu 4 € erworben ist und einem das Recht gibt, eine zugrundeliegende Aktie zu 100 € durch Ausübung des Puts zu verkaufen, am letzten Tag seiner Gültigkeit, am Verfalltag also, seinem Besitzer weder einen Gewinn noch einen Verlust einträgt, wenn die Aktie um den Betrag der Optionsprämie gefallen ist. Dann nämlich kann er den zugrundeliegenden Wert im Aktienmarkt zu 96 € erwerben und ihn seinem Options-Kontrahenten, dem Verkäufer des Puts, durch Ausübung des Puts zu 100 € andienen. Der Gewinn von 4 € gleicht die ursprüngliche Prämienausgabe voll aus.

Ein Aktienkurs von 96 € stellt für den Put-Inhaber, wie man sagt, den Break-Even-Point dar. Fällt die Aktie bis zum Verfalltag jedoch noch tiefer, z. B. auf 93 €, macht er mit seinem Long-Put einen Gewinn. Er kauft den zugrundeliegenden Titel im Aktienmarkt zu 93 € und verkauft ihn durch Ausübung des Puts zu 100 €. Der Gewinn hieraus beträgt 7 € und reicht somit aus, um einen Gesamtgewinn von 3 € nach Abrechnung der ursprünglich gezahlten Optionsprämie von 4 € einzustreichen. Der höchste Gewinn wird beim Long-Put dann erzielt, wenn die Aktie 0 € wert ist, aber eben durch Ausübung der Option zu 100 € verkauft werden kann. Fällt der Aktienkurs um weniger als die Optionsprämie, wird der Put-Inhaber durch Ausübung seine ursprünglichen Kosten, die Ausgaben für den Kauf des Puts, schmälern können. Bei einem Aktienkurs von 98 € beispielsweise wird sein Ausübungsgewinn von 2 € (= 100 € – 98 €) die Kaufkosten des Puts von 4 € auf 2 € reduzieren. Ist der

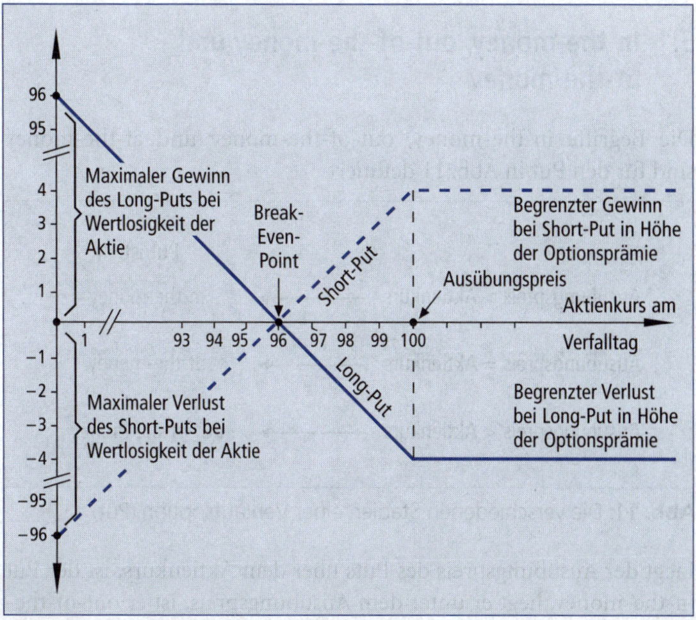

Abb. 10: Long-Put und Short-Put

Aktienkurs identisch mit dem Ausübungspreis, lohnt die Ausübung ebenso wenig, wie wenn der Aktienkurs über dem Ausübungspreis liegt. In diesen Fällen verfällt der Long-Put wertlos und sein Besitzer erleidet den Maximalverlust dieser Strategie, der gleich dem Preis der Option, also 4 €, ist. Beim Long-Put sind mithin sowohl Gewinne als auch Verluste absolut begrenzt. Der maximale Verlust entspricht der Optionsprämie. Der maximale Gewinn ist erreicht, wenn die zugrundeliegende Aktie quasi umsonst zu erwerben ist und beläuft sich somit in Höhe des Ausübungspreises (abzüglich der Optionsprämie).

5.1 In-the-money, out-of-the-money und at-the-money

Die Begriffe in-the-money, out-of-the-money und at-the-money sind für den Put in Abb. 11 definiert.

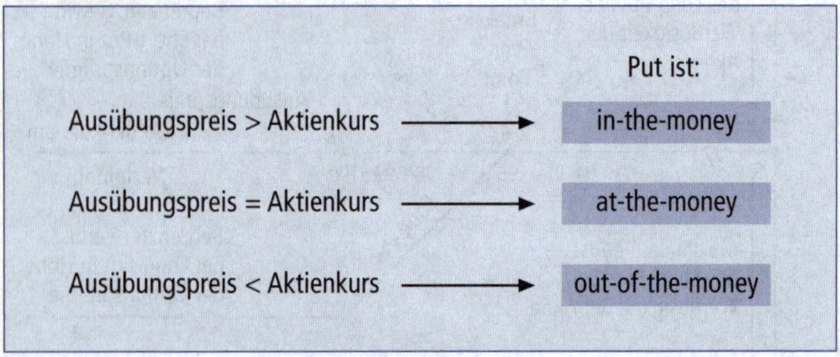

Abb. 11: Die verschiedenen Stadien einer Verkaufsoption (Put)

Liegt der Ausübungspreis des Puts über dem Aktienkurs, ist der Put in-the-money, liegt er unter dem Ausübungspreis, ist er out-of-the-money, und wenn der Ausübungspreis mit dem Aktienkurs übereinstimmt, ist der Put at-the-money. Wenn man diese Begriffe verwendet, so muss man daran denken, dass sie immer aus der Sicht des Inhabers einer Long-Put-Position, also dessen, der eine Verkaufsoption besitzt, zu sehen sind.

So lässt Abb. 10 erkennen, dass ein Long-Put at-the-money oder out-of-the-money ist und somit unter Verlust des Gesamteinsatzes in Höhe der Optionsprämie am Ende der Laufzeit verfällt, wenn der Aktienpreis gleich dem Ausübungspreis oder höher als der Ausübungspreis ist. Denn die Ausübung des Out-of-the-money-Puts würde absurderweise dazu führen, dass man die Aktien unter ihrem marktgängigen Preis verkauft.

Der Long-Put teilt mit dem Long-Call die Eigenschaft der Hebelwirkung: Für einen verhältnismäßig geringen Betrag kann man von Kursrückgängen der zugrundeliegenden Aktie in fast vollem Umfang profitieren, wie das beim wesentlich kapitalaufwändigeren Direktengagement möglich wäre.

BEISPIEL: Eine Anlegerin kauft für 10 € einen At-the-money-Put mit Ausübungspreis 350 €. Am Verfalltag steht die zugrundeliegende Aktie bei 300 €. Mit einem Einsatz von nur 10 € erzielt sie einen Nettogewinn von 40 €. Das entspricht einem Ertrag in Höhe von 400 % des Kapitaleinsatzes. Hätte sie die Aktie selbst „geshortet", läge ihr Ertrag (50 €) bei nur 17 % des Kapitaleinsatzes (von 300 €, dem beim Glattstellungkauf zu zahlenden Betrag).

Gleichzeitig teilt der Long-Put mit dem Long-Call auch die Eigenschaft des begrenzten Verlusts.

Man kann sogar sagen, dass der Long-Call einen impliziten Long-Put in sich trägt. Ein Call ist nämlich genauer besehen ein Vertrag, der dem Call-Inhaber Zugriff auf ein zugrundeliegendes Wertpapier oder einen sonstigen Basiswert garantiert, bei gleichzeitiger Versicherung gegen Verluste, die die Höhe der Optionsprämie übersteigen. Der Schreiber des Calls verschafft dem Käufer der Kaufoption jederzeit auf dessen Wunsch Aktien. Will der Call-Inhaber diese Aktien jedoch nicht, so übt er gewissermaßen einen Put aus, indem er dem Schreiber sagt: „Behalte die Aktien, ich will sie nicht, ihr Besitz lohnt nicht." Wir werden später diesen Gedanken bei der Hinführung zur strengen Optionspreistheorie ausführlich entwickeln. Betrachten wir uns vorerst die **Versicherungswirkung des Puts** genauer.

5.2 Protective-Put

Man muss unterscheiden zwischen einer reinen Long-Put-Position und einer Position, die sich ergibt, wenn man die Aktien, auf die sich der Put bezieht, im Bestand hat; eine solche Kombination bezeichnet man als **Protective-Put.** Grafisch ergibt sich der Protective-Put aus der Überlagerung einer Long-Position in Aktien und einer Long-Put-Position. Bezeichnenderweise stimmt das dabei entstehende Profil mit dem Profil des Long-Calls überein.

Kein Wunder, denn fallen die Kurse, so übt man die Verkaufsoption aus, wodurch ein absolut begrenzter Maximalverlust der kombinierten Position und damit eine Minimalrendite für das Portefeuille gesichert werden. Dies ist analog zur Situation beim Long-Call, der einen Maximalverlust in Höhe der Optionsprämie und damit einen von vorneherein bekannten Minimalertrag garantiert. Andererseits ist das Gewinnpotential des aus Put und Aktie bestehenden Portefeuilles prinzipiell ungegrenzt. Denn steigen die Kurse kräftig, lässt man den Put verfallen und verbucht oder realisiert Gewinne in der Aktienposition. Dies ist wiederum insofern analog zur Situation beim Long-Call, als man bei genügend stark steigenden Kursen von der Möglichkeit, die Aktien dem Schreiber des Calls zu überlassen, statt sie abzurufen, keinen Gebrauch macht. Damit lässt man den impliziten Put verfallen. Der Nettogewinn, der sich aus dem Bezug der Aktien und ihrem sofortigen Wiederverkauf ergibt, ist geringer als bei einem entsprechendem Direktengagement, weil der Preis für das Call-Recht und für den impliziten Put noch vom Bruttogewinn abzuziehen ist.

Der Kauf von Puts eignet sich somit zur Absicherung von Aktienpositionen bei gleichzeitiger Teilnahme an den Chancen einer Hausse-Entwicklung.

Ein Beispiel soll dies sogleich verdeutlichen. Zuvor jedoch gilt es, eine nicht unwichtige Besonderheit moderner börsennotierter Optionen anzusprechen: Es ist Gepflogenheit, an Optionsbörsen minimale Kontraktgrößen festzulegen. An der Eurex bezieht sich ein Optionskontrakt meist auf 100 Aktien. Wenn beispielsweise ein Put auf die XYZ-Aktie 3 € kostet und eine Kontrakt-Größe von 100 Aktien aufweist, so muss der Käufer eines Put-Kontrakts auf diese Aktie 100 × 3 € = 300 € an Optionsprämie bezahlen.

BEISPIEL: Nun beachte man das folgende Beispiel für einen Protective-Put: Eine Inhaberin von 4.000 XYZ-Aktien hat für deren Erwerb 100 € pro Aktie, also insgesamt 4.000 × 100 € = 400.000 € bezahlt.
Zwischenzeitlich sei die Aktie auf 125 € gestiegen. Die Anlegerin verzeichnet somit einen Buchgewinn von 100.000 €:

4000 × 125 €	=	500 000 €
4000 × 100 €	=	– 400 000 €
Buchgewinn	=	100 000 €

Die Aktieninhaberin ist im Grunde ihres Herzens **„bullish"**, d. h. sie glaubt an eine weitere Verbesserung des Kurses. Andererseits möchte sie es vermeiden, dass der jetzige Buchgewinn bei fallenden Kursen verlorengeht, so dass am Ende sogar ein Verlust zu realisieren wäre.
Nehmen wir an, ein Put auf die in Frage stehende Aktie mit einem Ausübungspreis von 125 € koste 3 € pro Aktie. Um ihr Gesamtportefeuille von 4000 Aktien abzusichern, kauft sie also 40 Put-Kontrakte und zahlt 40 × 100 × 3 € = 12.000 €.
Sie hat sich somit pro Aktie einen garantierten Verkaufspreis von 122 € (= 125 € – 3 €), oder anders ausgedrückt, einen garantierten Gewinn von 100.000 € – 12.000 € = 88.000 € gesichert.

Steigen die Kurse andererseits, verringern sich die Versicherungskosten oder werden sogar überkompensiert durch den Wertzuwachs der Aktien. Man spricht bei solch einer Vorgehensweise von einem **Perfect-Hedge.**
Ein anderer wichtiger Gesichtspunkt bei solch einer Absicherungsmaßnahme begegnet uns in der Tatsache, dass man beim Protective-Put ja weiterhin in den Genuss von Dividendenausschüttungen kommt. Es gibt Fälle, wo die Dividendeneinkünfte einen beträchtlichen Teil der Versicherungskosten abdecken.

5.3 Versicherungskosten

Apropos Vollabsicherung bzw. Perfect-Hedge: Der Begriff der Vollabsicherung bezieht sich auf den abzusichernden Betrag. Ein Sportwagen, dessen Kaufpreis 100.000 € beträgt, kann als voll abgesichert angesehen werden, wenn eine Versicherung abgeschlossen wird, die im Fall eines Unfalls den Wert des Fahrzeugs auszahlt. Bei Inanspruchnahme der Versicherung fließen dem Versicherten zwar volle 100.000 € zu; von diesen 100.000 € sind jedoch die Versicherungskosten, 10.000 € vielleicht, abzuziehen.

Nicht anders ist dies beim Einsatz von Long-Puts bei der Absicherung des Wertes eines Aktienbestands. „There is no such thing as a free lunch." Von nichts kommt nichts. Das Risiko, welches der Put-Verkäufer unserer Put-Käuferin abnimmt, lässt sich der Versicherer natürlich bezahlen – in Form der Optionsprämie.

Um die tatsächlichen Kosten der durch den Protective-Put gewonnenen Sicherheit vergleichen zu können, drückt man sie gerne als Prozentsatz der abzusichernden Investition aus.

Betrachten wir den Fall eines Investors, der Aktien zum Kurs von 125 € einstehen hat. Der At-the-money-Put aus unserem obigen Beispiel kostete 10 € und damit 8 % des Werts der zu sichernden Investition von 125 €.

Bei einer Laufzeit von sechs Monaten bietet der Put also für 8 % der zu sichernden Investition ein halbes Jahr lang Schutz gegen einen Kursverfall im zugrundeliegenden Instrument. Die annualisierten Kosten belaufen sich also auf 16 %. Wenn die Aktie sich nicht bewegt, verliert der Anleger auf Grund der Ausgaben für die Absicherung 16 % des zu versichernden Betrags pro Jahr. Aus anderer Perspektive betrachtet, bedeutet dies, dass ein annualisierter Anstieg des Aktienkurses von 16 % erforderlich wäre, um die Versicherungskosten ganz zu kompensieren.

Der Investor muss prüfen, ob er es für angemessen hält, diese 16 % als Preis für die doppelte Gegenleistung der (a) Teilnahme an Kursgewinnen bei (b) gleichzeitiger Begrenzung des Kursrisikos zu bezahlen.

Er mag eine akzeptablere Alternative finden, wenn er bereit ist, auf einen Put mit anderem Ausübungspreis auszuweichen. Ein identischer Put mit einem Ausübungspreis von 115 € mag nur 5 € kosten.

Die Frage ist nun, ob er es akzeptieren kann, das Risiko eines ungesicherten Kursverlustes von 10 € in Kauf zu nehmen und dafür nur 8 % statt 16 % des zu versichernden Werts per annum für den verbleibenden reduzierten Schutz gegen Kursverluste im zugrundeliegenden Titel zu bezahlen.

In der Regel wird man jedoch folgende Überlegungen in die Entscheidung einfließen lassen:

(1) Versicherung kostet Geld und sollte deshalb auf triftige Anlässe beschränkt bleiben: z. B. Phasen der Kurskorrektur, des Umschwungs, also einer rückläufigen Kurstendenz oder Zeiten der Konsolidierung, d. h. vorübergehender Rückschläge.

(2) At-the-money- oder Near-the-money-Puts pflegen das günstigste Risiko-Ertrag-Verhältnis zu gewährleisten. Wie wir später genauer begründen werden, ist der Betrag, den eine Option in-the-money ist, unter normalen Umständen Bestandteil des Gesamtpreises der Option. Deep-in-the-money-Puts, also Verkaufsoptionen, die den Verkauf zu Preisen, die deutlich über dem aktuellen Aktienkurs liegen, ermöglichen, haben daher den Nachteil, dass die Aktie sehr stark ansteigen muss, bis die hohen Versicherungskosten ausgeglichen sind und ein Profit in greifbare Nähe rücken kann. Bei Puts, die merklich out-of-the-money sind, besteht das Problem darin, dass von ihnen eine geringe Versicherungswirkung ausgeht.

6. Short-Put oder Verkauf einer Verkaufsoption

Der Verkäufer oder Schreiber eines Puts übernimmt mit Erhalt der Optionsprämie die Verpflichtung, die zugrundeliegende Aktie innerhalb (american style) oder am Ende (european style) der Optionslaufzeit auf Verlangen des Put-Inhabers zum Ausübungspreis zu kaufen.

Der Verkäufer eines Puts befindet sich damit in einer ähnlichen Lage wie eine Bank, deren Konsortialabteilung einer Firma eine Aktienemission zu festen Konditionen, d. h. zu einem feststehenden Preis, abzunehmen versprochen hat.

Befindet sich der Kurs der Aktie bei Verfall über dem Ausübungspreis, lohnt die Ausübung nicht. Der Schreiber des Puts, also der Verkäufer der Verkaufsoption, streicht die Optionsprämie in voller Höhe ein.

Eine Short-Put-Position ist auch dann sehr interessant, wenn der Aktienkurs um weniger als die eingenommene Optionsprämie unter den Ausübungskurs fällt. Es kommt zwar zur Ausübung, denn der Inhaber des Long-Puts reduziert die ihm bei Einnahme der Position entstandenen Kosten. Er kann so über dem Kassamarktpreis, doch mit einem Gewinn, der kleiner als die Prämienausgabe ist, verkaufen. Sein Gegenüber, der Put-Verkäufer, hat den Vorteil, Aktien unter Marktpreis beziehen zu können.

BEISPIEL: Der Ausübungspreis sei 250 €; die Optionsprämie betrage 5 €; die Aktie fällt auf 248 € – Ausübung erfolgt: Der Inhaber der Short-Put-Position bezahlt 250 € abzüglich 5 € (Einnahme aus dem Optionsverkauf), also 245 € für eine Aktie, deren Marktwert bei 248 € liegt. Der sofortige Wiederverkauf im Kassamarkt realisiert einen Gewinn von 3 €.

Der Verkauf von Puts wäre demnach sinnvoll, wenn leicht fallende, stagnierende oder leicht steigende Aktienkurse zu erwarten sind.

Er bietet sich besonders dann an, wenn man zwar mittelfristig einen bedeutenden Kursanstieg der zugrundeliegenden Aktie erwartet, kurzfristig aber ein deutliches Anziehen des Kurses nicht für wahrscheinlich hält. Short-Puts haben auch interessante Anwendungsperspektiven in Strategien, die mehr als eine Grundgeschäftsart umfassen, wie den Short Straddle oder die verschiedenen Formen von Put-Spreads. Doch davon später mehr.

Man nennt den Put-Verkäufer auch **Stillhalter in Geld,** denn die Erfüllung seiner Verpflichtung hängt davon ab, ob er Geld zum Kauf hat oder nicht.
Wie der Inhaber eines Short-Calls, den man **Stillhalter in Papier** nennt, weil er bei Ausübung „Papiere", d. h. Aktien zu liefern hat, muss auch der Inhaber eines Short-Puts Sicherheiten durch Hinterlegung eines Teils des bei Ausübung zu zahlenden Preises erbringen.

Seit der Gründung der Deutschen Terminbörse ist übrigens der Begriff des Stillhalters etwas umstritten. Bevor es die Deutsche Terminbörse gab, war der Verkäufer einer Option tatsächlich dazu verpflichtet an seiner Position bis zum Verfalltag festzuhalten, stillzuhalten, um gegebenenfalls dem Ausübungswunsch seines Partners nachzukommen. An der EUREX ist es wie an allen modernen Optionsbörsen möglich, sich durch Glattstellung schon vor dem Verfalltag der Option aus einer Short-Position zu lösen. In diesem Sinn ist man nicht mehr Stillhalter, oder besser gesagt, muss es nicht bleiben, wenn man dies nicht will. Diese Neuerung erhöht die Flexibilität der Marktteilnehmer ganz beträchtlich. Scheinbar paradoxerweise, werden nun mehr Menschen bereit sein, als Stillhalter, wenn der Ausdruck noch erlaubt ist, zu fungieren.

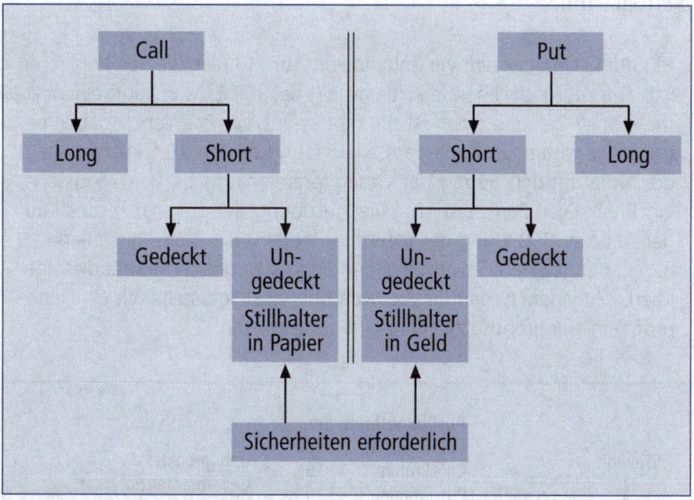

Abb. 12: Optionsgrundgeschäftsarten unter Berücksichtigung von Sicherheiten

7. Kombinationen der Grundgeschäftsarten

Durch Kombination der Grundgeschäftsarten lassen sich neue Strukturen bilden, so z. B. Long-Straddle und der Short-Straddle.

7.1 Long-Straddle

Der Long-Straddle ergibt sich aus dem Kauf eines Calls und dem gleichzeitigen Kauf eines Puts. Call und Put beziehen sich dabei auf die gleiche Aktie, haben gleiche Laufzeit und gleichen Ausübungspreis. Der maximale Verlust beschränkt sich auf die Summe der zum Erwerb von Call und Put gezahlten Prämien; die Position wird profitabel, wenn die zugrundeliegende Aktie stärker als die Summe beider Optionsprämien steigt oder fällt; denn dann ergibt entweder die Ausübung des Calls trotz wertlosen Verfalls des Puts oder aber die Ausübung des Puts trotz wertlosen Verfalls des Calls einen Nettogewinn.

BEISPIEL: Untersuchen wir anhand von Abb. 13 hierzu einen konkreten Fall: Die zugrundeliegende Aktie notiert bei 300 €. Man kauft einen At-the-money-Call und einen At-the-money-Put. Die Prämienausgaben betragen insgesamt 25 €, da der Call 15 € und der Put 10 € kosten. Steigt die Aktie um den Betrag der Gesamtprämienausgabe von 25 €, so ist ein Break-Even-Point erreicht. Die Ausübung des Calls, d. h. der Kauf der Aktie zu 300 € und der sofortige Wiederverkauf am Kassamarkt zu 325 €, bringt einen Gewinn ein, der die Kosten des Long-Straddles egalisiert. Mit jedem €, den die Aktie darüber ansteigt, stellt sich ein Nettoprofit ein, der grundsätzlich unbegrenzt sein kann.

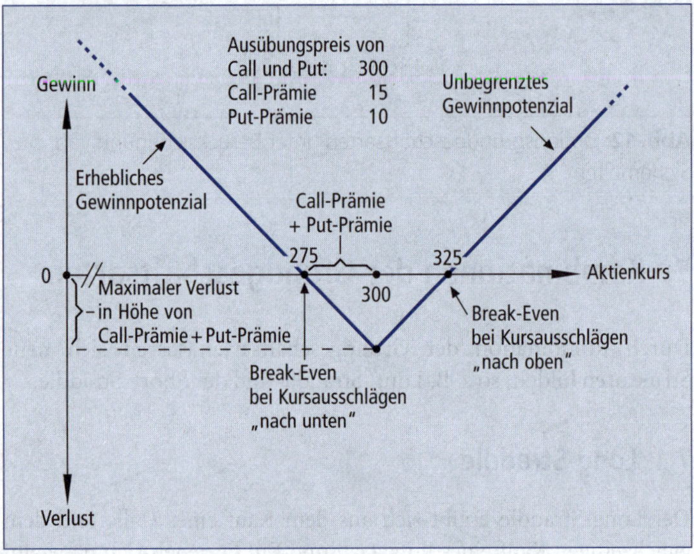

Abb. 13: Die Long-Straddle-Strategie

Steigt die Aktie um weniger als die Gesamtprämienausgabe, lassen sich die Kosten der Strategie verringern. Bei einem Aktienkurs von 310 € z. B. ist der Ausübungsgewinn groß genug, um die Prämie, die für den Put gezahlt wurde, „hereinzuholen" – der Nettoverlust beläuft sich in Höhe der Prämienausgabe für den Call in Höhe von 15 €.

Bleibt der Aktienkurs bis zum Verfalltag unverändert, ist weder über den Put noch über den Call ein Ausübungsgewinn zu erzielen. Der Investor sieht sich mit dem höchstmöglichen Verlust konfrontiert: 25 € – die Gesamtprämienausgabe.

Fällt der Aktienkurs hingegen um den Betrag der Gesamtprämienausgabe, ist der zweite Break-Even-Point erreicht. Diesmal gleicht der Ausübungsgewinn, der sich über den Put realisieren lässt, die Kosten des Long-Straddles aus. Der Inhaber des Straddles kauft Aktien zum aktuellen Kassakurs von 275 € und dient sie durch Ausübung des Puts zu 300 € an, womit ein Gewinn in Höhe der Gesamtprämienausgabe entsteht.

Jedes weitere Sinken des Aktienkurses unter den Break-Even-Point von 275 € bringt einen Nettogewinn ein, der maximal, nämlich bei einem Aktienkurs von 0 €, ganze 275 € betragen kann. Fällt der Aktienkurs um weniger als die Gesamtprämienausgabe, führt die Ausübung des Puts immerhin zu einer Kostenreduktion.

Der Long-Straddle bietet sich ganz offensichtlich bei Erwartung turbulenter Marktverhältnisse an. Große Kursbewegungen mit unbekannter Ausschlagsrichtung treten zum Beispiel auf, wenn wichtige marktbeeinflussende Nachrichten bekannt werden: Kennzahlen zur amerikanischen Handelsbilanz, zur Geldmenge, eine zinspolitische Erklärung, eine Pressekonferenz zur Unternehmensentwicklung und dergleichen.

Es ist übrigens durchaus kein Zufall, dass der Preis des Calls in unserem Beispiel über dem des Puts angesetzt wurde. Calls pflegen eine höhere Prämie zu haben als Puts mit gleichem Ausübungspreis und gleicher Laufzeit. Es war bereits zu sehen, dass Calls einen geringeren Kapitaleinsatz erforderlich machen als ein Direktengagement in der zugrundeliegenden Aktie. Das eingesparte Geld kann zinsbringend angelegt werden. Diese Eigenschaft fehlt bei Puts. Außerdem hat ein Call unbegrenztes, ein Put aber nur ein begrenztes Gewinnpotential. Diese Vorteile rechtfertigen den höheren Preis des Calls.

7.2 Short-Straddle

In jeder Hinsicht das Gegenteil des Long-Straddles ist der **Short-Straddle.** Wer diese Position eingenommen hat – durch Verkauf eines Calls und gleichzeitigem Verkauf eines Puts mit gleicher Laufzeit und gleichem Ausübungspreis –, der hat Grund zur Freude, wenn der Markt sehr ruhig bleibt. Dann nämlich lohnt sich die Ausübung der geschriebenen Optionen nicht; die eingenommenen Prämien können in vollem Umfang als Gewinn verbucht werden. Kommt jedoch Bewegung in den Markt, so ist, je nachdem, mit der Ausübung entweder des Calls oder des Puts zu rechnen. Die Ausübung des Calls kann eine Eindeckung zu einem Preis weit über dem durch den im Call festgelegten erforderlich machen. Die Ausübung des Puts kann zum Kauf von Aktien weit über dem Marktpreis zwingen. Beide Negativszenarien können es mit sich bringen, dass die Prämieneinnahmen nicht nur reduziert oder ausgeglichen, sondern möglicherweise um ein Vielfaches durch Verluste übertroffen werden.

BEISPIEL: Betrachten wir das in Abb. 14 dargestellte Beispiel: Bei Einrichtung des Short-Straddles befindet sich der Kurs der zugrundeliegenden Aktie bei 300 €. Der At-the-money-Call (Ausübungspreis also 300 €) kostet 15 €, der At-the-money-Put (Ausübungspreis also 300 €) kostet 10 €.

Ist der Aktienkurs am Verfalltag immer noch oder wieder bei 300 €, erzielt der Anleger den größtmöglichen Gewinn – 25 €, die Gesamtprämieneinnahme. Steigt der Aktienkurs um weniger als die Gesamtprämieneinnahme, z. B. um 15 € auf 315 €, so wird der Call ausgeübt und eine Reduktion des Nettogewinns muss hingenommen werden. Die Aktie ist zu 300 € anzudienen, aber zu 315 € einzudecken, so dass von der Gesamtprämieneinnahme nur 10 € letztendlich verbleiben. Bei einem Anstieg des Aktienkurses in Höhe der Prämien ist der Break-Even-Point erreicht – die Verluste aus der Ausübung des Calls gleichen die Prämieneinnahmen aus. Jeder Anstieg der Aktie um mehr als den Betrag der Gesamtprämieneinnahme führt zu Verlusten.

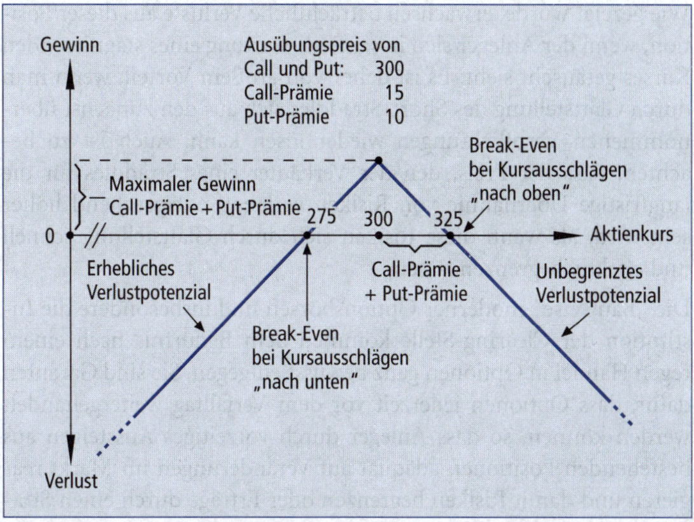

Abb. 14: Die Short-Straddle-Strategie

Umgekehrt bewirkt ein Absinken des Aktienkurses um weniger als die Prämieneinnahme Verluste, die durch die Ausübung des Puts entstehen. Es bleibt aber noch ein Nettogewinn. Dieser verschwindet und der zweite Break-Even-Point wird erreicht, wenn der Aktienkurs um den Betrag der Gesamtprämieneinnahme fällt. Ein Absinken des Aktienkurses über diesen Betrag hinaus verursacht einen Nettoverlust. Bei einem Aktienkurs von 270 € z. B. wird der Put ausgeübt. Eine Aktie, die 270 € wert ist, muss zu 300 € gekauft werden. Rechnet man von dem so entstehenden Verlust von 30 € die Gesamtprämieneinnahme in Höhe von 25 € ab, bleibt ein Nettoverlust von 5 €.

8. Handelbarkeit und Liquidität von Optionskontrakten

Das Beispiel des Short-Straddles verdeutlicht auch, wie wünschenswert es ist, dass Optionen jederzeit gehandelt, d. h. gekauft und verkauft werden können.

Wie gezeigt wurde, erwachsen beträchtliche Verluste aus dieser Position, wenn der Anleger sich in seiner Erwartung eines stagnierenden Kurses getäuscht sieht. Es ist daher von großem Vorteil, wenn man durch Glattstellung des Short-Straddles sich aus den zunächst übernommenen Verpflichtungen wieder lösen kann. Auch ist zu beachten, dass der Preis, den der Verkäufer eines Straddles für die langfristige Übernahme von Risiken verlangt, entsprechend höher sein wird, als wenn diese Risiken sich durch Glattstellung schnell und effektiv begrenzen lassen.

Die „Bauweise" moderner Optionsbörsen und insbesondere die Institution der Clearing-Stelle kommen dem Bedürfnis nach einem regen Handel in Optionen ganz bewusst entgegen. Sie sind Garanten dafür, dass Optionen jederzeit vor dem Verfalltag weitergehandelt werden können, so dass Anleger durch vorzeitiges Aussteigen aus bestehenden Positionen adäquat auf Veränderungen im Markt reagieren und damit Risiken begrenzen oder Erträge durch einen Strategiewechsel erhöhen können.

Werfen wir deshalb einen genaueren Blick auf den Aufbau dieser Börsen.

9. Moderne Optionsbörsen

Der moderne Optionshandel trat Anfang der siebziger Jahre mit der Einrichtung spezialisierter Börsen für Termingeschäfte in den USA in eine anhaltende Blütephase. Davor fand der Handel auf dem Wege individuell vereinbarter Einzelgeschäfte statt.

9.1 Das Over-the-Counter-Geschäft

Man unterscheidet zwischen einzeln vereinbarten Optionsgeschäften, die man auch das Over-the-counter- oder OTC-Geschäft nennt, und börsennotierten Optionsgeschäften.

Im OTC-Geschäft bemühen sich Makler, Käufer und Verkäufer von Calls und Puts zusammenzuführen, Kontraktspezifika zwischen den

Parteien festzulegen und den wegen der Individualität der Handelsvereinbarungen oft aufwändigen administrativen Teil des Geschäfts gegen nicht unerhebliche Gebühren abzuwickeln.

Aufgrund der individuellen Vertragsgestaltung gibt es nur wenige Gelegenheiten, sich durch Glattstellung statt durch Ausübung oder Verfall aus einer Optionsposition zu lösen. Auch ist die Übernahme des Erfüllungsrisikos durch die vergleichsweise gering kapitalisierten Makler einerseits nicht unbedingt beruhigend. Andererseits wirkt sie kostentreibend, da auch ein Makler Risiken nur im Verhältnis zum erwarteten Ertrag zu übernehmen bereit ist.

9.2 Das börsennotierte Optionsgeschäft

Der börsliche Optionshandel zeichnet sich demgegenüber durch Folgendes aus:

- Standardisierung der Kontraktmerkmale,
- Erfüllungssicherheit für Optionskäufer,
- hohe Marktliquidität,
- effiziente Abwicklung,

und somit

- geringe Transaktionskosten sowie
- große Handelsvolumina.

9.2.1 Standardisierung der Kontraktmerkmale

Angenommen, ein Unternehmen entschließt sich, Aktien zu emittieren, von denen jede einzelne anders ausgestattet ist als die andere. Nur schwerlich wird ein Handel mit den Aktien dieser Firma aufkommen. Die Marktteilnehmerschaft ist auf Grund der Uneinheitlichkeit des Handelsgegenstands atomisiert, zersplittert. Die Suche nach Handelspartnern ist aufwändig: Hunderte, vielleicht tausende von Male müssten sich potentielle Handelspartner gegenseitig über die Besonderheiten ihrer Aktienarten aufklären. Sondervereinbarungen müssten verhandelt und dokumentiert werden, um die Unterschiede in der Ausstattung zu überbrücken. Wie dünn müsste ein solcher Markt sein und wie unwahrscheinlich dürfte es sein, dass just zu dem Zeitpunkt, wo der eine verkaufen möchte, ein anderer sich kaufwillig zeigt.

Anders ist dies, wenn der Handelsgegenstand standardisiert wird. Dann wird gleichsam ein kleinster gemeinsamer Nenner geschaffen, der die wichtigsten Ausstattungsaspekte einschließt und vereinheitlicht, sodass viel mehr Menschen Engagements im gleichen Tauschobjekt haben. Die Aufmerksamkeit der Marktteilnehmer kann auf eine einzelne verhandelbare variable Komponente – den Preis – gelenkt werden, Such- und Informationskosten verringern sich und die Wahrscheinlichkeit komplementärer Handelsentscheidungen nimmt zu.

Die Vereinheitlichung der Vertragsinhalte bei börsennotierten Optionen betrifft in der Regel

- den zugrundeliegenden Gegenstand (z. B. Aktie der Firma Tüftel),
- den Ausübungspreis,
- die durch den Zeitpunkt des Verfalls definierte Laufzeit, und
- die Kontraktgröße, d. h. (beim Call) die Anzahl der zu beziehenden oder (beim Put) anzudienenden Objekte je Kontrakt.

Kontraktgröße: So bezieht sich in der Bundesrepublik Deutschland, wie bereits erwähnt, eine Aktienoption meist auf 100 zugrundeliegende Aktien.

BEISPIEL: Bei einer Call-Option auf eine Aktie der Firma Tüftel mit einem Ausübungspreis von 300 € und einer Laufzeit von sechs Monaten ist lediglich der Optionspreis, sagen wir, er liege bei 30 €, Verhandlungsgegenstand zwischen Marktteilnehmern.

Alle anderen Merkmale des Handelsgegenstandes sind per Standardisierung festgelegt. Es lohnt sich, in diesem Zusammenhang noch einmal zu wiederholen:

Der Optionspreis versteht sich immer als auf eine Aktie bezogen. Es muss daher beim Kauf einer deutschen Kaufoption, in Anbetracht der hierzulande vorherrschende **Minimalkontraktgröße** von 100 Aktien, der Optionspreis 100 mal gezahlt werden.

BEISPIEL: Eine Kaufoption auf die Tüftel-Aktie, so wie sie oben beispielhaft spezifiziert wurde, würde demnach 30 € × 100, sprich 3.000 € kosten.
Mit dem Ausübungspreis verhält es sich genauso: Wenn der Call-Inhaber sich entschließt auszuüben, muss er im obigen Beispiel 100 mal 300 € bezahlen, also 30.000 €.

9.2.2 Erfüllungssicherheit

Die Betrachtung der Grundgeschäftsarten hat gezeigt, dass Erfüllungsrisiken sowohl bei Calls als auch bei Puts bestehen.

Wenn der Verkäufer eines Calls (Stillhalter in Papier) bei Ausübung die von ihm zu liefernden Aktien nicht besitzt oder nicht das Geld hat, sie am Kassamarkt einzukaufen, ist der Call-Inhaber um sein Recht und die dafür gezahlte Optionsprämie gebracht – es sei denn, es bestehen entsprechende Garantien, wie sie in die Struktur moderner Börsen für derivative Instrumente eingebaut sind.

Das Gleiche tritt ein, wenn der Verkäufer eines Puts (Stillhalter in Geld) das Geld nicht aufzubringen vermag, mit welchem er vereinbarungsgemäß auf Wunsch des Put-Käufers dessen Aktien zu kaufen verpflichtet ist. Wenn Optionen heute noch in schlechtem Rufe stehen, dann nicht zuletzt deswegen, weil größere Finanzskandale, in die Optionshändler verwickelt waren, durch fallierende Stillhalter ausgelöst wurden.

Das legendäre Tulpen-Spekulationsfieber etwa, das Holland im 17. Jahrhundert erfasste, endete mit einem großen Krach, als im Winter des Jahres 1637 der Tulpenpreis kollabierte und Schreiber von Puts auf Tulpen scharenweise ausfielen, weil deren vom hohen Wert dieser Pflanzen abhängige Zahlungsfähigkeit nicht mehr gegeben war. Da es keinerlei rechtswirksame Klauseln und Institutionen zur Gewährleistung der Geschäftserfüllung gab, blieben die Put-Inhaber auf immer Betrogene, und dem Optionsgeschäft haftete von nun an der Ruf des Unseriösen an.

Im Gegensatz zur ungeregelten Lage damals sehen moderne Optionsbörsen Einrichtungen vor, die Marktdisziplin und insbesondere Vertragseinhaltung durchzusetzen vermögen. Im Mittelpunkt steht dabei das Clearing-System.

Das Clearing-System: Geschäfte an Optionsbörsen können nur sogenannte Clearing-Mitglieder tätigen, die ihrerseits jedoch durchaus Außenstehenden, z. B. Privatanlegern, Zugang zur Optionsbörse unter Erhebung entsprechender Gebühren und Sicherheiten verschaffen.

Um als Clearing-Mitglied anerkannt zu werden, muss man strengen Bonitätsanforderungen gerecht werden. Dabei können alle folgenden Kriterien oder eine Auswahl von ihnen zum Tragen kommen:

- (hohe) Eigenkapitalausstattung,
- Kapitalhinterlegung bei der Clearing-Stelle,
- Hinterlegung anderer Sicherheiten, auch in Form von Wertpapieren,
- aktuelle Einschüsse,
- Drittbankgarantien,
- Unterstützungspflicht im Falle der Erschöpfung der Reserven der Clearing-Stelle usw.

Auf diese Art und Weise ist gewährleistet, dass die am Handel teilnehmenden Parteien kaum fallieren, und wenn doch, keine Erfüllungslücken schlagen werden.

Denn nicht nur sind alle Handelsberechtigten Clearing-Mitglieder und als solche von anerkannter Güte, sondern darüber hinaus ist der Handelspartner eines Clearing-Mitglieds immer die Clearing-Stelle selbst. Die Clearing-Stelle ist für jeden Käufer einer Option der Verkäufer und für jeden Verkäufer einer Option der Käufer. Hinter jeder verkauften Option steht die Clearing-Stelle mit der letztendlichen Erfüllungsverantwortung und beträchtlichen Ressourcen, die, wie oben erläutert zustandekommen und auf die zur Not, also beim unerwarteten Ausfall eines Clearing-Mitglieds, zum Zwecke der Erfüllungsgarantie zurückgegriffen werden kann.

Mit einem Wort: Wer an Optionsbörsen handelt, muss sich nicht um die Bonität seines Kontrahenten sorgen. Kontrahent ist immer eine bestens abgesicherte Institution: die Clearing-Stelle. Der zeitliche und finanzielle Aufwand, der mit individuellen Bonitätsrecherchen verbunden ist, entfällt; Transaktionskosten werden reduziert.

9.2.3 Hohe Marktliquidität

Das soeben dargestellte Dazwischentreten der Clearing-Stelle bei jedem Handel hat in diesem Zusammenhang eine weitere bedeutende Konsequenz. Wenn nämlich bei jeder Art von Transaktion, Kauf oder Verkauf, immer der gleiche Handelspartner auftritt, so kann eine durch Verkauf entstandene Verpflichtung gegenüber diesem Kontrahenten durch Kauf einer gleichwertigen Verpflichtung seitens des Kontrahenten jederzeit aufgehoben und auf die Differenz zwischen Kauf- und Verkaufspreis reduziert werden.

Zuerst soll kurz geschildert werden, wie ein Short-Call sich dies zunutze machen kann, wie er sich also glattstellt, und wie es möglich ist, dass er dabei – wie bei der Einführung der Grundgeschäftsart des Short-Calls anklang – trotz fallender Kurse einen Gewinn macht. Dann wollen wir das gleiche **Beispiel** nutzen, um konkret aufzuzeigen, wie durch Glattstellung Verpflichtungen egalisiert werden.

BEISPIEL: Herr Iks verkauft zu 50 € eine Kaufoption auf das Unternehmen Ypsilon: Verfalldatum 15. Mai, Ausübungspreis 500 €.
Ein wenig später glaubt er, seine ursprüngliche, Preisstabilität antizipierende Markteinschätzung revidieren zu müssen, weil die Kurse nun doch deutlich und anhaltend zu fallen beginnen. Er kauft genau die gleiche Option, die er vor kurzem noch verkauft hat. Da die Preise von Kaufoption und Aktie sich gleichgerichtet bewegen, kann er durch Wiederkauf, d. h. durch Eingehen einer Long-Call-Position bei fallendem Markt einen Glattstellungsgewinn realisieren.
So könnte es sein, dass einige Zeit nach Einrichtung einer Short-Call-Position durch Herrn Iks die Prämie des in Frage stehenden Calls von 50 € auf 30 € gesunken ist. Wenn er nun den Long-Call kauft, trägt ihm die Glattstellung also einen Gewinn in Höhe von 20 € ein.

Weiter vorn, als die Handelbarkeit von Optionen noch nicht vorausgesetzt und nur deren Gewinne und Verluste am Verfalltag betrachtet wurden, war der Short-Call lediglich bei Stagnationserwartung sinnvoll einzusetzen. Nun, da wir auf Grund der Institution der Clearing-Stelle voraussetzen dürfen, dass man Optionen jederzeit kaufen oder verkaufen kann, lässt sich auch in einer Baisse etwas mit dieser Position anfangen. Wir sehen erneut: Die Handelbarkeit von Optionen weitet das Strategiespektrum aus.

Die Clearing-Stelle macht dies aus folgenden konkreten Gründen möglich: Die Clearing-Stelle ist stets Kontrahent. Sie ist dem Long-Call Kontrahent als Short-Call. Und sie ist dem Short-Call Kontrahent als Long-Call.

BEISPIEL: Bedenken wir die Lage des Herrn Iks, wenn er den Short-Call bis zum Verfalltag nicht glattgestellt haben, gleichzeitig oder wenig später aber eine Long-Call-Position eingegangen sein würde. Nehmen wir an, die Kursentwicklung der zugrundeliegenden Aktie würde eine Ausübung nahelegen. Er wäre dann – auf Grund seiner Verpflichtung aus der Short-Call-Position – der Clearing-Stelle gegenüber, seinem ewigen Kontrahenten, dazu gehalten, Ypsilon-Aktien zu 500 € zu verkaufen. Nun aber könnte er doch seinerseits die Clearing-Stelle dazu auffordern, ihm wiederum – aufgrund seiner durch die Long-Call-Position begründeten Rechte – Ypsilon-Aktien zu 500 € anzudienen. Statt der Clearing-Stelle solche Aktien anzudienen, die die Clearing-Stelle Herrn Iks im Gegenzug wieder zu liefern hätte, könnte die Prozedur dahingehend vereinfacht werden, dass die gegenseitigen Ansprüche für aufgehoben erklärt werden.

Closing-Transaction und Opening-Transaction:

Dies erreicht man an modernen Optionsbörsen, indem man einen Handelsabschluss speziell als Closing-Transaction kennzeichnet. So deklariert Herr Iks seine Long-Call-Position als Closing-Transaction und entledigt sich damit der Verpflichtung aus seiner Short-Call-Position. Hätte er die gleiche Long-Call-Position als Opening-Transaction statt als Closing-Transaction deklariert, so würden beide Positionen – Long-Call und Short-Call – unabhängig und parallel zueinander bestehen. Er hätte zwei offene Positionen, statt gar keine mehr zu haben.

Die beschriebene Möglichkeit der Glattstellung erklärt ein oft als frappierend empfundenes Phänomen: Für gewöhnlich werden die meisten Optionspositionen glattgestellt. Weniger als 10 % aller Optionen „überleben" bis zum Verfalldatum.

Die Anzahl der auf dem Markt befindlichen Optionen schwankt ständig – in Abhängigkeit von der Neigung der Marktteilnehmer, Positionen offen zu halten oder durch Closing-Transactions zu eliminieren.

Wenn im ganzen Markt nur ein Short-Call und damit nur ein Long-Call per Opening-Transaction zustandegekommen ist, beläuft sich die Anzahl der gehandelten Optionen auf eins. Bleibt es dabei, d. h. es kommen keine neuen Longs oder Shorts durch Opening-Transactions zustande, und die Begründer der Opening-Transactions stellen sich per Closing-Transaction glatt, so verschwindet die Option ganz einfach. Es gibt sie nicht mehr.

Die Anzahl der auf dem Markt zirkulierenden Optionen kann also ständig variieren. Es sind die Teilnehmer am Optionsmarkt, die durch ihre Kauf- und Verkaufsentscheidungen Optionen emittieren oder aus dem Verkehr ziehen. Die Tatsache, dass Aktienoptionen also ohne Einfluss und Kontrolle der betroffenen Aktiengesellschaft entstehen oder verschwinden, mag zu Bedenken Anlass geben: Besonders oft richten sich diese auf die Gefahr der Manipulation des Preises des Basiswerts oder der Übernahme oder Kontrolle der Firma durch Akkumulation genügend großer Optionsbestände ein. Was geschieht, wenn mehr als die ausstehenden zugrundeliegenden Aktien veroptioniert worden sind?

Um dererlei Problemen vorzubeugen, gibt es Beschränkungen sowohl bezüglich

- der Gesamtanzahl von Optionskontrakten, die pro Option (z. B. Option auf die Aktie der Firlefanz AG, Ausübungspreis 450 €, Verfallmonat: März) insgesamt emittiert sein, also ausstehen und gehandelt werden dürfen, als auch

- der Gesamtanzahl von Optionskontrakten, die ein einzelner oder eine konzertiert handelnde Gruppe für sich oder für andere erwerben oder schreiben dürfen.

Was letztere Beschränkung betrifft, so bestehen sogenannte Positionslimits.

Das **Positionslimit,** d. h. die maximale Anzahl der Optionskontrakte, in denen ein Marktteilnehmer engagiert sein darf, bezieht sich an der EUREX sogar auf jede Kombination der Optionsgrundgeschäftsarten, die „dieselbe Marktseite" stärkt und somit geeignet ist, eine starke manipulative Position aufzubauen. In diesem Sinne liegen der Kauf eines Calls und der Verkauf eines Puts auf „derselben Marktseite", da der Anleger in beiden Fällen auf steigende Kurse spekuliert. Das Positionslimit ist so gewählt, dass nicht mehr als ein gewöhnlich sehr geringer Prozentsatz des zugrundeliegenden Gesamtaktienkapitals über den Besitz von Optionen zu kontrollieren ist.

Open-Interest:
Die Anzahl von Optionspositionen, für die Opening-Transactions, aber keine Closing-Transactions deklariert worden sind, bezeichnet man als Open-Interest. Anders gesagt: Das Open-Interest ist die Anzahl der für einen bestimmten Kontrakt zu einem gegebenen Zeitpunkt ausstehenden, d. h. noch nicht glattgestellten oder durch Ausübung erloschenen Kontrakte.

Open-Interest ist vielleicht keine so schlechte Bezeichnung, wenn man sie als offenes, weiterhin bestehendes Interesse im Gegensatz zu gewesenem, verblichenem Interesse interpretiert.

Besonders in Verbindung mit Umsatzzahlen kann das Open-Interest eine nützliche Orientierungshilfe sein bei der Analyse der gegenwärtigen und wahrscheinlichen zukünftigen Verfassung des Markts, der vorherrschenden Erwartungshaltung und des Grads der Liquidität.

9.2.4 Effiziente Abwicklung

Die Konzentration von Nachfrage und Angebot in einer Börse und die Standardisierung der Kontraktmerkmale repräsentieren allein schon eine erhebliche Vereinfachung des Abwicklungsvorgangs. Die

Drehscheibenfunktion der Clearing-Stelle erweist sich auch abwicklungstechnisch als nützlich. Durch ihre Zwischenschaltung wird das sogenannte **Certificateless Clearing,** d. h. die nur buchmäßige, von der Aus- und Zustellung einschlägiger Besitzzeugnisse absehende Verrechnung/Abwicklung von Geschäften möglich. So verringert die Clearing-Stelle auch den administrativen Aufwand in hohem Maße und fördert den reaktionsschnellen Handel und die Bewältigung großer Umsätze.

9.2.5 Geringe Transaktionskosten

Außer geringeren Abwicklungskosten bewirkt die Struktur von modernen Optionsbörsen zudem die Reduktion von Such- und Informationskosten, insbesondere solcher, die im Zusammenhang mit Bonitätsrecherchen auftreten. Die Kosten, die durch Einschaltung von **Intermediären,** wie OTC-Maklern oder Market-Makern entstehen, entfallen oder verringern sich. Ein Market-Maker verdient am sogenannten **Spread.** Der Spread ist die Differenz zwischen dem Preis, zu dem der Market-Maker kauft und dem, zu dem er verkauft. Gibt es ebenso viele Käufer wie Verkäufer, verdient der Market-Maker, indem er billig von den einen kauft und etwas teurer an die anderen verkauft. Je größer die Unsicherheit des Market-Makers ist, durch diesen Mechanismus Geld zu verdienen, desto größer wird der Spread. Am geringsten ist diese Unsicherheit und damit auch der Spread in hochliquiden Märkten.

9.2.6 Große Handelsvolumina

An modernen Optionsbörsen lässt sich sicher, schnell, flexibilitätserhöhend und billig handeln. Deshalb erfreuen sich diese neuen Märkte großen Zuspruchs, der sich in großen Handelsvolumina niederschlägt. Große Handelsvolumina ermutigen zur Teilnahme am Handel – ein Engelskreis, wenn ein solcher das Gegenteil eines Teufelskreises ist.

Zu guter Letzt sei ausdrücklich wiederholt, dass die statische, nur den Optionswert am Verfalltag berücksichtigende Sichtweise, die wir bei der Vorstellung der Grundgeschäftsarten und der Straddle-Positionen gewählt haben, wichtige Aspekte börsennotierter Optionen nicht erfassen kann. Wie die Beispiele des Short-Calls und des Short-Straddles zeigen sollten, sind Menschen eher bereit, Optionspositionen einzugehen, um deren momentanen, vielleicht nur kurzlebigen Nutzen zu realisieren, wenn man sich rasch wieder aus ihnen lösen kann, d. h. wenn Vorteile aus ihrer Handelbarkeit erwachsen, die ansonsten ganz einfach fehlen würden – zusammen mit vielen liquiditätsspendenden Marktteilnehmern. Ein Gutteil der beträchtlichen Handelsumsätze an modernen Optionsbörsen ist diesem Umstand zuzuschreiben.

Nehmen wir nur das Beispiel von **Äquivalenz-Arbitrageuren:** Bisher sahen wir nur einen kleinen Ausschnitt des Strategienspektrums. Die vielfältigen Kombinationsmöglichkeiten von Grundgeschäftsarten umfassen auch eine große Anzahl von **äquivalenten Strategien:** So kommt ein Long-Call der zusammengesetzten Position aus Long-Put und Long-Aktie gleich. Short-Call und Long-Aktie synthetisieren den Short-Put. Es gibt darüber hinaus noch zahlreiche **Zwillingsstrategien;** zu nennen wären an dieser Stelle vielleicht noch Long-Call und Short-Put, mit denen zusammen eine Long-Position in der zugrundeliegenden Aktie nachgebildet werden kann; und Long-Put und Short-Call, deren Zusammenwirken den Leerverkauf einer Aktie repliziert. Äquivalenz-Arbitrageure beobachten das Preisverhältnis zwischen äquivalenten Strategien und gehen Engagements ein, sobald die Preise der gleichwertigen Strategien sich deutlich zu unterscheiden beginnen, wodurch Arbitragegewinne möglich werden – Gewinne, die man, dem Prinzip nach, dadurch erwirtschaftet, dass man einen Apfel dort kauft, wo er billig ist, und dort verkauft, wo er teuer ist.

So sind viele Engagements im Optionsmarkt auf Händler zurückzuführen, die eine vorübergehende Abweichung der Option von ihrem korrekten Preis erspähen und daraufhin kurzfristig, für wenige Stunden, Tage oder Wochen, eine Position aufbauen und alsbald schließen. Ist die Option überbewertet, verkaufen sie die Option, um zum Glattstellungskauf zu schreiten, sobald sich die Rückkehr zum angemessenen niedrigeren Preisniveau vollzogen hat. Liegt eine Unterbewertung vor, erfolgt der Kauf der betreffenden Option in der Hoffnung auf den Anstieg des Optionspreises zum gerechtfertigten „level", so dass bei Wiederveräußerung ein Gewinn entsteht. Diese Vorgehensweise bezeichnet man als **Arbitrage.**

Die jederzeit korrekte Bestimmung des Wertes einer Option vor ihrem Verfall, Gegenstand des folgenden Kapitels, bedarf einer etwas ausführlicheren Darstellung und folgt zweckmäßigerweise auf die hinter uns liegende Erläuterung der elementaren Konstruktionsmerkmale von Optionen.

Bevor wir zur Behandlung der Optionspreistheorie übergehen, mittels derer sich auf exakte Weise bestimmen lässt, was eine billige, was eine teure und was eine „fair bewertete" Option ist, lohnt es, anhand der bereits eingeführten Optionsstrategien die einzigartige Rolle von Optionen im modernen Risikomanagement zu beleuchten. Im Übrigen leisten die Erkenntnisse einer solchen Betrachtung gleichsam Vorarbeit im Hinblick auf die Optionspreistheorie und ihre praktische Anwendung im modernen Optionshandel. Dies insofern, als man sehen wird, dass Optionen grundsätzlich Versicherungscharakter besitzen, dass die Kenntnis der Optionen inhärenten (= innewohnenden) Versicherungsprämien zentral für deren Preisbestimmung ist, dass sich durch Kauf und Verkauf der Versicherungskomponente in Optionen unorthodoxe Ertrags-Risiko-Strukturen erzeugen lassen, welche die Flexibilität des Investors bedeutend gegenüber einer optionslosen Welt erweitern, und dass durch Ausnutzung von Über- oder Unterbewertungen der Optionen innewohnenden Versicherungsprämien Handelsgewinne zu verdienen sind. Doch nun der Reihe nach.

4. Kapitel

Optionspreisbewertung

Kündiger böge die Zweige der Weiden,
wer die Wurzeln der Weiden erfuhr.
Rainer Maria Rilke

1. Strategien der Risikominderung

Im ersten Kapitel war es schon angeklungen: Die Wertpapieren innewohnenden Risiken lassen sich auf drei Weisen herabsetzen:

- Diversifikation (= Ausnutzung des entgegengesetzten Ertragsverhaltens risikobehafteter Anlagen),
- Aufnahme risikoloser oder risikoarmer Portefeuillekomponenten und
- direkte Portefeuilleversicherung.

1.1 Diversifikation

Statt alles auf eine Karte zu setzen, verteilt man sein Anlagevermögen auf unterschiedliche Investitionen, deren jeweilige Risiken und Erträge sich so zu einander verhalten (= korreliert sind), dass das Risiko der Gesamtanlage geringer als das einer Einzelinvestition ist. Bei der **Diversifikation** bemüht man sich, ein Portefeuille zu bilden, welches für ein gegebenes Ertragsniveau das Risiko minimiert oder für ein gegebenes Risikoniveau den Ertrag maximiert. Die Grenzen der Diversifikation steckt der bedauerliche Umstand, dass gewisse Risiken sämtlichen zur Diversifikation herangezogenen Titel gemein sind und deshalb nicht verschwinden können, wie raffiniert auch immer die Elemente des Portefeuilles miteinander gemischt werden.

Der Gebrauch von Optionen und Futures kann auch hier Abhilfe schaffen, wie die Diskussion von Index-Produkten im fünften Kapitel näher zeigen wird. An dieser Stelle sei das Grundprinzip nur kurz angesprochen: Wäre es möglich, eine Verkaufsoption auf das voll diversifizierte und nur noch systematischem Risiko ausgesetzte Portefeuille zu erwerben, so ließe sich durch Ausübung der Option ein garantierter Portefeuillewert realisieren – komme da was wolle. Unabhängig von unvorteilhaften Gesamtmarktbewegungen wird durch entsprechende Festlegung des Ausübungspreises des Puts ein Garantiewert des Portefeuilles festgeschrieben. Im Angesicht eines Börsen-Crashs – dem dramatischsten Ausdruck des systematischen Risikos –, bei dem alle Aktien in die Tiefe gerissen werden, darunter auch viele, die dadurch groteske Unterbewertung erfahren, könnte der Verkauf des Portefeuilles (durch Ausübung des Puts) zu einem weit über dem Markt liegenden Preis erfolgen und das Instrument der Option sich so als Versicherung par excellence bewähren.

Im Übrigen lässt sich, wie schon im Zusammenhang mit Calls bemerkt, mit Hilfe von Optionen bei gegebenem Kapitaleinsatz ein höherer Grad an Diversifikation erzielen als bei Direktengagements in Aktien. Durch Calls, die bedeutend billiger sind als die ihnen zugrundeliegenden Aktien, kann man sich zeitweilig das Verfügungsrecht über ein breiteres Spektrum diversifizierender Titel verschaffen, als wenn das zur Disposition stehende Geld nur direkt in Aktien angelegt werden kann.

1.2 Aufnahme risikoloser oder risikoarmer Portefeuillekomponenten

Das Gesamtrisiko eines aus riskanten Elementen bestehenden Portefeuilles kann man auch herabsetzen, indem ein Austausch vorgenommen wird, bei dem riskante weniger riskanten Titeln weichen.

Sicherheit gibt es jedoch nicht umsonst. Wer weniger Risiko wünscht, hat einen geringeren Ertrag in Kauf zu nehmen. Wer mehr Ertrag will, muss mehr Risiko hinnehmen. Die Höhe des Risikos korrespondiert mit der Höhe des erwarteten Ertrags, weil die Übernahme von zusätzlichem Risiko (in Form des Erwerbs einer risikobehafteten Anlage) für den rationalen Investor nur in Frage kommen kann, wenn damit höhere Ertragserwartungen verbunden sind, d. h. die Bereitschaft, Risiko zu übernehmen, entsprechend honoriert wird.

Risiko will dabei stets verstanden sein als die Varianz oder Standardabweichung, d. h. die Streuungsbreite der Erträge um ihren Durchschnittswert, oder anders gesagt: die Schwankungsbreite der eintreffenden Erträge um den wahrscheinlichsten Ertrag; kurz: die **Volatilität der Rendite.**

Empirische Studien bestätigen tatsächlich, dass „aggressive" Portefeuilles, langfristig betrachtet, im Durchschnitt sowohl höhere Erträge erwirtschaften als auch größere Abweichungen von ihrem Durchschnittsertrag aufweisen als sichere. Konkret könnte das bedeuten, dass eine Anlegerin, die sich auf Bundesanleihen beschränkt, über die Jahre vielleicht eine Durchschnittsrendite von 6 % erwirtschaftet, wobei ihr Jahre unterkommen, in denen nur 5 % und andere, in denen sogar 7 % „herausschauen". Ein Anleger, der sich hingegen in Aktien engagiert, konstatiert vielleicht im gleichen Zeitraum einen Durchschnittsertrag von 12 %, erlebt dafür aber auch Zeiten, die – 4 %, und andere, die 25 % an jährlicher Rendite mit sich bringen.

Abb. 15 gibt den Zusammenhang zwischen Risiko und Rendite grafisch wieder. Je höher der erwartete Ertrag, also die Rendite mit der größten Eintrittswahrscheinlichkeit, desto größer ist die Streuung um den erwarteten Ertrag. Dieser Zusammenhang muss jedoch nicht, wie in der oberen Zeichnung in Abb. 15 vorausgesetzt wird, linear sein. Es könnte z. B. auch so sein, dass für jede zusätzliche Einheit an Risiko eine überproportional zunehmende Anzahl von Ertrags-Einheiten im Markt von potentiellen Risikoübernehmern verlangt wird. In einem solchen Fall entstünde eine nach oben abbiegende Kurve statt einer geraden Linie.

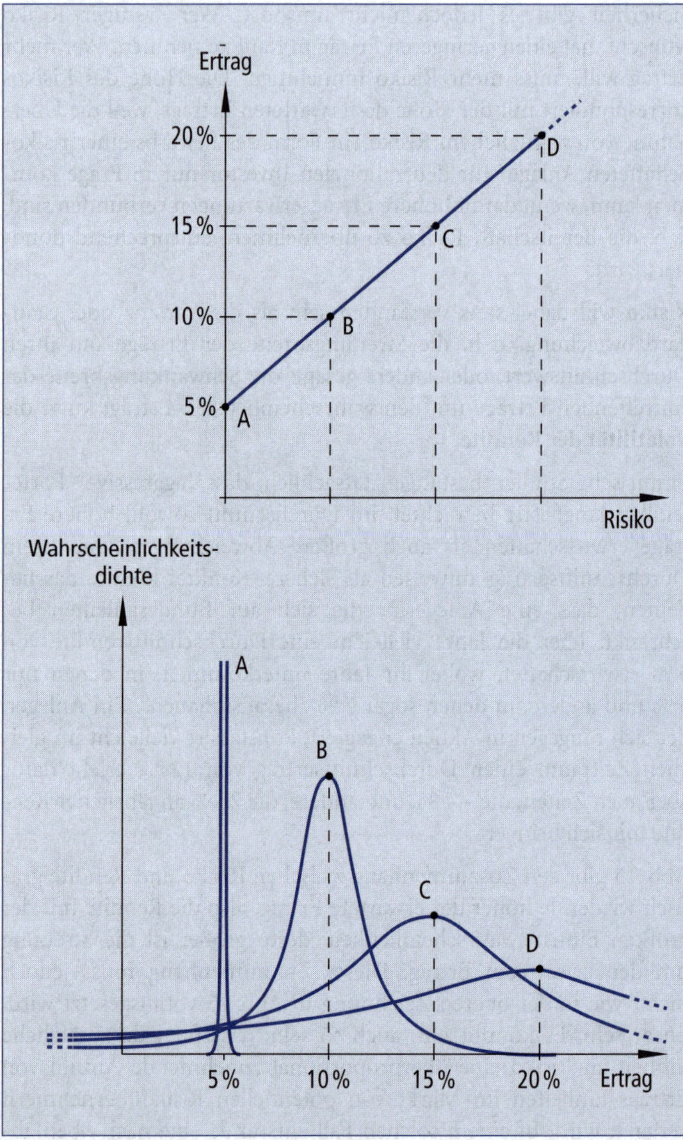

Abb. 15: Die Beziehung zwischen Risiko und Ertrag

In den von uns gewählten stilisierten Beispielen in Abb. 15 stellt A eine (nahezu) risikolose Anlage, wie etwa eine Bundesanleihe, dar. B mag die Anleihe eines renommierten Weltkonzerns sein, bei dem die Gefahr der Zahlungsunfähigkeit gering aber höher als im Falle der Bundesregierung ist. C repräsentiert wieder ein höheres Risikoniveau und könnte vielleicht die Aktie eines soliden, aber zyklischen Schwankungen unterliegenden Unternehmens sein. Schließlich könnte D die Aktie einer aufstrebenden, aber in nicht unbeträchtlichem Maße risikoexponierten jungen Firma sein.

Im unteren Teil von Abb. 15 wird von A nach D, also entlang der horizontalen Achse, auf der Renditen abgetragen sind, die Normalverteilung immer niedriger und breiter. Die Fläche unter der Kurve ist das grafische Analogon zum statistischen Begriff der Wahrscheinlichkeit – die Versinnbildlichung der Probabilität. Dies spiegelt sich in der Symmetrie der Normalverteilung wider: Die Wahrscheinlichkeit überdurchschnittlicher Erträge ist genauso groß, wie die unterdurchschnittlicher Erträge. Die Fläche links vom Erwartungswert ist aus diesem Grunde so groß wie die rechts von ihm. Die Flächen unter den Kurven B, C und D sind jeweils gleich groß; deshalb wird der Scheitel des Verteilungsgebildes bei größerer Streuungsbreite tiefer zur horizontalen Achse gezogen; bei der Umverteilung der unveränderlichen Gesamtfläche schmilzt der Buckel im Zentrum in dem Maße, wie die Äste der Verteilung anschwellen.

Die risikolose Anlage A reduziert sich auf einen emporschießenden Strich, denn sie hat eine Varianz von Null, sprich keine Streuung um den Erwartungswert, weil sie mit Sicherheit den versprochenen Ertrag von 5 % abwirft. Wo keine Abweichungen vom Erwartungswert auftreten, fließt die ganze Fläche in einer unendlich schmalen Zunge zusammen, in der wiederum die gleiche Fläche unterzubringen ist wie unter den Kurven von B, C und D.

Wenn eine Portefeuille-Managerin mit einer Anlagemischung, wie der durch A, B, C und D beispielhaft dargestellten, sich Sorgen zu machen beginnt über die große Varianz der Verteilung der Erträge ihres Portefeuilles, kann sie zur sogenannten **Umschichtung** schreiten: Sie könnte das größtenteils aus risikobehafteten Anlagen bestehende Portefeuille stärker mit risikolosen Anlagen à la A (Bundesanleihen möglicherweise), auffüllen und riskante Investitionen dafür abstoßen. Auf diese Weise bringt sie die Verteilung ihres Vermögens dazu, nach links zu wandern und so, zwar weniger aussichtsreich hinsichtlich der zu erwartenden Erträge, aber auch sicherer zu werden.

1.3 Direkte Versicherung

Schließlich kann man, wie soeben anhand eines auf ein ganzes Portefeuille geschriebenen Puts erläutert, sich Risiken entledigen, indem man eine Versicherung abschließt, deren Inanspruchnahme gewährleistet, dass ein bestimmter Portefeuillewert nicht unterschritten wird.

Es ist dieser Versicherungscharakter von Optionen, der sie zum überlegenen Werkzeug des Risikomanagements werden lässt und das klassische Arsenal der Vermögensverwaltung so sehr bereichert, dass getrost von einer „Revolution der Möglichkeiten" gesprochen werden darf.

An einigen Beispielen soll im Folgenden gezeigt werden, wie die Einbringung von Optionen in das Portefeuille unserer Anlagespezialistin dazu genutzt werden könnte, die Auswahl zur Verfügung stehender Investitionsstrategien zu erweitern. Im obigen Szenario noch bleibt ihr nichts anderes übrig, als an der Schraube der Varianz zu drehen, umso den Ertrag zu verändern, oder an der Schraube des Ertrags zu drehen, um das Risiko des Portefeuilles zu variieren, woraufhin der Verteilungsberg, symmetrisch und normalverteilt wie eh und je, nach links oder nach rechts gewälzt wird; und das übrigens nicht selten unter Hinnahme beträchtlicher Umschichtungskosten.

Die Anreicherung hingegen eines normalverteilten Portefeuilles mit Optionen befreit die Investorin von der Zwangsläufigkeit dieser Mechanik und versetzt sie in die Lage, die Form der Verteilung präzise im Sinne ganz individueller und sehr viel differenzierterer Anforderungen zu gestalten. Der Einsatz von Optionen schafft eine Alternative zum geschilderten Spiel mit Varianz und erwartetem Ertrag, indem diese es ermöglichen, gewissermaßen beliebige Bereiche der Verteilungsfläche gegeneinander zu tauschen. Damit ist eine Handhabe geschaffen für die Bewältigung von Zielen der Verwaltung und Steuerung von Portefeuilles, welche eine Loslösung von der Verteilungssymmetrie verlangen. Nun wird unter anderem die Herabsetzung des Portefeuillerisikos möglich, ohne dass dafür, wie es die Mechanik der klassischen Risikosteuerung erwarten ließe, ein niedrigerer erwarteter Ertrag hinzunehmen wäre. Die Varianz lässt sich nun segmentieren, aufdifferenzieren in einen erwünschten Ast, der überdurchschnittliche Erträge erfasst, und einen anderen, dessen Ausmaß die Wahrscheinlichkeit unterdurchschnittlicher Erträge anzeigt, und nach Bedarf manipulieren: Teile des erwünschten Asts lassen sich verkaufen, um die Kosten der Abwälzung von Teilen des unerwünschten Asts auf andere Marktteilnehmer zu finanzieren.

1.3.1 Verteilungsmodifikationen durch Protective-Puts

Ein anderes wesentliches Anliegen der Verwalter von Kapital – Versicherungsgesellschaften etwa, die in absehbarer Zukunft feste Auszahlungen zu tätigen verpflichtet sind –, ist nur mit asymmetrischen Verteilungsgebilden ideal nachzukommen. Man betrachte hierzu Abb. 16.

Die Normalverteilung eines nur aus Aktien bestehenden Portefeuilles (A) ist in Abb. 16 von einer durch Anreicherung mit **Protective-Puts** modifizierten Verteilung (B) überlagert. Beide Verteilungen haben den gleichen erwarteten Ertrag, doch die Verteilung B hat eine auf 0,5 % beschränkte Minimalrendite, während die mit A bezeichnete Verteilung auch Erträge von weniger als 0,5 %, ja selbst negative Erträge zulässt.

Wie ist dies möglich? Abb. 16 verdeutlicht ebenfalls, dass die in der asymmetrischen Verteilung B erfolgende Verringerung der Wahrscheinlichkeit ungünstiger Abweichungen vom erwarteten Ertrag verbunden ist mit einer gleichzeitigen Verringerung der Wahrscheinlichkeit überdurchschnittlicher Erträge. Optionen geben der Anlegerin die Möglichkeit, einen Teil des linken gegen einen Teil des rechten Flügels der Verteilung einzutauschen.

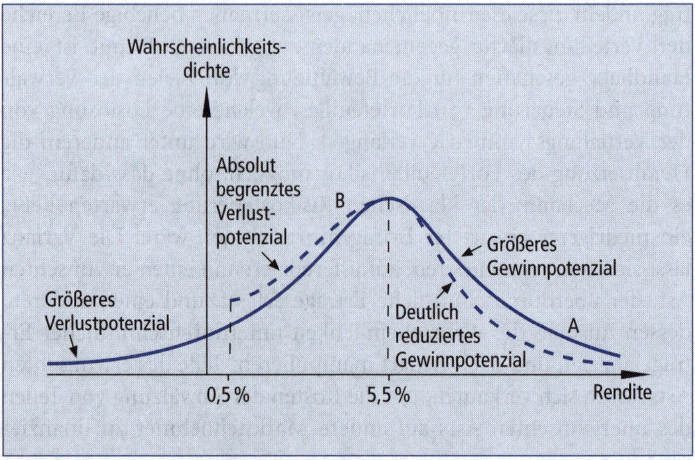

Abb. 16: Verteilungsmodifikation bei Protective-Puts (– – –)

Die Käuferin eines Puts zum Beispiel verkauft einen Teil des rechten Flügels der Verteilung. Denn was immer sie brutto an überdurchschnittlichen Gewinnen erzielen mag, von diesen sind stets die Versicherungskosten, die auf dem Wege der Zahlung der Prämie des Puts entstehen, abzuziehen, so dass ihre überdurchschnittlichen Erträge netto geringer sind, als sie es ohne Anreicherung des Portefeuilles mit Puts wären. Der Preis, der durch Verkauf des rechten Verteilungsflügels zu erzielen ist, fließt der Investorin gleichsam in Form eines gestutzten linken Verteilungsflügels, sprich geringerer Wahrscheinlichkeit unterdurchschnittlicher Erträge, zu.

Ein Wort der Warnung: Unter dem Einfluss von Optionen lässt sich die Form der Verteilung beliebig und insbesondere zum asymmetrischen Gebilde modellieren; es muss aber gleich dazu gesagt werden, dass deshalb Vergleiche anhand nur zweier Maßzahlen, der Varianz oder Standardabweichung und dem Erwartungswert, wie sie bei normalverteilten Strukturen mit Fug und Recht durchgeführt werden dürfen, nicht mehr unmittelbar aussagefähig sind. Notabene: Die konkrete Auswertung und vergleichende Analyse asymmetrischer (auch symmetrischer) Verteilungen ist außerordentlich komplex und kann deshalb nicht an dieser Stelle in Betracht gezogen werden. Als Denkanstoß nur so viel: Die Beschneidung des rechten Asts (Gewinnchancen vertretend) einer Verteilung verringert die Varianz ebenso wie dies die Abtrennung des linken Asts (das Verlustrisiko vertretend) tut. Selbst wenn die Reduktion der Varianz in beiden Fällen quantitativ gleich ist, so sind die qualitativen Konsequenzen beider Kappungen ganz unterschiedlich zu beurteilen.

Zurück zu dem mit Protective-Puts abgesicherten Portefeuille. Das Eintauschen überdurchschnittlicher Erträge gegen größeren Schutz vor unterdurchschnittlichen Erträgen kann von der Managerin feingesteuert werden durch die dosierte Anreicherung des Aktienportefeuilles mit geeigneten Optionen. Das Verteilungsprofil weicht umso prononcierter von der glockenförmigen Normalverteilung ab, je größer die Abdeckung durch Puts ist.

In Abb. 17 gibt die mit A gekennzeichnete Verteilung die Situation ohne Puts wieder. B kennzeichnet die Situation, bei der 25 %, C eine solche, bei der 50 %, und D schließlich steht für eine Situation, bei der 75 % der Aktien durch Puts abgesichert sind.

Auf diese Weise ist die Anlegerin imstande, präzise das für sie optimale Verhältnis von eingebüßtem Gewinnpotential zu hinzugewonnener Sicherheit zu wählen.

Bei einer 100 %igen Abdeckung des Aktienbestands würde der linke Verteilungsast nicht wie in Abb. 17 asymptotisch (ewig sich annähernd, ohne je zu berühren) gegen die horizontale Achse streben, sondern abrupt in den Punkt, der durch das Verkaufsrecht gesicherten Minimalrendite stürzen.

Der spitze Höcker in der in Abb. 17 mit D gekennzeichneten Verteilung ist damit zu erklären, dass die Wahrscheinlichkeit – dargestellt als Fläche unter der Kurve – von Renditen, die geringer sind als die durch den Put gesicherte Minimalrendite, sich am Punkt, der die Minimalrendite auf der Abszisse angibt, staut und statt eine Fläche links, eine oberhalb von diesem Punkt ausfüllt. Sind statt 100 % nur 75 % des Portefeuilles durch Protective-Puts abgesichert, kann die Gesamt-Portefeuille-Rendite diese Minimalrendite eben doch noch unterschreiten – daher der asymptotische Verlauf des linken Verteilungsasts in Abb. 17.

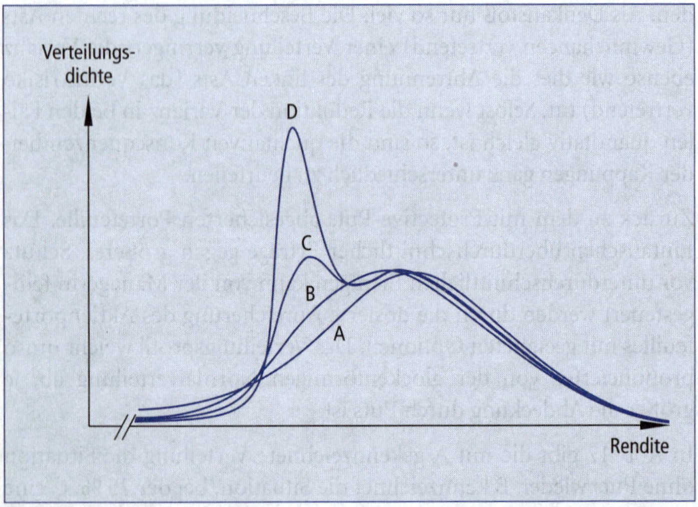

Abb. 17: Verteilungsmodifikation bei unterschiedlichen Protective-Puts

1.3.2 Verteilungsmodifikationen durch Covered-Call-Writing

Rufen wir uns kurz ins Gedächtnis: Unter Covered-Call-Writing versteht man das Schreiben von Calls gegen eine bestehende Aktienposition. Das Ziel dieser Strategie ist es, den Ertrag aus der Aktienposition durch die beim Verkauf der Optionen eingenommenen Prämien zu erhöhen. Das Covered-Call-Writing liefert ein weiteres Beispiel dafür, wie auf Grund der Verwendung von Optionen ein weitaus gezielteres Performance-Management in den Bereich des Möglichen rückt, als das bei der vergleichsweise ungelenken Varianz-Erwartungswert-Mechanik des klassischen Risikomanagements denkbar ist.

Wenn man in Abb. 18 die beiden extremen Verteilungen A (Aktienbestand ohne Covered-Call-Writing) und D (Aktienbestand zu 75 % veroptioniert) vergleicht, erkennt man, dass die Wahrscheinlichkeit moderater Erträge in D höher ist als in A, dass die Wahrscheinlichkeit überdurchschnittlicher Erträge in D deutlich niedriger ist als in A und dass dafür jedoch die Wahrscheinlichkeit unterdurchschnittlicher Erträge in D geringer ist als in A.

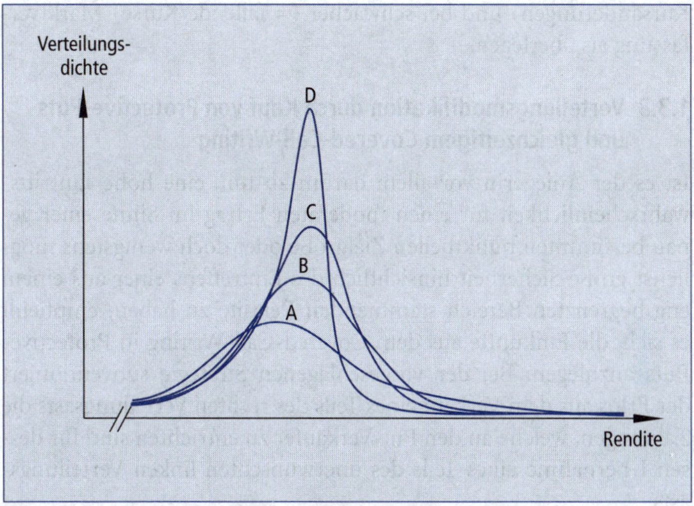

Abb. 18: Verteilungsmodifikation beim Covered-Call-Writing

Die Anlegerin verkauft nämlich für einen fixen Betrag die äußerste rechte Astspitze der Verteilung, welche jenseits der maximalen Rendite, die bei Ausübung des Calls zu erreichen ist, verläuft und auf der die höchsten möglichen Erträge angesiedelt sind. Während bei der Normalverteilung der Durchschnittsertrag mit dem Ertrag, der die größte Eintrittswahrscheinlichkeit besitzt, zusammenfällt, ist dies bei asymmetrischen Verteilungen nicht unbedingt der Fall. So erhöht sich beim Covered-Call-Writing zwar auf Grund der Prämieneinnahmen der Ertrag mit der höchsten Eintrittswahrscheinlichkeit, aber der Durchschnittsertrag sinkt, weil die raren, aber zum Teil überaus hohen Erträge des verkauften Verteilungsastes nicht mehr in die Berechnung des Durchschnitts eingehen. Die Reduktion des Durchschnittsertrages beim Covered-Call-Writing wird aber durch die Verringerung der Varianz und durch die Erhöhung der Wahrscheinlichkeit eines moderaten Ertrages kompensiert. Damit erweist sich die in Frage stehende Strategie, wie bereits aus anderer Sicht dargestellt, dem reinen Aktienportefeuille bei leicht fester (= geringe Kursverbesserungen), bei stabiler (= so gut wie keine

Kursänderungen) und bei schwacher (= fallende Kurse) Marktverfassung als überlegen.

1.3.3 Verteilungsmodifikation durch Kauf von Protective-Puts und gleichzeitigem Covered-Call-Writing

Ist es der Anlegerin vor allem darum zu tun, eine hohe Eintrittswahrscheinlichkeit für einen moderaten Ertrag im Sinne einer genau bestimmten punktuellen Zielgröße oder doch wenigstens möglichst große Sicherheit hinsichtlich des Eintreffens einer aus einem eng begrenzten Bereich stammenden Rendite zu haben, empfiehlt es sich, die Einkünfte aus dem Covered-Call-Writing in Protective-Puts anzulegen. Bei der vorgeschlagenen Strategie subventioniert der Erlös aus dem Verkauf eines Teils des rechten Verteilungsasts die Zahlungen, welche an den Put-Verkäufer zu entrichten sind für dessen Übernahme eines Teils des unerwünschten linken Verteilungsasts.

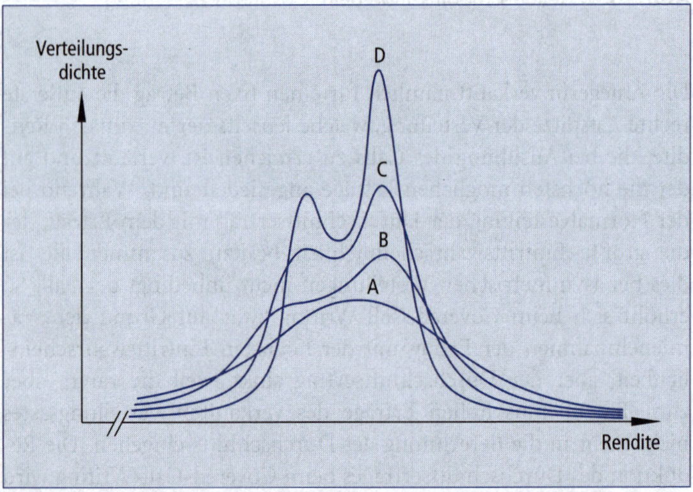

Abb. 19: Verteilungsmodifikation bei gleichzeitigem Protective-Put und Covered-Call-Writing

Abb. 19 zeigt wieder die unterschiedlichen Anpassungsgrade der Verteilungsmodifikation, wenn 25 % (B), 50 % (C) und 75 % (D) der

Aktien per Covered-Call-Writing veroptioniert und per Protective-Puts abgesichert werden. Man sieht erneut, wie genau die Anlegerin auf die ihr optimal erscheinende Konstellation hinarbeiten kann.

2. Der Versicherungscharakter von Optionen

Was sich aus alledem zusätzlich an Wissenswertem herausschälen lässt ist dies: Die vermeintliche Ausgeburt spekulativer Exzesse, das schlechthinnige Teufelszeug des Hazardeurs, die Option nämlich, wie sie viele sehen, ist im Grunde ein **Versicherungsinstrument.**

2.1 Call als Versicherung

Eine Call-Option ist ein Vertrag, der dem Call-Inhaber Zugriff auf ein zugrundeliegendes Wertpapier oder einen sonstigen Basiswert garantiert bei gleichzeitiger Versicherung gegen Verluste, die die Höhe der Optionsprämie übersteigen.

2.2 Put als Versicherung

Eine Put-Option ist ein Versicherungsvertrag, dessen Auszahlungen jedwede Verluste abdecken, die sich aus einer Minderung des Werts des zugrundeliegenden Basisobjekts unterhalb des Ausübungspreises der Option ergeben.

2.3 Optionshandel – ein Handel in Versicherungsleistungen

Wir haben soeben gesehen, dass die statistische Verteilung von Renditen eines Portefeuilles sich durch Anreicherung mit Optionen präzise im Sinne spezifischer – wenn es sein muss beliebig konservativer – Anlageziele modifizieren lässt. Die dabei entstehenden Gebilde sind nichts anderes als das Resultat gezielter Ankäufe und Verkäufe der den Optionen innewohnenden Versicherungskomponenten.

Ein im schlechtesten Sinne des Wortes hochspekulatives Optionsgeschäft ist ganz einfach eines, bei dem eine Versicherungsleistung entweder verschleudert oder viel zu hoch bezahlt wird. Es ist, als ob man 50.000 € im Jahr ausgibt für den Schutz seiner Eigentumswohnung gegen einen Angriff durch King Kong oder wie der Verkauf einer Versicherung, die der Vereinsführung des 1. FC Kaiserslautern nach einmaliger Leistung einer Prämie von 50.000 € den Anspruch einräumt, in den nächsten zehn Jahren für jede Auswärtsniederlage mit 5.000 € entschädigt zu werden. Derlei Absurditäten sind das Ergebnis von, gelinde gesagt, mangelndem Sachverstand oder einem ein wenig gestörten Realitätssinn. Sie lassen sich vermeiden, aber auch ausnutzen, durch eines: Kompetenz.

Das Problem spekulativer Exzesse liegt nicht in der Natur des Instruments Option, es liegt beim Verwender. Die von kompetenten Optionsanwendern ins Leben gerufene Vielfalt hochdifferenzierter und anpassungsfähiger Risiko-Ertrags-Strukturen entpuppt sich als die Folge eines genau kalkulierten Handels in Versicherungsleistungen.

Der Versicherungscharakter von Optionen zeigt sich auch in der Tiefenstruktur des Optionspreises, der nämlich immer auch einen Teil umfasst, der Versicherungsprämie ist. Das gilt für den Call nicht weniger als für den Put, bei dem allerdings der Versicherungscharakter wohl augenfälliger ist.

2.4 Vertiefung des Versicherungscharakters eines Calls

Der Versicherungscharakter einer Call-Option zeichnet sich deutlich ab, wenn man sich die folgende Betrachtungsweise zu eigen macht.

Zunächst eine kurze Vorüberlegung: Anleger von zweifelsfreier Bonität können Aktienkäufe auf dem Wege sogenannter **Effektenkredite** teilfinanzieren. Dabei leistet der Investor eine Anzahlung auf den Kaufpreis der Aktien. Der andere, in vielen Fällen größere Teil des Kaufpreises wird durch einen Kredit, also geliehenes Geld, aufgefüllt. Der Kredit wird mit den erworbenen Wertpapieren besichert. Das heißt: Die in Frage stehenden Wertpapiere gehen in das Eigentum des Kreditgebers über, sofern der Kreditnehmer den vereinbarten Schuldendienst nicht mehr bereit oder in der Lage zu leisten ist. Umgekehrt werden die Wertpapiere zum Eigentum des Kreditnehmers, sobald dieser seine Verbindlichkeiten gegenüber dem Kreditgeber beglichen hat.

In leichter Abwandlung dieses Prinzips lässt sich ein Call wie folgt als Versicherungskontrakt interpretieren.

BEISPIEL: Eine Aktie notiere zu 1.200 €. Herr Schnabbelewobski sichert sich den Zugriff auf die Aktie, indem er 200 € sofort anzahlt und sich gleichzeitig das Recht einräumen lässt, bei Fälligkeit des Vertrags in, sagen wir, neun Monaten die restlichen 1.000 € zu zahlen.

Er hat auf diese Weise gewissermaßen einen Effektenkredit aufgenommen. Denn wie bei einem solchen ist für die Sicherung des Zugriffs auf die Aktien und der Teilnahme an profitablen Kursentwicklungen nicht die sofortige Zahlung des Gesamtwertes der Effekten erforderlich. Neben dem Teilanzahlungsaspekt, der den Vorzug eines geringeren Kapitaleinsatzes bei Optionen wiedergibt, kommt Herr Schnabbelewobski zudem in den Genuss einer impliziten Versicherung gegen nachteilige Kursentwicklungen, da vertraglich vorgesehen ist, dass er vom schließlichen Erwerb der Aktien – unter endgültiger Überlassung der zwischenzeitlich von seinem Kontraktpartner als Sicherheiten gehaltenen Wertpapiere – absehen kann.

Dem liegt folgende, einem Call analoge Konstruktion zugrunde. Herr Schnabbelewobski hat nämlich im Prinzip einen europäischen, also einen nur am Verfalltag ausübbaren Call auf diese Aktie mit einem Ausübungspreis von 1.000 € erworben. Falls er sich zur Ausübung der Option entschließt, wird er die nicht rückerstattbare Anzahlung des Ausübungspreises von 200 € um 1.000 € ergänzen müssen, um den vereinbarten Ausübungspreis voll zu bezahlen und die Aktien beziehen zu dürfen. Unterlässt er die Ausübung, ist die Anzahlung in Höhe von 200 € unwiederbringlich dahin, doch wechselt darüber hinaus kein Geld mehr den Besitzer. Der Stillhalter nimmt seinerseits die Aktien zum aktuellen Kurs von 1.000 € treuhänderisch für den Zeitraum der Gültigkeit des Vertrags in seinen Bestand, so dass der Call-Inhaber bei Ausübung mit Sicherheit sofortigen Zugriff auf die vom Call-Schreiber veroptionierten Aktien hat.

2.5 Auf dem Weg zur Optionspreisbestimmung – die Komponenten des Preises eines Calls

Welchen Gesamtpreis sollte der Stillhalter angesichts dieser Vertragskonstruktion Herrn Schnabbelewobski berechnen?

2.5.1 Opportunitätskosten des Stillhalters

Bei der Beantwortung dieser Frage muss der Umstand berücksichtigt werden, dass der Stillhalter Geld in der Aktie gebunden hat, welches er während der Gültigkeit des Optionskontraktes leider nicht zu r, dem für ihn relevanten Zinssatz, anlegen kann. Diese Opportunitätskosten stellt er Herrn Schnabbelewobski im Preis für sein Optionsrecht in Rechnung. Im Grunde genommen hat Herr Schnabbelewobski damit einen Effektenkredit aufgenommen, bei dem der Barwert der entgangenen Zinsen des Kreditgebers angezahlt wird. Dieser Barwert lässt sich vom Kreditgeber zu r anlegen, so dass er in vollem Umfang für seine entgangenen Zinsen entschädigt wird.

Exkurs: Bar- oder Gegenwartswert

Zur Erinnerung: Der **Bar- oder Gegenwartswert** ist der Wert, der heute investiert werden muss, damit bei gegebener Verzinsung zu einem gegebenen zukünftigen Zeitpunkt ein bestimmter Betrag erzielt wird. Wenn ein Anleger nach Jahresfrist 10 € auf seinem Konto haben möchte, Zinsen nur einmal pro Jahr anfallen und der Zinssatz bei 10 % liegt, so ist der Bar- oder Gegenwartswert dieser 10 €

10 € × 1/(1 + 0,10) = 9,09.

Man muss also heute 9,09 € anlegen, um in einem Jahr unter den geschilderten Bedingungen 10 € zu erhalten. Zur Vertiefung dient im Anhang der Abschnitt über Zinsrechnung.

2.5.2 Innerer Wert

Außerdem ist es selbstverständlich, dass der Betrag, um den die Aktie den Ausübungspreis zum Zeitpunkt des Verkaufs der Option übertrifft, in unserem Beispiel jene 200 €, in den Kaufpreis des Optionsrechts einfließen wird. Diesen Betrag bezeichnet man auch als den **inneren Wert** der Option. Wo wäre denn da das Geschäft, wenn der Call-Stillhalter etwas, das ihn selbst 1.200 € kostet, zum Bezug zu 1.000 € anböte?

2.5.3 Versicherungsprämie

Schließlich ist der Call-Stillhalter einer gewissen Unsicherheit ausgesetzt. Entwickelt sich der Aktienkurs unvorteilhaft, so dass Herr Schnabbelewobski von einer Ausübung Abstand nimmt, sieht sich der Call-Stillhalter als Auffangbecken von womöglich stark wertgeminderten Wertpapieren. Diese Unsicherheit seitens des Stillhalters ist die Kehrseite der klaren und sicheren Verhältnisse, in denen Herr Schnabbelewobski auf Grund der Optionsvereinbarung lebt; er weiß genau, was seine maximalen Ausgaben sein könnten, was sein maximaler Verlust ist. Er hat zudem die Gewissheit, die beziehbaren Aktien dem Stillhalter, ohne zusätzliche Zahlung, endgültig überlassen zu können, sofern diese für ihn nicht mehr von ökonomischem Interesse sein sollten. Auch für die treuhänderische Bereithaltung der Aktien braucht er sich nicht einmal zu bedanken. Keine Frage, für diese Versicherungsleistung, diese Übernahme von Risiko, ist ebenfalls ein Preis zu zahlen.

Der **Preis eines Calls** sollte sich demnach aus folgenden Komponenten zusammensetzen:

Opportunitätskosten des Stillhalters (Betrag, dessen Anlage zum relevanten Zinssatz die bei Geldbindung durch Aktienkauf entgehenden Zinseinkünfte ausgleicht)

\+ Innerer Wert

\+ Versicherungsprämie

= Optionspreis.

Um zu ermessen, wie sehr es berechtigt ist, dem Call Versicherungscharakter zuzuschreiben und für diese Eigenschaft einen Preis zu zahlen, mache man sich nur bewusst, dass eine Versicherung leider dann am wertvollsten ist, wenn das Unglück eintritt, gegen das man sich durch sie ganz oder teilweise zu immunisieren sucht. Also gerade wenn der Call wertlos verfällt, rechtfertigt sich die Zahlung einer Prämie durch die Inanspruchnahme der Versicherungswirkung und den so erwiesenen Schutz. Verfällt ein Call wertlos, zeigt sich eben dessen Überlegenheit gegenüber einer Direktinvestition, die solcherlei Absicherung nicht vorsieht.

Der Versicherungscharakter von Optionen prägt deren Preisverhalten: Die Preise von Optionen steigen wie Versicherungsprämien, wenn das Risiko, d. h. die Volatilität des Aktienkurses, zunimmt. Nicht anders als bei Versicherungsprämien, die umso geringer sind, je höher die Vorauszahlung des Versicherungsnehmers ist, verringert sich die einer Option innewohnende Versicherungsprämie mit steigendem inneren Wert der Option. Je länger der Zeitraum der Versicherung, desto höher die Versicherungskosten – auch dies trifft auf Optionen zu.

Wir werden nun die Bestandteile der Optionsprämie und deren Verhalten in unterschiedlichen Szenarien eingehender beleuchten.

3. Die exakte Bewertung von Optionen

Wie schon bei der Diskussion der Grundbegriffe des Optionswesens wird in der Folge weiterhin der Ausübungspreis mit E (= exercise price) und der Aktienpreis mit S (= stock price) abgekürzt.

3.1 Die Bewertung von Calls

Die Theorie der exakten Optionspreisbestimmung soll anhand der Call-Option vertieft werden, um sie später auf Puts auszuweiten. Dabei sollen in einem ersten Annäherungsschritt zunächst die Unter- und Obergrenzen, zwischen denen der Preis eines Calls sich sowohl vor als auch während der Laufzeit der Option überhaupt nur bewegen kann, erklärt werden.

Wir haben bereits die Interpretation einer Call-Option als eine Art Effektenkredit kennengelernt, bei der sich ihr Preis zusammensetzt aus:

- innerem Wert (S – E),
- einem Betrag, dessen Anlage für die Laufzeit der Option zu r, den entgangenen Zins des Stillhalters, wettmacht, E × (r/(1 + r)), und
- einer Versicherungsprämie, die der Stillhalter für die Übernahme von Risiko erhält, V.

Optionspreis (C) =
Innerer Wert (S – E)
+ Opportunitätskosten des Stillhalters (E × (r/1 + r))
+ Versicherungsprämie (V).
Dies lässt sich folgendermaßen als Gleichung fassen:
$C = (S - E) + E(r/(1 + r)) + V.$

Eine andere, knappere Schreibweise dieser Formel ergibt sich nach Umformung:

$C = S - E \times 1/(1 + r) + V.$

3.1.1 Der Wert eines Puts als Versicherungsprämie des Calls

Die Versicherungsprämie V ist der Preis einer Put-Option (P). Deshalb kann man auch in der Formel zur Bestimmung des Werts eines Calls die Versicherungsprämie (V) durch den Preis eines Puts (P) ersetzen. Erinnern wir uns doch an die frühere Definition eines Puts: Eine Put-Option ist ein Versicherungsvertrag, dessen Auszahlungen jedwede Verluste abdecken, die sich aus einer Minderung des Wertes des zugrundeliegenden Basisobjekts unterhalb des Ausübungspreises der Option ergeben.

Wenn der Stillhalter des Calls einen Put mit gleichem Ausübungspreis und gleicher Laufzeit erwirbt, sichert dieser ihn gegen das Risiko ab, bei Nichtausübung des Calls Aktien in Bestand zu haben, die seit ihrem Erwerb an Wert gefallen sind. Die Ausübung des Puts erbringt E – S, denn der Put-Inhaber erhält einen Wert in Höhe von E, dem Ausübungspreis zu dem er verkauft, und tritt einen Wert in Höhe von S, dem aktuellen Aktienwert, ab. Da bei Nichtausübung seitens des Call-Inhabers automatisch Aktien mit einem Wert von S in seinen Besitz übergehen, hat er insgesamt eine Nettoposition von S + (E – S) = E.

Kennt man den Wert eines Calls und dessen Bestandteile, so lässt sich durch Auflösung des nachstehenden Ausdrucks nach P der Wert eines Puts bestimmen.

$C = S - E \times 1/(1 + r)^t + P.$

Hierbei ist t die annualisierte Restlaufzeit, die sich aus dem Quotienten der bis zum Verfall der Option verbleibenden Tage und der Anzahl der Tage des Jahres ergibt; eine Option mit 90 Tagen Restlaufzeit hat somit t = 90/365 = 0,2466.

Dieser Zusammenhang zwischen Call- und Put-Preis wird auch als **Put-Call-Parität** bezeichnet. Wenn es gelingt, den Wert eines Calls zu ermitteln, lässt sich durch Auflösung der Paritätsgleichung nach P auch der Preis eines europäischen Puts feststellen. Das ist der Grund, warum wir uns hier auf die exakte Bestimmung des Preises eines Calls beschränken können.

Wir werden die bis jetzt erarbeitete Formel zur Bestimmung des korrekten Call-Preises nun schrittweise aufrollen.

Zu diesem Zweck werden wir zunächst die Situation betrachten, in der sie sich auf den inneren Wert der Option (S – E) beschränkt. Dann werden wir Umstände zulassen, die die Einbeziehung

- der Laufzeit bis Verfall der Option,
- des relevanten Zinssatzes und damit der Opportunitätskosten des Stillhalters

und so die Erweiterung der Formel auf $S - E \times 1/(1 + r)^t$ erforderlich machen.

Sodann werden wir die Ungewissheit der Aktienkursentwicklung in Rechnung stellen, so dass die Formel um die Versicherungsprämie V erweitert werden muss auf:

$S - E \times 1/(1 + r)^t + V.$

Bis dahin werden wir die absolute Ober- und Untergrenze des Call-Preises kennengelernt haben.

Schließlich werden wir sehen, wie die Versicherungsprämie V, die in den Preis eines Calls „eingebaut" ist, üblicherweise berechnet wird. Dies wird uns in die Lage versetzen anzugeben, wo genau sich der Call-Preis zwischen Ober- und Untergrenze befinden sollte, wenn man neben den dann bereits eingeführten Bestimmungsfaktoren des Call-Preises – namentlich: Aktienkurs, Ausübungspreis, relevanter Zinssatz, Laufzeit – auch noch einen ganz entscheidenden Risikoparameter, die Schwankungsbreite oder, wie man auch sagt, die Volatilität der Kurse der zugrundeliegenden Aktie berücksichtigt.

3.1.2 Der Wert eines Calls am Verfalltag

Am Verfalltag besteht keine Unsicherheit mehr über die Kursentwicklung der zugrundeliegenden Aktie, so dass die Einrechnung einer Versicherungsprämie in den Optionspreis nicht mehr gerechtfertigt ist, und die Bindung des ansonsten zinsbringend anlegbaren Geldes des Stillhalters in der Aktie entfällt ebenfalls, so dass sich der Gesamtwert der Option auf den inneren Wert, d. h. die Differenz zwischen aktuellem Aktienkurs und Ausübungspreis der Option reduziert.

Optionspreis am Verfalltag = Innerer Wert der Option

Der innere Wert:

Eine genauere Betrachtung des inneren Werts ist angebracht, zumal dieser auch bei der Ermittlung des Minimalwerts einer Call-Option eine Rolle spielt. Zur Auffindung der Untergrenze des Werts einer Call-Option gehen wir noch einmal von der Situation am Verfalltag aus.

In Abb. 20 ist der Wert eines Calls, d. h. der Preis, den ein vernunftbegabter Käufer für die Option am Verfalltag zu zahlen bereit ist, auf der vertikalen Achse abgetragen. Die vom Punkt E, dem Ausübungspreis, in einem Winkel von 45° schräg von der horizontalen Achse mit den möglichen Aktienkursen aufsteigende Linie veranschaulicht, dass eine Call-Option am Verfalltag erst dann Wert anzunehmen beginnt, wenn sie in-the-money ist und dass der Preis der Option identisch ist mit dem Betrag, den die Option in-the-money ist und in gleichen Proportionen wie dieser ansteigt – daher die 45° Linie, d. h.: Steigt der innere Wert um eins, so steigt auch der Wert des Calls um eins.

Abb. 20 zeigt ebenfalls: Solange der Aktienpreis am Verfalltag kleiner oder gleich dem Ausübungspreis ist, d. h. sich out-of-the-money oder at-the-money befindet, ist die Option wertlos, hat sie einen Wert von null.

Diese Aussage lässt sich verkürzt durch folgende Schreibweise (= Notation) wiedergeben: C (S, E), genauer:

[C (S, E) = max (0; S – E)]

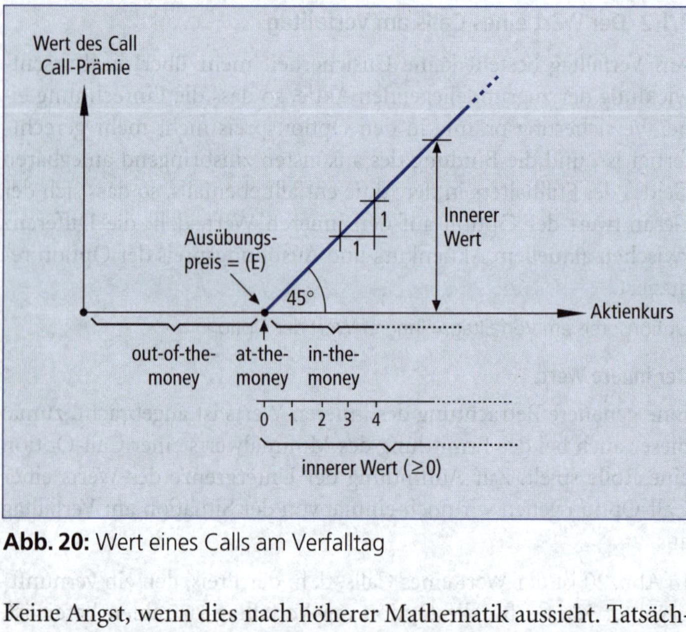

Abb. 20: Wert eines Calls am Verfalltag

Keine Angst, wenn dies nach höherer Mathematik aussieht. Tatsächlich ist diese Notation nicht schwerer zu verstehen, als der Trick eines Kellners, der mit einem Strich auf dem Bierdeckel die Aussage abkürzt „Der Herr, dessen Glas auf diesem Deckel steht, hat noch ein Gurgelburger Altbier, 0,5 Liter, zu 2,60 € zu bezahlen".

C (S, E) ist kurz für: der Wert eines Calls in Abhängigkeit von den zwei Faktoren Aktienkurs S und Ausübungspreis E.

Dies ist nur eine andere Art zu sagen, dass eine Kaufoption am Verfalltag von zwei Faktoren abhängt,

- dem dann aktuellen Aktienkurs S und
- dem Ausübungspreis E.

Darüber hinaus gilt, dass sie gleich ihrem inneren Wert, der nie kleiner als null ist, sein muss.

Max (2, 5) z. B. bedeutet lediglich: das Maximum von 2 und 5; oder anders gesagt, von den in Klammern stehenden Zahlen ist die größere zu wählen: 5.

Wenn der Aktienkurs S niedriger ist als der Ausübungspreis E eines Calls, dann ergibt S – E eine negative Zahl.

BEISPIEL: Wenn die zugrundeliegende Aktie 718 € wert ist, so ist der Wert eines Calls mit Ausübungspreis 720 € max (0; –2) = 0, denn 0 ist größer als –2. Liegt der Aktienkurs hingegen bei 724 €, so ist die Option mit max (0; 4) zu bewerten, also 4 € wert.

Am Verfalltag darf eine Option niemals diesen inneren Wert unterschreiten. Das heißt, dass niemals ein Optionspreis vorkommen darf, der sich mit dem Aktienpreis rechts von der 45°-Linie schneidet.

Der Grund dafür, dass der innere Wert eine absolute Untergrenze des Optionspreises festlegt, ist darin zu suchen, dass bei Unterschreitung des inneren Werts ein Free Lunch, ein geschenkter risikoloser Profit, zustande kommen würde, an dem sich Arbitrageure sogleich schadlos halten würden, bis die Ursachen dieses Geschenks beseitigt sind – d. h. die wirtschaftlich gerechtfertigte Untergrenze wiederhergestellt ist.

BEISPIEL (siehe hierzu auch Abb. 21):
Eine Aktie sei zu 520 € zu erwerben. Ein Call auf diese Aktie habe einen Ausübungspreis von 510 € und eine Optionsprämie pro beziehbarer Aktie von 5 €. Am Verfalltag und jederzeit davor gilt, wenn Option und

Aktie frei handelbar sind, folgendes: Durch Erwerb der Option und sofortige Ausübung ist es bei dieser Konstellation möglich, für nur 515 € eine Aktie zu beziehen, die im Kassamarkt zu 520 € veräußert werden kann. Eine Geldmaschine! Ein Goldesel! Man stecke 515 € in das Wunderding und heraus kommen 520 €.

Doch ganz so einfach ist das nicht. In effizienten Märkten wird diese Information allen Marktteilnehmern sofort oder doch recht bald bekannt, so dass Arbitrage einsetzt.

Das Regulativ der Arbitrage:

Arbitrage ist der Vorgang, durch den Preisunterschiede zwischen gleichwertigen Objekten ausgenützt und schließlich beseitigt werden. Arbitrage ist, in wohlverstandenem Sinne, selbstzerstörerisch. Starke Nachfrage bildet sich nach dem billigen Objekt; die Arbitrageure kaufen es, wodurch sich dessen Preis erhöht, während gleichzeitig das Angebot an dem teuren Objekt auf Grund des sofortigen Wiederverkaufs des billig erworbenen Handelsgegenstandes dort, wo es zu einem höheren Kurs notiert, größer wird, und infolgedessen sich sein Preis dort verringert. Irgendwann ist der Punkt erreicht, wo beide Objekte den gleichen Preis haben, so dass durch die Wirkung der Arbitrage weitere Arbitrage unmöglich geworden ist. Dies also ist der Grund, warum es für den Preis einer Option, wie in Abb. 21 dargestellt, zu jedem Zeitpunkt während ihrer Laufzeit eine absolute Untergrenze gibt, die nur kurzfristig und geringfügig verletzt werden kann.

Anhand des in Abb. 21 aufgeführten Beispiels wird überhaupt damit ein ganz entscheidender Aspekt des Zusammenhangs zwischen Optionen und den ihnen zugrundeliegenden Instrumenten erkennbar.

Der Wert einer Option folgt nicht willkürlichen Einflüssen, sondern unterliegt einer strengen Disziplin, die sich durch den Mechanismus der Arbitrage durchsetzt.

Das obige Beispiel ließ erkennen, dass eine Kaufoption niemals weniger wert sein darf als ihr innerer Wert. Ansonsten träten Arbitragemöglichkeiten auf, die diejenigen „bestrafen", die Aktien, gemessen an deren Preis im Kassamarkt, über Optionen zu billig anbieten, und diejenigen, die dieses Mispricing, d. h. diese Falschbewertung, ausfindig machen, solange zum Kauf von Optionen und zum Verkauf von Aktien anreizen, bis sich die Preise der arbitrierten Objekte wieder angeglichen haben.

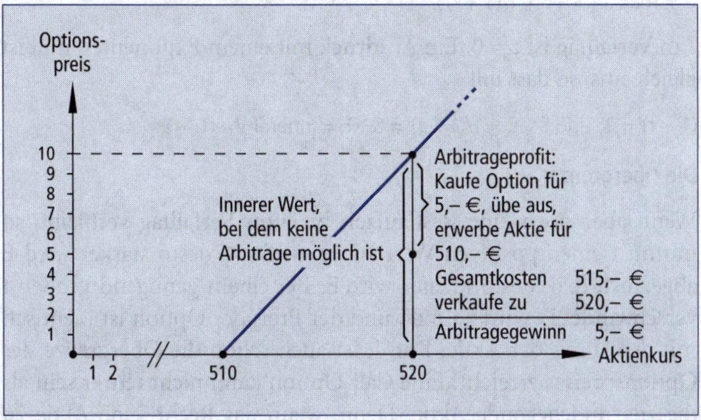

Abb. 21: Eingrenzung des Werts eines Calls durch Arbitrage

Aus den bisherigen Betrachtungen ging ebenfalls hervor, dass eine Option an ihrem Verfalltag entweder

- wertlos verfällt, oder
- lohnend, d. h. kostenreduzierend oder gar gewinnbringend, ausgeübt wird.

Am Verfalltag ist der Wert der Option also entweder null oder gleich dem Betrag, den die Option in-the-money ist.

3.1.3 Der Wert eines Calls vor dem Verfalltag

Die Aussage, dass der Wert einer Kaufoption am Verfalltag entweder null oder gleich der positiven Differenz zwischen Aktienkurs und Ausübungspreis, S – E, ist, kann dahingehend verallgemeinert werden, dass zu keinem Zeitpunkt während der Laufzeit eines Calls dessen Wert geringer sein darf als null oder die positive Differenz zwischen Aktienkurs und dem Barwert des Ausübungspreises,

$S - E \times 1/(1 + r)^t$.

Die Untergrenze:

Eine korrekt bewertete Call-Option hat zu jedem Zeitpunkt eine Wertuntergrenze, einen Mindestwert von:

$C = \max(0; S - E \times 1/(1 + r)^t)$.

Am Verfalltag ist $t = 0$. Ein Ausdruck mit einem Exponenten null ist gleich eins, so dass gilt:

$(1 + r)^t = 1$, und $S - E \times 1/(1 + r)^t = S - E$ = innerer Wert.

Die Obergrenze:

Wenn aber noch eine Restlaufzeit bis zum Verfalltag verbleibt, so nimmt t einen positiven Wert an. Je größer t, desto stärker wird E abgezinst, d. h. desto kleiner wird E. Bei einem genügend großen t verschwindet E, wird zu null, und der Preis der Option ist identisch mit dem Preis der Aktie. Damit ist auch schon die Obergrenze des Optionspreises erreicht. Eine Call-Option kann nicht teurer sein als die zugrundeliegende Aktie. Denn, wenn das Recht, eine Aktie zu beziehen teurer ist als der sofortige Kauf der Aktie, ist die Direktinvestition vorteilhafter als das Recht auf gelegentlichen Bezug. Die Aktie ist in diesem Sinne deutbar als eine Call-Option auf sich selbst. In der Praxis wird die Aktie immer mehr wert sein als die auf sie geschriebene Call-Option, denn sie unterscheidet sich von dieser dadurch, dass sie ein Stimmmrecht sowie Anspruch auf Dividendenzahlungen einschließt und eine sehr viel längere Laufzeit hat. Im Grunde ist die Laufzeit der Aktie nur durch die Lebensfrist der emittierenden Firma begrenzt. Sie hat ein sehr großes t und deshalb, optionstheoretisch konsequent, einen Ausübungspreis gleich null. Der maximale Optionspreis ist gleich dem Aktienpreis; $C = S$ definiert die Obergrenze des Werts einer Option.

In Abb. 22 erkennt man, angedeutet durch eine noch zu besprechende Komponente des Optionswerts, dessen **Zeitwert** nämlich, auch folgendes: Wiewohl durch den Aktienkurs nach oben absolut begrenzt, wird der aktuelle Kurs eines Calls vor dem Verfalltag durchaus über dem durch

$\max(0; S - E \times 1/(1 + r)^t)$

ausgedrückten Minimum liegen, da dann nämlich noch die Versicherungsprämie oder der Zeitwert einzurechnen ist.

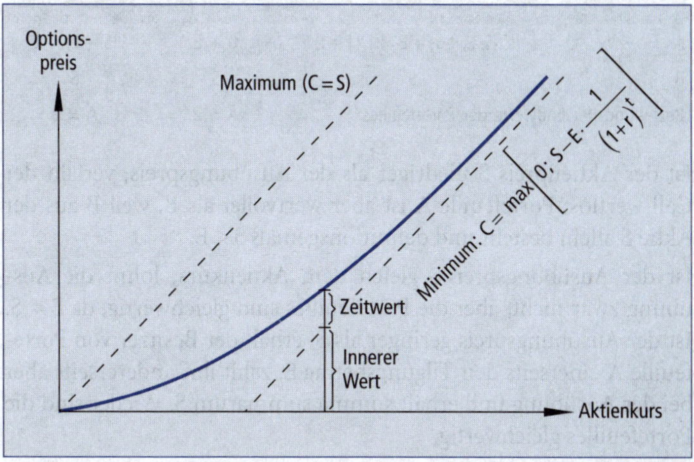

Abb. 22: Ober- und Untergrenze des Werts eines Calls

Wir müssen also eine weitere Präzisierung bei der Wertbestimmung eines Calls vornehmen. Zu jedem Zeitpunkt während der Laufzeit einer Call-Option muss diese die Bedingung erfüllen:

$C (S, E, t, r) \geq \max (0; S - E \times 1/(1 + r)^t)$.

Die linke Seite der Ungleichung besagt, dass der Wert eines Calls abhängig ist vom zugrundeliegenden Aktienkurs S, vom Ausübungskurs €, von der Restlaufzeit t und vom relevanten Zinssatz r.

Die Ausübung eines Calls vor Verfalltag lohnt nicht:

Anhand dieser Ungleichung lässt sich nachweisen, dass die Ausübung eines (amerikanischen) Calls vor dem Verfalltag gar nicht lohnt. Dazu vergleiche man zwei Portefeuilles, A und B. A besteht aus einem Call und einem Abzinsungspapier, welches zu E 1/(1 + r)t erworben und nach Ende der Laufzeit des Calls zu E verkauft werden kann. B besteht aus der dem Call zugrundeliegenden Aktie.

Portefeuille	Ausgangswert	Wert des Portefeuilles, wenn Aktie bei Verfall	
		$S < E$	$E \leq S$
A	$C(S, E, t, r) + E \times 1/(1 + r)^n$	$0 + E$	$(S - E) + E$
B	S	S	S
Beziehung der Endwerte der Portefeuilles:		$A > B$	$A = B$

Ist der Aktienpreis S niedriger als der Ausübungspreis, verfällt der Call wertlos; Portefeuille A ist aber wertvoller als B, weil B aus der Aktie S allein besteht und definitionsgemäß $S < E$.

Ist der Ausübungspreis € gleich dem Aktienkurs, lohnt die Ausübung zwar nicht, aber die Portefeuilles sind gleichwertig, da $E = S$. Ist der Ausübungspreis geringer als S, erhält der Besitzer von Portefeuille A einerseits den Tilgungsbetrag E, zahlt ihn andererseits aber bei der Ausübung und erhält summa summarum S. Wieder sind die Portefeuilles gleichwertig.

Da es eine Situation gibt, in der Portefeuille A einen höheren Endwert annimmt als Portefeuille B, gilt

$C(S, E, t, r) + E \times 1/(1 + r)^t > S.$

Eine einfache Umstellung ergibt:

$C(S, E, t, r) > S - E \times 1/(1 + r)^t.$

Diese Ungleichung verrät, dass es nie sinnvoll sein kann, eine amerikanische Option vor dem Verfalltag auszuüben – sofern deren zugrundeliegende Aktie keine Dividenden ausschüttet. Zur Dividendenproblematik wird später mehr zu sagen sein. Denn bei Ausübung erhält man $S - E$; das aber ist weniger als der Wert der Option, der nämlich

$C > S - E \times 1/(1 + r)^t$

ist. Es gilt:

$S - E < S - E \times 1/(1 + r)^t.$

Es ist unter diesen Umständen immer vorteilhafter, die Option weiterzuverkaufen, als sie auszuüben. Dies hat außerdem zur Folge, dass die Resultate der exakten Optionspreisbestimmung bei europäischen Optionen auch auf amerikanische übertragen werden können.

Zusammenfassung:

Kehren wir zusammenfassend zur Ungleichung zurück, die unser bisheriges Wissen über das Verhalten des Werts eines Calls vor und während dessen Verfalltag in Kurzform wiedergibt:

$C(S, E, t, r) > (0; S - E \times 1/(1 + r)^t)$

Die rechte Seite der Ungleichung gibt an, dass der Call mindestens soviel wert sein muss wie das Maximum von null und der Differenz zwischen dem Wert der zugrundeliegenden Aktie und dem Barwert des Ausübungspreises. Entfällt, wie am Verfalltag, die Abzinsung, wird die Untergrenze, nämlich max (0; S – E), erreicht; steigt die Laufzeit und/oder der Abzinsungsfaktor und fällt damit der Barwert des Ausübungspreises in ausreichendem Maße, wird die zu jedem Zeitpunkt während ihrer Lebensdauer gültige Obergrenze des Werts einer Call-Option erreicht: C=S.

Ein Call ist somit umso teurer,

- je länger die Restlaufzeit t,
- je höher der relevante Zinssatz r,
- je geringer der Ausübungspreis E und
- je höher der Aktienkurs S.

3.2 Der vollständige Wertkurvenverlauf eines Calls

Die zuletzt aufgeführten Einflussfaktoren sind immer noch nicht vollständig. Einen ganz entscheidenden Einflussfaktor des Preisverhaltens von Optionen müssen wir uns noch erarbeiten – die durchschnittliche Schwankungsbreite oder Volatilität des Kurses der zugrundeliegenden Aktie. Die **Volatilität** ist ein Maß der Ungewissheit, der sich der Stillhalter ausgesetzt sieht.

3.2.1 Der Zeitwert

Die Übernahme des durch die Volatilität der Aktie entstehenden Risikos wird durch den **Zeitwert** der Option honoriert.

Hat eine Option einen Preis, der ihren inneren Wert übersteigt, so ist das auf ihren sogenannten Zeitwert zurückzuführen. Aus der

Sicht des Call-Stillhalters ist der Zeitwert die von ihm in Rechnung zu stellende Versicherungsprämie. Aus Sicht des Call-Inhabers lässt sich der Zeitwert einer Option als der Teil des Optionspreises deuten, den man dafür zu zahlen bereit ist, dass noch Zeit verbleibt, in der die Option (weiter oder überhaupt) inneren Wert entwickeln, das heißt ein Call kostenreduzierend oder gar gewinnbringend ausgeübt werden kann.

In jedem Fall ist es so, dass am Verfalltag, wenn keine Zeit mehr bleibt, während der sich ein innerer Wert bilden kann, der Wert einer Option nur aus einer Komponente besteht – dem inneren Wert, d. h. max (0; S – E).

Jederzeit davor setzt sich der Preis einer Option aus maximal zwei Komponenten zusammen: dem Zeitwert und zusätzlich – aber nur wenn die Option in-the-money ist – dem inneren Wert.

Vor dem Verfalltag besteht der Preis einer Call-Option, die out-of-the-money oder at-the-money ist, ausschließlich aus dem Zeitwert.

3.2.2 Die Volatilität

Der für den Zeitwert einer Option bestimmende Faktor der Volatilität verdient eine eingehendere Besprechung. Zu diesem Zwecke sind in Abb. 23 die statistischen Verteilungen einer Aktie in zwei verschiedenen Marktzuständen festgehalten.

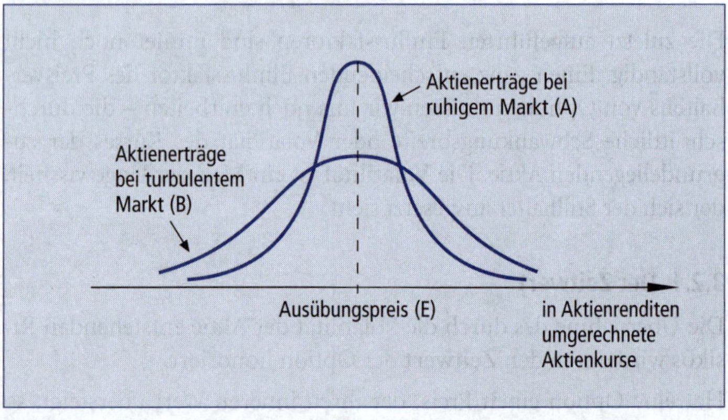

Abb. 23: Der Wert der Volatilität für Optionsinhaber

Die mit B bezeichnete Aktienverteilung spiegelt das Verhalten in einer Phase großer Kursschwankungen wider. Im Gegensatz dazu gibt die mit A bezeichnete Normalverteilung ein Kursverhalten in ruhigeren Zeiten, d. h. bei geringerer Volatilität, wieder.

In B ist die Streuung um den wahrscheinlichsten Wert, also die Wahrscheinlichkeit starker Ausschläge, deutlich größer als in A, wo die Abweichungen von den am häufigsten auftretenden Preisen verhältnismäßig gering sind. Anders ausgedrückt: In A kommen geringe Abweichungen häufiger und starke Abweichungen weniger häufig vor als in B.

Nehmen wir an, es bestehe eine Kaufoption für diese Aktie mit Ausübungspreis E, wie in Abb. 23 eingezeichnet.

Der Ausübungspreis ist sowohl in A als auch in B identisch mit dem Erwartungswert, dem am häufigsten vorkommenden Wert der zugrundeliegenden Aktie. Aus diesem Grund ist die Wahrscheinlichkeit, dass diese Option am Verfalltag einen positiven inneren Wert entwickelt in beiden Marktszenarien, d. h. bei hoher sowie bei niedriger Volatilität, genauso groß, wie die, dass der innere Wert null sein wird.

Die Überlagerung der Verteilungen verrät dennoch einen bedeutenden Unterschied. Die Wahrscheinlichkeit des Auftretens hoher, weitab vom Durchschnitt liegender Aktienkurse und somit eines hohen inneren Werts der Option ist bei der mit B bezeichneten Verteilung sichtlich größer.

Die durchschnittliche Abweichung vom Erwartungswert, und nicht anders ist die Volatilität definiert, wird auf Grund der Standardabweichung festgestellt.

3.2.3 Die Asymmetrie der Risiko-Ertrags-Struktur bei Optionen – ein Hurra der Volatilität

Hohe Volatilität oder eine hohe Standardabweichung sind dem Optionsinhaber willkommen. Denn der Käufer einer Option hat ein auf die Optionsprämie beschränktes Risiko, wohingegen seine Gewinnchancen

- beim Call unbegrenzt, und
- beim Put bedeutend größer als sein maximaler Verlust sind.

Steigt die Volatilität über einen bestimmten Punkt, so erhöht sich das Gewinnpotential, ohne dass sich das Risiko der Position erhöht.

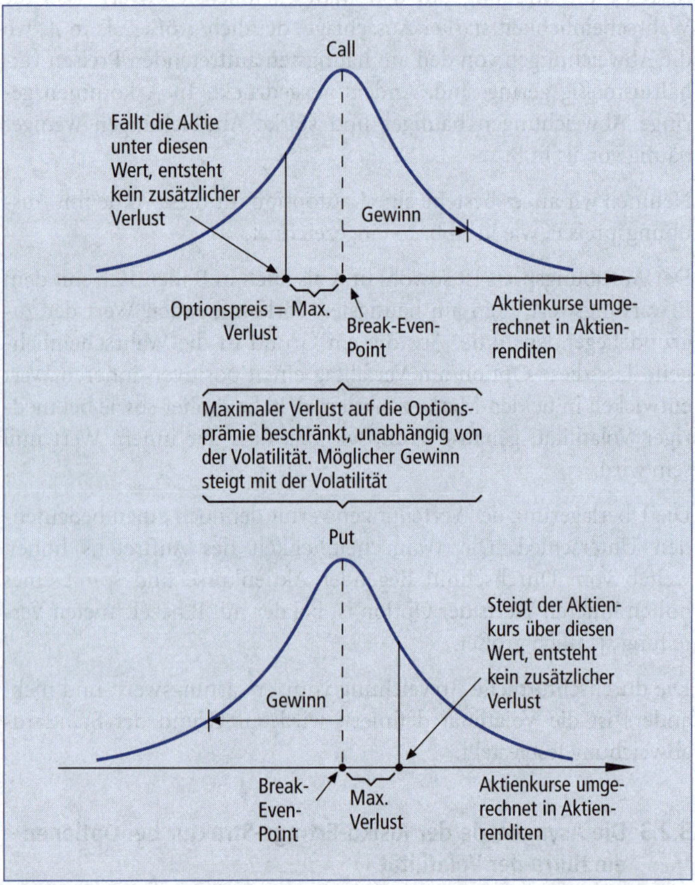

Abb. 24: Die Asymmetrie der Risiko-Ertrags-Struktur bei Call und Put

Der Zeitwert einer Option wächst deshalb mit der Volatilität der zugrundeliegenden Aktie. Diese **Asymmetrie der Risiko-Ertrags-**

Struktur bei Optionen ist in Abb. 24 sowohl für den Call als auch den Put dargestellt.

Übrigens: Auf der Abszisse (= horizontale Achse) von Abb. 24 sind nicht Aktienkurse, sondern in Aktienrenditen umgerechnete Aktienkurse abgetragen. Wenn man mit der übersichtlichen Normalverteilung arbeitet, muss man übrigens Aktienkurse, wie im ersten Kapitel gezeigt, in Aktienrenditen umrechnen, weil die Normalverteilung nach beiden Seiten hin unendlich verläuft, sich asymptotisch der horizontalen Achse nähert – immer mehr, immer näher, ohne sie jemals zu berühren. Dabei wird ihr linker Ast irgendwann in den Bereich unterhalb von null geraten. Nur: Negative Aktienkurse gibt es nicht – sehr wohl aber negative Aktienrenditen. Die sind erstaunlich leicht zu erzeugen: Man muss nur teuer kaufen und billig verkaufen. Wer zu 100 € gekauft hat und zu 50 € verkauft, „handelt" sich auf diese Art im wahrsten Sinne des Wortes eine negative Aktienrendite ein:

(50 € – 100 €)/100 € = – 0,5 = – 50 %.

Der Zeitwert einer Option wächst auch mit der Länge der Restlaufzeit. Innerhalb eines kurzen Zeitraums ist die Wahrscheinlichkeit großer Ausschläge in der Regel geringer, als wenn ein großer Zeitabschnitt betrachtet wird. Es ist schlichtweg mehr Zeit, in der die rareren, seltener eintretenden überdurchschnitlichen Kursentwicklungen auftreten können. Hätte jemand im Jahre 1900 eine Aktie gekauft und nach einem halben Jahr wieder verkauft, er hätte keine ungewöhnlichen Ausschläge erlebt; hätte er sie 90 Jahre gehalten, so hätte er mehrere Börsenkräche und einige nachhaltige Baisse- und Haussephasen erlebt.

Je länger die Laufzeit der Option, ceteris paribus, desto größer der Zeitwert, d. h. desto höher die Wahrscheinlichkeit, dass die gewinnbringenden Ausschläge der Aktie eintreten. Umgekehrt reduziert natürlich die Verringerung der Restlaufzeit den Wert einer Option.

Abb. 25 lässt das auch als **Wasting-Asset-Eigenschaft** bekannte Phänomen erkennen. Je näher eine Option ihrem Verfalltag kommt, desto rasanter spielt sich der Verlust an Zeitwert ab – bis am Verfalltag nur noch der innere Wert, d. h. das Maximum von 0 und S – € übrigbleibt.

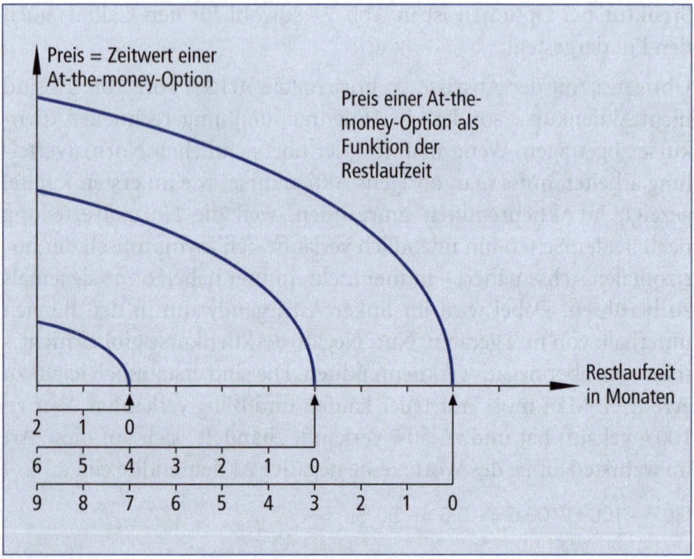

Abb. 25: Die Wasting-Asset-Eigenschaft oder die zunehmende Verminderung des Zeitwerts einer Option

3.2.4 Die Konvexität des Wertkurvenverlaufs

Eine Kurve ist konvex, wenn die Gerade, welche zwei beliebige Punkte dieser Kurve verbindet, immer über der Kurve liegt.

Während der innere Wert einer Option, die in-the-money ist, sich in linearer Abhängigkeit vom Aktienkurs bewegt und deshalb durch eine Gerade dargestellt werden kann, die im Winkel von 45° von der horizontalen Achse aufsteigt, verläuft die Entwicklung des Gesamtwerts der Call-Option auf Grund des Einflusses der in Abb. 26 durch Schraffur hervorgehobenen Zeitwertkomponente im Sinne einer konvexen Funktion und findet seine graphische Entsprechung in einer zur horizontalen Achse hin ausgebauchten Kurve.

Von ihrem Ursprung an der Schnittstelle zwischen horizontaler und vertikaler Achse steigt diese konvexe Kurve zunächst langsam an. Zum Punkt hin, an dem die Option at-the-money ist – nämlich über der Stelle, wo die Linie, die die Untergrenze des Optionswerts darstellt, auf die horizontale Achse trifft – steigt sie immer stärker und erreicht an diesem Punkt ihren größten Steigungszuwachs. Danach und je weiter die Option in-the-money kommt verringert sich der Zuwachs des Anstiegs der Neigung.

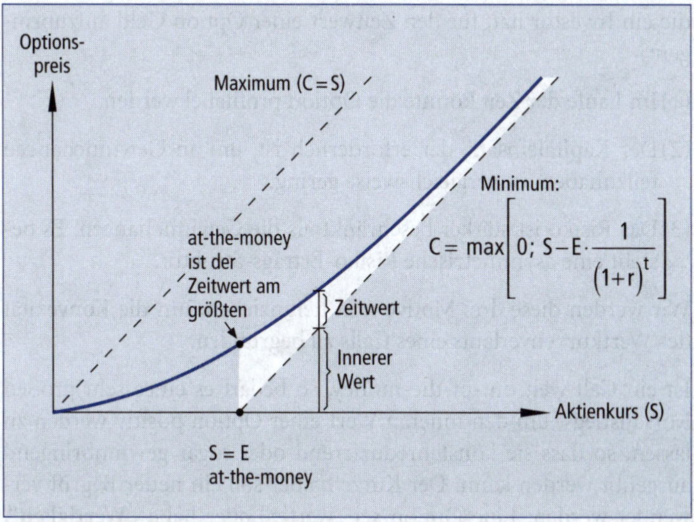

Abb. 26: Der Zeitwert eines Calls

Wie in Abb. 26 wieder zu sehen ist, übersteigt der Wert einer Option niemals den der Aktie, auf die sie sich bezieht. Tatsächlich notiert die Option in den meisten Fällen deutlich unter dem Preis der Aktie, was ihr hinsichtlich des Ziels der Teilnahme an etwaigen Kursgewinnen einer Aktie den Vorteil des geringeren Kapitaleinsatzes gegenüber einer Direktinvestition gibt. Wiewohl die prozentuale Veränderung des Optionspreises nie geringer, meist größer und nicht selten beträchtlich höher ist als die der Aktie, ist der absolute Betrag des Optionspreises, ebenso wie der absolute Betrag seines Zuwachses, fast immer geringer und höchstens genauso groß wie der des Aktienpreises. Dies begründet die in Abb. 26 festgehaltene Konvexität des Wertkurvenverlaufs eines Calls. Die Wertkurve steigt zwar mit dem Aktienkurs, denn beide sind gleichgerichtet, erreicht aber nur bei sehr hohem inneren Wert einen Gradienten von 1 (= Steigungswinkel von 45°) und ist ansonsten von geringerem absolutem Wertzuwachs als die Aktie. Die Wertkurve besitzt somit einen Gradienten von weniger als 1.

Zusammenfassend lässt sich feststellen: Es sind drei triftige Gründe, die ein Investor hat, für den Zeitwert einer Option Geld aufzubringen:

(1) Im Laufe der Zeit könnte die Option profitabel werden.

(2) Der Kapitaleinsatz, der erforderlich ist, um an Gewinnchancen teilzuhaben, ist vergleichsweise gering.

(3) Das Risiko ist stärker beschränkt als die Gewinnchancen. Es besteht eine asymmetrische Risiko-Ertrags-Struktur.

Wir werden diese drei Motive nun heranziehen, um die Konvexität des Wertkurvenverlaufs eines Calls zu begründen.

Ist ein Call weit out-of-the-money, so bedarf es eines sehr großen Kursanstiegs, um den inneren Wert einer Option positiv werden zu lassen, so dass sie konstenreduzierend oder sogar gewinnbringend ausgeübt werden kann. Der Kürze halber soll ein neuer Begriff verwendet werden: Eine Option sei „wertig" oder habe **„Wertigkeit"**, wenn sie positiven inneren Wert besitzt. Das bedeutet, dass der Zeitwert der Option am At-the-money-Punkt am größten ist. Je weiter die Option sich dies- oder jenseits dieses Punktes befindet, desto geringer ist ihr Zeitwert. Warum?

Wenn eine deep (= sehr weit) Out-of-the-money-Option überhaupt einen Wert hat, so ist dies dem Umstand zuzuschreiben, dass sie der Vorteil einer asymmetrischen Risiko-Ertrags-Struktur, wie in Abb. 24 (Abschnitt 3.2.3) verdeutlicht, auszeichnet.

Die Wahrscheinlichkeit der Wertigkeit erhöht sich, je näher die Option an den At-the-money-Punkt herankommt, d. h. at-the-money ist nur ein ganz geringer Kursanstieg erforderlich, um die Option wertig zu machen. Dies wird durch einen steigenden Zeitwert honoriert. Die Wahrscheinlichkeit einer Ausübung steigt, wofür der Stillhalter, dem die Andienung der Aktien zu einem unter dem Marktpreis liegenden Kurs droht, eine höhere Versicherungsprämie verlangt.

Je weiter die Option über diesen Punkt hinaus gerät und immer mehr in-the-money kommt, desto stärker reduziert sich der Zeitwert wieder. Denn je tiefer die Option in-the-money geht, desto größer ist ihr Gesamtpreis. Der innere Wert wird ja auf Grund der geschilderten Arbitragebedingung immer in seinem ganzen Umfang in den Preis einer Option eingehen. Je mehr also die Option in-the-money ist, desto höher schraubt der innere Wert den Optionspreis und desto stärker nähert dieser sich seinem Maximum – dem Aktienpreis selbst. Je mehr die Option in dieser Hinsicht der Aktie gleicht, desto weniger wirksam ist ihr Vorzug des geringeren Kapitaleinsatzes. Auch verringert sich der Wert ihres zweiten Vorteils gegenüber einer Aktieninvestition – die asymmetrische Risiko-Ertrags-Struktur. Denn je höher die Optionsprämie, desto höher der maximale Verlust.

3.3 Der Wert eines Calls bei Unsicherheit über den Aktienkurs am Verfalltag der Option – die Black-Scholes-Formel

Mit der *Black-Scholes*-Formel steht uns ein Hilfsmittel zur Verfügung, das unter Berücksichtigung der fünf wichtigsten Einflussfaktoren des Preises eines europäischen Calls – Aktienkurs, Ausübungspreis, Restlaufzeit, Zinssatz und Volatilität – einen theoretischen Wert exakt ermittelt.

Die bahnbrechende *Black-Scholes*-Formel knüpft in ihrer einfachsten Form an ein von uns bereits hergeleitetes Ergebnis an.

Wenn Gewissheit über den Aktienkurs am Tage der Endfälligkeit der Option bestünde, wäre der Wert der Call-Option

$C = \max(0; S - E \times 1/(1 + r)^t)$,

oder wenn kontinuierliche Verzinsung unterstellt wird, wie das in der *Black-Scholes*-Formel der Fall ist, gilt

$C = \max(0; S - Ee^{-rt})$.

Über die Bedeutung dieser Notation und ihrer Unterschiede gegenüber der bisher unterstellten diskreten Verzinsung kann der Anhang über die Zinsrechnung konsultiert werden. „e“ steht für die Basis des natürlichen Logarithmus (= 2,7128).

Die *Black-Scholes*-Formel reduziert sich auf $S - Ee^{-rt}$, den diskontierten inneren Wert eines europäischen Calls, wenn eine Varianz des Aktienkurses von 0, d. h. Gewissheit über den Aktienkurs, angenommen werden darf.

Da aber typischerweise eben nicht bekannt ist, was S, der Aktienkurs, ist, wurde der Ausdruck

$$S - Ee^{-rt}$$

von *Fischer Black* und *Myron Scholes* mit Gewichten versehen, die es ermöglichen, einen statistisch gewichteten Durchschnittswert des wahrscheinlichen Endwerts der Option zu ermitteln. Im Kern versuchen *Black* und *Scholes* also abzuschätzen, welcher Aktienpreis bei Verfall der wahrscheinlichste ist, um einen Anhaltspunkt für den Wert der Option zu gewinnen. Dabei wird jeder Wert von S mit einem Gewicht bedacht, das proportional der aus seiner Wahrscheinlichkeitsverteilung hervorgehenden Wahrscheinlichkeit ist. Der Optionswert ist somit der Erwartungswert des Ausdrucks

$$\max(0; S - Ee^{-rt})$$

nach Maßgabe der Wahrscheinlichkeitsverteilung von S.

Die Wahrscheinlichkeitsverteilung der Aktie ordnet unterschiedlichen Aktienpreisen verschieden große Eintrittswahrscheinlichkeiten zu.

$N(d_1)$ und $N(d_2)$ in der *Black-Scholes*-Formel sind eben diese Wahrscheinlichkeiten, die sich der Normalverteilungsfunktion entnehmen lassen, um eine Gewichtung der möglichen Endwerte der Option und auf dem Wege der Durchschnittsbildung dieser möglichen Werte den Erwartungswert von

$$\max(0; S - Ee^{-rt})$$

zu ermitteln.

Das erste Glied der *Black-Scholes*-Formel, $SN(d_1)$, ist der Barwert der Aktie, wenn und nur wenn $S^* > E$, wobei S^*, der Wert der Aktie bei Verfall der Option ist. Das zweite Glied, $Ee^{-rt}N(d_2)$, kann man deuten als den Barwert des Ausübungspreises, wenn und nur wenn $S^* > E$.

$$C = S_0 N(d_1) - Ee^{-rt} N(d_2)$$

$$d_1 = \frac{\ln(S_0/E) + (r + 1/2v^2)t}{v\sqrt{t}}$$

$$d_2 = \frac{\ln(S_0/E) + (r - 1/2v^2)t}{v\sqrt{t}}$$

S_0 = der aktuelle Preis der Aktie

E = Ausübungspreis des Calls

ln = natürlicher Logarithmus

e = Basis des natürlichen Logarithmus = 2,7128

r = auf der Basis stetiger Verzinsung berechneter annualisierter Zins einer risikolosen Anlage

N(d) = Funktionswert der kumulativen Normalverteilung an der Stelle d

v = Standardabweichung der stetig verzinsten annualisierten Aktienerträge (Volatilität der Aktie)

t = Restlaufzeit des Calls, ausgedrückt als Bruchteil des Jahres

Abb. 27: Die Black-Scholes-Formel

Eine Interpretation des ersten Glieds der *Black-Scholes*-Formel, $SN(d_1)$, die von großer praktischer Relevanz ist, lässt in ihr ein Maß für die Anzahl von Aktien erkennen, die pro Option benötigt werden, um ein risikoloses Portefeuille aus Aktien und Calls zu bilden. Dieser Wert verrät also, in welchen Proportionen entgegengesetzte Positionen (long/short) in Aktien und Calls eingenommen werden müssen, damit der Gewinn (Verlust) der Calls den Verlust (Gewinn) der Aktien voll ausgleicht.

3.3.1 Delta

Das erste Glied der *Black-Scholes*-Formel misst nämlich das Verhältnis, in dem eine kleine Änderung im Preis der zugrundeliegenden

Aktie eine Änderung im Wert der Option bewirkt. Man bezeichnet dieses Verhältnis auch als **Delta.**

Der Wert des Deltas einer Option gibt an, um wie viel Prozent sich der Optionspreis verändert, wenn sich der Preis des zugrundeliegenden Basiswerts um eine Einheit (z. B. 1 € oder 1 $) ändert – ceteris paribus, d. h. wenn sich keiner der anderen Faktoren, die das *Black-Scholes*-Modell berücksichtigt, ändert.

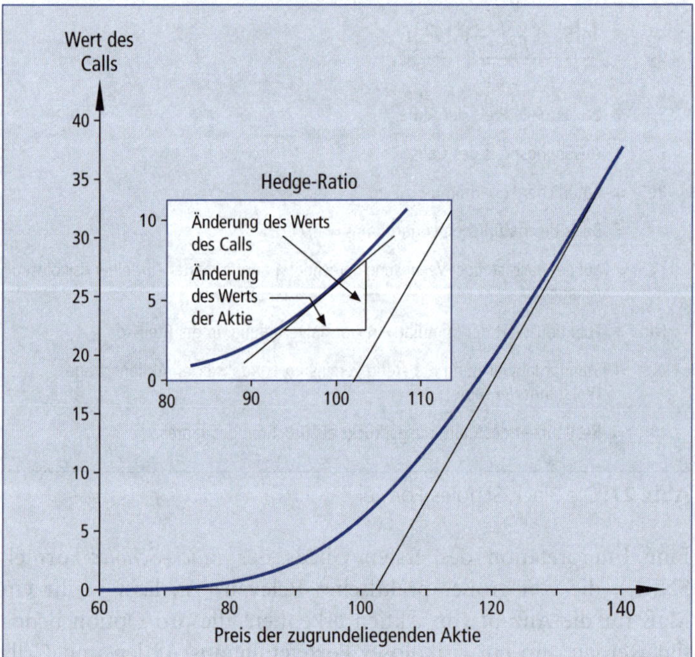

Abb. 28: Delta I

BEISPIEL: Eine Investorin besitzt einen Call mit Ausübungspreis 200 €. Die zugrundeliegende Aktie steht ebenfalls bei 200 €. Das *Black-Scholes*-Programm ihres Taschenrechners ermittelt ein Delta von 0,55. Das bedeutet, dass bei einem Kursanstieg der Aktie von 200 € auf 201 € der Preis des Calls um 55 % dieses Anstiegs von einem € zunehmen würde – also um 0,55 €.

Geometrisch lässt sich das Delta als Gradient (= Steigerungswinkel) der Tangente der Optionswertkurve an der Stelle, an der sie sich mit dem betreffenden Aktienkurs schneidet, interpretieren.

Die Kenntnis des Deltas ist von großer Bedeutung, da diese Kennzahl die Sensitivität und die Reagibilität des Werts der Option auf Bewegungen im Aktienkurs angibt. Bei der Wahl der richtigen Option kann dies eine entscheidende Rolle spielen, wie wir bei der Diskussion fortgeschrittener Strategien zeigen werden. Das Delta liefert wichtige Informationen insbesondere bei dem Versuch, eine Options-Position gegen Verluste, die eine unvorteilhafte Entwicklung der zugrundeliegenden Aktie herbeiführen würde, abzusichern. Dabei spielt der Begriff der **Hedge-Ratio,** wie gleich zu sehen sein wird, eine Rolle.

BEISPIEL: Nehmen wir das Beispiel eines Anlegers, der zwei Calls short gegangen ist. Ein solches Engagement setzt die Erwartung eines fallenden Aktienkurses voraus, denn der Call-Preis bewegt sich gleichgerichtet mit der Aktie. Fällt der Aktienkurs, so fällt auch der Call, so dass nach Verkauf der Option die Glattstellung durch Kauf des Calls zu einem niedrigeren Preis einen Gewinn einträgt. Die Calls haben einen Ausübungspreis von 200 € und kosten je 10 €. Die zugrundeliegende Aktie steht bei Eröffnung der Short-Call-Position bei 190 € und steigt sodann um einen € auf 191 €. Der Anleger errechnet ein Delta von 0,5. Das bedeutet, wie wir soeben sahen, dass jeder Call um 0,50 € an Wert gewinnen würde.

Da der Anleger eine Short-Position hat, würde er auf jeden Call einen Verlust von 0,50 € realisieren, wenn er sich nach dieser Aktienkursbewegung durch **Closing-Transaction** (Kauf von zwei Long-Calls) glattstellen wollte. Er kann sich gegen solch einen Verlust absichern, indem er eine Aktie des zugrundeliegenden Basiswerts kauft: Der Kursgewinn einer Aktie gleicht in diesem Fall genau die Summe der Kursverluste von zwei Short-Calls aus. Damit hat er eine sogenannte **delta-neutrale Position.** Will sagen: Er hat Aktien und Optionen in genau der Proportion gegeneinander gestellt, die erforderlich ist, um den Gewinn (Verlust) der Options-Position durch den Verlust (Gewinn) der Aktienposition zu egalisieren.

Die Anzahl von Aktien, die man pro Option bei einer Long-Call-Position short oder bei einer Short-Call-Position long gehen muss, um **Delta-Neutralität** zu erzielen, nennt man die **Hedge-Ratio.** Im letzten Beispiel war die Hedge-Ratio –0,5. Eine Long-Position versieht man nämlich konventionsgemäß mit positivem Vorzeichen, eine Short-Position mit einem negativem Vorzeichen. Da zur Erreichung von Delta-Neutralität entgegengesetzte Positionen – also Positionen mit entgegengesetzten Vorzeichen – in Option und Basiswert eingenommen werden müssen, hat die Hedge-Ratio immer ein negatives Vorzeichen.

BEISPIEL: Unterstellen wir, dass der Call auf die Aktie der Firma Fax Corp. einen Ausübungspreis von $ 60 hat und eine Hedge-Ratio von – 0,79. Diese Hedge-Ratio besagt, dass eine Änderung des Werts der Aktie um einen Dollar eine gleichgerichtete Änderung des Werts des Calls von knapp $ 0,80 hervorrufen wird. Wenn die Fax-Corp-Aktie von $ 68 auf $ 69 steigt, so wird der Call von $ 10,60 auf $ 11,39 steigen. In den USA ist die Kontraktgröße 100 Aktien pro Option. Das heißt, der Wert der Option muss mit 100 (statt wie in Deutschland mit 50) multipliziert werden. Der Call würde also einen Gewinn von $ 1139 – $ 1060 = $ 79 bei dem unterstellten Kursanstieg erwirtschaften. Um also einen Call delta-neutral zu stellen, müsste man 79 Fax-Aktien leerverkaufen, short gehen. Deren Verlust

$79 \times (\$ 69 - \$ 68) = \$ 79$

gleicht so den Gewinn aus der Call-Position voll aus; bei entgegengesetzter Preisbewegung würde die Short-Position in Aktien die Verluste aus der Call-Position abdecken.

Die reinste Form des Optionshandels:

Warum ist Delta-Neutralität denn überhaupt erstrebenswert? Es gibt viele Gründe, die einen dazu bewegen können, eine Options-Position durch entsprechende Aktienengagements (und umgekehrt Aktienengagements durch Optionen) oder, wie gleich zu sehen sein wird, durch andere Optionspositionen teilweise oder gänzlich abzusichern, d. h. gegen das Kursänderungsrisiko zu immunisieren. In vielen Fällen spielen taktische Überlegungen eine Rolle.

Man mag etwa eine Options-Position besitzen, von der man glaubt, dass sie langfristig berechtigt ist, kurzfristig aber Störungen des angenommenen Trends unterworfen sein könnte. Ein Privatanleger mit einem größeren Aktienportefeuille mag vielleicht Unsicherheit verspüren angesichts der Ankündigung von Nachrichten, die den Wert seines Depots stark betreffen könnten. Statt die Aktienposition aufzulösen oder ungesichert beizubehalten, hat er mit Optionen die Möglichkeit, wie oben in Grundzügen dargestellt, eine zeitweilige Versicherung gegen unvorteilhafte Entwicklungen abzuschließen.

Eine andere Anwendung von delta-neutralen Strategien bietet sich beim Versuch an, Gewinne zu erzielen, indem man inkorrekt ermittelte Optionspreise identifiziert und durch angemessene Arbitragestrategien ausnützt.

Dies geschieht in drei Schritten:

(1) Man nimmt eine Position in der falsch bewerteten Option ein. Ist die Option zu hoch bewertet, so verkauft man sie; ist sie zu niedrig bewertet, so kauft man sie.

(2) Man sichert die Optionsposition durch Einrichtung einer delta-neutralen Hedge-Strategie gegen die Gefahr eines Wertverlustes.

(3) Man stellt die Positionen glatt, wenn sich die Option auf dem für sie angemessenen Preisniveau wiederfindet.

Ein Call A habe einen theoretischen Wert von 2,50 €, wird aber zu 5 € gehandelt. Also verkauft eine Händlerin zehn dieser Calls, sucht sich einen anderen Call B, der ein möglichst gleiches Delta besitzt, und kauft so viele von diesem Deckungs-Call, wie erforderlich ist, um jede Änderung im Wert des überbewerteten Calls, die durch Änderungen im Preis der zugrundeliegenden Aktie hervorgerufen wird, voll ausgleichen zu können. Eine Option mit gleicher oder fast gleicher Hedge-Ratio eignet sich hierzu.

Call A habe eine Hedge-Ratio von – 0,53 und Call B eine fast gleiche von – 0,58. Daraus errechnet sich eine Hedge-Ratio für das Optionsportefeuille von – 0,58/– 0,53 = 1,1.

Da dies bedeutet, dass eine Bewegung des Preises von Call A um 1 € eine entgegengesetzte Bewegung von 1,10 € im Preis von Call B nach sich zieht, reicht der Kauf von 9 Calls des Typs B, um Veränderungen im Positionswert von 10 „geshorteten" Calls vom Typ A auszugleichen. Für kleine Änderungen im Aktienkurs ist jeder Verlust (Gewinn) aus der Short-Call-Position durch Gewinne (Verluste) aus der Long-Call-Position voll abgedeckt.

In einem effizienten Markt ist damit zu rechnen, dass falsch bewertete Optionen recht bald entdeckt und durch solche arbitragemotivierte Strategien auf ihr korrektes Preisniveau zurückgeführt werden. Denn die überbewertete Option wird verkauft, wodurch sich das Angebot auf dem Markt erhöht und so ein niedrigerer Preis zustandekommt. Wenn der korrekte Preis alsbald wiederhergestellt ist, löst der Händler sich aus den ursprünglich eingenommenen Positionen durch Glattstellung.

Aussichten auf Gewinne bestehen bei dieser Art von Optionshandel immer, wenn der Markt der Option entweder zu viel oder zu wenig Zeitwert in ihrem Preis zugestanden hat. Das wiederum mag daran liegen, dass der Markt

(a) die für die Option relevante Volatilität über- oder unterschätzt, oder

(b) die verbleibende Restlaufzeit zu stark oder zu wenig honoriert, oder

(c) beides tut.

Wer etwa einen Straddle, d. h. einen Call und einen Put mit gleicher Laufzeit, gleichem Ausübungspreis und gleichem zugrundeliegenden Objekt verkauft, der geht davon aus, dass der Markt die Volatilität der zugrundeliegenden Aktie überschätzt. Die Marktteilnehmer sind bereit, einen zu hohen Preis für den Call und den Put zu zahlen, weil sie fälschlicherweise glauben, dass große Ausschläge erfolgen werden im Aktienkurs, so dass die Ausübung der erworbenen Optionen lohnen oder der Wert der Optionen dieser Kombination steigen wird. Wenn nach einiger Zeit der Kursstagnation der Markt zu merken beginnt, dass er die Volatilität der Aktie überbewertet hat, wird sich ein neues, niedrigeres Preisniveau für Put und Call einstellen. Der Verkäufer des Straddles kann nun zur Glattstellung schreiten.

Wenn also in einem professionellen Optionsmarkt die Überbewertung einer Option erkannt wird, setzen Verkäufe dieser Option ein, selbst wenn der absolute Betrag ihres Preises steigen sollte. Gegen den ungünstigen Anstieg der zugrundeliegenden Aktie kann man sich ja durch eine entgegengesetzte Position in einer anderen Option absichern. Man konzentriert sich auf die Entwicklung von Marktwert und theoretischem Wert.

3.3.2 Gamma

Zu bedenken ist dabei jedoch, dass der Wertkurvenverlauf von Optionen nicht linear, also nicht mit immer gleichem Steigungswinkel, sondern konvex verläuft. Das hat zur Folge, dass das Delta an jedem Punkt der Kurve einen anderen Wert annimmt. **Gamma** ist ein Maß der Konvexität des Wertkurvenverlaufs. Gamma ist, wenn man so will, das Delta des Deltas. Da Gamma die Steigung des Deltas mißt, nimmt das Gamma einer Option, die out-of-the-money ist, ständig zu, bis es at-the-money seinen höchsten Wert annimmt, um dann umso stärker abzunehmen, je weiter die Option in-the-money gerät. Wer fortgesetzt abgesichert sein möchte, ist demnach gezwungen, sein Portefeuille ständig dem neuen Delta anzupassen.

Die bei der Anpassung auftretenden Transaktionskosten können zu groß werden, um eine Vollsicherung im Rahmen des wirtschaftlich Vertretbaren zu halten. Gamma kann als Maß des **Hedge-Risikos,** als Indikator dafür, wie häufig eine Anpassung zu erfolgen hätte, aufgefasst werden. Gamma gibt an, um wieviel sich der Betrag des Deltas auf Grund einer Veränderung des Basiswerts um einen €, einen $ etc. ändert – ceteris paribus. Ein Gamma von 0,1 z. B. bedeutet, dass bei einer Veränderung der zugrundeliegenden Aktie um 1 €, von 100 € auf 101 € etwa, das Delta sich um 0,1, also z. B. von 0,5 auf 0,6 verändert. Doch selbst wenn die Anpassungsmaßnahmen laut Gamma noch lohnen, besteht grundsätzlich die Gefahr, dass plötzliche große Sprünge im Aktienkurs stattfinden, die das Portefeuille unerwarteten Risiken preisgeben. Denn die Berechnung eines Delta-Hedges beruht, wie die des Deltas selbst, auf der Annahme geringer und gradueller Preisveränderungen.

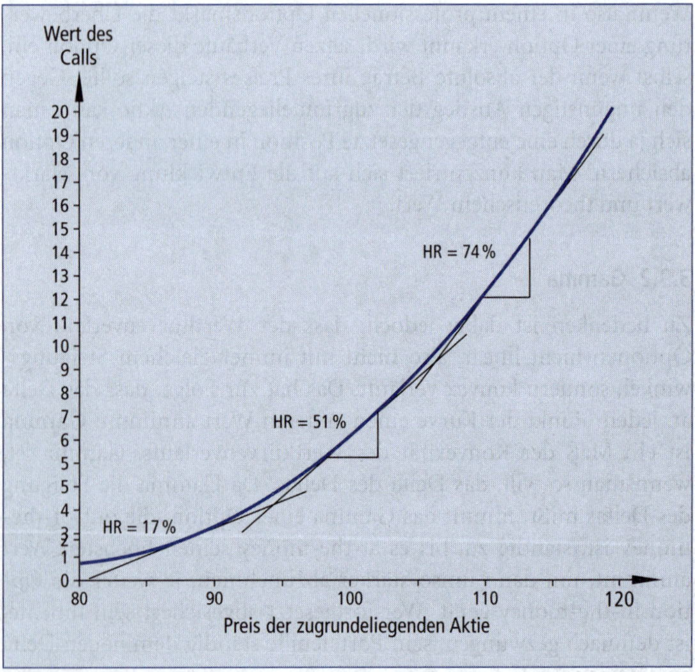

Abb. 29: Delta II

Gamma kann auch bei verhältnismäßig einfachen Engagements nützliche Informationen liefern. Optionen mit einem hohen Gamma sind besonders für Schreiber von Optionen riskant, weil deren Delta sich schon bei relativ geringen Preisbewegungen des Basiswerts rasch verändert. Wenn eine Option mit hohem Gamma in-the-money kommt, steigt deren Prämie sehr viel stärker als bei Optionen mit geringerem Gamma. Aus diesem Grund mag ein Optionskäufer wiederum gerade hohe Gammas suchen.

Andere wichtige Kennzahlen, mit denen sich der Profi auseinandersetzen sollte, sind Theta, Kappa (auch Vega genannt) und Rho.

3.3.3 Theta

Theta, manchmal auch als **Time-Delta** bezeichnet, indiziert, um wieviel Prozent die Grundeinheit (1 €, 1 $ etc.), in der die Optionsprämie ausgedrückt wird, sich verringert, wenn die Restlaufzeit sich um einen Tag verkürzt – ceteris paribus. Ein Theta von 0,01 z. B. verheißt einen Rückgang der Optionsprämie um 0,01 €.

Ein Optionskäufer, der auf der Suche nach hohen Gammas ist, weil diese einen schnellen Anstieg der Optionsprämie verheißen – ganz besonders at-the-money und kurz vor Verfall –, mag unter den in Frage kommenden Kandidaten nach dem Theta-Gesichtspunkt wählen und sich denjenigen herauspicken, der im Hinblick auf den Prämienschwund, den die sich verkürzende Laufzeit verursacht, am günstigsten erscheint.

3.3.4 Kappa und die verschiedenen Arten von Volatilität

Um die Bedeutung von Kappa zu verstehen, ist es nützlich, noch einmal auf den für Optionen ganz ausschlaggebenden Einflussfaktor der Volatilität einzugehen.

Man kann vier Arten von Volatilität unterscheiden: Historische, erwartete, implizite und zukünftige Volatilität.

Die historische Volatilität ergibt sich aus der Analyse der durchschnittlichen Abweichung (Standardabweichung) der in der Vergangenheit aufgetretenen Erträge des Basiswerts von deren Erwartungswert, also dem unter allen Erträgen am häufigsten auftretenden. Oftmals wird die historische Volatilität als angemessene Indikation für die zukünftige Volatilität, also die nach Eingehen einer Options-Position sich tatsächlich bewahrheitende Volatilität herangezogen. Es kann aber gute Gründe geben, eine Veränderung der historischen Volatilität zu unterstellen. Die Aktie einer Firma, die man als Übernahmekandidat zu erkennen glaubt, könnte nach einem Angebot, welches erfahrungsgemäß stark kurstreibend wirkt, zunächst heftig „nach oben“ ausbrechen, um nach einiger Zeit deutlich niedriger zu notieren, weil die Firmenführung in einem aufreibenden und kostspieligen Verteidigungskampf wichtige Vermögenswerte aufgegeben hat. Hier also würde die erwartete Volatilität sich von der historischen unterscheiden. Schließlich ist die implizite Volatilität zu beachten. Wir sahen oben, dass die *Black-Scholes*-Formel mit fünf Eingabewerten zu füttern ist, um einen Wert für einen Call zu ermitteln: aktueller Aktienkurs, Ausübungspreis, Restlaufzeit, Zinssatz und Volatilität. Man kann aber auch statt der Volatilität ganz einfach einen Wert für den Call eingeben und die Formel nach der dadurch implizierten Volatilität auflösen. Die implizite Volatilität sagt uns: Wenn ihr den veranschlagten Optionspreis für fair und richtig haltet, dann müßt ihr, wenn ihr das *Black-Scholes*-Modell akzeptiert und bei Trost seid, wohl davon ausgehen, dass der Basiswert während der Restlaufzeit des Calls eine Volatilität von x % – und nicht mehr und nicht weniger – haben wird.

Die implizite Volatilität einer Option ist ein wichtiger Anhaltspunkt für Kauf- oder Verkaufsentscheidungen, denn sie erlaubt es einem, sich ein Urteil zu bilden über die Volatilitätsannahmen anderer Marktteilnehmer. Unterscheiden diese sich von den festen eigenen Vorstellungen, so kann die Betrachtung der impliziten Volatilität Anlass geben, eine Option, die „rich" ist, also einen hinsichtlich der zu erwartenden Volatilität zu hohen Preis hat, zu verkaufen oder eine Option die „cheap" ist, also einen hinsichtlich der zu erwartenden Volatilität zu niedrigen Preis hat, zu kaufen.

Dem Wert des **Kappas** (manchmal auch **Volatilitäts-Delta** oder **Vega** genannt) entnimmt man, um wieviel Prozent die Einheit, in der der Wert der Option ausgedrückt wird, sich ändert, wenn deren implizite Volatilität sich um ein Prozent ändert – ceteris paribus. Wenn eine Option eine implizite Volatilität von zehn Prozent aufweist und ein Kappa von 0,10 und die Volatilität steigt auf 11 %, so ist mit einem Zuwachs der Optionsprämie um 0,10 € zu rechnen.

Kappa kann ein wichtiger Anhaltspunkt sein, um die Angemessenheit unterschiedlicher Optionen für einen Volatilitätshandel zu beurteilen, da es einem sagt, welche Option am stärksten auf Volatilitätsänderungen reagiert.

Und Rho schließlich gibt die prozentuale Änderung des Optionswerts an, wenn sich der relevante Zinssatz ändert – ceteris paribus.

Zur Abrundung unserer Übersicht über das Wertverhalten von Optionen sei noch der Einfluss von Dividenden ins Auge gefasst.

3.4 Dividenden – ihr Einfluss auf die Ausübungsentscheidung und den Wert von Calls und Puts

Optionsinhaber haben keinen Anspruch auf Dividendenzahlungen der zugrundeliegenden Aktie. Der Kurs einer Aktie sinkt aber am Tag der Dividendenausschüttung in der Regel um den Betrag der gezahlten Dividende.

3.4.1 Der Einfluss von Dividenden auf den Wert eines Calls

Wir hatten bereits bemerkt, dass, ceteris paribus, ein Call umso mehr wert ist, je höher der Preis der zugrundeliegenden Aktie notiert. Umgekehrt, je niedriger der Aktienkurs, desto weniger ist der Call wert. Da der durch Dividendenausschüttung hervorgerufene Kursrückgang die Chancen des Inhabers einer Long-Call-Position also vermindert, reduziert sich auch der Preis des Calls. Calls auf Aktien, die Dividendenzahlungen verheißen, werden deshalb durch die *Black-Scholes*-Formel eher überbewertet. Puts hingegen, wie wir gleich sehen werden, unterliegen eher einer Unterbewertung, da diese Berechnungsmethode auf der Annahme fußt, dass keine Dividenden ausgezahlt werden.

Vorzeitige Ausübung von Calls:

Die Ausübung eines Calls vor dessen Verfalltag lohnt unter normalen Umständen nicht, weil, wie wir sahen, bei Ausübung nur der innere Wert realisiert wird. Beim Verkauf des Calls hingegen wird zusätzlich zum inneren Wert, der aus Arbitragegründen immer voll in den Optionspreis eingehen sollte, auch noch der Zeitwert, der bei verbleibender Restlaufzeit positiv sein dürfte, vergütet. Es mag paradox anmuten, aber sollte der Inhaber von Calls vor Verfall seiner Option die Aktien zu beziehen wünschen, wäre er besser beraten, die Calls nicht auszuüben, sondern weiterzuverkaufen und die Aktien im Kassamarkt erwerben.

BEISPIEL: Die Aktie von Flopp & Co. notiert bei 300 €, der betreffende Call hat einen Ausübungspreis von 280 €, einen inneren Wert von 20 € und einen Zeitwert von 10 €. Hätte man den Call ausgeübt, um Aktien zu beziehen, hätte man die Aktien 20 € billiger als im Kassamarkt erhalten und also bei sofortigem Verkauf der Aktien einen Gewinn von 20 € erwirtschaftet. Mit dem Weiterverkauf des Calls würden neben diesem Gewinn noch weitere 10 € zufließen.

Die Lage kann sich ändern, wenn Dividenden anfallen: Das ist dann der Fall, wenn nämlich die Dividendenzahlung, die bei Ausübung der Option kurz vor Ausschüttung der Dividende durch den Bezug der Aktie sichergestellt werden könnte, den Zeitwert des Calls übersteigt. Der Verkäufer von Calls sollte hierauf stets achten, da eine Ausübung ihn empfindlich treffen kann.

Genau genommen muss die Bedingung der vorzeitigen Ausübung eines Calls noch verfeinert werden. Die Dividendenzahlung sollte hoch genug sein, um die Kosten des Erwerbs eines Puts mit gleicher Laufzeit und gleichem Ausübungspreis sowie die bei der Bindung von Geld (Zahlung des Ausübungspreises) entgehenden Zinsen zu übertreffen. Durch den Erwerb des Puts entsteht nämlich eine Situation, die im Hinblick auf Chancen und Risiken vergleichbar ist mit der vor Ausübung des Calls. Denn der Inhaber eines Calls mit einem Ausübungspreis von z. B. 1.000 € ist bei Absinken des Aktienkurses unter den Ausübungspreis immun gegen Verluste, die die Optionsprämie übertreffen. So gesehen kann es ihm gleichgültig sein, ob der Kurs auf 800 € oder 400 € fällt. Der Inhaber der Aktien – in den er sich durch Ausübung des Calls verwandelt –, der zugleich einen Protective-Put mit Ausübungspreis 1000 € besitzt, ist gegen eine solche Kursentwicklung gleichermaßen abgesichert – nimmt aber wie der Call-Inhaber an einem Kursanstieg teil.

Wenn wir Dividenden in Höhe von 20 € pro Aktie, einen Zinssatz von 10 % und eine Laufzeit des Calls von einem Monat annehmen, lässt sich folgende Rechnung aufmachen:

BEISPIEL: Durch Ausübung des Calls bindet der Investor 1.000 €. Damit sind entgangene Zinsen in Höhe von 1.000 € × 0,1 × 1/12 = 8,34 € verbunden. Der entsprechende Put koste 1 €. Den Gesamtkosten dieser Strategie von 9,34 € stehen Einnahmen von 20 € gegenüber. Die Ausübung des Calls würde sich lohnen.

3.4.2 Der Einfluss von Dividenden auf den Wert eines Puts

Puts gewinnen, ceteris paribus, an Wert, wenn der Aktienkurs fällt. Dividendenausschüttungen bewirken demnach – durch den von ihnen verursachten Kursrückgang – die Aufwertung von Puts.

Vorzeitige Ausübung von Puts:

Was Puts betrifft, ist zu beachten, dass die Ausübung des Verkaufsrechts zwar auch der Aufgabe des Zeitwerts der Option gleichkommt – man realisiert bei Ausübung nur E – S, Ausübungspreis minus Aktienpreis. Dennoch kann es trifftige Gründe geben, trotzdem auszuüben.

Die Ausübung eines Puts, der so sehr deep-in-the-money ist, dass er keinen Zeitwert mehr besitzt, kann sinnvoll sein. Im Gegensatz zum Call, der auch noch sehr „deep in-the-money" Zeitwert haben mag, weil durch ihn weniger Geld gebunden wird als bei der Direktinvestition in die zugrundeliegende Aktie – das eingesparte Geld kann ja zinsbringend angelegt werden – entfällt beim Put eben diese den Zeitwert rechtfertigende Eigenschaft. Im Gegenteil ein Deep-in-the-money-Put kann mit Opportunitätskosten verbunden sein, die sich durch Ausübung vermeiden lassen.

Wer Aktien im Bestand hält, die mit Protective-Puts unterlegt sind, kann den bei Ausübung erhaltenen Ausübungspreis zinsbringend anlegen. Wenn diese Einnahme die Kosten des Kaufs eines Calls (mit gleichem Ausübungspreis und gleicher Restlaufzeit wie beim in Frage stehenden Put) übersteigen, bietet sich die Ausübung des Puts an. Man bewahrt sich dieselben Chancen wie bei der ursprünglichen Kombination (Aktie und Protective Put) und hat zusätzliche Zinseinnahmen.

3.4.3 Unterschiede in der Bewertung amerikanischer und europäischer Optionen

Diese Überlegungen zeigen, dass es doch Umstände geben kann, wo einem das Recht vorzeitiger Ausübung etwas wert ist. Dieses Mehr an Leistung, das einem im Vergleich zu europäischen von amerikanischen Optionen geboten wird, begründet, warum die Preise, die sich mit der für europäische Optionen entwickelten *Black-Scholes-*

Formel errechnen lassen, nicht ganz zutreffen. Natürlich muss jeder für sich selbst entscheiden, ob er die Abweichungen hinzunehmen bereit ist. In der Praxis erscheint der zusätzliche Aufwand der Modellausweitung oft als unverhältnismäßig, gemessen an der relativen Geringfügigkeit der Preisunterschiede. Aber bitte, der Phantasie sind keine Grenzen gesetzt: Manche behelfen sich mit einer Kompromisslösung, die auch als **pseudoamerikanische Bewertung** bekannt ist. Dabei wird für Optionen, die Dividenden abwerfen, deren Wert wie bei einer europäischen Option errechnet, nur dass eine Verteilung der Aktienkurse, die um den Barwert der Dividende herabgesetzt ist, zugrunde gelegt wird. Außerdem wird der Wert einer europäischen Option bis zum Zeitpunkt unmittelbar vor der Dividendenzahlung ermittelt. Das Maximum dieser beiden Werte wird dann als gültige Approximation angesehen.

In Abb. 30 ist die Gesamtheit von Einflüßen, die auf den Optionspreis einwirken, zusammenfassend dargestellt.

Das Wertverhalten eines Puts:

Nachdem wir sehr ausführlich das Wertverhalten von Calls besprochen haben, beschränken wir uns bei der Kommentierung von Abb. 30 auf das von Puts.

Die folgenden Einzelaussagen zum Verhalten des Werts eines Puts gelten selbstverständlich ceteris paribus. Sie gelten also unter der Bedingung, dass nur ein Faktor, z. B. die Laufzeit des Puts, sich ändert, während alle anderen Einflussgrößen konstant bleiben.

Das Verhalten des Werts eines Puts ist analog zu dem eines Calls, was den Effekt der Laufzeit und der Volatilität betrifft: Je länger die Laufzeit, desto wertvoller ist der Put, da vorteilhafte Kursentwicklungen umso wahrscheinlicher sind, je länger man auf sie warten darf. Je höher die Volatilität, desto wertvoller ist der Put – wegen der asymmetrischen Risiko-Ertragsstruktur, die der Put, wie wir oben sahen, mit dem Call teilt. Was die anderen Faktoren betrifft, die wir als wichtige Einflussgrößen der Bestimmung des Optionspreises identifiziert haben, verhält sich der Put in entgegengesetzter Weise zum Call. Je niedriger der aktuelle Aktienkurs, desto höher ist der Wert des Puts. Entsprechend gilt: Je höher der Ausübungspreis,

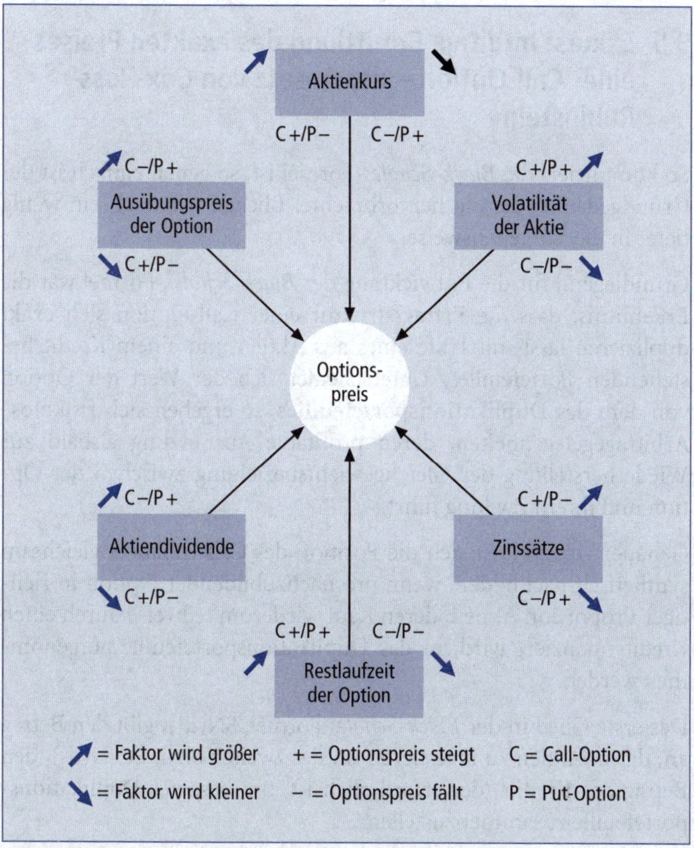

Abb. 30: Übersicht über die preisbestimmenden Faktoren von Calls und Puts

desto größer wird der Wert eines Puts. Der Wert eines Puts steigt mit der Höhe der Dividendenzahlungen, da diese zur Reduktion des Aktienpreises führen, Puts aber, wie wir gerade sahen, umso wertvoller sind, je niedriger der Kurs der zugrundeliegenden Aktie ist. Und schließlich fällt der Wert eines Puts bei steigenden Zinsen, da dies dazu führt, dass der Barwert potentieller Gewinne, die durch Ausübung des Puts in der Zukunft sich einstellen mögen, herabgesetzt wird.

3.5 Exkurs: Intuitive Ermittlung des exakten Preises einer Call-Option – der Ansatz von Cox-Ross-Rubinstein

So kompliziert die *Black-Scholes*-Formel ist, so genial einfach ist der Grundgedanke, der sie hervorbrachte. Blicken wir doch ein wenig tiefer in die Vorgehensweise.

Grundlegend für die Entwicklung der *Black-Scholes*-Formel war die Erkenntnis, dass die Ertragsstruktur einer Call-Option sich exakt duplizieren lässt mit Hilfe eines aus Aktien und einem Kredit bestehenden Portefeuilles. Unterscheidet sich der Wert der Option von dem des **Duplikationsportefeuilles,** so ergeben sich risikolose Arbitragegelegenheiten, deren profitable Ausnutzung alsbald zur Wiederherstellung der Gleichgewichtsbeziehung zwischen der Option und ihrem Zwilling führt.

Genauer gesagt, lässt sich die Position des Call-Inhabers gleichsam synthetisch nachbilden, wenn pro nachzubildender Option in richtiger Proportion Aktien, deren Kauf wiederum teilweise durch einen Kredit finanziert wird, in das Duplikationsportefeuille aufgenommen werden.

Das erste Glied in der *Black-Scholes* Formel, $SN(d_1)$, gibt den Betrag an, der in Aktien zu investieren ist, das zweite Glied, $Ee^{-rt}N(d_2)$, den Betrag des Kredits, der erforderlich ist, um besagtes Duplikationsportefeuille zusammenzustellen.

Die binomiale Baumstruktur:

Das Prinzip sei an einem einfachen Beispiel verdeutlicht. Nehmen wir einfachheitshalber an, dass die nachzubildende Option eine Lebensdauer von nur zwei Perioden hat und dass der aktuelle Aktienpreis, er sei 50, am Ende der ersten Periode entweder auf 35 fällt oder auf 70 steigt, und wenn er am Ende der ersten Periode bei 70 liegt, am Ende der zweiten Periode entweder auf 100 steigt oder auf 50 fällt, oder wenn er am Ende der ersten Periode bei 35 liegt, entweder auf 50 steigt oder auf 25 fällt.

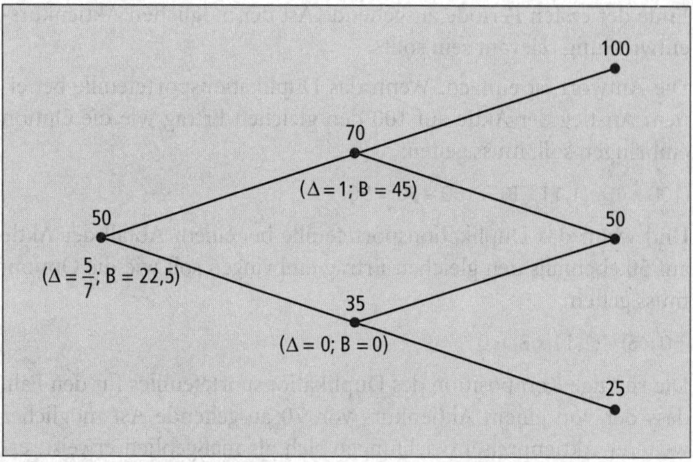

Abb. 31: Der Binomial-Baum von Cox-Ross-Rubinstein

Das Exempel ist zugegebenermaßen recht unrealistisch, kann aber, wie wir sehen werden, wirklichkeitsnahen Bedingungen verhältnismäßig leicht angepasst werden.

Doch versuchen wir zunächst folgende Frage zu beantworten:

Wie kann man das Ertragsverhalten eines at-the-money (Ausübungspreis = Aktienpreis = 50) Long-Calls, der am Ende der zweiten Periode verfällt, duplizieren, wenn die Zinskosten eines Kredits bei, sagen wir, 11 % pro Periode liegen?

Steht die Aktie am Ende der ersten Periode bei 70, wird der Call, voraussetzungsgemäß, an seinem Verfalltag am Ende der zweiten Periode entweder, wenn der Aktienkurs steigt,

$100 - 50 = 50$

oder, wenn der Aktienpreis fällt,

$50 - 50 = 0$

wert sein.

Die Frage ist nun, welche Anzahl von Aktien, abgekürzt als δ, und welcher Kreditbetrag B benötigt werden, um die Ertragsaussichten der Option zu replizieren, wenn der von einem Kurs von 70 am

Ende der ersten Periode ausgehende Ast der möglichen Aktienkursentwicklung relevant sein sollte.

Die Antwort ist einfach: Wenn das Duplikationsportefeuille bei einem Anstieg der Aktie auf 100 den gleichen Ertrag wie die Option einbringen soll, muss gelten:

$(100 \times \delta) - (1{,}11 \times B) = 100 - 50 = 50.$

Und wenn das Duplikationsportefeuille bei einem Abfall der Aktie auf 50 ebenfalls den gleichen Ertrag einbringen soll wie die Option, muss gelten:

$(50 \times \delta) - (1{,}11 \times B) = 0.$

Die richtige Komposition des Duplikationsportefeuilles für den Fall, dass der von einem Aktienkurs von 70 ausgehende Ast möglicher weiterer Aktienpreisentwicklungen sich als maßgeblich erweist, ergibt sich durch Ermittlung jener Werte für δ und B, die beide Gleichungen erfüllen. Wählt man in unserem Beispiel

$\delta = 1$ und $B = 45$,

sind, wie sich leicht nachrechnen lässt, beide Gleichungen erfüllt.

Es gilt nun noch die Alternativsituation zu berücksichtigen, wenn nämlich am Ende der ersten Periode nicht ein Aktienkurs von 70, sondern von 35 sich einstellt; davon ausgehend kann der Aktienkurs voraussetzungsgemäß nur auf 50 steigen oder auf 25 fallen und die Option in jedem Fall nur wertlos verfallen.

In einem Gleichungssystem ausgedrückt bedeutet dies, dass δ und B so zu wählen sind, dass sie beide nachstehenden Gleichungen erfüllen:

$(50 \times \delta) - (1{,}11 \times B) = 0$ und $(35 \times \delta) - (1{,}11 \times B) = 0.$

Dies Ziel ist erreicht, wenn sowohl δ als auch B gleich null gesetzt werden.

Nun können wir entscheidende Rückschlüsse auf die ursprüngliche Komposition des Duplikationsportefeuilles am Anfang der ersten Periode, wenn der Aktienkurs bei 50 liegt, ziehen.

Diese ursprüngliche Komposition muss gewährleisten, dass uns genügend Ressourcen zur Verfügung stehen, die oben ermittelten aktienkursabhängigen Zusammenstellungen des Duplikationsportefeuilles

(1) bei einem Anstieg des Aktienkurses am Ende der ersten Periode auf 70 – d. h., wie wir hergeleitet haben, Kauf einer Aktie und Kreditaufnahme in Höhe von 45 – oder

(2) bei einem Abfall des Aktienkurses am Ende der ersten Periode auf 35 – d. h., wie gezeigt wurde, Kauf von null Aktien und Kreditaufnahme in Höhe von null –

einrichten zu können.

Mathematisch erfordert dies, dass δ und B am Anfang der ersten Periode so gewählt werden, dass sie folgendes Gleichungssystem erfüllen:

$$(70 \times \delta) - (1{,}11 \times B) = (70 \times 1) - 45 = 25$$

und

$$(35 \times \delta) - (1{,}11 \times B) = 0.$$

Setzt man

$$\delta = 5/7$$

und

$$B = 22{,}5,$$

ist das Ziel erreicht. Es ist demnach eine anfängliche Investition in Höhe von

$$50 \times (5/7) - 22{,}5 = 13{,}20$$

nötig, um das korrekte Duplikationsportefeuille aufzubauen.

Fällt die Aktie auf 35, trägt der Verkauf der Aktien

$$5/7 \times 35 = 25$$

ein.

Dieser Betrag deckt den Rückzahlungsbetrag des Kredits ab: $22{,}5 \times 1{,}11 = 25$. Damit ist gleichzeitig das nun erforderliche Duplikationsportefeuille mit einem Aktienbestand von null, Kreditverpflichtungen von null und gleichem Endwert wie der Call hergestellt, da der von 35 verlaufende „absteigende“ Ast der Aktienkursentwicklung eingeschlagen ist.

Steigt hingegen der Aktienkurs auf 70, müssen zur korrekten Anpassung des Duplikationsportefeuilles weitere $^2/_7$ Aktien zugekauft und also

$^2/_7 \times 70 = 20$

zusätzlich per Kredit finanziert werden. Die ursprüngliche Kreditverbindlichkeit von 22,50 ist mittlerweile auf

$22{,}5 \times 1{,}11 = 25$

angewachsen, so dass insgesamt das vorhin für den von 70 ausgehenden „aufsteigenden“ Ast der Aktienkursermittlung errechnete Duplikationsportefeuille mit einer Aktie, Kreditverbindlichkeiten in Höhe von 45 und gleichem Endwert wie dem Call hergestellt ist. Das Duplikationsportefeuille ist nämlich bei beiden möglichen Aktienpreisen, 100 und 50, wie folgende Rechnung zeigt, genauso viel wert wie der Call:

(1) 100 (Wert der Aktie) – 50 (= 45 × 1,11) (Kreditrückzahlung) = 50;

(2) 50 (Wert der Aktie) – 50 (Kreditrückzahlung) = 0.

Wenn der zu duplizierende Call nicht den gleichen Wert hat wie der synthetische Call, den man durch Einrichtung des Duplikationsportefeuilles ins Leben ruft, lassen sich Arbitrageprofite generieren, indem man das teurere der beiden Objekte verkauft und sich mit dem billigeren eindeckt.

Man mag zu Recht einwenden, dass die wenigen, rigide vorgegebenen möglichen Kursentwicklungen des soeben vorgestellten Modells wenig gemein haben mit der Vielfalt möglicher Kurse im realen Tagesgeschäft der Börse. Es darf aber nicht außer Acht gelassen werden, dass die anhand eines ganz einfachen Beispiels aufgezeigte Auffindungstechnik sich ad infinitum von Verzweigung zu Verzweigung gewissermaßen fortpflanzen lässt. Die Baumstruktur, die wir in Abb. 31 erkennen, kann zu einer beliebig großen Krone aufgefächert werden. Je kleiner die Verzweigungsschritte gewählt werden und je mehr von Ihnen zugelassen werden, desto stärker kann die Situation des realen Handelsgeschehens mit ihren vielen möglichen Aktienkursen approximiert werden.

Dieser Baum-Ansatz ist übrigens auch als das *Cox-Ross-Rubinstein*-Binomial-Modell bekannt. Das Modell von *Cox, Ross, Rubinstein* eignet sich auch sehr gut als heuristische Brücke zur *Black-Scholes*-Formel, weil es den Grundgedanken der klassischen Optionspreisformel einerseits gut veranschaulicht und andererseits Optionswerte liefert, die bei genügend großer Anzahl von Verzweigungsschritten tatsächlich gegen die Werte der *Black-Scholes*-Formel konvergieren.

Eine ausführliche Darstellung des Binomialmodells von *Cox, Ross* und *Rubinstein* findet sich im Kapitel 6 dieses Buches.

5. Kapitel

Fortgeschrittene Optionsstrategien

Für Tänzer
Glattes Eis
Ein Paradies
Für den, der gut zu tanzen weiß.
F. Nietzsche

Nachdem wir nun ein vollständigeres Bild vom Verhalten von Optionen gewonnen haben, lohnt es sich noch einmal, die alten Bekannten aus dem zweiten Kapitel aufzusuchen, um neue Gesichtspunkte für die Anwendungspraxis zu gewinnen.

Doch muss an dieser Stelle unmißverständlich darauf hingewiesen werden, dass sich dieses Kapitel als ein selektiver Abriss versteht, der in erster Linie dazu dienen soll, den Leser für die gewaltige Vielfalt und Differenzierbarkeit von Optionsstrategien zu sensibilisieren. Unsere Darstellung des Grundlegenden ist bestenfalls Anstoß, auf keinen Fall aber eine erschöpfende Grundlage für konkrete Optionsgeschäfte. Sie lässt unweigerlich viele Gesichtspunkte außer acht, die ohnehin am besten mit professionellen Anbietern von Optionsprodukten im aktuellen Geschäftsgespräch geklärt werden sollten. Besonders die sehr wichtige Frage der Spesen und sonstigen Transaktionskosten sowie die ebenfalls bedeutsame Rolle der Sicherheitsleistungen werden hier im Interesse einer durchsichtigen Präsentation der Grundprinzipien ausgeklammert.

1. Calls und Puts

Rekapitulieren wir nun zum leichteren Einstieg doch noch einmal kurz die Erkenntnisse, die wir im zweiten Kapitel schon über den Kauf von Calls und Puts gewonnen haben.

1.1 Long-Call

Man kann drei Motive für den Kauf eines Calls unterscheiden: Aktiensubstitution, Leverage und Hedging.

1.1.1 Aktiensubstitution

Folgende Gründe können einen Anleger dazu bewegen, sich in Aktien indirekt über einen Long-Call zu engagieren und in diesem Sinne also den Aktienkauf durch einen Optionskauf zu substituieren.

BEISPIEL: Eine Aktie notiert zu 173 €, man kauft einen März-140-Call zu 38 €. Der innere Wert macht 33 €, der Zeitwert 5 € aus.

Erstens ist der Kapitaleinsatz bedeutend geringer, 38 € statt 173 €. Liquiditätsengpässe, die eine opportun erscheinende Investition verhindern, können eher umgangen werden. Einem Investor, dem das Geld zum Erwerb einer besonders günstig erscheinenden Aktie zurzeit fehlt oder noch anderweitig gebunden ist, kann also über Optionen doch das gewünschte Engagement eingehen. Zweitens lässt sich die Optionsprämie, die Nettoinvestition also, durch die Wiederanlagegewinne aus dem durch den Kapitaleinsatz eingesparten Geld weiter reduzieren. Der Zinsgewinn in unserem Beispiel wäre bei 10 % Zins und drei Monaten Laufzeit 3,33 €. Der so zu investierende Betrag ergibt sich aus dem Aktienkurs abzüglich der Optionsprämie: 173 € – 38 € = 135 €. Dieser Betrag ist mit dem Zinssatz und der Laufzeit zu multiplizieren: 135 € × 0,10 × 90/365 = 3,33 €. Damit reduziert sich der zu zahlende Zeitwert effektiv von 5 € auf 1,67 €.

Und drittens – wichtig, wenn man sich in seiner Markterwartung getäuscht sieht – ist gleichzeitig das Verlustpotential absolut begrenzt auf die gezahlte Prämie von 38 €.

1.1.2 Hedge

Grundsätzlich besteht für den Nutzer von Calls die Möglichkeit, sich rückzuversichern gegen die irrtümliche Annahme einer negativen Marktentwicklung. Er kann nämlich mit einem verhältnismäßig geringen Kapitaleinsatz engagiert bleiben für den Fall, dass die Kurse doch steigen.

1.1.3 Leverage

Einer der Gründe für die Substitution eines Aktienkaufs mit einem Call-Kauf liefert, wie wir sahen, das Leverage der Option – die Möglichkeit, auf billigem Wege, unter geringem Kapitaleinsatz, auch wenn man an der Aktie per se gar nicht so sehr interessiert ist, am Gewinnpotential der Aktie teilzuhaben. Das Leverage ist umso höher, je billiger, d. h. je weiter der Call out-of-the-money ist – was gleich zu vertiefen sein wird. Auf der anderen Seite erfordert eine Out-of-the-money-Long-Call-Position einen höheren Anstieg des Aktienkurses als ein At-the-money- oder ein In-the-money-Call. Man muss sich bei der Entscheidung, welcher Call verwendet werden soll, eine Vorstellung bilden von dem erwarteten Bereich, in dem sich die Kursbewegungen abspielen werden. Erwartet man verhältnismäßig geringe Kursanstiege, wird daher ein At-the-money-Call wohl eher angebracht sein als ein Out-of-the-money-Call.

Welcher Call? In-the-money oder out-of-the-money?

Beim Call-Inhaber klingelt ein Gewinn nur dann in der Kasse, wenn der Kurs der Aktie oder die Volatilität steigt.

Der Long-Call eignet sich deshalb, wenn man sehr bullish eingestellt ist – also einen sehr starken Kursanstieg erwartet. Je bullisher die Erwartungshaltung, desto tiefer out-of-the-money sollte die Option sein, die man kauft. Denn mit keiner anderen Strategie lässt sich in einem haussierenden Markt ein so günstiges Verhältnis zwischen Kapitaleinsatz und Gewinn konstruieren.

BEISPIEL: Eine Aktie notiert zu 210 €. Steigt ihr Kurs auf 230 €, macht der Aktienbesitzer einen Gewinn bei ihrem Verkauf von (230 € – 210 €)/€ 210 = 0,095 = 9,5 % seines Kapitaleinsatzes, bei einem Aktienkurs von 250 € einen von fast 20 %, bei 270 € fast 30 % und bei 290 fast 40 %. Demgegenüber verzeichnet ein Call mit Ausübungspreis 220 € und einer Optionsprämie von 16 € einen Gewinn von fast 90 % bei einem Aktienkurs von 250 €, fast 220 % bei 270 € und fast 340 % bei 290 €. Steigt die Aktie nur auf 230 €, verliert er fast 40 % seines Kapitaleinsatzes, bleibt der Kurs wie er war oder sinkt er sogar, sind 100 % des Kapitaleinsatzes verloren. Bei Calls, die noch stärker out-of-the-money sind, können mit gleichem Kapitaleinsatz noch höhere Gewinne erzielt werden. Kauft man statt eines Calls mit Ausübungspreis 220 € und einer Optionsprämie von 16 € vier Calls mit einem Ausübungspreis von 260 € und einer Optionsprämie von 4 €, beläuft sich der Gewinn bei einem Aktienkurs von 290 € auf 650 % des Kapitaleinsatzes – fast doppelt so viel wie bei dem weniger Deep-out-of-the-money-Call.

Zur Verdeutlichung bedenke man folgende konkrete Rechnung:

Eine Anlegerin kauft an der EUREX einen Call mit Ausübungspreis 220 € und einer Optionsprämie von 16 €. Da die minimale Kontraktgröße sich auf 50 Aktien bezieht, beläuft sich ihr Kapitaleinsatz auf 50 × 16 € = 800 €. Übt sie bei einem Aktienkurs von 290 € aus, verdient sie 50 × (290 € – 220 €) = 3.500 €. Ihr Gewinn als Prozentsatz des Kapitaleinsatzes ist somit (3.500 € – 800 €)/800 € = 337,5 %. Hätte sie stattdessen vier Calls mit Ausübungspreis 260 € und einer Optionsprämie von jeweils 4 € bezogen, wäre ihr Kapitaleinsatz 4 × 50 × 4 € = 800 €. Übt sie bei einem Aktienkurs von 290 € aus, verdient sie 4 × 50 × (290 € – 260 €) = 6.000 €. Ihr Gewinn als Prozentsatz des Kapitaleinsatzes ist somit (6.000 € – 800 €)/800 € = 650 %.

Ist die Entwicklung des Aktienkurses weniger rasant als im letzten Beispiel unterstellt, entsteht aber bei der zweiten Alternative, dem Kauf von Optionen, die stärker out-of-the-money sind, auch schneller ein Totalverlust. Bei moderater Hausse-Erwartung würde daher ein At-the-money- oder ein In-the-money-Call wohl angebrachter sein.

BEISPIEL: Die Dideldum-Aktie notiert bei 65 € und der (in-the-money) Juli-60 (= Ausübungspreis) kostet 7 €, während der (out-of-the-money) Juli-70 zu 3 € notiert. Wenn die Aktie sich langsam auf 68 € heraufschraubt, erleidet der Käufer des Juli-70-Calls dennoch einen Verlust, weil der nur aus Zeitwert bestehende Preis seines Calls mit der verstreichenden Zeit abnimmt. Der Käufer des Juli-60 hingegen ist aber auf alle Fälle schon in die Gewinnzone geraten, da sein Call für mindestens den Betrag, den er in-the-money ist, also für mindestens 8 € verkauft werden kann.

Prozentual bietet ein In-the-money-Call größere Gewinnchancen bei geringem Kursanstieg, ein Out-of-the-money-Call bei hohen Kursanstiegen. Prozentual wird ein In-the-money-Call also bei kleinen Kursanstiegen mehr erwirtschaften als ein Out-of-the-money-Call. Dies macht deutlich: Auf keinen Fall sollte man den absoluten Preis eines Calls zum ausschlagenden Kaufkriterium machen. Auch ist das Risiko eines Verlustes beim Out-of-the-money-Call größer als beim In-the-money-Call. Der Inhaber des Juli-60-in-the-money-Calls hat erst dann mit einem Totalverlust zu rechnen, wenn die Aktie um 5 € fällt. Der Inhaber des Out-of-the-money-Juli-70-Calls hingegen würde seinen ganzen Einsatz verlieren, wenn die Aktie von nun bis zum Verfalltag nicht mindestens um mehr als 5 € stiege.

Auch kann es vorkommen, dass ein Deep-in-the-money-Call auf Grund von Angebot und Nachfrage zeitweilig unterbewertet ist. Besonders, wenn die zugrundeliegende Aktie stark performiert hat, ist es denkbar, dass das Angebot der Calls die Nachfrage übersteigt, weil viele Call-Inhaber die entstandenen Buchgewinne durch Verkauf zu realisieren wünschen.

1.1.4 Laufzeit

Ein anderer wichtiger Aspekt der Wahl des richtigen Calls ist natürlich die Laufzeit. Erwartet man einen Kursanstieg der Aktie binnen kürzester Frist, so liegt der Kauf eines Calls mit möglichst kurzer Laufzeit nahe. Dessen Zeitwertkomponente ist nicht so ausgeprägt. Er wird, ceteris paribus, somit stärker als ein Langläufer die Aufwärtsbewegung der Aktie nachvollziehen – ein hohes Delta aufweisen. Ist man sich also sicher, dass es sehr bald zu einem Kursanstieg kommen wird, könnte man bei großer Risikobereitschaft einen Out-of-the-money-Kurzläufer, oder bei geringerer Risikotoleranz einen In-the-money-Kurzläufer kaufen. Ist man sich des Timings unsicher, mag eine längere Laufzeit in Frage kommen. Wieder wird es von der Risikobereitschaft und dem genauen Zeithorizont, während dessen man einen Kursanstieg für denkbar hält, abhängen, ob man in-the-money oder out-of-the-money kauft.

1.1.5 Volatilität

Es ist sorgfältig zu unterscheiden zwischen der Erwartung einer Preisbewegung und der Volatilität der Aktie. Es liegt nämlich durchaus im Rahmen des Möglichen, dass die erwartete Kursbewegung stattfindet, gleichzeitig aber sich die Volatilität der Aktie verringert. Da bei Optionen Volatilität stark honoriert wird, kann der Gewinn aus dem Preisanstieg der Aktie sich auf Grund einer reduzierten Volatilität schmälern. Andererseits kann sich die Wahl eines bestimmten Calls unter vielen deshalb aufdrängen, weil in dessen Preis die Volatilität der Aktie nicht in ausreichendem Maße eingegangen ist. Das heißt, trotz eines höheren absoluten Preises ist der Call billiger als andere. Es ist auch zu beachten, dass der Long-Call einen mit der Zeit schwindenden Vermögenswert darstellt. Die Erosion des Zeitwerts nimmt mit hoher Aktienvolatilität ab und mit niedriger Volatilität zu.

1.2 Short-Call

Was den Inhaber einer Long-Call-Position beunruhigt, das Schwinden des Zeitwerts, entspannt den Inhaber einer Short-Call-Position. Die Short-Call-Position repräsentiert nämlich ein **Growing Asset,** einen mit der Zeit anwachsenden Vermögenswert. Mit der verstreichenden Zeit steigt der Wert dieser speziellen Position, da die Option an Zeitwert einbüßt und der Glattstellungskauf (Erwerb eines Long-Calls per Closing-Transaction) somit zu niedrigerem

Kurs erfolgen kann als die Opening-Transaction, mit der die Short-Call-Position ins Leben gerufen worden war.

1.2.1 Ungedeckter Short-Call

Dieser kann eine sehr riskante Position sein, da bei unvorsichtiger Handhabung des Engagements Verluste theoretisch unbegrenzt und in praxi außerordentlich stark anwachsen können. Gleichzeitig muss man sich darüber im Klaren sein, dass der Gewinn fest begrenzt ist. Infolge der großen Risiken müssen der Verkäufer eines Calls wie auch der Verkäufer eines Puts Sicherheiten hinterlegen. Es ist unerlässlich, beim konkreten Geschäft die genauen Bedingungen solcher Sicherheitenstellungen sorgfältig zu prüfen, da sie einen nicht unwesentlichen Einfluss auf den effektiven Gewinn oder Verlust und somit auf die relative Attraktivität der in Aussicht genommenen Strategie haben können.

Es ist ratsam eine **ungedeckte Short-Call-Position** nur einzugehen, wenn man davon überzeugt ist, dass der Markt nicht fester wird (= nicht steigt).

Ist man sich sicher, dass der Markt sich seitwärts bewegen wird (= stagniert), empfiehlt sich der Verkauf eines At-the-money-Calls. Ein In-the-money-Call kommt bei Stagnationserwartung nicht in Frage, weil der innere Wert, der durch den Call-Verkauf verdient wurde, bei Glattstellung in gleicher Höhe im Rückkaufbetrag wiedererscheint und somit ein unnötig großer Kapitaleinsatz erfolgen würde, um den gleichen aus dem Zeitwertverfall entstehenden Glattstellungsgewinn zu realisieren wie bei einem At-the-money-Short-Call. Out-of-the-money-Calls bringen eine zu geringe Prämie ein. Der Out-of-the-money-Short-Call könnte in Frage kommen, wenn ein gewisser Marktanstieg für denkbar gehalten wird und man sich durch die Wahl eines höheren Ausübungspreises vor vorzeitiger Ausübung stärker schützen möchte.

Der Verkauf eines Calls kann auch dann in Frage kommen, wenn angesichts der Erwartung fallender Kurse ein Aktienverkauf, vielleicht weil man an eine Erholung glaubt, dennoch nicht in Betracht gezogen wird.

BEISPIEL: Die zugrundeliegende Aktie notiere bei 276 €. Man verkauft einen sehr reagiblen Deep-in-the-money-März-220-Call zu 60 €. Fällt der Aktienkurs auf 250 €, erleidet man einen Buchverlust von 26 € auf der Aktien-Position. Der Call würde aber wegen seiner hohen Reagibilität auf den Aktienkurs jetzt vielleicht auf 39 € (30 € innerer Wert und 9 € Zeitwert, da die Option noch Restlaufzeit aufweist) herabgesunken sein. Die Glattstellung des Short-Calls würde 23 € erbringen, also fast den gesamten Buchverlust der Aktienposition wettmachen.
Je größer der Kurspessimismus, desto tiefer in-the-money sollte der Short-Call gewählt werden.
Dazu vergleiche man einen Juni-280-Call zu 20 € und einen Juni-260-Call zu 30 €. Der Aktienkurs sei bei Verkauf der Calls 266 €. Der 280er Call bringt am Verfalltag einen Gewinn ein, solange die Aktie nicht über 300 € (280 € + 20 €), also nicht um mehr als 13 % gestiegen ist. Der maximale Gewinn von 20 € entsteht bei Kursen unterhalb von 280 €.

Ein aggressiverer Anleger hätte den noch tiefer in-the-money liegenden Call verkauft. Er beginnt zwar schon bei einem geringeren Kursanstieg in die Bredouille zu geraten, namentlich bei Kursen oberhalb von 290 €, dafür ist aber die Belohnung für eine richtige Markteinschätzung umso größer – maximal 30 € bei Kursen unterhalb von 260 €.

1.2.2 Covered-Call-Writing

Wir sahen schon im zweiten Kapitel, dass es für jemanden, der eine Aktien-Position besitzt, bei Erwartung stagnierender oder nur leicht anziehender Kurse und gleichzeitigem Absicherungswunsch für den Fall von Kursrückgängen reizvoll sein kann, die Aktien durch den Verkauf eines Calls zu veroptionieren. Die Wahl des Calls geschieht in Abwägung des für wahrscheinlich gehaltenen Kursanstiegspotentials und des gewünschten Grads der Absicherung gegen einen Kursrückgang. Die eingenommene Optionsprämie federt nämlich den Verlust bei Kursrückgängen ab. Andererseits erhöht sie den Ertrag der Gesamtposition gegenüber einer reinen Aktien-Position so lange, bis die Ausübung durch den Inhaber der Long-Position lohnend erscheint, also ab einem Aktienkurs, der die Summe aus Basispreis und Optionspreis überschreitet.

Greifen wir noch einmal auf das letzte **Beispiel** zurück: Der aktuelle Kurs der Aktie liegt bei 266 €. Der Verkauf des 280er Calls würde dazu führen, dass der jetzige Wert des Aktienbestands erst bei einem Kurs unterhalb von (266 € – 20 € =) 246 € sich verringern würde. Eine Investorin, die eine starke Wiederstandslinie bei 250 € festzustellen glaubt, also einen Rückgang der Aktie auf unter 250 € für unwahrscheinlich hält, würde wohl den 280er Call wählen, da dieser den jetzigen Wert der Aktien-Position gegen Kursrückgänge im erwarteten Bereich immunisieren würde. Gleichzeitig wird ihr aus Aktien und Short-Call bestehendes Portefeuille einen höheren Wert aufweisen als eine reine Aktien-Position, bis zu dem Punkt, wo die Aktie 300 € übersteigt. Wäre sie pessimistischer eingestellt und hielte Kursrückgänge unter 250 € für denkbar und einen Kursanstieg über 290 € für unwahrscheinlich, käme eher der 260er Call in Frage, der die Immunisierung des gegenwärtigen Werts der Aktien-Position bis zu einem Aktienkurs von 236 € = 266 € – 30 € ausdehnen würde, dafür aber das Kursniveau herabsenkt, ab dem Opportunitätskosten anfallen, also die Aktien abgerufen werden.

Die Frage, welcher unter den vielen Calls am besten eingesetzt wird, ist vielschichtig. Daran zeigt sich auch wieder, dass derivative Finanzinstrumente erhöhte Anforderungen an deren Nutzer stellen. Vielfalt und Freiheit der Wahl haben eben ihren Preis.

1.3 Long-Put

Auch im Falle des Puts kann man drei Hauptmotive für deren Erwerb unterscheiden: Leverage, Aktiensubstitution und Absicherung (= Hedging). Grundsätzlich ist festzuhalten, dass der Long-Put ein Wasting Asset darstellt, d. h. er verliert ständig an Zeitwert, und dies umso rasanter, je näher der Verfalltag rückt. Bleiben alle anderen Faktoren, die seinen Preis bestimmen, konstant, so wird die Glattstellung eines Long-Puts durch Einnahme einer Short-Put-Position per Closing-Transaction einen Nettoverlust verursachen.

1.3.1 Leverage

Der Long-Put bietet sich als Vehikel für die Spekulation auf fallende Kurse an.

BEISPIEL: Das folgende Beispiel soll den Leverage, die Hebelwirkung von Puts, deutlich machen: Eine Aktie notiere bei 226 €. Ein Dezember-200-Put kostet 3 €, ein Dezember-220-Put 11 € und ein Dezember-240-Put 21 €. Die nachstehende Tabelle zeigt für unterschiedliche Aktienkurse am Verfalltag den Wert der Puts in absoluten €-Beträgen und daneben in Klammern den Gewinn oder Verlust als Prozentsatz des Kapitaleinsatzes, d. h. der Optionsprämie.

Aktienkurs am Verfalltag	Wert der Puts am Verfalltag (Ertrag in %)		
	Dezember 240	Dezember 220	Dezember 200
220 €	20 € (–5 %)	0 € (–100 %)	0 € (–100 %)
200 €	40 € (90 %)	20 € (80 %)	0 € (–100 %)
180 €	60 € (185 %)	40 € (263 %)	20 € (566 %)

Man erkennt, dass, wie beim Call, derjenige Put den größten prozentualen Gewinn ermöglicht, der am weitesten out-of-the-money ist. Je zuversichtlicher man ist hinsichtlich eines starken Kursabfalls, desto weiter out-of-the-money sollte demnach der gewählte Put liegen. Die Zahlen zeigen aber auch, dass ein Anleger nicht blindlings denjenigen Put wählen sollte, der sich am weitesten out-of-the-money befindet. Man sieht nämlich z. B., dass der 220er Put bei einem Aktienkurs von 200 € am Verfalltag einen beachtlichen Gewinn erwirtschaftet, während der 200er Put einen Totalverlust erleidet. In die Wahl des geeigneten Puts muss unbedingt eine Schätzung des für wahrscheinlich gehaltenen Bereiches eingehen, innerhalb dessen sich der Aktienkurs bewegen wird. Schließlich ist auch zu beachten, dass die prozentualen Erträge, die durch Glattstellung vor dem Verfalltag realisiert werden, höher sein können, als das die Zahlen unseres auf den Verfalltag bezogenen Beispiels suggerieren. Vor dem Verfalltag besitzt eine Option nämlich in aller Regel noch Zeitwert. Ein Put, der vor seinem Verfall in-the-money ist, wird deshalb zusätzlich zu seinem inneren Wert auch noch diesen Zeitwert umfassen.

1.3.2 Aktiensubstitution

Wir sahen schon, wie der Verkauf eines Calls einen Aktienverkauf ersetzen kann. Genau das Gleiche kann der Kauf eines Puts leisten, wobei dieser den Vorteil hat, vor beliebig tiefen Preisen zu schützen, wohingegen der Short-Call eine Absicherung nur in Höhe der eingenommenen Prämie gewährleistet. Wie beim Short-Call nimmt man hierzu möglichst Puts, die tief in-the-money sind und deren Preis sich wegen eines verhältnismäßig geringen Zeitwerts fast im gleichen Maße wie der Aktienkurs bewegt.

BEISPIEL: Eine Aktie stehe bei 276 €, ein März-300-Put kostet 30 €. Fällt die Aktie auf 250 €, würde man einen Buchverlust auf der Aktienposition oder einen Opportunitätsverlust gegenüber dem Aktienleerverkauf bei 276 € in Höhe von 26 € erleiden. Der Put müsste jetzt aber mindestens, vielleicht aber auch mehr als 50 € wert sein und gliche somit den Verlust (fast) gänzlich aus.

1.3.3 Hedging, Vermögensverwalter und der Crash

Der Kauf eines **Protective-Puts,** also eines Puts der eine bestimmte Aktie oder ein Portefeuille absichert, ist gerade für Vermögensverwalter ein regelrechter Segen, da auf diesem Wege eine Minimalrendite festgeschrieben werden kann bei gleichzeitiger unbegrenzter Teilnahme an vorteilhaften Kursentwicklungen.

BEISPIEL: Eine Vermögensverwalterin kauft eine Aktie zu 226 € und sichert sie sogleich durch den Kauf eines Dezember-200-Puts zu 3 € ab. Alternativ dazu hätte sie einen weniger Out-of-the-money-Put wählen können, z. B. den Dezember-220-Put zu 11 €.

Der weiter out-of-the-money liegende 200er Put bietet weniger **Downside-Protection,** die Aktie fällt tiefer, bevor sie durch den Put aufgefangen wird als dies beim 220er Put der Fall wäre. Der maximale Verlust ist bei dem einen Put 29 €, bei dem anderen 17 €. Auf der anderen Seite ist der Break-Even-Point (229 €) des 200er Puts niedriger und damit das Ertragspotential bei erfreulicher Kursentwicklung größer, als beim 220er Put, der einen Break-Even-Point von 237 € hat. Dennoch kann es sein, dass man sich mit billigen Out-of-the-money-Puts vor größeren Rückschlägen absichert (**disaster insurance**), um die durch die damit verbundenen Ausgaben nicht zu stark auf den Ertrag des zu schützenden Portefeuilles drücken zu lassen.

In der Zeit vor dem Crash haben viele Vermögensverwalter eine solche Strategie verfolgt. Dabei haben sie z. B. große Summen in verhältnismäßig aggressive Aktien investiert, mit denen sich in guten Zeiten überdurchschnittliche Erträge erwirtschaften ließen. Gleichzeitig kaufte man Protective-Puts auf Markt-Indizes (dazu mehr im fünften Kapitel), so dass bei einem generellen Rückgang der Kurse die Gewinne aus den Puts die Verluste der von dieser Entwicklung möglicherweise betroffenen Aktien ausgleichen oder reduzieren würden. Entwickelte sich der Markt positiv, verfielen die billigen Puts oder wurden mit Verlust veräußert, ohne den Ertrag der aggressiven Aktien zu sehr zu belasten. Gewöhnt an diese unter den richtigen Umständen sehr attraktive Strategie, ging man zum Teil aber dazu über, billige Protective-Puts überhaupt erst dann zu kaufen, wenn eine Marktverschlechterung nicht einfach nur möglich war, sondern sich manifest ankündigte. Je stärker der Markt fiel, desto mehr Versicherungs-Puts wurden aus den überdurchschnittlichen Erträgen finanziert, um diese abzusichern. Der Crash von 1987 lehrte jedoch diejenigen, die so verfuhren, dass Versicherung ihren Preis hat. Je stärker und schneller der Markt kollabierte, desto größer wurde die Nachfrage nach Puts, die sich natürlich dramatisch verteuerten, bis sie irgendwann für die „Spätversicherer" ihren Versicherungssinn fast ganz verloren hatten.

1.4 Short-Put

Der Verkauf eines Puts kann als kostengünstige Alternative zum direkten Kauf einer Aktie in Betracht gezogen werden.

BEISPIEL: Nehmen wir an, eine Aktie notiere gegenwärtig zu 226 €. Versetzen wir uns in die Lage eines Anlegers, der die Wahl zwischen dem Erwerb dieser Aktie, die verhältnismäßig schlecht performiert hat, mittelfristig aber vor einer deutlichen Erholung steht, und dem Verkauf eines 220er Puts zu 11 € hat. Fällt der Aktienkurs bis zum Verfalltag unterhalb von 220 €, wird der Put-Verkäufer dazu gezwungen sein, die Aktie zu einem Nettopreis von 209 € (= 220 € – 11 €), also 17 € oder 7,5 % billiger als beim direkten Aktienerwerb zu 226 € zu kaufen. Bleibt der Kurs oberhalb von 220 €, behält er die Prämie von 11 €. Erst bei einem Kursanstieg über 237 € hinaus würde sich der direkte Aktienerwerb als die überlegenere Strategie erweisen.

Hinzu kommt, dass die Verzögerung des Kaufs die Möglichkeit auftut, das zum Aktienerwerb erforderliche Geld zinsbringend anzulegen. Auf der anderen Seite werden vom Verkäufer von Optionen Sicherheiten verlangt, die je nachdem gering oder gar nicht verzinst werden. Grundsätzlich lässt sich also sagen: Erwartet man mittelfristig eine Aufwärtsentwicklung der Aktie, schließt aber einen kurzfristigen Anstieg aus, so kann die aufgezeigte Alternative zum Aktienkauf angebracht sein. Dies trifft umso mehr zu, wenn die Put-Prämie als überdurchschnittlich hoch eingeschätzt wird. Wenn man mit Deep-in-the-money-Puts arbeitet, um eine hohe Prämieneinnahme zu realisieren, muss beachtet werden, zumal, wenn Puts mit relativ geringer Restlaufzeit verwendet werden, dass der Zeitwert rasch schwinden könnte, so dass eine vorzeitige Ausübung im Bereich des Möglichen liegt. Der Käufer des Puts hat einen Anreiz, dies zu tun, wenn der Zinsertrag aus der Wiederanlage des Verkaufserlöses höher ist als der Ertrag aus einem Weiterverkauf des Puts.

Der Short-Put ist ein Growing Asset. Will sagen: Wenn alle Einflussfaktoren seines Preises konstant bleiben, reduziert sich mit abnehmendem Zeitwert der Preis, der bei Glattstellung zu bezahlen ist. Wenn man also einen At-the-money-Put verkauft hat, wird man ihn unter diesen Bedingungen alsbald zu einem niedrigeren Preis zurückkaufen und somit mit Gewinn glattstellen können.

Wie wir gleich sehen werden, kann der Verkauf von Puts im Zusammenhang mit komplexeren Strategien sinnvoll sein und dabei eher konservativen, d. h. risikobegrenzenden Zwecken dienen.

2. Zusammengesetzte Strategien

Bei der Diskussion der vielen Kombinationsmöglichkeiten, zu denen sich die Optionsgrundgeschäftsarten zusammenfügen lassen, ist es nützlich, folgende Begriffe parat zu haben.

Typen, Klassen und Serien: In der Optionsterminologie unterscheidet man zwischen Optionstyp, Optionsklasse und Optionsserie.

Es gibt zwei **Optionstypen.** Calls stellen den einen Optionstyp, Puts den anderen dar. Optionen des gleichen Typs, die sich auf den gleichen Basiswert beziehen, repräsentieren eine **Klasse** – z. B. alle Puts auf die Zahlemann & Söhne-Aktie. Optionen, die der gleichen Klasse angehören und den gleichen Ausübungspreis sowie den gleichen Verfallmonat haben, bilden eine **Serie** – z. B. alle Calls auf die Zahlemann & Söhne-Aktie mit Ausübungspreis 200 € und Verfallmonat Januar.

Diese begrifflichen Unterscheidungen spielen unter anderem bei der Emission von Optionen eine Rolle. So werden an Terminbörsen bei Auslaufen von bestehenden Optionskontrakten neue Serien eingeführt. Dabei werden für jede Optionsklasse in der Regel drei Serien emittiert – eine, deren Basispreis in-the-money ist, eine at-the-money und eine out-of-the-money. Die neuen Begriffe sind auch hilfreich bei der Erklärung komplexerer Zusammenstellungen von Optionen, wie wir sie gleich zu besprechen haben werden.

2.1 Standardisierte Optionskombinationen

An der Eurex und anderen modernen Optionsbörsen werden **Straddles** (gleichzeitiger Kauf eines Calls und eines Puts oder gleichzeitiger Verkauf eines Calls und eines Puts) und viele der anderen in diesem Kapitel behandelten **Kombinationen als Pakete** angeboten, so dass die Optionen, aus denen diese Strategien sich zusammensetzen, nicht auf dem Wege von Einzeltransaktionen, sondern mit einem Schlag erworben oder verkauft werden können. Dies bietet den großen Vorteil, dass die beabsichtigte Strategie bei

Orderausführung sofort und vollständig in der benötigten Form implementiert werden kann.

Slippage: Das als Slippage bekannte Risiko wird dadurch reduziert. Mit Slippage bezeichnet man den Nachteil, den der Marktteilnehmer erleidet, wenn die Orderausführung nicht komplett oder rechtzeitig erfolgt – das Umfeld also, auf das die Order in all ihren Bestandteilen abgestimmt war, sich bis zum Geschäftsabschluss verändert hat.

An der EUREX stehen folgende Kombinationen in Paketform zur Verfügung: **Bull-Spreads** und **Bear-Spreads, Time-Spreads, Straddles** und **Strangles.** Was es mit diesen Kombinationen auf sich hat, soll nun gezeigt werden.

2.2 Spreads

Allen Arten von Spreads ist gemeinsam, dass zu deren Einrichtung Optionen derselben Klasse gleichzeitig gekauft und verkauft werden, wobei sich entweder nur die Laufzeiten oder nur die Ausübungspreise dieser Optionen unterscheiden. Die Spanne zwischen den Ausübungspreisen oder den Restlaufzeiten gibt der Konstruktion ihren Namen: Spread, das englische Wort für Spanne. Folgende Spreads gilt es zu unterscheiden: Time-Spread, Price-Spread und Diagonal-Spread.

Besteht der Unterschied in der Restlaufzeit, so handelt es sich um einen **Time-Spread** (= Horizontal-Spread = Calendar-Spread), andernfalls um einen **Price-Spread** (= Money-Spread = Vertical-Spread). Den Time-Spread bezeichnet man auch als Horizontal-Spread, weil die Verfallsmonate von Optionen in den geschäftsüblichen Notierungslisten oft in horizontaler Anordnung, also nebeneinander aufgeführt werden. Den Price-Spread bezeichnet man auch als Vertical-Spread, weil die Ausübungspreise oft untereinander, also in vertikaler Anordnung aufgelistet werden. Differieren sowohl Restlaufzeit als auch Ausübungspreis der Optionen, die die sogenannten Beine eines Spreads ausmachen, so hat man es mit einem **Diagonal-Spread** zu tun.

Eine wichtige Eigenart der vielfältigen Formen von Spreads liegt darin, dass mit ihrer Hilfe das Risiko gegenüber dem alleinigen Kauf oder dem alleinigen Verkauf von Calls oder Puts stärker begrenzt werden kann. Der maximale Verlust und der maximale Gewinn sind geringer und stehen beide von vorneherein fest. Das Verlustpotential wird dadurch reduziert, dass ein Spread immer aus einem Kauf und einem Verkauf besteht. So verringern sich zum einen die Gesamtkosten der Position um die eingenommenen Prämien – man subventioniert, wenn man so will, mit dem Erlös aus der verkauften Option den Kauf der anderen Option –, und zum anderen werden die verwendeten Optionen so gewählt, dass sie sich gegenseitig absichern. Wir werden dies gleich anhand der Spread-Arten sehen, dem Debit-Spread und Credit-Spread.

Sind die Kosten der gekauften Option höher als die Einnahmen aus dem Verkauf der anderen, erfolgt eine Nettoausgabe und man hat, wie es heißt, den Spread gekauft. Man spricht dann von einem **Debit-Spread** oder Soll Spread. Ist hingegen der Erlös höher als die Ausgaben, so hat man den Spread verkauft – man verbucht eine Nettoeinnahme. In diesem Fall spricht man von einem **Credit-Spread** oder Haben-Spread.

2.2.1 Price-Spreads

Bull-Call-Price-Spread:

Wer verhalten bullish ist im Sinne der Erwartung eines begrenzten Kursanstiegs, zugleich aber stärker als beim alleinigen Call-Kauf abgesichert sein möchte gegen die Möglichkeit einer entgegengesetzten Entwicklung, der mag einen Bull-Price-Spread in Erwägung ziehen. Er kauft zu diesem Zweck einen Call mit niedrigerem Ausübungspreis und verkauft einen mit höherem. Die Einnahmen aus dem verkauften Call sind geringer als die Ausgaben für den gekauften, denn je höher der Ausübungspreis, desto geringer der Wert einer Call-Option – ceteris paribus. Doch diese Einnahmen tragen dazu bei, die Gesamtausgabe und damit den maximalen Verlust, der bei Verfall beider Optionen eintritt, herabzusetzen. Der Ausübungspreis der gekauften Option ist niedriger als der der verkauften, was zur Folge hat, dass die Ausübung der verkauften Option immer durch Ausübung der gekauften bedient werden kann.

Der Bull-Call-Price-Spread bietet also, wie Abb. 32 zu entnehmen ist, insofern eine interessante Alternative zum Kauf eines Calls, als der absolute Betrag des maximalen Verlusts (= Nettoprämienausgabe) geringer ist. Dafür ist aber der Gewinn, auch wenn er prozentual beträchtlich sein kann, im Gegensatz zum einfachen Call-Kauf absolut begrenzt.

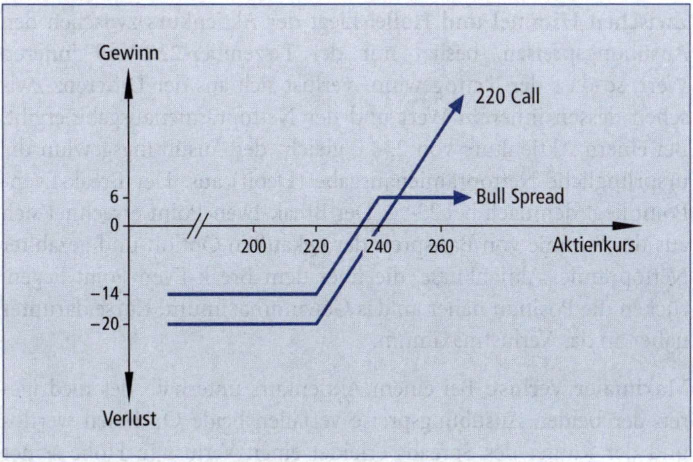

Abb. 32: Bull-Call-Price-Spread

Betrachten wir einen exemplarischen Fall: Die zugrundeliegende Aktie notiere bei 225 €. Da der Investor bullish ist, kauft er die Option mit der größeren Kursreagibilität und verkauft die mit der geringeren. Die Vergrößerung des Debits (Differenz zwischen Preis der gekauften und der verkauften Option) arbeitet nämlich für den Inhaber dieser Position. Steigen die Kurse, so dass der kursreagiblere Long-Call schneller steigt als der der Short-Position zugrundeliegende Call, wird der (hypothetische) Glattstellungsgewinn, der bei Verkauf des Long-Calls verzeichnet werden kann, stärker wachsen als der (hypothetische) Glattstellungsverlust, der bei Rückkauf des Short-Calls entsteht. So könnte man einen Dezember-220-Call (in-the-money und somit kursreagibel) zu 20 € kaufen und den Dezember-240-Call (out-of-the-money und somit weniger kursreagibel) zu 6 € verkaufen. Die Nettokosten des Spread betragen also: 20 – 6 = 14.

Maximaler Gewinn: Sollte der Dezember-240-Call am Verfalltag ausgeübt werden, kann die Aktie zu 220 € durch Ausübung des Dezember-220-Calls erworben und zu 240 € verkauft werden. Von dem entstehenden Gewinn in Höhe von 20 € ist die Nettoausgabe dieses Debit-Spreads (14 €) abzuziehen, so dass ein maximaler Gewinn von 6 € zustande kommt.

Zwischen Himmel und Hölle: Liegt der Aktienkurs zwischen den Ausübungspreisen, besitzt nur der Dezember-220-Call inneren Wert, so dass der Nettogewinn/-verlust sich aus der Differenz zwischen dessen innerem Wert und der Nettoprämienausgabe ergibt. Bei einem Aktienkurs von 234 € gleicht der Ausübungsgewinn die ursprüngliche Nettoprämienausgabe (Debit) aus. Der Break-Even-Point liegt demnach bei 234 €. Der Break-Even-Point errechnet sich aus der Summe von Basispreis der gekauften Option und gezahlter Nettoprämie. Aktienkurse, die über dem Break-Even-Point liegen, rücken die Position näher an das Gewinnmaximum, Kurse darunter näher an das Verlustmaximum.

Maximaler Verlust: Bei einem Aktienkurs unterhalb des niedrigeren der beiden Ausübungspreise verfallen beide Optionen wertlos und der Käufer des Spreads erleidet einen Verlust in Höhe seiner Nettoprämienausgabe (14 €). Der Verlust ist geringer, als wenn er allein auf den kursreagiblen Dezember-220-Call gesetzt hätte. Auch würde der alleinige Call-Kauf erst bei einem recht deutlichen Kursanstieg, nämlich bei einem Aktienkurs über 246 € stärker performieren als der Spread, der schon bei 234 € profitabel zu werden beginnt. Über eine weite Kursspanne sind auch die prozentualen Gewinne des Spreads höher, da der Kapitaleinsatz durch die eingebaute Subvention herabgesetzt wird. Dies unterstreicht den Nutzen eines Bull-Call-Price-Spreads bei moderatem Kursoptimismus.

Die Variationsvielfalt der veränderlichen Größen bei Spreads ermöglicht eine sehr genaue Übersetzung der Erwartungshaltung des Anlegers in entsprechende Positionen im Markt. Zur Verdeutlichung betrachte man die folgenden Spielarten des Bull-Call-Price-Spreads.

Aggressiv: Die Aktie des Unternehmens Ehergut notiert bei 246 €. Eine Investorin, die zwar einerseits sehr bullish auf diese Aktie ist, andererseits aber ungern größere Summen aus einer gut rentierenden festverzinslichen Anleihe abziehen möchte, um auf ein letzten Endes doch viel risikoreicheres Aktienengagement umzusatteln, entschließt sich, einen aggressiven Bull-Call-Price-Spread zu kaufen.

Zu diesem Zweck kauft sie einen Out-of-the-money-Call mit Verfallmonat Juni und einem Ausübungspreis von 260 € zu 18 € und verkauft einen weiteren Out-of-the-money-Call mit gleicher Restlaufzeit und einem Ausübungspreis von 280 € zu 12 €. Dieser Debit-Spread belastet sie mit einer nur geringen Nettoausgabe in Höhe von 6 €, die zugleich den maximalen Verlust dieser Strategie festlegt. Der Break-Even-Point liegt bei 266 €, der maximale Gewinn bei 14 €. Der maximale Profit errechnet sich aus der Differenz des Basispreises und der gezahlten Nettoprämie.

Diese Zusammenstellung ist insofern aggressiv, als sich die Investorin sagt: Der Kurs wird recht stark anziehen, so dass ich es mir leisten kann, mit billigen Out-of-the-money-Optionen, die mir eine geringe Nettoausgabe verursachen, zu arbeiten, um später doch einen Gewinn zu erwirtschaften, der im Maximum deutlich höher ist als der größtmögliche Verlust.

Verhalten bullish: Sie hätte stattdessen den Aktienkurs (246 €) gewissermaßen einrahmen können durch Wahl eines In-the-money-Long-Calls und eines Out-of-the-money-Short-Calls. Der Spread käme einerseits teurer und zöge ein ungünstigeres Verhältnis von maximalem Gewinn zu maximalem Verlust nach sich. Andererseits würde ein geringerer Kursanstieg ausreichen, um in die Gewinnzone zu geraten.

Bei einem Juni-240-Call zu 28 € und einem Juni-260-Call zu 18 €, läge der Break-Even-Point bei 250 €. Der maximale Verlust wäre gleich dem maximalen Gewinn: 10 €.

Nur leicht optimistisch: Sie hätte auch ausschließlich In-the-money-Optionen verwenden können, mit dem Vorteil, sogar bei einem geringen Kursrückgang noch einen Gewinn zu erzielen. Der maximale Gewinn wäre jedoch deutlich kleiner als der maximale Verlust:

Bei einem Juni-220-Call zu 42 € und einem Juni-240-Call zu 28 € würde sie im Extremfall 14 € verlieren und 6 € gewinnen; der Break-Even-Punkt läge aber auch sehr niedrig bei 234 €.

Wenden wir uns nun der dem Bull-Call-Price-Spread entgegengesetzten Position zu.

Bear-Call-Price-Spread:

Ein Anleger, der bearish ist, also fallende Kurse erwartet, könnte als Kontrahent des Inhabers eines Bull-Call-Price-Spread auftreten, den teuren Call mit niedrigerem Ausübungspreis verkaufen und den billigeren mit höherem Ausübungspreis kaufen. Diese dem Bull-Call-Price-Spread entgegengesetzte Position bezeichnet man als Bear-Call-Price-Spread.

Bei diesem Credit-Spread legt die Nettoeinnahme, also die positive Differenz zwischen erhaltener und bezahlter Prämie, den maximalen Gewinn fest. Auch hier ist das Verlustpotential von vornherein abzusehen und errechnet sich nach folgender Formel:

(Ausübungspreis der verkauften Option + erhaltene Prämie) – (Ausübungspreis der gekauften Option + bezahlte Prämie).

BEISPIEL: Die Aktie der Firma Flaufad hat einen aktuellen Kurs von 241 €. Man verkauft einen März-220-Call zu 32 € und kauft parallel dazu einen März-240-Call zu 18 €. Der Credit, die Nettoeinnahme, beläuft sich also auf 14 €.

Notiert die Aktie am Verfalltag über dem höheren Ausübungspreis von 240 €, so befinden sich beide Calls in-the-money, und die Position realisiert die Differenz der inneren Werte der involvierten Optionen abzüglich des ursprünglich eingestrichenen Credits. Bei einem Kurs von 250 € etwa würde man 30 € an der Ausübung des Short-Calls verlieren und 10 € durch die Ausübung des Long-Calls gewinnen. Von dem Verlust in Höhe von 20 € wären 14 € abzuziehen, so dass alles in allem, in Übereinstimmung mit der obigen Berechnungsformel, ein Verlust in Höhe von 6 € zustande käme.

Befindet sich der Aktienkurs zwischen den Ausübungspreisen 220 € und 240 €, stellt sich ein Ausübungsverlust in Höhe des inneren

Werts der Option mit dem niedrigeren Ausübungspreis ein. Die andere verfällt wertlos. Bei einem Aktienkurs von 229 € z. B. verliert man 9 € an der Optionsausübung, zieht man davon die ursprüngliche Nettoeinnahme von 14 € ab, erzielt man einen Gesamtgewinn von 5 €.

Bei einem Aktienkurs unter dem niedrigeren Ausübungspreis von 220 € verfallen beide Optionen wertlos, und man behält den vollen Betrag der ursprünglichen Nettoeinnahme von 14 € als (maximalen) Gewinn.

Auch beim Bear-Call-Price-Spread lassen sich feine Abstufungen je nach Ausprägung der Erwartungshaltung, also hier nach dem Grad des Kurspessimus vornehmen.

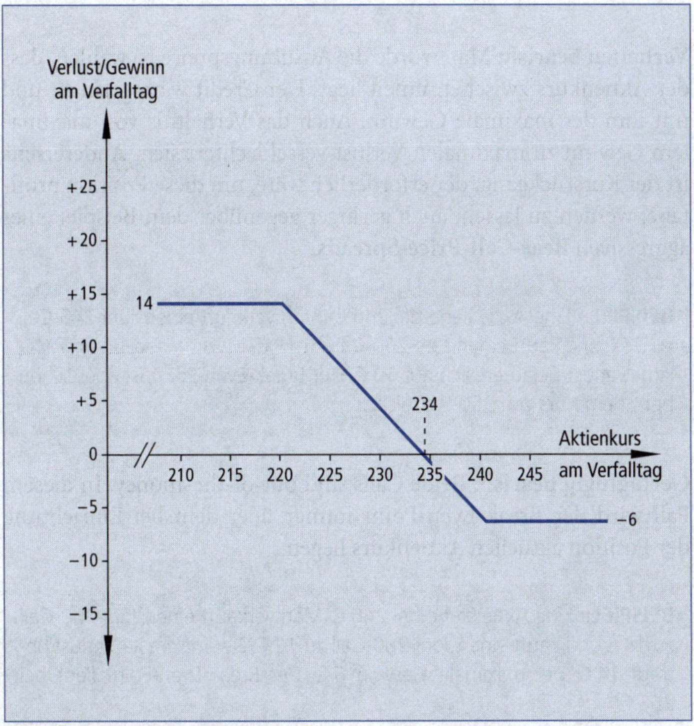

Abb. 33: Bear-Call-Price-Spread

Aggressiv: Man würde die Calls so wählen, dass sie beide in-the-money sind. Denn einerseits erwartet man Kursrückschläge, die groß genug sind, um in den Bereich zu geraten, wo beide Optionen wertlos verfallen und die volle Prämieneinnahme als Gewinn eingestrichen werden kann. Andererseits maximiert man durch die Verwendung von teuren In-the-money-Calls das Gewinnpotential. Der maximale Gewinn wäre ein Mehrfaches vom maximalen Verlust:

BEISPIEL: Die Sturz-Aktie liegt bei 247 €. Man verkauft einen Juni-220-Call zu 42 € und kauft einen Juni-240-Call zu 28 €. Der Credit beläuft sich auf 14 €, der maximale Verlust auf 6 €. Der Break-Even-Point liegt bei 234 €.

Verhalten bearish: Man würde die Ausübungspreise so wählen, dass der Aktienkurs zwischen ihnen liegt. Der Credit wäre geringer und mit ihm der maximale Gewinn. Auch das Verhältnis von maximalem Gewinn zu maximalen Verlust verschlechtert sich. Andererseits ist der Kursrückgang, der erforderlich wäre, um diese Position profitabel werden zu lassen, auch geringer gegenüber dem Beispiel eines aggressiven **Bear-Call-Price-Spreads.**

BEISPIEL: Eine Aktie liege bei 246 €. Man verkauft einen Juni-240-Call zu 28 € und kauft einen Juni-260-Call zu 18 €. Maximalgewinn und Maximalverlust belaufen sich auf 10 €. Der Break-Even-Point ist aber schon bei einem Kurs von 250 € erreicht.

Geringfügig bearish: Beide Calls sind out-of-the-money. In diesem Fall wird der Break-Even-Point immer über dem bei Einrichtung der Position aktuellen Aktienkurs liegen.

BEISPIEL: Eine Aktie stehe bei 246 €. Man verkauft einen Juni-260-Call zu 18 € und kauft einen Juni-280-Call zu 12 €. Der maximale Verlust beträgt 14 €, der maximale Gewinn 6 €. Der Break-Even-Point liegt bei 266 €.

Wenden wir uns nun einer dem Bear-Call-Price-Spread äquivalenten Strategie zu.

Bear-Put-Price-Spread:

Der Bear-Put-Price-Spread hat ein Gewinn/Verlustprofil wie der soeben besprochene Bear-Call-Price-Spread. Es gibt dennoch Unterschiede, auf die wir gleich noch eingehen werden.

Beim Bear-Put-Price-Spread kauft man den Put mit dem höheren und verkauft den mit dem niedrigeren Ausübungspreis. Es handelt sich demnach um einen Debit-Spread, denn im Falle von Puts steigt – ceteris paribus – die Optionsprämie mit steigendem Ausübungspreis.

BEISPIEL: Unsere betrachtete Aktie notiere lediglich bei 241 €. Man kauft den Juni-240-Put zu 14 € und verkauft den Juni-220-Put zu 7 €. Steigt der Aktienkurs bis zum Verfalltag über den höheren der beiden Ausübungspreise, verfallen beide Puts wertlos und man erleidet den maximalen Verlust in Höhe des ursprünglichen Debits, der Nettoprämienausgabe in Höhe von 7 €.

Bei Aktienkursen zwischen den Ausübungspreisen 220 € und 240 € gerät der 240er Put in-the-money. Man kann durch Ausübung dieses Puts dessen inneren Wert realisieren und erzielt einen Gesamtgewinn in Höhe der Differenz zwischen dem inneren Wert des 240er Puts und der Nettoprämienausgabe. Bei einem Kurs von 227 € wäre der Gesamtgewinn also 13 € (innerer Wert) – 7 € (Prämienausgabe) = 6 €.

Bei Aktienkursen unterhalb des niedrigeren Ausübungspreises erzielt man den maximalen Gewinn. Dieser ergibt sich aus der positiven Differenz der inneren Werte der involvierten Puts abzüglich der ursprünglichen Nettoprämienausgabe. Bei einem Aktienkurs am Verfalltag von 210 € gewinnt man den inneren Wert des 240er Puts (30 €) und verliert den inneren Wert des 220er Puts (10 €). Von der Differenz der inneren Werte in Höhe von 20 € wäre noch der ursprüngliche Debit von 7 € abzuziehen, um den Gesamtgewinn von 13 € zu errechnen.

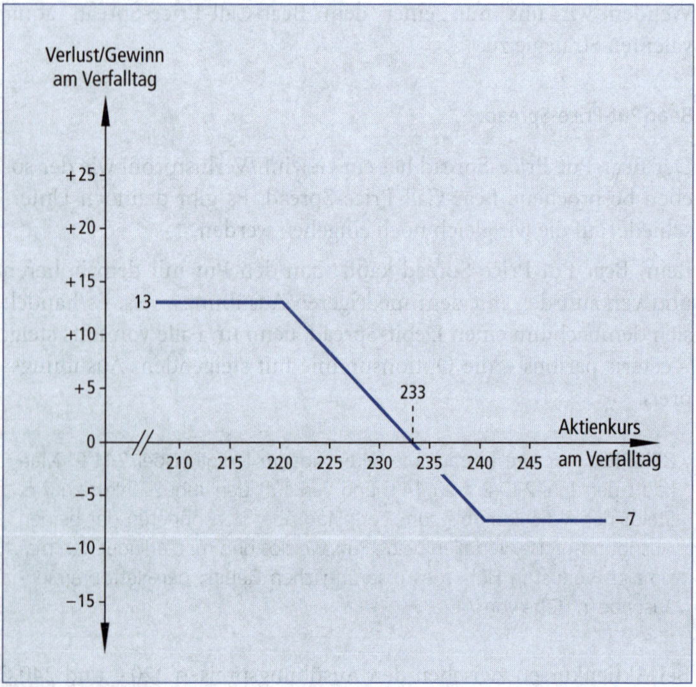

Abb. 34: Bear-Put-Price-Spread

Stark bearish: Je pessimistischer man die Kursentwicklung der zugrundeliegenden Aktie sieht, desto tiefer sollten die Puts out-of-the-money sein, die man für den Bear-Put-Price-Spread verwendet. Damit fällt die Nettoprämienausgabe gegenüber dem maximalen Gewinn gering aus. Man hat sich auf diese Weise eine Art besonders billiger Puts erworben, mit dem Nachteil jedoch, Gewinnchancen unterhalb des niedrigeren Ausübungspreises nicht wahrnehmen zu können. Das obige Beispiel zeigt, dass der alleinige Kauf des Juni-240-Puts einen doppelt so hohen Verlust (14 €) mit sich bringen kann wie der Spread (7 €), aber eben auch steigende Gewinne unterhalb eines Aktienkurses von 220 € zulässt, während der Spread bei einem maximalen Gewinn von 13 € stehen bleibt.

BEISPIEL: Die zugrundeliegende Aktie notiert zu 246 €. Man kauft einen Juni-240-Put zu 10 €, verkauft einen Juni-220-Put zu 4 €, hat einen maximalen Verlust von 6 €, einen maximalen Gewinn von 14 € und einen Break-Even-Point von 234 €. Nun vergleichen wir diese Situation mit einer Zusammenstellung, die auf moderater, und einer, die auf geringfügiger Kursrückgangserwartung beruht.

Moderat bearish: Man wählt die Ausübungspreise so, dass sie den Aktienkurs einrahmen. Das hat zur Folge, dass der maximale Gewinn geringer und der maximale Verlust höher ist als im letzten Beispiel. Dafür ist jedoch ein geringerer Kursrückgang vonnöten, um in die Gewinnzone zu gelangen:

Man kauft einen Juni-260-Put zu 20 €, verkauft einen Juni-240-Put zu 10 € und sichert sich damit einen maximalen Gewinn von 10 €, der zugleich identisch ist mit dem maximalen Verlust. Der Break-Even-Point ist aber höher – 250 € – und somit eher erreicht als in der soeben unter der Überschrift *stark bearish* besprochenen Variante.

Geringfügig bearish: Beide Puts befinden sich out-of-the-money, so dass selbst ein geringer Kursanstieg noch zu einem Gewinn führen kann:

Man kauft einen Juni-280-Put zu 34 €, verkauft einen Juni-260-Put zu 20 €, und gewinnt im Maximum 6 € und verliert höchstens 14 €, bei einem Break-Even-Point von 266 €.

Unterschiede zwischen den äquivalenten Strategien Bear-Call-Price-Spread und Bear-Put-Price-Spread: Nehmen wir das Beispiel eines Bear-Call-Price-Spreads, bei dem ein März-180-Call zu 30 € verkauft und ein März-200-Call zu 20 € gekauft wird. Der damit zu vergleichende Bear-Put-Price-Spread besteht aus einer Short-Position in einem März-180-Put, der zu 5 € verkauft wird, und einer Long-Position in einem März-200-Put, für die 15 € bezahlt werden. Der Kurs der zugrundeliegenden Aktie sei 200 €.

Beide Positionen haben identische Gewinn- und Verlustmaxima: 10 €. Beim Bear-Call-Spread hat man jedoch zunächst Nettoeinnahmen in Höhe von 10 €, die sich zinsbringend anlegen lassen, wohingegen beim Bear-Put-Spread einem zunächst Geld in gleicher Höhe

(10 €) abfließt. Andererseits ist die relative Ausübungswahrscheinlichkeit der im Vergleich stehenden Optionen zu bedenken. Die Strategie, bei der In-the-money-Optionen verkauft werden, hat eine höhere Ausübungswahrscheinlichkeit. Zudem pflegen Calls in Hausse-Perioden relativ teurer zu sein als Puts, wogegen Puts in Baisse-Phasen relativ teurer im Vergleich zu Calls sein können. Bei einer Entscheidung müssen vor allen Dingen auch die relativen Transaktionskosten und besonders die unterschiedlichen Sicherheitsleistungen abgewogen werden.

Bull-Put-Price-Spread:

So wie der Bear-Call und der Bear-Put-Price-Spread äquivalente Strategien darstellen, so gleichen sich auch der Bull-Call und der Bull-Put-Price-Spread.

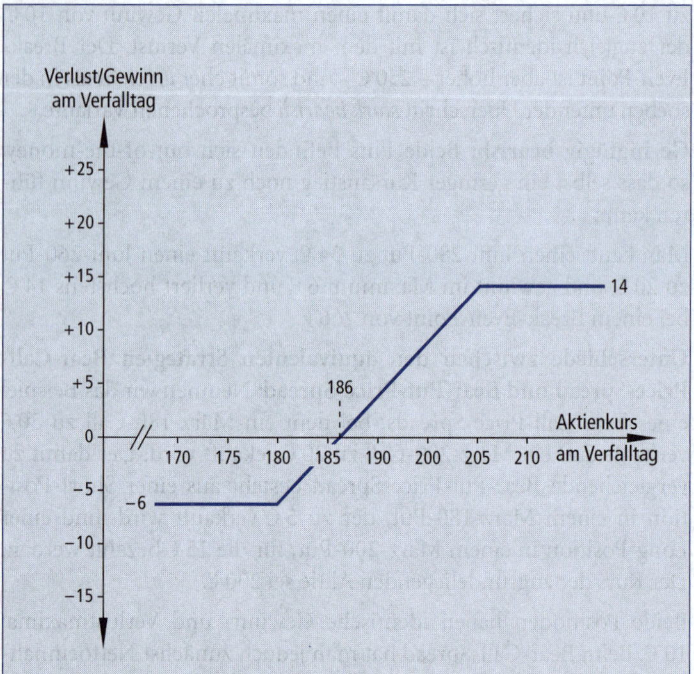

Abb. 35: Bull-Price-Spread

Beim **Bull-Put-Price-Spread** verkauft man den Put mit dem höheren und kauft den mit dem niedrigeren Ausübungspreis. Es handelt sich also um einen Credit-Spread, da der Wert von Puts – ceteris paribus – mit dem Ausübungspreis steigt.

BEISPIEL: Die Aktie der Firma Allesklar steht bei 175 €. Man verkauft einen Juni-200-Put zu 30 €, kauft gleichzeitig einen Juni-180-Put zu 16 € und streicht eine Nettoprämie von 14 € ein.

Die Situation am Verfalltag ist so, dass bei einem Aktienkurs unterhalb von 180 € beide Puts in-the-money sind, die Ausübung erfolgt, die Aktie auf dem einen Bein des Spreads zu 200 € gekauft und auf dem anderen zu 180 € verkauft wird. Rechnet man in den resultierenden Verlust von 20 € die ursprünglichen Einnahmen von 14 € ein, ergibt sich ein Gesamt- und Maximalverlust von 6 €.

Bewegt sich der Aktienkurs am Verfalltag zwischen den Ausübungspreisen 180 € und 200 €, so befindet sich nur der 200er Put in-the-money, und ein Gewinn oder Verlust stellt sich ein, je nachdem, wie hoch der innere Wert dieses Puts ist. Bei einem Aktienkurs von 191 € verliert man die 9 € des inneren Werts des Puts, wodurch die ursprüngliche Prämieneinnahme von 14 € sich auf einen Gesamtgewinn von 5 € reduziert. Bei einem Kurs von 186 € ist der Ausübungsverlust so hoch wie die Einnahme. Steht die Aktie über 200 €, verfallen beide Puts wertlos und der ursprüngliche Erlös erscheint uneingeschränkt als Gesamt- und Maximalgewinn von 14 €.

Stark bullish: Die Chico-Aktie notiert bei 246 €. Ein recht stark bullish eingestellter Investor verwendet Puts, die in-the-money sind, wodurch der Nettoprämienerlös verhältnismäßig hoch ist gegenüber der Differenz der Ausübungspreise, von der das Maß des Risikos der Position abhängt. Das Verhältnis von maximalem Gewinn zu maximalem Verlust ist attraktiv. Auf der anderen Seite muss sich ein deutlicher Kursanstieg einstellen, bevor diese Position profitabel wird.

BEISPIEL: Man kauft einen Juni-260-Put zu 20 €, verkauft einen Juni-280-Put zu 34 €, sichert sich so einen Maximalgewinn von 14 € und einen Maximalverlust von 6 €. Der Break-Even-Point liegt recht hoch, nämlich bei 266 €.

Verhalten bullish: Man fasst den aktuellen Aktienkurs mit den Ausübungspreisen ein, so dass schon eine kleine Bewegung des Kurses in die Gewinnzone führt.

Man kauft einen Juni-240-Put zu 10 €, verkauft einen Juni-260-Put zu 20 €, begrenzt damit seinen Verlust sowie seinen Gewinn auf maximal 10 €. Der Break-Even-Point liegt bedeutend niedriger, nämlich bei 250 €.

Geringfügig bullish: Man wählt beide Puts out-of-the-money, wodurch der Nettoerlös in der Regel weniger als die Hälfte der Differenz der Ausübungspreise ausmacht. Jedoch wird selbst ein geringer Kursrückgang diese Strategie im Bereich ihres maximalen Gewinns belassen.

Man kauft einen Juni-220-Put zu 4 €, verkauft einen Juni-240-Put zu 10 €, verliert maximal 14 €, gewinnt maximal 6 € und hat einen sehr niedrigen Break-Even-Point von 234 €.

Vergleich zwischen den äquivalenten Strategien Bull-Put und Bull-Call-Price-Spread: In Anbetracht eines aktuellen Aktienkurses von 200 € wird ein Bull-Call-Price-Spread eingerichtet, bei dem ein März-180-Call zu 30 € gekauft und ein März-200-Call zu 20 € verkauft wird, so dass eine Nettoausgabe von 10 € zustandekommt. Gleichzeitig wird ein Bull-Put-Price-Spread eingerichtet, indem man einen März-180-Put zu 5 € kauft und einen März-200-Put zu 15 € verkauft, so dass ein Nettoerlös von 10 € zustande kommt.

Diese äquivalenten Strategien sind sich im maximalen Gewinn und im maximalen Verlust gleich: 10 €. Der Vorteil des Bull-Put-Price-Spreads liegt darin, dass Geld zufließt, welches wieder angelegt werden kann. Der Nachteil hingegen dieser Strategie besteht in der größeren Ausübungswahrscheinlichkeit und den Sicherheitsleistungen, die mit ihr verbunden sein können.

Zusammenfassung: Die vorgestellten Spreads versetzen den Investor in die Lage, seiner Überzeugung hinsichtlich des Ausmaßes und der Richtung einer Kursentwicklung durch ein Optionsengagement zu folgen, welches weniger riskant ist als eine singuläre Optionsposition, d. h. eine Position in einer der Grundgeschäftsarten: Long-Call, Short-Call, Long-Put oder Short-Put.

Kauft man einen Spread, so bedarf es einer geringeren Preisbewegung, um in die Gewinnzone zu geraten als bei singulären Optionspositionen. Verkauft man einen Spread, so ist das Risiko im Falle einer Fehleinschätzung gegenüber dem singulärer Optionspositionen geringer. Die Kehrseite der Medaille ist, dass die geringeren Risiken bei Spreads mit geringeren Gewinnchancen verbunden sind.

Ratio-Call-Price-Spread:

Das Charakteristikum von Ratio-Spreads besteht darin, dass die Beine dieser Art von Spreads eine unterschiedlich große Anzahl von Optionen umfassen. Bei dieser Strategie, die verhalten bullish ist, stehen sich typischerweise verkaufte und gekaufte Calls im Verhältnis von 2 : 1 gegenüber, wobei die Calls mit dem höheren Ausübungspreis verkauft werden:

Die zugrundeliegende Aktie habe einen aktuellen Preis von 258 €. Man kauft einen März-260-Call zu 16 € und verkauft zwei März-280-Calls zu jeweils 8 €. Somit entsteht weder eine Nettoeinnahme noch eine Nettoausgabe.

Ist der Kurs am Verfalltag unterhalb von 260 €, verfallen beide Calls wertlos, so dass weder ein Gewinn noch ein Verlust entsteht.

Bei Aktienkursen zwischen 260 € und 280 € befindet sich nur der 260er Call in-the-money. Dessen innerer Wert wird als Gewinn realisiert. Bei einem Aktienkurs von 280 € entsteht der Maximalgewinn von 20 €.

Aktienkurse, die über 280 € liegen, führen dazu, dass beide Calls in-the-money sind. Bei Kursen unterhalb von 300 € übersteigen die Gewinne der Long-Position die Verluste der Short-Position. Bei einem Aktienkurs von 300 € gleichen Gewinne und Verluste einander aus. Der Break-Even-Point ist somit 300 €. Bei Kursen über 300 € erleidet man Opportunitätsverluste, da man die Aktie effektiv zu 300 € ver-

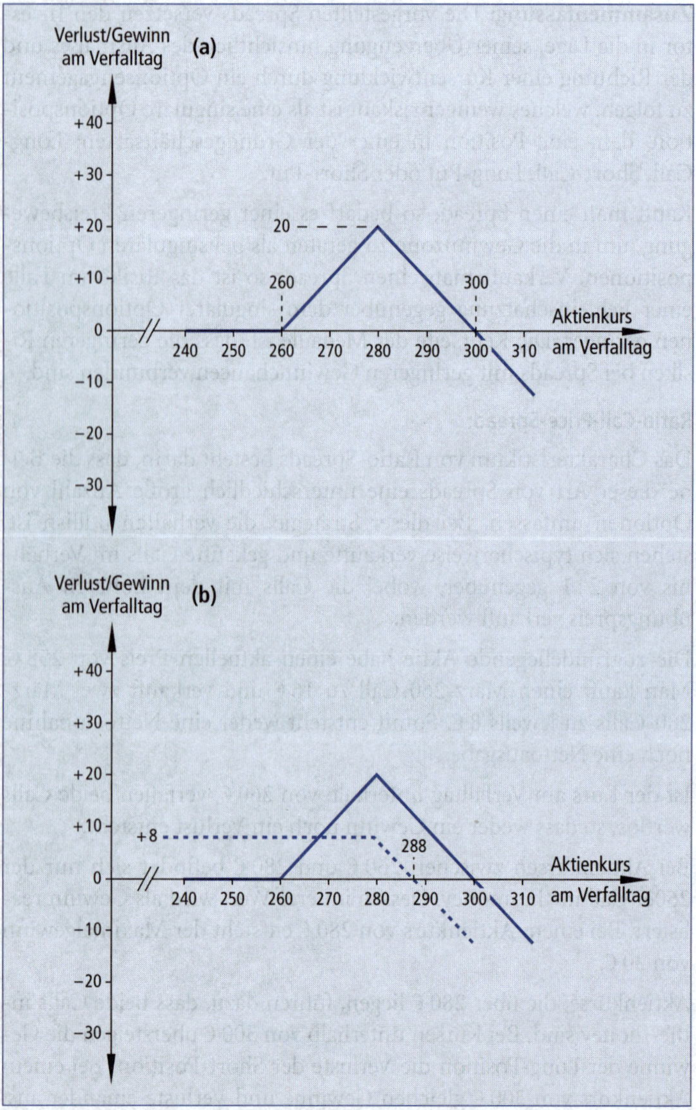

Abb. 36: Ratio-Call-Price-Spread (a) und Ratio-Call-Price-Spread mit Short-Call (b).

kauft, während sie im Kassamarkt höher notiert. Für den Fall, dass der Aktienkurs über 280 € liegt, kommt diese Konstellation von Optionen dem Verkauf eines 280er Calls zu 20 € gleich. Man sollte diesen Ratio-Spread daher mit dem alleinigen Verkauf des März-280-Calls, der 8 € einbringt, vergleichen. Der Vorteil liegt darin, dass man bei Kursen über 280 € einen effektiven Verkaufspreis von 300 € festgeschrieben hat. Auf der anderen Seite macht man, im Gegensatz zur verglichenen Option, keinen Gewinn, wenn die Aktie unter 260 € fällt. Damit ist diese Strategie für einen Investor, der bullish eingestellt ist, eine Alternative für den Verkauf eines Calls.

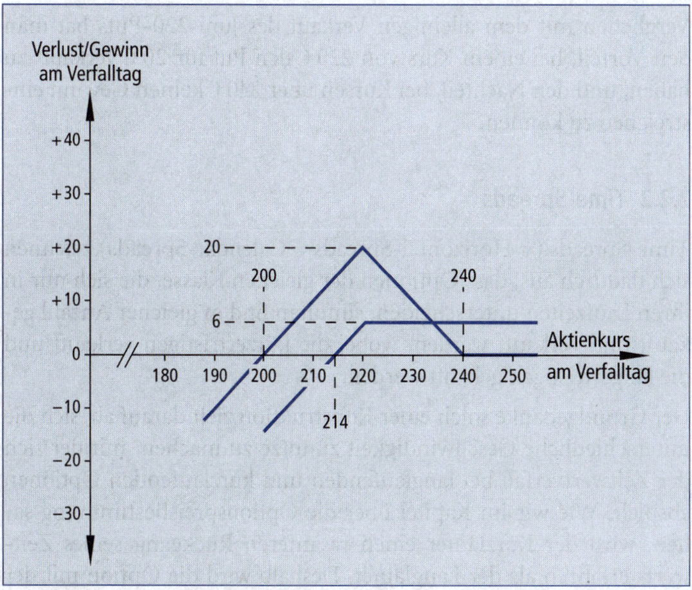

Abb. 37: Ratio-Put-Price-Spread

Ratio-Put-Price-Spread:

Der Ratio-Put-Price-Spread ist insofern das Gegenteil des Ratio-Call-Price-Spreads, als er eine verhalten kurspessimistische Erwartung voraussetzt. Man kauft einen Put und verkauft zwei oder mehr Puts mit niedrigerem Ausübungspreis.

Die zugrundeliegende Aktie notiere bei 242 €. Man kauft einen Juni-240-Put zu 12 € und verkauft zwei Juni-220-Puts zu je 6 €. Es entstehen weder Einnahmen noch Ausgaben. Befindet sich der Aktienkurs am Verfalltag über 240 €, verfallen beide Puts wertlos, und weder ein Gewinn noch ein Verlust entsteht.

Bei Kursen zwischen den Ausübungspreisen 220 € und 240 € entsteht ein Gewinn in Höhe des inneren Werts des 240er Puts, der sein Maximum von 20 € bei einem Kurs von 220 € erreicht.

Kurse unterhalb von 220 € bewirken, dass man effektiv eine Nettoposition hat wie beim Verkauf eines Juni-220-Puts zu 20 €.

Verglichen mit dem alleinigen Verkauf des Juni-220-Puts hat man den Vorteil, bei einem Kurs von 220 € den Put für 20 € verkauft zu haben, und den Nachteil, bei Kursen über 240 € keinen Gewinn einstreichen zu können.

2.2.2 Time-Spreads

Time-Spreads (= Horizontal-Spreads = Calendar-Spreads) zeichnen sich dadurch aus, dass Optionen der gleichen Klasse, die sich nur in ihren Laufzeiten unterscheiden, simultan und in gleicher Anzahl gekauft und verkauft werden, wobei die kürzerfristigen verkauft und die längerfristigen gekauft werden.

Der Grundgedanke solch einer Konstruktion zielt darauf ab, sich die unterschiedliche Geschwindigkeit zunutze zu machen, mit der sich der Zeitwertverfall bei langlaufenden und kurzlaufenden Optionen abspielt. Wie wir im Kapitel über die Optionspreisbestimmung sahen, wird der Kurzläufer einen rasanteren Rückgang seines Zeitwerts erfahren als der Langläufer. Deshalb wird die Option mit der kürzeren Restlaufzeit verkauft und die mit der längeren Restlaufzeit gekauft. Im Idealfall würde der Kurzläufer wertlos at-the-money oder out-of-the-money verfallen, der Langläufer aber noch soviel Wert besitzen, als nötig ist, um die Kosten der Einrichtung des Time-Spreads zu übertreffen und also einen Gesamtgewinn sicherzustellen. Bevor wird dies anhand eines Beispiels konkretisieren, erscheint eine grundsätzliche Überlegung zum Thema Spreads hier am Platze.

Basis: Die Differenz zwischen Einnahmen und Ausgaben, entweder eine Nettoeinnahme (Credit) oder eine Nettoausgabe (Debit), nennt man auch Basis. Verallgemeinernd lässt sich feststellen: Ein Spread liegt – auch bei Futures, wie wir im fünften Kapitel sehen werden – immer dann vor, wenn eine Long-Position in einem und eine Short-Position in einem anderen oder dem gleichen Handelsgegenstand gleichzeitig eingenommen werden. Die Differenz zwischen Einnahmen und Ausgaben bei Einrichtung des Spreads ist die **Anfangsbasis** und diejenige, die bei Glattstellung oder Verfall dieser Positionen entsteht, die **Schlussbasis.** Der Nettogewinn oder Nettoverlust, der sich bei gleichzeitiger Glattstellung oder zum Verfall der so eingenommenen Positionen einstellt, ist identisch mit der Differenz der Anfangsbasis und der Schlussbasis. Über Gewinn und Verlust entscheidet bei Spreads also die Veränderung der Basis.

Neutraler Call-Time-Spread:

Wir wollen uns hier im Wesentlichen auf das Beispiel eines neutralen Call-Time-Spreads beschränken, also eines Spreads, der auf einen bis zum Verfall der Option mit kürzerer Laufzeit unveränderten Aktienkurs zugeschnitten ist. Time-Spreads können ebenfalls mit Puts durchgeführt werden. Außerdem lassen sie sich auch so abwandeln, dass sie bei einer Baisse oder umgekehrt bei einer Hausse den größten Erfolg erzielen.

BEISPIEL: Die Schaffer-Aktie notiert zu 181 €. Eine Investorin entschließt sich, einen März-Juni-Call-Time-Spread einzurichten, indem sie einen März-180-Call zu 10 € verkauft und gleichzeitig einen Juni-180-Call zu 13 € kauft. Die Nettoausgaben von 3 € legen ihren maximalen Verlust von vorneherein fest.

Was könnte einen Investor dazu bewegen, diesen **Time-Debit-Spread** einzurichten? Zunächst folgendes: Da ein Debit-Spread gleichbedeutend ist mit einer negativen Basis, ist es nur dann sinnvoll, einen Debit-Spread einzugehen, wenn man für den Zeitpunkt der Glattstellung eine positive Basis voraussieht, die groß genug ist, um die bei Einrichtung des Spreads herrschende negative Basis überzukompensieren.

Die Rechnung geht bei einem Debit-Spread auf, wenn die Einnahmen, die bei der Schließung der Position dem Anleger zufließen, die Einrichtungskosten übersteigen. In unserem Beispiel ist eine positive Basis, die ausreicht, um die ursprüngliche negative Basis aufzuwiegen, zu erwarten, wenn

- der Aktienkurs am Verfalltag mit den Ausübungspreisen übereinstimmt und somit keine glattstellungs- oder ausübungsbedingten zusätzlichen Ausgaben aus der Long-Position im Langläufer erwachsen, und
- der mit der Zeit schwindende Wert der länger laufenden Option bis zur Glattstellung nur so weit sinkt, dass der Erlös bei deren Wiederverkauf die Kosten der Einrichtung des Spreads noch übersteigt.

Während also in unserem Beispiel die Option mit kurzer Laufzeit bei unverändertem Aktienkurs zum Zeitpunkt der Auflösung dieses Time-Spreads at-the-money ist und somit weder einen inneren Wert noch einen Zeitwert besitzt, hat die Option mit langer Laufzeit günstigenfalls nur wenig an Zeitwert verloren und kann so noch zu einem passablen Kurs, sagen wir 5 €, verkauft werden. Alles in allem würde der Zeit-Spread zu einem Nettogewinn von 5 € (Einnahmen bei Schließung der Position) – 3 € (Ausgaben bei Einrichtung der Position) = 2 € (Gesamtgewinn bei Schließung der Position) führen.

Bull-Call-Time-Spread:

Die Grundprinzipien sind dieselben wie beim neutralen Time-Spread, nur dass Out-of-the-money-Calls verwendet werden, um der Erwartung zunächst leicht steigender, langfristig aber hoffentlich stark anziehender Kurse Rechnung zu tragen. Wenn die richtige Einschätzung getroffen worden ist, verfällt die kurzfristige Option, die bei leicht steigenden Kursen an ihrem Verfalltag at-the-money steht, und weder Zeitwert noch inneren Wert besitzt. In diesem Fall subventioniert der volle Erlös aus ihrem Verkauf den jetzt noch fortbestehenden Call mit längerer Laufzeit, der bei nun anziehenden Kursen unter Umständen sehr große Gewinne erwirtschaften kann. Einem auf die Nettoausgaben beschränkten Verlust steht ein grundsätzlich unbeschränktes Gewinnpotential gegenüber.

Bear-Put-Time-Spread:

Hierbei verkauft man einen Put mit kurzer Laufzeit und kauft einen mit längerer Laufzeit, wobei beide Puts zunächst out-of-the-money sind, um einen Spielraum für Kursrückgänge zu schaffen. Sinkt der Aktienkurs zunächst nur leicht, so dass der Put mit kurzer Laufzeit wertlos verfällt und fällt danach weiter unter den Ausübungspreis des noch gültigen zweiten Puts, entstehen Gewinne, an denen man zu einem um den Erlös aus dem ersten Put reduzierten Preis teilhat. Auch hier steht einem geringen Verlustpotential ein großes Gewinnpotential gegenüber.

2.2.3 Diagonal-Spreads

Diagonal-Spreads verbinden die Eigenschaften von Price-Spreads mit denen von Time-Spreads, d. h. sie bestehen aus Optionen, die sowohl unterschiedliche Ausübungspreise als auch unterschiedliche Laufzeiten aufweisen.

Diagonal-Call-Spread:

Bei dieser Art von Diagonal-Spread verkauft man (z. B. at-the-money) Calls mit geringerer Restlaufzeit und kauft meist eine größere Anzahl von längerlebigen, aber billigeren (z. B. out-of-the-money) Calls.

BEISPIEL: So verkauft eine Anlegerin etwa bei einem Aktienkurs von 180 €, zehn März-180-Calls zu je 12 € und kauft 15 Juni-200-Calls zu je 8 €. Ausgaben und Einnahmen, jeweils 120 €, gleichen sich aus. Liegt der Aktienkurs am Verfalltag März unterhalb von 120, verfallen die März-Calls wertlos und die Anlegerin besitzt gratis Juni-Calls, denen noch Zeit bleibt, Geld zu verdienen. Bei Aktienkursen über 180 € werden die Kosten des Rückkaufs der März-Calls in Höhe von deren innerem Wert umso stärker vom Wert der Juni-Calls kompensiert, je höher der Kurs der zugrundeliegenden Aktie steigt.

Für gewöhnlich entsteht die ungünstigste Situation, wenn die Aktie auf dem Niveau des höheren der beiden Ausübungspreise notiert. Dann nämlich ist der innere Wert der März-180-Calls 20 €, wohingegen die Juni-200-Calls noch keinen inneren Wert besitzen. Oberhalb eines Aktienkurses von 240 € jedoch ist der innere Wert der 15 Juni-Calls größer als der der zehn März-Calls, so dass die Strategie zu einem Gewinn führt.

Diagonal-Put-Spread:

Hier walten die gleichen Prinzipien. Man verkauft Puts mit geringerer Laufzeit (z. B. near oder at-the-money) und kauft gleichzeitig eine in der Regel größere Anzahl von billigeren (z. B. out-of-the-money) Puts von größerer Lebensdauer.

BEISPIEL: Frau Zocker sieht, dass der Kurs ihrer Lieblingsaktie sich bei 219 € befindet und verkauft daraufhin einen März-220-Put zu 12 € und kauft simultan zwei Juni-200-Puts zu je 6 €. Ausgaben und Erlöse, je 12 €, gleichen sich aus. Bei einem Aktienkurs von 220 € am Verfalltag beendet der März-Put sein Leben, ohne einen Wert zu besitzen, und Frau Zocker sieht sich im kostenlosen Besitz von zwei Juni-Puts, die selbstverständlich noch eine profitable Entwicklung nehmen können.

Kurse unterhalb von 220 € bewirken, dass die Kosten des Rückkaufs des März-220-Puts umso stärker ausgeglichen werden durch den Wert der Juni-200-Puts, je stärker die Aktie fällt. Auch hier pflegt die ungünstigste Situation aufzutreten, wenn der Aktienkurs mit dem Ausübungspreis der Optionen mit der längeren Restlaufzeit übereinfällt – hier also bei 200 €. Die Juni-200-Puts haben noch keinen inneren Wert, der den inneren Wert der März-220-Puts ausgleichen könnte. Bei einem Aktienkurs von 180 € beläuft sich der innere Wert des März-Puts auf 40 € (= 220 € – 180 €) und der der beiden Juni-Puts insgesamt ebenfalls auf 40 € (= 20 € + 20 €). Unterhalb von 180 € übersteigt der addierte innere Wert der Juni-200-Puts den des März-220-Puts, so dass ein Gewinn entsteht.

2.3 Combinations-Strategien für den Volatilitätshandel

Bei Combinations werden Optionen unterschiedlichen Typs, die sich auf den gleichen Basiswert beziehen, entweder gleichzeitig gekauft oder gleichzeitig verkauft. Dem Oberbegriff Combinations subsumiert man die Strategiearten Straddle, Combination, Strangle, Strip-Spread und Strap-Spread.

2.3.1 Straddle

Ein Straddle besteht aus dem gleichzeitigen Kauf oder alternativ dem gleichzeitigen Verkauf einer gleichen Anzahl von Calls und Puts mit gleichem Basiswert, gleicher Restlaufzeit und gleichem Ausübungspreis.

Long-Straddle:

Der Long-Straddle wird mit At-the-money-Optionen oder, wenn keine Optionsserie zur Verfügung steht, deren Ausübungspreis identisch ist mit dem aktuellen Kurs der zugrundeliegenden Aktie, mit Near-the-money-Optionen durchgeführt. Beim klassischen At-the-money-Long-Straddle ist die Distanz, um die der Aktienkurs steigen muss, um dem Call, oder aber fallen muss, um dem Put inneren Wert zu verleihen, gleich groß. Es ist dies somit eine Strategie, die sich anbietet, wenn man starke Kursausschläge erwartet, gleichzeitig aber unentschieden ist, was die Ausschlagsrichtung betrifft.

Die Rauf-Aktie notiert zu 300 €. Man kauft einen Oktober-300-Call zu 18 € und kauft einen Oktober-300-Put zu 15 €. Der Maximalgewinn ist unbegrenzt, der Maximalverlust begrenzt auf die Prämienausgabe in Höhe von 33 € und die Break-Even-Points befinden sich bei 333 € und 267 €. Die in Abb. 38 eingezeichnete runde Linie soll daran erinnern, dass das am Verfalltag gültige Gewinn/Verlustprofil des Long-Straddles das unvorteilhafteste Szenario widerspiegelt. Verglichen hiermit kann die Situation vor Verfalltag noch günstiger oder weniger ungünstig ausfallen, da das Vorhandensein eines Zeitwerts der Option diese umso größere Gewinne oder umso geringere Verluste verbuchen lässt. In diesem Zusammenhang liegt es nahe, den Nutzen des Straddles als Vehikel des Volatilitätshandels zur Sprache zu bringen. Der Straddle ist das klassische Instrument für den **Volatilitätshandel.** Man kauft den Straddle gern, wenn dessen implizierte Volatilität deutlich unter der von einem für realistisch gehaltenen liegt. Dies bedeutet nämlich, dass der Markt den Schutz, den der Straddle einem gegen Kursschwankungen gewährt, zu billig anbietet. Bei Eintreten des für realistisch gehaltenen Volatilitätsszenarios wird der Markt für die Versicherungswirkung des Straddles höhere Prämien verlangen, so dass die Position mit Gewinn liquidiert werden kann.

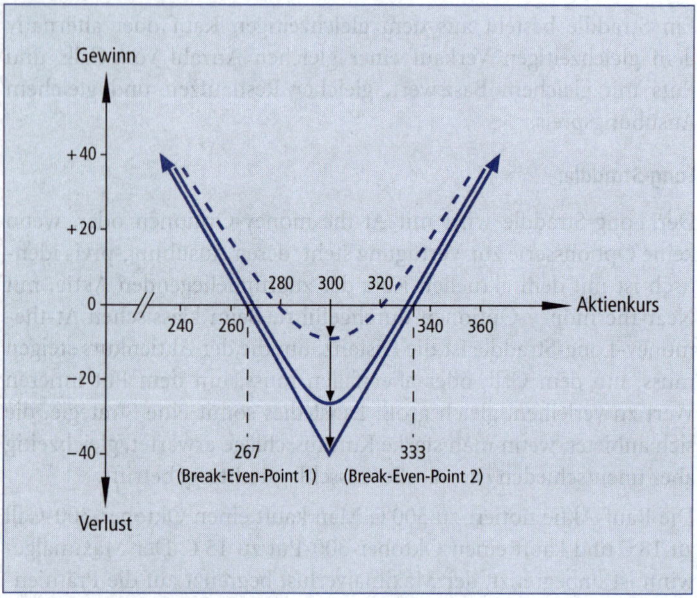

Abb. 38: Long-Straddle

Short-Straddle:

Der Short-Straddle ist das Instrument für den Volatilitätshändler, der zu erkennen glaubt, dass der Markt die zukünftigen Kursschwankungen der in Frage stehenden Aktie überschätzt und deshalb den Schreibern von Straddles zu hohe Prämien für die Übernahme des Volatilitätsrisikos bezahlt. Nach Korrektur dieser Überbezahlung kann der Straddle-Schreiber eine Glattstellung zu niedrigeren Prämien vornehmen und so einen Gewinn einstreichen. Der Short-Straddle ist am effektivsten bei vollkommener Kursstagnation:

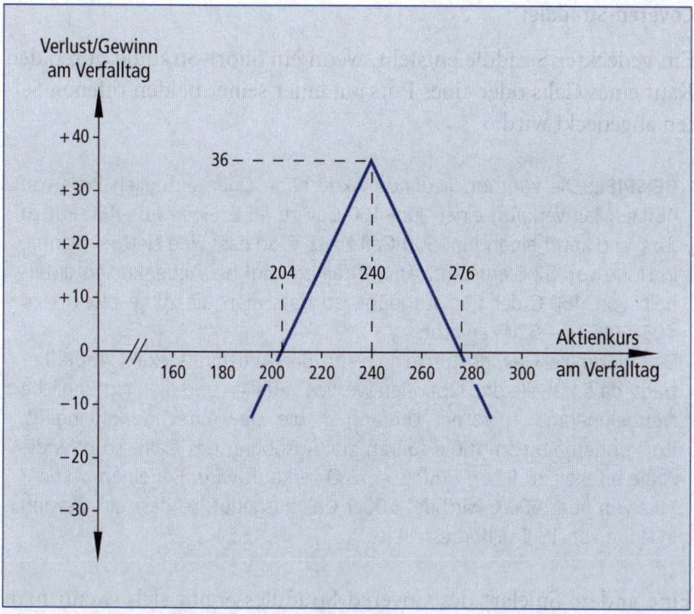

Abb. 39: Short-Straddle

BEISPIEL: Die Aktie der Firma Hinn & Hehr notiert bei 239 €. Man verkauft einen Juni-240-Call zu 23 € sowie einen Juni-240-Put zu 13 € und streicht eine Gesamtprämie von 36 € ein. Unterhalb eines Aktienkurses von 240 € verfällt der Call am Verfalltag wertlos, der Put jedoch erfährt Ausübung, so dass der Schreiber dieses Straddles einen effektiven Kaufpreis von 204 € (= €240 – 36 €) hat. Steht der Kurs bei exakt 240 €, wird der maximale Gewinn in Höhe der vollen Prämieneinnahme realisiert, da die Ausübung keiner der beiden Optionen lohnt. Bei einem Kurs von über 240 € hinwieder lohnt die Ausübung des Calls, wodurch ein effektiver Verkaufspreis von 276 € (= 240 € + 36 €) festgeschrieben wird.

Die Verluste aus dieser Position können sehr hoch und insbesondere auf der Call-Seite im Prinzip unbegrenzt sein. Man mag die Position deshalb absichern wollen. Dazu kann man einen **Covered-Straddle** einrichten.

Covered-Straddle:

Ein gedeckter Straddle entsteht, wenn ein Short-Straddle durch den Kauf eines Calls oder eines Puts auf einer seiner beiden offenen Seiten abgedeckt wird.

BEISPIEL: Die zugrundeliegende Aktie habe einen aktuellen Preis von 460 €. Man verkauft einen Juni-460-Call zu 46 €, einen Juni-460-Put zu 22 € und kauft einen Juni-500-Call zu 16 €, so dass eine Nettoeinnahme in Höhe von 52 € entsteht. Am Verfalltag wird bei Aktienkursen unterhalb von 460 € der Put ausgeübt, so dass man die Aktie effektiv zu 408 € (460 € – 52 €) erwirbt.
Der maximale Gewinn tritt ein, wenn der Aktienkurs exakt 460 € beträgt, da dann alle drei Optionen wertlos verfallen und die ursprüngliche Nettoeinnahme in vollem Umfang in die Gewinnrechnung eingeht. Kurse oberhalb von 460 € führen zur Ausübung des Calls, so dass die Aktie effektiv zu 512 € (460 € + 52 €) verkauft wird. Bei einem Aktienkurs von über 500 € wird der 500er Call ausgeübt, so dass ein Gewinn in Höhe von 12 € sichergestellt ist.

Eine andere Spielart des Covered-Straddles ergibt sich, wenn man ihn gegen eine bestehende Aktienposition schreibt. Dies kann eine attraktive Alternative zum Covered-Call-Write, also der Veroptionierung eines Aktienbestands, darstellen.

Strip-Spread:

Bei einem Strip-Spread verkauft man zwei Puts und einen Call, oder alternativ, man kauft zwei Puts und einen Call, wobei die involvierten Optionen die gleiche Laufzeit besitzen. Die Ausübungspreise der Puts müssen nicht identisch sein. Man kann durch Wahl eines Out-of-the-money- oder eines In-the-money-Puts den Spread ein wenig konservativer oder aggressiver gestalten.

BEISPIEL: Nehmen wir das Beispiel einer Aktie, die bei Einrichtung des Strip-Spreads zu 259 € notiert. Man verkauft einen Juni-260-Call zu 26 € und verkauft gleichzeitig zwei Juni-260-Puts zu je 15 € und nimmt somit Prämien in Höhe von 56 € ein.
Bleibt der Aktienkurs nahezu unverändert bei 260 € am Verfalltag, behält man die Nettoeinnahmen aus der Einrichtung der Position in voller

Höhe ein. Bei einem Aktienkurs unterhalb von 260 €, verfällt der Call wertlos und beide Puts werden ausgeübt, so dass man Aktien zu einem effektiven Kurs von 232 € (= 260 € – (56/2 €) kauft. Ein Aktienkurs oberhalb von 260 € bewirkt, dass die Puts verfallen. Der Call wird jedoch ausgeübt, so dass man Aktien zu einem effektiven Kurs von 316 € (= 260 € + 56 €) verkauft.

Der Strip-Spread ist also wie ein Straddle, der mit einem zusätzlichen Put ausgestattet ist. Man kann also durch einen Strip, wenn man so will, einem Straddle, der trendindifferent ist, eine haussierende Tendenz verleihen. Der zusätzliche Put vergrößert die Absicherung „nach oben“. Auf der anderen Seite, sollte die Aktie deutlich fallen, ist man der doppelten Anzahl von Aktien ausgesetzt.

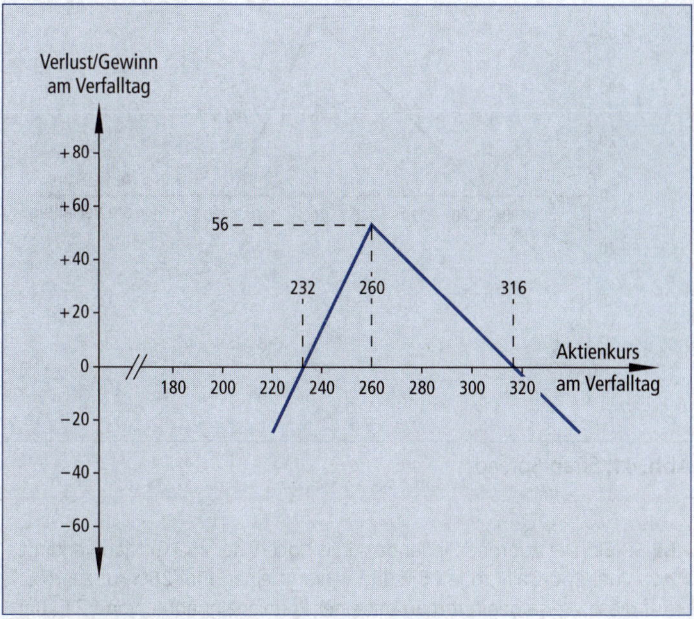

Abb. 40: Strip-Spread

Strap-Spread:

Mit dem Strap-Spread bewirkt man die entgegengesetzte Trendanpassung eines Straddles. Mit dem Strap-Spread wird einer eher pessimistischen Kurseinschätzung Rechnung getragen. Der zusätzliche Call vergrößert die Absicherung gegen Kursrückgänge, wie wir gleich sehen werden, erhöht aber auch die Anzahl der Aktien, die bei stark haussierender Entwicklung unter ihrem Marktwert verkauft werden müssen.

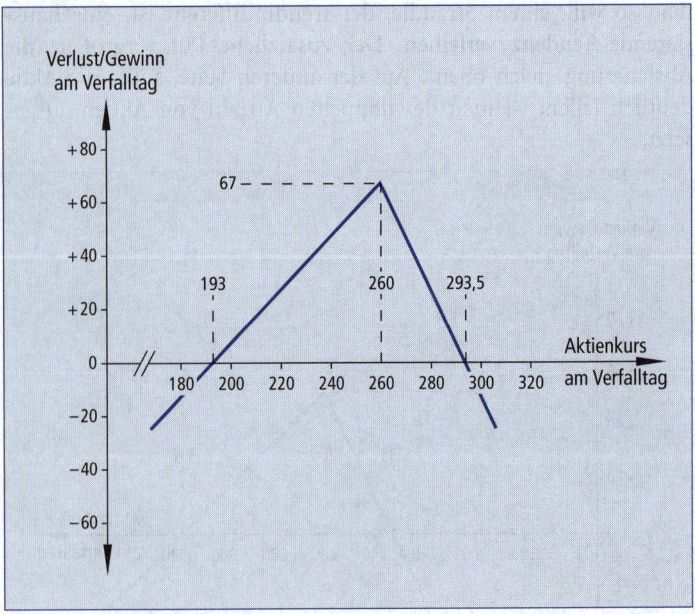

Abb. 41: Strap-Spread

BEISPIEL: Die zugrundeliegende Aktie notiert bei 259 €. Man verkauft zwei Juni-260-Calls zu je 26 € und verkauft einen Juni-260-Put zu 15 €. Auf diese Weise beginnt man mit einer Prämieneinnahme von 67 €. Bei Aktienkursen oberhalb von 260 € ist man am Verfalltag dazu angehalten, die zugrundeliegenden Aktien zu einem effektiven Preis von 293,50 € (= 260 € + (67/2 €)) zu verkaufen. Ändert sich der Aktienkurs nicht, So erzielt man einen maximalen Gewinn in der vollen Höhe der Prämieneinnahmen. Aktienkurse unterhalb von 260 € führen am Verfalltag dazu, dass die Calls wertlos verfallen, die Ausübung des Puts aber einen Kauf der Aktien zu einem effektiven Preis von 193 € (= 260 € – 67 €) erforderlich macht.

2.3.2 Combination

Eine Combination besteht aus dem gleichzeitigen Kauf oder alternativ dem gleichzeitigen Verkauf eines (oder mehrerer) Out-of-the-money-Calls und eines (oder mehrerer) Out-of-the-money-Puts mit unterschiedlichen Ausübungspreisen und – nach vorwiegender Praktik – mit gleicher Restlaufzeit.

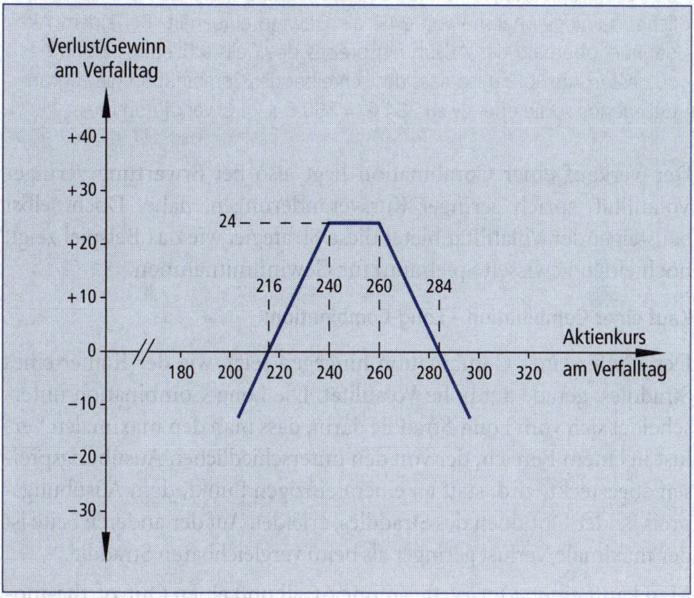

Abb. 42: Short-Combination

Verkauf einer Combination – Short-Combination:

Auch die Short-Combination bietet die Möglichkeit, bei ruhigem oder stagnierenden Kursverlauf der zugrundeliegenden Aktie Geld zu verdienen. Gegenüber dem Short-Straddle zeichnet sich die Short-Combination durch einen größeren Spielraum von Kursbewegungen aus, die noch nicht zur Gewinnreduktion oder gar zum Verlust führen.

BEISPIEL: Die Aktie des Unternehmens Träg notiert zu 249 €. Man verkauft einen Juni-240-Put zu 11 € und einen Juni-260-Call zu 13 € und nimmt folglich 24 € ein.
Befindet sich der Aktienkurs am Verfalltag unterhalb von 240 €, wird der Put ausgeübt, so dass man die Aktien zu einem effektiven Preis von 216 € (= 240 € – 24 €) erwirbt. Liegt der Aktienkurs zwischen 240 € und 260 €, werden weder Put noch Call ausgeübt, so dass man die ursprüngliche Prämieneinnahme von 24 € als Gewinn einbehält. Bei einem Aktienkurs oberhalb des Ausübungspreises des Calls schließlich kommt es zu dessen Ausübung, so dass der Schreiber der Combination die zugrundeliegende Aktie effektiv zu 284 € (= 260 € + 24 €) verkaufen muss.

Der Verkauf einer Combination liegt also bei Erwartung geringer Volatilität, sprich geringer Kursveränderungen, nahe. Doch selbst bei steigender Volatilität bietet diese Strategie, wie das Beispiel zeigt, noch einen gewissen Spielraum für Gewinnmitnahmen.

Kauf einer Combination – Long-Combination:

Der Käufer einer Combination hingegen setzt, wie der Käufer eines Straddles, gerade auf hohe Volatilität. Die Long-Combination unterscheidet sich vom Long-Straddle darin, dass man den maximalen Verlust in einem Bereich, der von den unterschiedlichen Ausübungspreisen abgesteckt wird, statt an einem einzigen Punkt, dem Ausübungspreis beider Optionen des Straddles, erleidet. Auf der anderen Seite ist der maximale Verlust geringer als beim vergleichbaren Straddle.

Man kauft einen Out-of-the-money-Call und einen Out-of-the-money-Put.

BEISPIEL: Die Aktie der Firma Rauf notiert bei 298 €. Man kauft einen Oktober-280-Put zu 7 € und einen Oktober-320-Call zu 10 €.

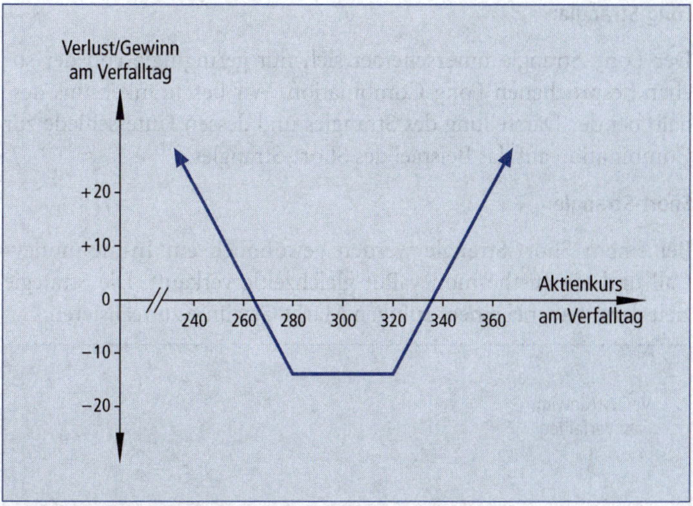

Abb. 43: Long-Combination

Der maximale Verlust in Höhe der Gesamtprämienausgabe von 17 € stellt sich ein, wenn die Aktie sich nicht aus der Kursspanne herausbewegt, die durch die Ausübungspreise von Call und Put eingefasst wird. Bewegt sich die Aktie um 17 € in die eine oder die andere Richtung, gleichen die Ausübungsgewinne die Prämienausgaben aus. Bewegungen im Aktienkurs, die über 17 € hinausgehen, führen zu Gewinnen, die außerordentlich groß, beim Put nämlich maximal 263 € und beim Call theoretisch von unbegrenzter Höhe sein können.

2.3.3 Strangle

Die Strategieart des Strangles ist dem der Combination sehr ähnlich. In den USA gebraucht man den Ausdruck oft als Synonym für eine Combination. Wir unterscheiden hier jedoch nach britischer Manier den **Strangle** als ein aus In-the-money-Optionen bestehendes Gebilde von der Combination als einer typischerweise aus Out-of-the-money-Optionen beschaffenen Zusammenstellung.

Long-Strangle:

Der Long-Strangle unterscheidet sich nur geringfügig von der soeben besprochenen Long-Combination. Wir beschränken uns deshalb bei der Darstellung des Strangles und dessen Unterschiede zur Combination auf das Beispiel des Short-Strangles.

Short-Strangle:

Bei einem Short-Strangle werden gewöhnlich ein In-the-money-Call und ein In-the-money-Put gleichzeitig verkauft. Die Strategie zielt darauf ab, bei einem ruhigen Markt Gewinne zu realisieren.

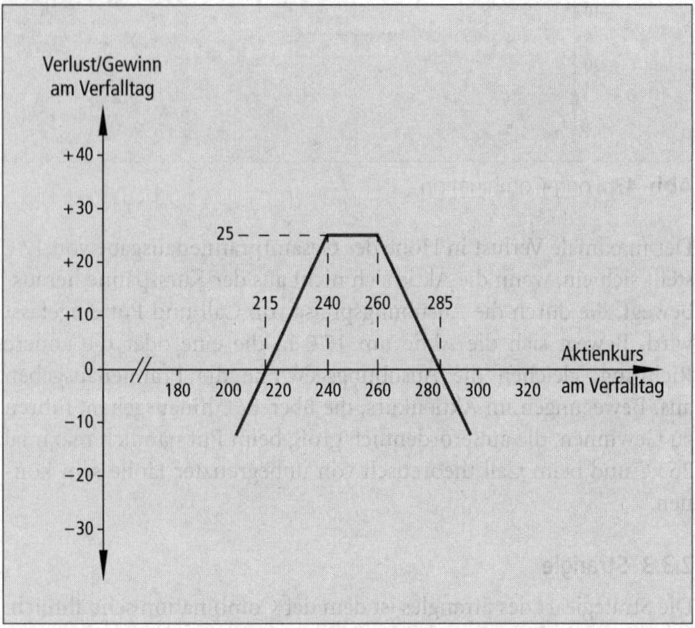

Abb. 44: Short-Strangle

BEISPIEL: Die Aktie der Firma Ruhig steht bei € 249. Man verkauft einen Juni-240-Call zu € 25 und einen Juni-260-Put zu € 20 und nimmt folglich zunächst Prämien in Höhe von insgesamt € 45 ein. Bei einem Aktienpreis unterhalb von € 240 wird am Verfalltag der Put ausgeübt,

so dass man sich in die Lage versetzt sieht, die Aktie effektiv zu €215 (= €260 – €45) zu kaufen.
Ist der Aktienkurs hingegen auf über €260 gestiegen, wird der Call ausgeübt und man verkauft die Aktie zu €285 (= €240 + €45).

2.4 Vergleich von Combination und Strangle

Eine Combination involviert, wie wir sahen, den gleichzeitigen Kauf – oder alternativ Verkauf – von einem Out-of-the-money-Call und einem Out-of-the-money-Put, wohingegen ein Strangle den gleichzeitigen Kauf – oder alternativ Verkauf – von einem In-the-money-Call und einem In-the-money-Put erfordert.

Stellen wir die beiden Strategien einander gegenüber:

BEISPIEL: Der Preis der Aktie der Firma Zastermann sei 345 €. Frau Clever verkauft eine Combination, indem sie einen Juni-360-Call zu 18 € und einen Juni-330-Put zu 12 € schreibt. Sie nimmt demnach 30 € ein, so dass sie bei Ausübung des Puts zu 300 € (330 € – 30 €) die Aktie erwerben und bei Ausübung des Calls zu 390 € (360 € + 30 €) verkaufen muss.
Herr Schlaumeier verkauft statt dessen einen Strangle, indem er einen Juni-330-Call zu 33 € und einen Juni-360-Put zu 24 € schreibt. Er nimmt zunächst 57 € an Prämien ein. Sollte der Put ausgeübt werden, muss er die Aktie zu 303 € (360 € – 57 €) verkaufen. Sollte der Call ausgeübt werden, muss er die Aktie zu 387 € (330 € + 57 €) andienen, sprich: verkaufen.

Frau Clever macht ihrem Namen Ehre, denn sie hat – abgesehen von den höheren Zinseinnahmen, die Herrn Schlaumeier bei Wiederanlage der von ihm vereinnahmten Prämien zufließen, – die vorteilhaftere Strategie gewählt. Bei Ausübung des Calls verkauft sie zu einem höheren Preis und bei Ausübung des Puts kauft sie zu einem niedrigeren Preis als der Strangle-Schreiber. Außerdem kommt ihr zugute, dass Call und Put der Combination bei Ende der Laufzeit wertlos verfallen, wenn der Aktienkurs zwischen den beiden Ausübungspreisen verharrt, während der Strangle des Herrn Schlaumeier innerhalb dieser Kursspanne auf beiden Beinen der Konstruktion Ausübung erfährt. Wäre der Kurs der Aktie z. B. bei 345 € geblieben, hätte die Combinations-Schreiberin keine Ausübungssorgen und somit einen unbeeinträchtigten Gewinn aus den Prämieneinnahmen. Der Strangle-Schreiber jedoch sähe sich gehalten, auf Grund der jetzt lohnenden Ausübung des von ihm verkauften Calls die zugrundeliegenden Aktien zu 330 € zu verkaufen. Gleichzeitig würde aber auch der von ihm geschriebene Put ausgeübt werden, so dass die gleichen Aktien zu 360 € gekauft werden müssten. Dies würde die Prämieneinnahmen von 57 € um einen Verlust in Höhe von 30 € auf insgesamt 27 € verringern – ganz abgesehen von den zusätzlichen Transaktionskosten.

Low-Cost-Collar und Zero-Cost-Collar: Der Low-Cost-Collar – bzw. seine Spezialform Zero-Cost-Collar – ist eine Kombinationsstrategie, die eine bestehende Kassaposition vor Kursverlusten schützen soll. Die Erwartungshaltung hinsichtlich der künftigen Kursentwicklung des Basiswertes entspricht weitgehend der des Protective-Put, der klassischen Absicherung einer Aktie oder eines Portfolios mittels (Index-) Puts. Auf lange Sicht ist der Anleger vom Kurspotential der Aktie überzeugt, weshalb ein Verkauf des betreffenden Titels für ihn nicht in Frage kommt. Kurzfristig möchte er einen Rückschlag der Aktie jedoch nicht gänzlich ausschließen und strebt infolgedessen eine Versicherung an. Im Vergleich zur Absicherungsstrategie des Protective-Put unterscheidet sich seine Kursprognose darin, dass er einen deutlicheren Anstieg der Aktie auf kurze Sicht für sehr unwahrscheinlich hält.

Der Low-Cost-Collar wird aus zwei einzelnen (singulären) Optionspositionen gebildet: Long-Put und Short-Call. Der Long-Put dient der Absicherung der Kassaposition gegen fallende Kurse. Parallel schreibt der Investor Calls, da er das Risiko steigender Kurse als minimal einschätzt. Aus den Einnahmen des Short-Call finanziert er (zum Teil) die Aufwendungen für die Absicherung mittels Long-Put. Der Low-Cost-Collar ist also nichts anderes als eine Absicherungsstrategie mittels Long-Put, die über den gleichzeitigen Verkauf eines Call verbilligt wird. Die Nettoabsicherungskosten fallen umso geringer aus, je näher der Basispreis des verkauften Call am Ausübungskurs des gekauften Put liegt. Sofern es gelingt, die Prämiendifferenz aus gekauftem Put und verkauftem Call vollständig aufzulösen, entsteht die Sonderform des Zero-Cost-Collar.

Gefährlich wird es für den Anleger bei steigenden Kursen. Sobald der geshortete Call ins Geld läuft, muss der Anleger mit einem Abruf der Papiere rechnen. Dieses Risiko geht der Anleger bei einem singulären Protective-Put nicht ein. Die Gefahr, dass die im Bestand gehaltenen Wertpapiere geliefert werden müssen, ist beim Low-Cost-Collar umso größer, je näher der Basispreis des verkauften Call am Geld notiert. Der kostengünstigen (Low Cost-) Absicherung steht demzufolge das Risiko einer Ausübung bei anziehenden Kursen des Basiswertes gegenüber. Besonders hoch ist dieses Risiko beim Zero-Cost-Coilar. Denn in diesem Fall werden die Kosten des Long-Put durch den Verkauf eines am Geld liegenden Call vollständig aufgefangen.

BEISPIEL: Aus langfristigen Anlageerwägungen heraus hält ein Investor einen Bestand von 100 Aktien (aktueller Kurs: 100 €). Durch den Kauf eines Put mit einem Basispreis von 100 € und dreimonatiger Restlaufzeit möchte er sich gegen mögliche Kursrückgänge schützen (Optionspreis: 6 €). Der Kauf des Put wird durch den gleichzeitigen Verkauf eines Call mit einem Basispreis von 110 € (Optionspreis: 3,5 €) und gleicher Laufzeit teilweise gegenfinanziert. Der Nettokapitalaufwand errechnet sich aus den Put-Kosten abzüglich der Call-Erlöse, beträgt also: 100 × (6 – 3,5) = 250 €. Der Anleger kann den Low-Cost-Collar variieren, indem beispielsweise unterschiedliche Kontraktanzahlen für Puts und Calls gewählt werden. Der Collar erhält ein maßgeschneidertes Risikoprofil. Das Risiko eines Kursrückganges ist im obigen Beispiel vollständig abgedeckt. Kommt es jedoch zu unerwarteten Kurssteigerungen der Aktie, muss der Anleger auf die Gewinne seiner Kassaposition verzichten, sobald der geshortete Call ins Geld läuft.

Im Vergleich zum Protective-Put weist der Low-Cost-Collar eine bessere Performance aus, so lange die Summe aus Basispreis des Call plus Prämie des Call nicht überschritten wird (in diesem Beispiel: 113,50 €). Ab dieser Schwelle ist mit einer Ausübung durch den Käufer des Call zu rechnen.

Ein Zero-Cost-Collar entstünde, sofern statt des Call mit einem Basispreis von 110 € ein Kontrakt mit einem Ausübungskurs von 100 € gewählt wird (Prämie ebenfalls 6 €). Den Put-Kosten stehen gleich hohe Call-Erlöse gegenüber, so dass der Nettokapitalaufwand der Absicherung Null beträgt. Allerdings sieht sich der Anleger früher der Gefahr eines Abrufs seiner Aktien konfrontiert, nämlich ab 106 €.

Flexible-Collar: Die Absicherungsstrategien Low-Cost-Coliar sowie die Spezialform des Zero-Cost-Collar sind statische Verfahren. Statisch deshalb, weil während der Restlaufzeit der Optionen keinerlei Anpassungen an das sich zwischenzeitlich verändernde Markt-/ Indexniveau vorgenommen werden, sondern die Kontrakte bis zur Fälligkeit in der ursprünglichen Ausgangsform (Anzahl, Basispreis) gehalten werden. Eine dynamische Variante des Low-Cost-Collar ist der sogenannte Flexible-Collar.

Im Mittelpunkt der Flexible-Collar-Strategie steht einerseits die Absicherung eines gut diversifizierten Aktienportfolios mittels Index-Optionen. Gegenstand des Hedge sind jedoch nicht nur mögliche Kursverluste, sondern auch zwischenzeitlich erreichte Gewinne des Aktienportefeuilles. Andererseits soll der größtmögliche Partizipationsgrad an künftigen Aufwärtsbewegungen des Aktienmarktes aufrecht erhalten werden. Die Ausgangsform des Flexible-Collar sieht folgende Komponenten vor:

Kauf von Index-Puts (z. B. auf den Dax bei einem Portfolio, das aus deutschen Standardwerten besteht) im Volumen des Marktwertes des abzusichernden Aktienportefeuilles mit zwölfmonatiger Restlaufzeit und einem Basispreis, der in etwa 3 % aus dem Geld liegt.

Verkauf von Index-Calls, ebenfalls im Volumen des Marktwertes des zu sichernden Aktienportfolios, allerdings mit dreimonatiger Laufzeit und einem Strike, der rund 7 bis 10 % aus dem Geld notiert.

Verkauf von Index-Puts (Volumen: Marktwert des abzusichern-den Portfolios), Fälligkeit ebenfalls in drei Monaten, und einem Ausübungspreis, der sich ca. 15 bis 18 % out of the money befindet.

Bei Fälligkeit der geshorteten Optionen, d. h. nach einem Vierteljahr, wird die gesamte Position entsprechend des zu jenem Zeitpunkt gültigen Marktniveaus des betreffenden Indizes neu aufgebaut. Das heißt im Einzelnen: Die Absicherung wird an das dann herrschende Indexniveau angepasst. Dies ermöglicht sowohl die Absicherung künftiger Verlustrisiken als auch die (Teil-)Sicherung etwaiger zwischenzeitlich erzielter Gewinne.

Der Flexible-Collar ist mit einem Nettokapitalaufwand verbunden. Dieser errechnet sich aus den Kosten für den Erwerb des Index-Puts, der zum Teil durch die beiden Short-Positionen gegenfinanziert wird. Es resultiert nur eine teilweise Gegenfinanzierung, da die out-of-the-money liegenden Optionen mit niedrigeren Marktpreisen zu Buche schlagen. Hinsichtlich der Gewinn-/Verlustentwicklung dieser Kombinationsstrategie sind diverse Marktszenarien zu unterscheiden. Die Performance der Gesamtposition (Aktienportfolio und Flexible-Collar) orientiert sich an den Basispreisen der ge- und verkauften Kontrakte.

Szenario (1) Seitwärtsentwicklung des Aktienmarktes: Innerhalb der kommenden drei Monate bewegt sich der Aktienmarkt seitwärts; die Volatilitäten sind stabil. Das zugrundeliegende Aktienportfolio verzeichnet demzufolge weder Gewinn noch Verlust. Die Long-Put-Position, die jetzt noch über eine Restlaufzeit von neun Monaten verfügt, wird zu diesem Zeitpunkt einen Teil ihres Zeitwertes abgebaut haben. Wesentlich stärker ist natürlich der Zeitwertverfall bei den beiden Short-Positionen, die schließlich wertlos auslaufen. Aus den beiden Short-Positionen resultiert demzufolge ein Profit, der den Zeitwertverlust der Long-Put-Position übersteigen sollte. Insgesamt schließt der Flexible-Collar unter dem Strich mit einem Gewinn ab.

Szenario (2) Leichte Aufwärtsbewegung am Aktienmarkt: Am Aktienmarkt kommt es innerhalb des nächsten Vierteljahres zu einer vergleichsweise leichten Aufwärtsentwicklung von bis zu maximal 7 %, ausgehend vom Indexniveau bei Aufbau des Flexible-Collar. Entsprechend hoch fallen die Gewinne des Aktienportfolios aus. Auch hier wird die Long-Put-Position einen Teil des Wertes eingebüßt haben. Dieser Verlust ist jedoch größer als das Minus, das sich bei einem stabilen Aktienmarkt eingestellt hätte (vgl. Szenario 1). Die beiden Short-Positionen werden wiederum wertlos glattgestellt, da sie nicht ins Geld gelaufen sind. Der Short-Call notiert zu diesem

Zeitpunkt lediglich am Geld, und der Short-Put ist weit aus dem Geld gelaufen. Summa summarum verbucht die Strategie demzufolge ein Plus. Sofern es vor Aufbau der Position zu deutlichen Kursrückgängen am Aktienmarkt gekommen sein sollte, wodurch die Preise für die Puts kräftig an Wert zugelegt haben dürften, könnte der Basispreis des Short-Call noch angehoben werden. Das bedeutet: Es ließe sich ein Ausübungskurs wählen, der 9 bis 10 % aus dem Geld läge. Entsprechend hoch wäre dann der Spielraum nach oben, sofern es zu den Kursanstiegen am Aktienmarkt käme.

Szenario (3) Kräftige Aufwärtsbewegung am Aktienmarkt: Die Aktienkurse erreichen in dem kommenden Dreimonatszeitraum eine Performance von mehr als 7 %. Ab diesem Niveau läuft der Short-Call ins Geld und limitiert auf Grund der auflaufenden Verluste die gleichzeitig anfallenden Gewinne des zugrundeliegenden Aktienportfolios. Hinzuzurechnen ist der Nettokapitalaufwand des Flexible-Collar. Die Begrenzung der Gewinne des Aktienportfolios ist auch bei einem Low-Cost-Collar gegeben. Einen Ausweg bietet die Glattstellung der verlustträchtigen Short-Calls.

Szenario (4) Leichte Abwärtsbewegung des Aktienmarktes: Am Aktienmarkt kommt es zu einer vergleichsweise leichten Schwäche. Bis zu einem Kursrückgang von 15 % ausgehend vom ursprünglichen Marktniveau bei Aufbau des Flexible-Collar ist das zugrundeliegende Aktienportfolio vollständig gehedged. Dafür sorgen die Long-Puts. Per Verfall der kürzer laufenden geshorteten Optionen können der Call, der zu diesem Zeitpunkt weit aus dem Geld liegt, und der Put, der nun maximal am Geld notiert, wiederum wertlos glattgestellt werden.

Szenario (5) Kräftige Abwärtsbewegung am Aktienmarkt: Die Kurse der Aktien verlieren in den kommenden drei Monaten deutlich, nämlich mehr als 15 %. Das Aktienportfolio ist in dieser Situation nicht mehr vollkommen abgesichert. Begründet liegt dies in dem zweiten geshorteten Put, der ab diesem Grenzwert ins Geld läuft und infolgedessen für Verluste sorgt. De facto stellt sich die gesamte Position ab diesem Grenzwert als ungesicherte Position dar, d. h. der Investor partizipiert in vollem Umfang an den jetzt stetig auflaufenden Verlusten. Bei entsprechender Markteinschätzung kann es hier nur noch zu einer Anpassung des Hedge kommen bzw. zur Auflösung des Aktienportfolios.

Welche Flexibilität ist mit dem Flexible-Collar verbunden? Die Gesamtstrategie setzt sich aus drei Elementen zusammen. Die beiden Short-Positionen dienen der (teilweisen) Finanzierung der Long-Position. Der jeweiligen Marktverfassung und individuellen Erwartungshaltung zufolge ist einerseits eine flexible Handhabung bei der Auswahl der Basispreise möglich. Antizipiert der Investor kräftige Kursanstiege kann der Short-Call entweder überhaupt nicht in die Gesamtposition integriert werden, oder es wird ein Basispreis entsprechend weit aus dem Geld genommen. Insofern würde ein ausreichend großer Spielraum nach oben gewährleistet. Die Wahl des Basispreises des Long-Put kann ebenfalls flexibel erfolgen. Es ist zum Beispiel zu überlegen, die Reset-Periode kürzer zu fassen, um zwischenzeitliche Gewinne gemäß des dann herrschenden Markt-/Indexniveaus abzusichern. Dies ist insbesondere in Marktsituationen zu empfehlen, in denen nach kurzzeitigen starken Kursanstiegen kräftige Korrekturen befürchtet werden. Entsprechend sind die Basispreise der Short-Put-Positionen zu adjustieren.

In der langfristigen Analyse zeigt sich, dass der Flexible-Collar anderen Absicherungsstrategien überlegen ist. Im Mittelpunkt der meisten Hedging-Strategien mittels Optionen stehen in der Regel Puts, zum Beispiel bei dem Protective-Put (Absicherung einer einzelnen Aktie oder eines Portfolios mit Index Puts). Diese Strategien weisen jedoch den Nachteil auf, dass sie mit relativ hohen Anfangsauszahlungen verbunden sind. Darüber hinaus erweisen sich die Adjustierungen der Basispreise bei Aufwärtsbewegungen des Marktes als sehr kostenintensiv und damit als Belastungsfaktor für die Performance. Der Low-Cost-Collar sorgt hier für eine Verbesserung. Negativ ist jedoch zu bewerten, dass bei Aufwärtsentwicklungen des Aktienmarktes der Low-Cost-Collar einen Großteil der Partizipation aufgibt. Das Anheben der Basispreise ist auch in diesem Fall mit zusätzlichen Kosten verbunden. Derartige Nachteile haften dem Flexible-Collar nicht an. Die Strategie gewährleistet einerseits eine permanente Absicherung gegen fallende Kurse (Ausnahme: kräftiger Kursrutsch, so dass auch der geshortete Put ins Geld und damit in die Verlustzone läuft). Des Weiteren offeriert er auf Grund der quartalsweisen Adjustierung der Basispreise die Möglichkeit, ebenfalls zwischenzeitliche Gewinne der Aktienposition zu sichern. Zudem liegt der Kapitalaufwand dieser Strategie unter den Kosten eines singulären Long-Put, und der Partizipationsgrad an Aufwärtsbewegungen des Aktienmarktes ist größer als bei einem Low-Cost-Collar. In der langfristigen Analyse zeigt sich zudem, dass ein Aktienportfolio inklusive Flexible-Collar-Strategie über große Zeiträume sogar noch eine bessere Performance erreicht als ein völlig ungehedgtes Portfolio.

2.5 Schlussbemerkung

Die beschriebenen Strategien lassen sich nahezu beliebig verfeinern, in neue Konstellationen bringen und miteinander verbinden oder durch geschickte Zusammensetzungen besprochener Strategien duplizieren, um neue Alternativen und mit ihnen Arbitragemöglichkeiten zu schaffen. Außerdem gibt es noch unzählige andere Strategien, die hier nicht angesprochen werden konnten: Jelly-Rolls, Hedge-Wrapers, Condors, Sandwich-Spreads, Butterfly-Spreads, Butterdishes, Boxes und viele mehr. Vielleicht wird die deutschsprachige Welt mit neuen Ideen aufwarten und Rollmöpse, Purzelbäume, Tannenbaum-Spreads, Wiener-Schmäh-Combinations oder Schwyz-Hedges in die Optionswelt setzen.

6. Kapitel

Futures

Time present and time past are both perhaps present in time future,
and time future contained in time past.
T. S. Eliot

1. Grundsätzliches zum Terminhandel – Forwards und Futures

Futures-Märkte sind aus sogenannten Forward-Geschäften entstanden. Forward-Geschäfte dienen dem Ziel, die Ungewissheit zukünftiger Preisentwicklungen zu eliminieren und somit Geschäftsvorhaben auf eine sichere Kalkulationsgrundlage zu stellen. Ein Landwirt, der zum Zeitpunkt der Saat schon weiß, zu welchem Preis er sein Getreide in der Erntezeit verkaufen kann, ist in der Lage, genau abzuschätzen, wieviel er investieren soll und wie groß der Ertrag seiner Bemühungen ausfallen wird. Durch ein **Forward-Geschäft** erreicht der Getreideproduzent dieses erstrebenswerte Ziel. Er fixiert vor der Saat den Preis, zu dem er sein Getreide zur Erntezeit verkaufen kann. Während er sich verpflichtet, eine vereinbarte Menge und Art von Getreide zu liefern, ist sein Kontrahent verpflichtet, das Getreide zum im Voraus festgelegten Preis zum vereinbarten Zeitpunkt in der Zukunft abzunehmen.

Forward-Geschäfte zeichnen sich überdies dadurch aus, dass sie, so wie Over-the-counter (OTC)-Optionen, individuelle Vereinbarungen, gleichsam maßgeschneiderte Spezialabsprachen darstellen zwischen Käufer und Verkäufer.

Wenn Forwards fungibel gemacht, standardisiert und gehandelt werden an einer mit einer Clearing-Stelle ausgestatteten Spezialbörse, nennt man sie **Futures.** Im ersten und zweiten Kapitel wurde bereits die Bedeutung der Standardisierung und der Fungibilität (freie Austauschbarkeit) des Handelsgegenstandes sowie des Wirkens einer Clearing-Stelle für die Erleichterung und die Erhöhung der Wahrscheinlichkeit von Geschäftsabschlüssen, für die Senkung von Transaktionskosten und letzten Endes für die Gewährleistung eines lebhaften Handels ausführlich behandelt. Die gleichen Prinzipien treffen, mutatis mutandis (= mit den nötigen Abänderungen) auch, wie gleich gezeigt werden soll, auf das Futures-Geschäft zu.

1.1 Futures im Kontext der Finanzmärkte

Doch zuvor sei der Platz, den das Futures-Geschäft im System der Finanzmärkte einnimmt, in Abb. 45 angedeutet.

Sind die Lieferungsgegenstände, auf die sich Futures beziehen, Finanztitel (Geldmarktpapiere, Anleihen etc.), Finanzkonstruktionen (Aktienindizes) oder Währungen, spricht man von **Financial Futures.** Ansonsten gibt es noch **Commodity Futures** oder, wie es im Deutschen heißt, **Warentermingeschäfte,** die sich auf realwirtschaftliche Objekte, wie Rohstoffe, Schlachtvieh, Nahrungsmittel und dergleichen beziehen.

Nachfolgend wird sogleich ersichtlich werden, warum man Futures im Gegensatz zu Optionen, die bedingte Termingeschäfte darstellen, als **unbedingte Termingeschäfte** bezeichnet.

1.2 Die Grundgeschäftsarten – Long-Futures und Short-Futures

Ein Futures-Kontrakt ist eine verbindliche Vereinbarung zwischen zwei Kontrahenten,

- eine bestimmte Anzahl oder Menge und

- eine bestimmte Art eines zugrundeliegenden Objekts
- bei Fälligkeit des Kontrakts
- zu einem im Voraus vereinbarten Preis

zu kaufen und abzunehmen – wenn der Futures gekauft wurde – oder zu verkaufen und zu liefern – wenn der Futures verkauft wurde.

Eine sogenannte Long-Position verpflichtet dazu, bei Fälligkeit des Futures-Kontrakts den vereinbarten Preis zu zahlen und die Lieferung des zugrundeliegenden Objekts hinzunehmen. Die korrespondierende Short-Position verpflichtet zur Lieferung des zugrundeliegenden Objekts gegen Erhalt des vereinbarten Preises.

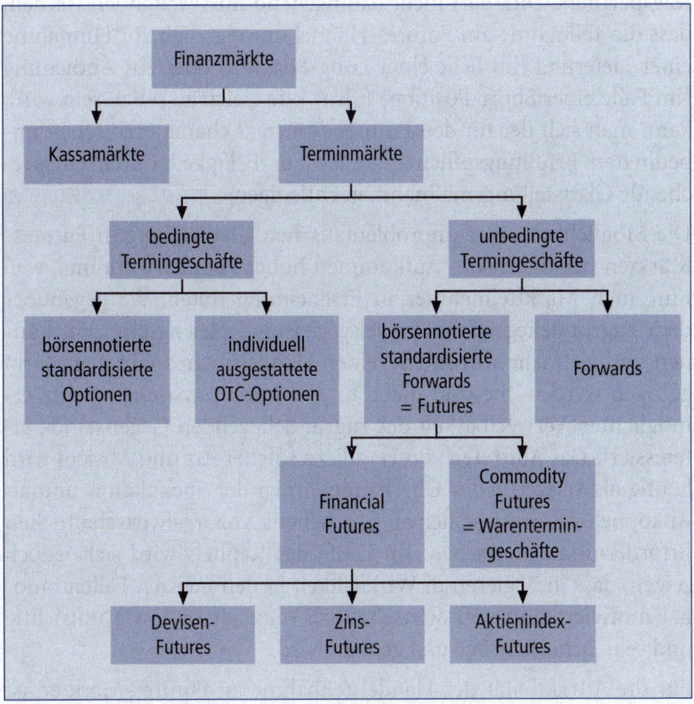

Abb. 45: Futures im System der Finanzmärkte

1.3 Optionen versus Futures

Damit unterscheiden sich Futures von Optionen. Bei Optionen geht nur der Stillhalter eine Verpflichtung ein, also der Inhaber einer Short-Postion, nicht aber, wie bei den Futures, auch der Inhaber einer Long-Position. Im Gegenteil, die Erfüllung des Geschäfts wird bei Optionen gerade durch die freie Entscheidung des Optionsinhabers, auf Ausübung entweder zu verzichten oder aber zu bestehen, bedingt; bei Futures hat die Erfüllung unbedingt zu erfolgen – ungeachtet subjektiver Wünsche seitens des einen oder des anderen Vertragspartners. Dies darf nicht dahingehend missverstanden werden, dass die Teilnahme am Futures-Handel unweigerlich zur Hinnahme einer Lieferung (im Falle einer Long-Position) oder zur Andienung (im Falle einer Short-Position) führt. Wie gleich zu sehen sein wird, kann man sich der für den Futures-Kontrakt charakteristischen unbedingten Erfüllungspflicht nämlich vor Fälligkeit durch entsprechende Glattstellungsmaßnahmen entledigen.

Die Möglichkeit einer unproblematischen Glattstellung in Futures-Märkten begünstigt das Aufkommen hoher Handelsvolumina, weil nun auch Marktteilnehmer in Erscheinung treten, die gegenüber dem zugrundeliegenden Handelsgegenstand gleichgültig sein können und vielmehr von einem reinen Handelsinteresse in den Markt gezogen werden. Sie sind nicht an der durch physischen Besitz ermöglichten Verwertbarkeit des zugrundeliegenden Gegenstands interessiert. Das Auftreten von Händlern solcher Art und Absicht wird häufig als verwerfliches Überhandnehmen der Spekulation und als Abkoppelung des börslichen Geschehens von realwirtschaftlichen Erfordernissen angesehen. Im Laufe des Kapitels wird sich jedoch zeigen, dass ihr Agieren in Wirklichkeit in den meisten Fällen rational motiviert und volkswirtschaftlich nützlich ist sowie umsichtig und sehr sicherheitsbewusst geplant wird.

Für die Attraktivität der Handelsteilnahme an Futures-Märkten ist neben

- der physischen und zeitlichen Zusammenführung Handelswilliger in einem börslichen Rahmen und

- der Standardisierung des Handelsgegenstands mittels einheitlicher und repräsentativer Kontraktmerkmale, die auf breiten Zuspruch stoßen, also gewissermaßen einen kleinsten gemeinsamen Nenner erwünschter Kontrakteigenschaften darstellen, vor allen Dingen die Rolle der Clearing-Stelle von großer Bedeutung.

2. Die zentrale Rolle der Clearing-Stelle im Futures-Handel

Wie auch beim börslichen Optionshandel steht die Clearing-Stelle bei jedem Geschäft dem Long (Käufer des Terminkontrakts) als Short (Verkäufer des Terminkontrakts) und dem Short als Long gegenüber. Zur Einprägung: Wer long ist, muss kaufen, sprich die Lieferung akzeptieren, wer short ist, muss verkaufen und liefern.

BEISPIEL: Ist man zwei Tonnen Getreide long zu einem Preis von 2.000 €, muss man bei Fälligkeit, sagen wir am 15. Juni, zwei Tonnen Getreide eben zu 2.000 € kaufen und physisch übernehmen. Geht man vier Wochen später zwei Tonnen Getreide short zu einem Preis von 2.200 € und gleicher Fälligkeit, d. h. 15. Juni, muss man bei Fälligkeit zwei Tonnen liefern und erhält dafür 2.200 €.

2.1 Jederzeitige Glattstellung

Wenden wir uns nun der Erklärung der zunächst vielleicht rätselhaft erscheinenden empirischen Tatsache zu, dass nur ein geringer Prozentsatz aller Futures-Geschäfte zur Lieferung führt. Der Großteil aller je eingegangenen Verpflichtungen (zu liefern bzw. Lieferung hinzunehmen) wird vor dem Liefertag durch sogenannte Offsetting- oder Reversing-Trades, d. h. **Glattstellungsgeschäfte,** im wahrsten Sinne des Wortes „aus der Welt geschafft“.

Dazu beachte man, dass das von uns gewählte **Beispiel** doch die Konsequenz hat, dass man bei Fälligkeit am 15. Juni auf Grund der Long-Position der Clearing-Stelle 2.000 € zahlen muss und dafür zwei Tonnen Getreide erhält. Zum gleichen Zeitpunkt aber muss man auf Grund der im Beispiel ebenfalls unterstellten Short-Position selbst der Clearing-Stelle zwei Tonnen Getreide liefern und erhält dafür 2.200 €. Da der Handelspartner immer die Clearing-Stelle ist, kann man mit ihm die einander aufhebenden gegenseitigen Verpflichtungen – Verpflichtung der Clearing-Stelle, einem zwei Tonnen zu 2.000 € zu liefern und die gleichzeitig fällig gewordene eigene Verpflichtung, der Clearing-Stelle zwei Tonnen zu 2.200 € zu liefern –, saldieren, d. h. gegeneinander verrechnen, ohne dass der Handelsgegenstand physisch hin- oder herbewegt werden muss. Statt also, im Stile der eingangs beschriebenen Schildbürger, Getreide unnötig hin- und herzuliefern, kann man vereinbaren, dass bei Positionen, die, wie in diesem Beispiel, einander aufhebende Verpflichtungen begründen, die Lieferpflicht als hinfällig betrachtet werden darf.

Tatsächlich ist an Futures-Märkten festgelegt, dass durch Einnahme einer der ursprünglichen Position im soeben dargelegten Sinne entgegengesetzten Position eine Glattstellung, d. h. die Auflösung der einst übernommenen Verpflichtung, bewirkt wird. So wird eine ursprüngliche Long-Position durch eine später eingegangene Short-Position mit identischen Kontraktspezifikationen oder eine ursprüngliche Short-Position mit einer später eingegangenen Long-Position mit identischen Kontraktspezifikationen automatisch egalisiert, glattgestellt. Der sprichwörtliche Getreideberg im Vorgarten des Spekulanten ist, wie man sieht, durchaus vermeidbar. Wünscht man hingegen als Inhaber einer Long-Position, die Lieferung hinzunehmen oder als Inhaber einer Short-Position selbst zu liefern, so unterlässt man ganz einfach das entsprechende Glattstellungsgeschäft und hält die Position bis zur Fälligkeit offen.

2.2 Open-Interest

Wer einen Futures-Kontrakt kauft (long geht), ohne eine Short-Position in diesem Kontrakt zu besitzen, erhöht damit das sogenannte Open-Interest um eins. Bei Glattstellung durch Verkauf des gleichen Kontrakts reduziert sich das Open-Interest wieder um eins.

Genauso: Wer einen Kontrakt verkauft (short geht), ohne eine Long-Position in diesem Kontrakt zu besitzen, erhöht das Open-Interest um eins. Schließt er die Position durch Einnahme einer Long-Position im gleichen Kontrakt, verringert sich das Open-Interest wieder um eins.

Das Open-Interest gibt also die Anzahl offener Positionen, d. h. von Geschäftsabschlüssen in einem gegebenen Futures-Kontrakt an, die

- weder durch Erfüllung (Lieferung), noch
- durch Glattstellung

vollendet bzw. geschlossen worden sind.

Man kann das Open-Interest auf folgende alternative Formeln reduzieren: (Alle offenen Long-Positionen + alle offenen Short-Positionen)/ 2 = alle offenen Long-Positionen = alle offenen Short-Positionen = Open-Interest.

Wir bemerkten schon, dass der Großteil von Futures-Positionen vor Fälligkeit glattgestellt wird. Man kann deshalb das Open-Interest als Indikator für den voraussichtlichen Umsatz in einem Kontrakt vor dessen Fälligkeit deuten. Gleichzeitig lässt das Open-Interest Rückschlüsse auf die Komposition der Marktteilnehmerschaft zu: Institutionelle Teilnehmer (Versicherungen z. B.) mit längerfristigen Hedge-Positionen – darüber später mehr – pflegen offene Positionen über größere Zeiträume zu fahren, während der üblicherweise größere Teil der Partizipanten kurzfristige, bald glattgestellte Engagements verfolgt.

2.3 Futures – ein Nullsummenspiel

Die Clearing-Stelle macht keine Handelsgewinne. Sie beschränkt sich bei den Geschäften, deren Verbindungsstück sie immer ist, lediglich auf die Einstreichung von Sicherheiten und kostendeckenden Gebühreneinnahmen.

Weil sämtliche Käufe und Verkäufe sowie die Gewinngutschriften und Belastungen auf den Einschusskonten der beteiligten Parteien – auch davon später mehr – sich ausgleichen, hat die Clearing-Stelle selbst niemals eigene offene Positionen.

Angenommen, dass es in unserem Beispielszenario überhaupt nur zwei Marktteilnehmer gibt, macht diejenige Partei, die über die Drehscheibe Clearing-Stelle die andere Seite der von einem eingenommenen Handelspositionen übernimmt, nach Saldierung ihrer Long- und Short-Position einen Nettoverlust von 200 €, man selbst den korrespondierenden Nettogewinn von 200 €. Auch das Futures-Geschäft ist, sieht man von Transaktionskosten ab, ein Nullsummenspiel. Die Verluste des einen sind die Gewinne des anderen und umgekehrt.

3. Das Sicherheitsnetz der Clearing-Stelle

3.1 Erfüllungssicherheit

Die Geschichte dieses börslich organisierten Nullsummenspiels zeichnet sich durch eine eindrucksvolle Sicherheit der Geschäftserfüllung aus: Wer am Futures-Markt handelt, hat, wie wir soeben sahen, immer nur die Clearing-Stelle zum Kontrahenten. Die Clearing-Stelle ist gut ausgestattet mit einem entsprechenden Kapitalpolster, das sie von ihren Mitgliedern, größtenteils renommierten Banken und Handelshäusern, ausnahmslos verlangt.

Das sich Dazwischenstellen der Clearing-Stelle dient nämlich nicht nur der Erleichterung der Glattstellung von Positionen während der Laufzeit der Kontrakte, sondern trägt auch dazu bei, das Erfüllungsrisiko der teilnehmenden Händler praktisch zu eliminieren. Dies soll folgendes vereinfachte Beispiel verdeutlichen.

Anonymität des Handels: Wenn Herr Dagobert Duck einen Futures-Kontrakt zu 2.000 € kaufen und Frau Piggy genau solch einen zu 2.000 € verkaufen möchte, bringt die Clearing-Stelle diese übereinstimmenden Kontrahenten, ohne dass diese um ihre Handelseinigkeit wissen, zusammen. Man nennt diesen Vorgang das **Matching.**

Die so entstehende Anonymität des Futures-Handels hat unter anderem auch den Vorteil, ein auf Grund der Kenntnis der Identität des Handelspartners diskriminierendes oder manipulierendes Verhalten am Markt auszuschließen. Auch lässt sich der eingangs angesprochene Unterschied zwischen Forward und Futures im Lichte dieser Anonymitätseigenschaft duch folgende Analogie neu beleuchten: Futures und Forward verhalten sich zueinander wie Bargeld und Scheck. Während das Bargeld für sich und unabhängig von der Person, von der man es bezogen hat, einen eigenen Wert besitzt, ist der Gegenwert eines Schecks an die Bonität dessen geknüpft, der ihn ausgestellt hat. Das soll das Beispiel des Handels zwischen Dagobert Duck und Frau Piggy sogleich bekräftigen.

Von Rechts wegen verkauft Frau Piggy an die Clearing-Stelle und diese verkauft weiter an Herrn Duck, so dass Herrn Ducks Kontrahent nicht Frau Piggy, sondern ebenfalls die Clearing-Stelle ist. Falliert Frau Piggy, d. h. kommt sie der ihr obliegenden Andienungspflicht nicht nach, trifft das ihren unmittelbaren Handelspartner, die Clearing-Stelle, welche daraufhin seufzend in ihre tiefen Taschen greift, um diesen zu entnehmen, was zur Geschäftserfüllung erforderlich ist. Hat Frau Piggy vor ihrem Bankrott etwa Getreide per Termin verkauft, so muss die Clearing-Stelle auf dem Kassamarkt eben dieses Getreide besorgen, um es zu den vereinbarten Konditionen an Herrn Duck veräußern und liefern zu können. Man sieht: Herrn Duck braucht es auf Grund dieses Arrangements nicht zu stören, was für unsichere Kantonisten im Markt sein mögen. Diese Sorge nimmt ihm die Clearing-Stelle ab.

Selbstverständlich kann auch nicht jeder Beliebige am Terminhandel teilnehmen. Die Zulassung zum börslichen Terminhandel ist mit anspruchsvollen Auflagen hinsichtlich der Kompetenz, Bonität und Zahlungsfähigkeit der Kandidaten verbunden. Sofern zugelassene Börsenmitglieder Geschäfte für Nichtmitglieder abwickeln, pflegen diese ihrerseits wirkungsvollen Sicherheitsanforderungen unterworfen zu werden.

3.2 Die ständige Überwachung offener Positionen und das Prinzip des mark-to-market

Um die Gefahr eines Erfüllungsausfalls frühzeitig erkennen zu können, überwacht die Clearing-Stelle außerdem ständig den Wert aller offenen Positionen. Dabei bedient sie sich eines Verfahrens, das man im Fachjargon mit dem Begriff des **„mark-to-market“** umschreibt und das wie folgt abläuft:

Wessen Position auf Grund entsprechender Preisbewegungen einen Gewinn aufweist, bekommt diesen am Ende des Handelstags gutgeschrieben auf einem speziell für Ein- und Nachschüsse eingerichteten Konto. Gerät die Position in Verlust wird eben dieses Konto in Höhe des Verlustes belastet, d. h. Nachschüsse, die den Verlust ausgleichen, abgebucht. Betrachten wir das Mark-to-market-System ein wenig näher.

3.2.1 Initial-Margin

Jeder, der am Futures-Handel teilzunehmen wünscht, muss ein Margin-Konto einrichten und mit einer anfänglichen Mindestsumme, der Initial-Margin, ausstatten. Die Initial-Margin muss gegebenenfalls durch zusätzliche Nachschüsse ergänzt werden. Diese Mindestsumme oder die gleich zu erläuternde Maintenance-Margin muss während der gesamten Dauer des Bestehens der Futures-Position auf dem Konto nachweisbar sein.

3.2.2 Variation-Margin

Stellen sich während der Laufzeit des Kontrakts Verluste ein, müssen diese – zusätzlich zur Initial-Margin – in vollem Umfang durch Nachschüsse, die sogenannten Variation-Margin, ausgeglichen werden. Dem Begriff der Variation-Margin subsumiert man aber auch die Gutschriften, die erfolgen, wenn die Position Gewinne aufweist. In bewegten Märkten pulsiert die Variation-Margin gewissermaßen mit den buchmäßigen Gewinnen und Verlusten der Position. Bald verzeichnet sie Gutschriften an den Positions-Inhaber, die dieser sich jederzeit auszahlen lassen kann – bald weist sie Nachschüsse an die Clearing-Stelle auf, die sofort zu erfolgen haben.

Kann der Inhaber einer Futures-Position diese Nachschüsse nicht erbringen, so ist die Clearing-Stelle befugt, die bestehende Position glattzustellen. Dererlei zusätzliche Sicherheiten haben an manchen Börsen binnen weniger Stunden, meist jedoch täglich erbracht zu werden.

Zur Verdeutlichung der Prinzipien der Margin-Berechnung nun einige Beispiele. Zuvor aber noch dies zur Erinnerung: Der Kurs einer

Anleihe wird für gewöhnlich als Prozentsatz eines fixen absoluten Geldbetrags, der beim Handel als Bezugsgröße dient, dem sogenannten Nominalwert, angegeben.

BEISPIEL: Eine Anleihe mit einem Nominalwert von 250.000 € und einem Kurs von 92–00 (% des Nominalwerts) hat demnach einen Wert von 230.000 € (= 250.000 € × 92 %). Fällt der Kurs auf 88–00, so fällt auch der absolute Betrag des Werts der Anleihe (auf 250.000 € × 88 % = 220.000 €) – steigt er auf 100–00, steigt auch der absolute Wert der Anleihe (auf 250.000 € × 100 % = 250.000 €).

Bei einem Margin-Satz von 0,6 % und einem Nominalwert pro Kontrakt von 250.000 € macht die Initial-Margin nur 1.500 € aus. Unter der Annahme, dass ein solcher Futures-Kontrakt zu 93–00 (% des Nominalwerts von 250.000 €) erworben wird und die Position am folgenden Tag durch Verkauf zu 94–00 glattgestellt wird, würde sich während der zwei Tage, die diese Position besteht, folgender Zahlungsstrom ergeben:

1. Tag:
Wert der Position:
93 % × 250.000 € = 232.500 €
Einschusszahlung des Positionsinhabers:
250.000 € × 0,6 % = 1.500 €.

2. Tag:
Wert der Position:
94 % × 250.000 € = 235.000 €
Auszahlung an den Positionsinhaber:

Rückerstattung der Initial-Margin:	1.500 €
Gewinn aus Glattstellung (235.000 € – 232.500 €):	2.500 €
Insgesamt:	4.000 €

Am Ende jedes Handelstags wird von der zuständigen Börse ein **Schluss- oder Abrechnungskurs** (Settlement Price) ermittelt, auf dessen Basis die tägliche Bewertung der offenen Futures-Positionen vorgenommen wird.

D. h. der Gewinn- und Verlustausgleich erfolgt beim Mark-to-market-System der Futures-Börsen täglich. Für die Ermittlung der Variation-Margin ist somit jeweils die Differenz zwischen dem Schlusskurs des Vortags und dem aktuellen Schlusskurs maßgeblich.

Würde der Kurs des Futures am nächsten Tag von 94 % auf 91 % fallen, wären 3 % (= 94 % – 91 %) von 250.000 €, d. h. 7.500 € als Variation-Margin nachzuschießen. Würde der Futures-Inhaber jetzt schon glattstellen, müsste er nur 6.000 € nachschießen, da die Initial-Margin von 1.500 € von der Clearing-Stelle einbehalten werden würde. Sollte er aber noch einen weiteren Tag an der Position festhalten und dann bei einem Kurs von 95 % glattstellen, erhielte er 4 % (95 % – 91 %) von 250.000 €, d. h. 10.000 € als Variation-Margin gutgeschrieben, so dass alles in allem ein Betrag von 11.500 € (= Variation-Margin + Initial-Marging) ausgezahlt werden würde.

Aufgrund dieses Systems beschränkt sich das Risiko des Erfüllungsgaranten Clearing-Stelle auf die Verluste einer Position, die von einem Tag auf den nächsten entstehen mögen abzüglich der Initial-Margin.

3.2.3 Maintenance-Margin und Maintenance-Level

Da tägliche Ein- und Auszahlungen sehr aufwändig sind, gibt es meist die weitere Einrichtung der Maintenance-Margin. Nach dieser Regelung darf der bei Positionseröffnung erbrachte Einschuss (Initial-Margin + Geld oder Wertpapiere in Höhe einer Summe X) bis zu dessen Absinken auf einen Mindestbetrag, dem Maintenance-Level oder der Maintenance-Margin, zur Bedienung der Variation-Margin, also als Quelle der Finanzierung von Nachschüssen „angezapft" werden. Ist die eingeschlossene Summe schließlich auf diesen Mindestbetrag geschrumpft, so hat der betroffene Positionsinhaber Sicherheiten in Form von Geld oder anerkannten Wertpapieren von solchem Wert, wie er zur vollen Wiederherstellung des ursprünglichen Einschusses erforderlich ist, zu hinterlegen.

Das geschilderte Margin-Arrangement hat grundsätzlich jedoch vom Standpunkt des potentiellen Nutzers des Futures-Markts den Nachteil, dass er während der Dauer eines Futures-Engagements einer ungewissen Abfolge von Zahlungszu- oder -abflüssen ausgesetzt ist.

Andererseits ist ein hohes Maß an Sicherheit gewährleistet. Verluste werden sofort bekannt, ausgeglichen oder bei Ausbleiben der Kompensationszahlungen durch umgehende Glattstellung daran gehindert, bedrohliche Dimensionen anzunehmen. Wir werden gleich sehen, dass dies ausschlaggebend ist für die hohe Liquidität des Futures-Markts.

3.2.4 Daily-Price-Limit

Zuvor sei erwähnt, dass mitunter als weitere Sicherheitsvorkehrung ein Daily-Price-Limit vorgesehen ist: Um das Risiko einer Nichterfüllung einzugrenzen, wird oft ein Betrag festgelegt, um den der Futures-Preis den letzten Schlusskurs während des laufenden Handelstags nicht über- oder unterschreiten darf.

3.3 Leverage oder die Hebelwirkung des Futures

Aufgrund der soeben geschilderten kontinuierlichen, schnelle Schadenseindämmung gewährleistenden Positionsüberwachung muss bei Einnahme einer Futures-Position nur ein geringer Teil des Kontraktwertes bezahlt werden – zunächst nur die Initial-Margin, welche typischerweise zwischen 0,1 % und 6 % des Nennwertes des zugrundeliegenden Titels ausmacht. Später sind gegebenenfalls Nachschüsse erforderlich, die allerdings bei ungünstigem Verlauf des Futures-Kurses sehr rasch und sehr stark anwachsen können.

Die Clearing-Stelle kann sich mit dem – gemessen am Gesamtwert des Kontraktes – geringen Nachschussbetrag aus folgendem Grund zufriedengeben:

BEISPIEL: Angenommen der Kontraktwert sei 100.000 €. Der Inhaber einer Long-Position muss also am Fälligkeitstag 100.000 € zahlen und die Lieferung des zugrundeliegenden Objekts hinnehmen. Ist der Marktwert des Futures am Fälligkeitstag jedoch 70.000 €, so muss der Long-Inhaber 100.000 € für etwas zahlen, das nur 70.000 € wert ist. Es entsteht insofern ein Verlust, als der sofortige Verkauf des über den Futures-Kontrakt erworbenen Objekts im Kassamarkt keinen Geldeingang bewirkt, der ausreicht, um die Verbindlichkeiten aus der Futures-Position voll abzudecken. Dieser Verlust in Höhe von 30.000 € wird nach dem beschriebenen System in Form eines Nachschussbetrags von eben 30.000 € voll kompensiert.

Sollte der Kunde aus irgendeinem Grunde nicht willens oder in der Lage sein, den Restbetrag in Höhe von 70.000 € der Clearing-Stelle zu bezahlen, hat diese das Recht, die Position glattzustellen. Der Verkauf des Kontrakts würde nach aktuellem Marktwert eben diese 70.000 € einbringen, so dass die Clearing-Stelle die Garantie hat, den vertraglich festgelegten Wert des Kontrakts in Höhe von 100.000 € am Verfalltag zu realisieren – unabhängig von der aktuellen Zahlungsbereitschaft oder -fähigkeit des Inhabers der Long-Position.

Diese Eigenart gibt Futures-Kontrakten enorme **Hebelwirkung** in dem Sinne, dass man sich durch Zahlung eines verhältnismäßig geringen Betrags volle Teilnahme an den Gewinnen, aber auch den Verlusten sichert, welche sich aus der marktbedingten Wertänderung wesentlich größerer Vermögenswerte ergeben.

Die Gewinne oder Verluste, die dem Inhaber einer Futures-Position täglich, je nach Entwicklung des Futures-Kurses, gutgeschrieben bzw. belastet werden, beziehen sich auf den Nennwert des Kontrakts, so dass der Käufer eines Kontrakts mit Nennwert in Höhe von 1.000.000 € zwar bei einer Initial-Margin von 0,1 % des Nennwertes nur 1.000 € beim Eingehen einer Position in diesem Kontrakt zu zahlen hat, bei einer nachteiligen Kursänderung von beispielsweise nur 2 % aber schon 20.000 € (= 2 % von 1.000.000 €) nachzuschießen hat.

Hätte hingegen der Kurs sich um 2 % im Sinne des Investors verändert, wäre bei einem Kapitaleinsatz von nur 1.000 € ein erklecklicher Gewinn von 20.000 € eingefahren worden.

4. Futures – ein Instrument für risikofreudige und dennoch solide Investoren

Wegen des Leverage-Effekts, der Hebelwirkung, die Futures-Engagements eigen ist und dem Investor bei vergleichsweise geringem Anfangseinsatz die Teilnahme an beträchtlichen und sich schnell einstellenden Gewinn- und Verlustentwicklungen erschließt, sind

Futures gewiss auch ein reizvolles Medium für den risikofreudigen Spekulanten.

An dieser Stelle muss betont werden, dass die Ausnutzung dieser spekulativen Möglichkeiten nicht von vornherein als illegitim oder verwerflich abgetan werden darf. Ob ein spekulatives Engagement rational vertretbar ist, hängt von der Größe des zur Verfügung stehenden Risikokapitals ab und von der Rolle, die die riskante Futures-Position im Gesamtbild eines diversifizierten Anlagespektrums spielt. Man sollte nicht vergessen, dass die Anreicherung eines Portefeuilles mit riskanten Futures-Positionen durchaus zur Optimierung dessen Risiko-Ertragverhaltens, also zur

- Herabsetzung des Portefeuillerisikos bei gegebenem erwarteten Ertrag, oder zur
- Erhöhung des erwarteten Ertrags bei gegebenem Portefeuillerisiko,

führen kann.

Im ersten Kapitel wurde schon ausführlich begründet, dass

- die spekulative Betätigung von Einzelakteuren durchaus nicht irrational, unverantwortlich und selbstzerstörerisch sein muss und bei verständigem Vorgehen sogar, wie soeben dargestellt, deren Risiko-Ertragsstruktur vorteilhafter zu gestalten hilft, und
- Spekulanten über die bestmögliche Verfolgung ihrer ureigensten Zwecke hinaus gut und wichtig für Futures-Märkte und letztendlich für die gesamte Volkswirtschaft sind.

Diese Aussage wird später noch einmal anhand der Zusammensetzung der Händlergemeinschaft und der verschiedenen Handelspraktiken an Futures-Börsen aufzunehmen und unter Berücksichtigung weiterer neuer Gesichtspunkte zu unterstreichen sein. Zudem darf nicht der Eindruck entstehen, dass jede Form von Engagement in Futures mit den aufgezeigten hohen Gewinn- und Verlustchancen verbunden sein muss. Im Gegenteil ist es, wie bei Optionen, auch im Futures-Markt möglich, durch sachgerechten Einsatz des Instruments geradezu beliebige und somit auch sehr konservative Risiko-Ertragsstrukturen zu bilden.

5. Die enge Beziehung zwischen Kassa- und Futures-Markt

Um die enge Beziehung zwischen Kassa- und Futures-Markt verstehen zu können, muss nun auf den zentralen Begriff der Basis, der Differenz zwischen Futures- und Kassakurs, eingegangen werden.

Im ersten Kapitel wurde bereits begründet, dass Futures, wie Optionen, sogenannte derivative Finanzprodukte sind. Ihr Wert steht in enger, keineswegs willkürlicher Beziehung zum Wert der ihnen zugrundeliegenden Objekte. Zu jedem Zeitpunkt lässt sich auf Grund dieser Beziehung der korrekte Preis eines Futures („fair value" oder auch theoretischer Preis) ermitteln.

Der Preis des Futures wird in der Regel erst am Tag der Fälligkeit mit dem Preis des zugrundeliegenden Objekts, dem sogenannten Kassapreis, zusammenfallen. Am Fälligkeitstag muss aber der Futures-Preis mit dem Kassakurs übereinstimmen, wie nun zu sehen sein wird.

5.1 Die Gleichwertigkeit von Futures und zugrundeliegendem Kassaobjekt bei Fälligkeit des Futures

Bei Fälligkeit des Terminkontrakts sind nämlich Futures und zugrundeliegendes Objekt gleichwertig und müssen daher den gleichen Preis haben. Wäre der Futures billiger, würde man risikolose Arbitragegewinne realisieren durch Kauf des Futures, Hinnahme der Lieferung und Wiederverkauf der angedienten Objekte zu höherem Kurs im Kassamarkt. Wäre der Futures teurer, verkaufte man den Futures und deckte die zur Lieferung benötigten Objekte billiger am Kassamarkt ein. Die Differenz ergäbe wieder eine risikolose Profitgelegenheit, die von aufmerksamen Händlern solange wahrgenommen werden würde, bis die **arbitragefreie Preisbeziehung** zwischen Futures und Kassa wiederhergestellt wäre. Zum Tag der Fälligkeit hin konvergieren aus diesem Grund Kassa- und Futurespreis, wie Abb. 46 zu entnehmen ist.

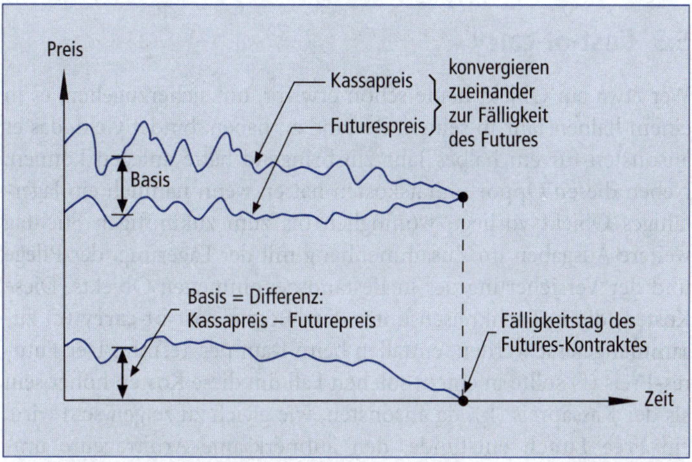

Abb. 46: Konvergenz von Kassa- und Futures-Preis und die Basis

Jederzeit davor nimmt die Basis in der Regel einen positiven oder negativen Wert an.

5.2 Das Verhältnis von Kassa- und Futures-Preis vor Fälligkeit des Terminkontrakts

Für gewöhnlich besteht vor Fälligkeit, d. h. während der Laufzeit des Futures-Kontraktes, keine exakte Gleichwertigkeit, so dass die in den Parallelmärkten notierten Preise sich unterscheiden sollten – wie in Abb. 46 auch dargestellt.

Engagements in Kassa- und Futuresmärkten mögen sich deshalb als ungleich erweisen, weil das Ziel, zu einem bestimmten Zeitpunkt in der Zukunft über ein Objekt mit Gewissheit verfügen zu können, durch das eine Engagement billiger als durch das andere zu erreichen ist.

5.3 Cost-of-carry

Wer etwa ein Objekt heute schon erwirbt, um sicherzugehen, es in einem halben Jahr in seinem Bestand zu haben, bindet Geld, das er ansonsten für ein halbes Jahr zinsbringend hätte anlegen können. Neben diesen Opportunitätskosten hat er, wenn nämlich ein lagerfähiges Objekt vorliegt, womöglich bis zum zukünftigen Stichtag weitere Ausgaben im Zusammenhang mit der Lagerung, der Pflege und der Versicherung des in Bestand genommenen Objekts. Diese Kosten, die in Fachkreisen unter dem Begriff **cost-of-carry** (c) zusammengefasst werden, entfallen beim Kauf per Termin. Der Futures-Preis (f) sollte in einem solchen Fall um diese Kosten höher sein als der Kassapreis (k), da ansonsten, wie gleich zu zeigen sein wird, ein **Free Lunch** entstünde, den aufmerksame Arbitrageure umgehend aus der Welt schaffen würden. Die Arbitragestrategien, die bei der Ausnutzung einer inkorrekten Preisgestaltung vor dem Liefertag zur Anwendung kommen, werden in Abschnitt 5.6 detailliert dargestellt. Bei Futures auf lagerfähige Objekte kann demnach der korrekte Preis durch folgende Formel bestimmt werden:

$$f = k + c.$$

Eine simple Umformung dieses Ausdrucks, d. h. seine Auflösung nach c zeigt, dass die Basis (b), welche definitionsgemäß gleich der Differenz zwischen Kassa- und Futures-Preis ist, durch die cost-of-carry bestimmt wird:

$$b = f - k = c.$$

Übrigens herrscht Uneinheitlichkeit in der Definition der Basis. Viele Autoren definieren die Basis so:

$$b = k - f.$$

Folgt man diesem alternativen Ansatz, gelten die unter der hier gewählten Definition getroffenen Aussagen eben mit umgekehrten Vorzeichen.

5.4 Positive und negative Basis

Bei Warentermingeschäften auf lagerfähige Güter wird die Differenz zwischen Futures-Preis und Kassakurs, die Basis, in der Regel aus den geschilderten Gründen positiv sein: Der Futures-Preis muss eben um soviel höher sein, als über Futures-Engagements gegenüber Kassaengagements an Lagerkosten etc. eingespart werden kann.

Um Situationen zu erfassen, wo die Basis aber negativ wird, ist es nützlich den Begriff des Convenience Yield (y) einzuführen. Dieser Terminus erfasst den Vorteil, der einem daraus erwächst, ein bestimmtes Gut in Bestand zu haben. Wenn zum Beispiel aus irgendwelchen hier nicht näher zu klärenden Gründen plötzlich ein großer Bedarf an der in Frage stehenden Ware aufkommt, kann der Nachteil der Bestandshaltungskosten mitunter gar vom Wert des Besitzes des raren Guts übertroffen werden.

Folgende Erweiterung der Cost-of-carry-Formel bringt dies zum Ausdruck:

$f = k + c - y.$

Übersteigt der Convenience Yield die cost-of-carry und ist folglich ein Nettoertrag aus der Bestandhaltung des Kassaobjekts zu erzielen, so muss der Futures-Preis mit einem entsprechenden Abschlag notieren.

5.5 Der korrekte Preis für Financial Futures

Die Prinzipien des Cost-of-carry-Ansatzes sind in leicht abgewandelter Form auch bei Financial Futures wirksam.

Deshalb sieht die Formel, anhand derer man den korrekten Preis eines Financial Futures berechnet, der Cost-of-carry-Formel, die wir für Termingeschäfte auf lagerfähige Waren entwickelt haben, sehr ähnlich.

Die Strukturverwandtheit ist augenfällig, wenn wir den analogen Variablen die gleichen Kürzel zuordnen wie im ursprünglichen Cost-of-carry-Ansatz. Zur Unterscheidung sind die für Financial Futures gültigen Kürzel aber groß geschrieben.

Y bezeichnet nun Zahlungseingänge (Kuponzahlungen) und C allfällige Finanzierungskosten, die beim Erwerb des dem Futures-Kontrakt zugrundeliegenden Titels auftreten. F repräsentiert den korrekten Futures-Preis und K den Kassapreis des in Frage stehenden Finanztitels:

Cost-of-carry bei Waren: $f = k + c - y$.

Cost-of-carry bei Financials: $F = K + C - Y$

Die Basis (b) ist nun:

$F - K = C - Y = b$

Angewendet auf Zins-Futures nimmt also der Cost-of-Carry-Ansatz folgende Parameter an:

Futures-Preis	=	Kassapreis	+	Finanzierungskosten	–	Zahlungseingänge
oder						
Futures-Preis	=	Kassapreis	+	Nettofinanzierungskosten		
wobei						
Nettofinanzierungskosten	=	Basis	=	Finanzierungskosten	–	Zahlungseingänge

Aufschläge und Abschläge des Futures-Kurses – positive und negative Basis: Ob die Basis positiv oder negativ ist, hängt bei Financial Futures von den Nettofinanzierungskosten ab. Sind die Ausgaben (Finanzierungskosten) für die Bestandhaltung des Kassatitels größer als die Einnahmen (Kuponzahlungen), wird der Futures mit einem Aufschlag gegenüber dem Kassatitel notieren, die Basis also positiv sein.

Kassa	= 95
Finanzierungskosten	= 4
Zuflüsse	= 2
Futures	= 95 + 4 – 2 = 97
Futures > Kassa, Basis	= + 2.

Übersteigen die Zuflüsse aus der Bestandhaltung deren Kosten, sollte der Futures mit einem Abschlag zum Kassatitel handeln, also eine negative Basis haben.

Kassa	= 95
Finanzierungskosten	= 2
Zuflüsse	= 4
Futures	= 95 + 2 – 4 = 93
Futures < Kassa, Basis	= – 2

5.6 Arbitrage als Garant einer eindeutig bestimmbaren Preisbeziehung zwischen Kassa und Futures

Weichen Aufschlag oder Abschlag, wie sie im tatsächlichen Futures-Preis eingehen, von der Basis ab, so tun sich Gelegenheiten zur Erwirtschaftung risikoloser Arbitragegewinne auf. Unter risikoloser Arbitrage versteht man genaugenommen eine Strategie, die einen Gewinn einbringt, ohne dass der Arbitrageur je Nettoausgaben hat.

Wenn der Futures einen größeren Abschlag (negative Basis) gegenüber dem Kassatitel hat als den durch die Basis definierten, ist er zu billig. Ist der Abschlag geringer als die Basis verlangt, ist der Futures zu teuer. Desgleichen, wenn der Aufschlag (positive Basis) größer ist als die Basis, ist der Futures zu teuer, ist er geringer als die Basis, ist er zu billig. Mit Futures, die in diesem Sinn zu teuer oder zu billig sind, lassen sich risikolose Arbitragegewinne auf folgende Weise verdienen.

5.6.1 Cash-and-carry-Arbitrage

Ist der Futures gemessen an seinem fair value zu teuer, verglichen mit dem Kassatitel, kann man sich die Tatsache zunutze machen, dass der Verkauf eines Futures ein Substitut ist für den Verkauf des Kassatitels. Man kauft den Kassatitel und schreibt seinen künftigen Wiederverkaufspreis durch Einnahme einer Short-Futures-Position fest.

BEISPIEL:

Wenn:

Kassa	= 98
Finanzierungskosten	= 2
Kuponeinnahmen	= 2
Fair value des Futures	= 98 + 2 – 2 = 98

Tatsächlicher Futures-Kurs	= 100	
Basis	= 0	
Tatsächlicher Aufschlag	= 2	
Arbitragegewinn	= 2	
Dann:		
Kaufe Kassa		zahle 98
Halte Kassa in Bestand		erhalte 2 – 2 = 0
Verkaufe Futures und liefere Kassa in Futures		erhalte 100
Risikoloser Gewinn		2

Durch Einnahme einer Short-Position in Futures legt man den Wiederverkaufspreis des Kassatitels vorab fest und erzielt einen risikolosen Arbitragegewinn, wenn der im Kassamarkt zu zahlende Kaufpreis entsprechend niedriger ist. Je nachdem, ob mit der Bestandhaltung des Kassaobjekts positive (Ausgaben höher als Einnahmen) oder negative (Einnahmen höher als Ausgaben) Nettofinanzierungskosten verbunden sind, wird die Spanne zwischen Kassakurs und Futures-Preis größer sein müssen oder kleiner sein dürfen, um Arbitrage-Gewinne zu ermöglichen.

5.6.2 Reverse-cash-and-carry-Arbitrage

Die entgegengesetzte Strategie, die Reverse-cash-and-carry-Arbitrage, kommt in Betracht, wenn der Futures unter seinem fair value notiert, also zu billig ist. Eine Long-Futures-Position kann als Substitut für einen Kauf im Kassamarkt fungieren. Durch Einnahme einer Futures-Long-Position legt man den zukünftigen Kaufpreis für den Kassatitel fest. Wenn der Verkaufspreis, der durch einen Leerverkauf im Kassamarkt eingenommen werden kann, höher ist als der durch den Futures festgelegten Kaufpreis, entsteht ein risikoloser Arbitragegewinn. Bei positiven Nettofinanzierungskosten muss die Differenz zwischen Kassakurs und Futures-Kurs entsprechend höher sein, um einen Arbitrage-Gewinn zu erbringen. Sollten Erträge, wie in unserem folgenden Beispiel, mit dem Leerverkauf des Kassatitels verbunden sein (Einnahmen aus Anlage des Verkaufserlöses), erhöht sich der risikolose Arbitrage-Gewinn um eben diese.

BEISPIEL:

Kassapreis	= 96
Finanzierungskosten	= 2
Zuflüsse	= 4
Fair value von Futures	= 96 + 2 – 4 = 94
Tatsächlicher Futures-Kurs	= 92
Zinsertrag aus Anlage des Verkaufserlöses	= 4
Kaufe Futures	zahle 92
Verkaufe Kassa	erhalte 96
Lege Verkauferlös an	erhalte 4
Beziehe Kassa durch Futures-Lieferung	
Stelle Kassa-Position durch bezogenen Titel glatt	Gewinn: 96 – 92 = 4
Risikoloser Gewinn	erhalte 4 + 4 = 8

Es ist aber auch zu bedenken, dass diese Arbitragemaßnahme in der Praxis vor allen Dingen durch zwei Umstände erschwert werden kann. Zum einen sind Leerverkäufe im Anleihemarkt mit Transaktionskosten verbunden, die die theoretisch berechtigte Arbitrage nicht mehr lohnend erscheinen lassen können. Zum anderen hat der Verkäufer eines Futures, wie wir später ausführlicher erläutern werden, in der Regel die Möglichkeit, aus einer ganzen Reihe von lieferbaren Titeln den ihm genehmen zu wählen, so dass die am Liefertag angediente Anleihe nicht unbedingt identisch sein muss mit der leerverkauften.

5.7 Veränderungen in der Basis

Fluktuationen in der Basis treten auf, wenn ihre Determinanten – der Convenience-Yield, Lager- und Versicherungskosten oder andere Finanzierungskosten – eine Veränderung erfahren. Ein weiterer Quell von Schwankungen in der Basis sind Ereignisse, die das hergebrachte Gefüge von Angebot und Nachfrage in den parallel verlaufenden Märkten abwandeln. Nach dem Börsenkrach vom Oktober 1987 drohte es etwa zu einer nachhaltigen Erhöhung der Sicherheitsleistungen beim Futures-Handel zu kommen. Eine solche Maßnahme könnte abschreckend auf potentielle Teilnehmer am Futures-Handel wirken, die Nachfrage am Futures-Markt zugunsten des Kassamarktes beeinträchtigen und deshalb eine gewissermaßen außergewöhnliche Korrektur der Basis auf Grund des zur Kompensation erforderlich werdenden Abschlags vom Futures-Preis hervorrufen.

Veränderungen in der Basis sind aus mehreren Gründen von großer Bedeutung und sollten deshalb mit Aufmerksamkeit beobachtet und prognostiziert werden: Wenn die Veränderungen der Basis das arbitragefreie Verhältnis zwischen Kassa- und Futures-Preis verletzen, sind, besonders unter Einsatz großer Volumina bei reaktionsschnellen und präzisen Arbitragemaßnahmen, zum Teil beträchtliche Gewinne zu erzielen.

Es bieten sich auch zahlreiche Handelsanlässe auf Grund von Schwankungen in der Basis, die sich durch Einrichtung sogenannter, weiter unten angesprochener, Spread-Positionen ausnutzen lassen.

5.8 Die Parallelität von Kassa- und Futures-Markt als Grundlage für Absicherungsstrategien

Futures eignen sich überdies zur Absicherung gegen Vermögensverluste in einem Maße, das alle herkömmlichen Instrumente übersteigt.

Der Nutzen von Futures als Vehikel für **Absicherungsgeschäfte** ist wieder vornehmlich abhängig von der Volatilität der Basis. Je vollkommener die Parallelität von Kassa- und Futures-Preis, desto größer und verlässlicher ist die mit Futures zu erzielende Versicherungswirkung.

Warum also der Handel mit Futures eine konservativere Art von Börsenaktivität sein kann als althergebrachte Investitionsmaßnahmen, ersehen wir genauer aus der nun folgenden Betrachtung des trotz Schwankungen in der Basis im Großen und Ganzen parallelen Verlaufs der Preise im Kassamarkt und im Futures-Markt.

Die Futures- und Kassapreise entwickeln sich in etwa parallel, da sie im Wesentlichen auf die gleichen Einflussfaktoren reagieren.

Schließlich sind Kassa-Engagement und Futures-Engagement, wie oben zu sehen war, im Rahmen einer entsprechenden Strategie Substitute füreinander. Deshalb bieten sie sich als Arbitragepole an.

Die Tätigkeit der Arbitrageure garantiert, dass die Schwankungen der Basis begrenzt bleiben. Abb. 46 zeigt, dass die Schwankungen der Basis tatsächlich bedeutend geringer sind als die Preisschwankungen in den Parallelmärkten.

Aufgrund dieses Umstandes qualifizieren sich Futures auch als Versicherungsinstrument. Wenn nämlich die Basis, die Differenz zwischen Kassa- und Futures-Kurs, sich wenig volatil verhält, oder gar im Idealfall sich der Futures-Preis in die gleiche Richtung und im gleichen Ausmaße bewegt wie der Kassapreis, ist eine vollkommene Absicherung gegen Preisrisiken im Kassamarkt dadurch zu bewerkstelligen, dass die entgegengesetzte Position im Futures-Markt eingenommen wird. Die Verluste der Long-Position im Kassamarkt werden dann durch gleich große Gewinne aus der Short-Position im Futures-Markt ausgeglichen oder Verluste in einer Kassa-Short-Position durch gleich große Gewinne der Futures-Long-Position egalisiert.

Doch welchen Sinn hat es denn, überhaupt eine Kombination von Positionen zu wählen, bei denen die Gewinne der einen Position durch die Verluste der anderen aufgehoben werden?

BEISPIEL: Dazu stelle man sich einen Vermögensverwalter vor, der Anleihen besitzt, die heute einen Gegenwert von 5.000.000 € darstellen. Er beabsichtigt, diese Anleihen in drei Monaten zu verkaufen, um mit dem Erlös eine dann fällig werdende Verbindlichkeit zu begleichen. Fällt der Wert der Anleihen zwischenzeitlich auf 4.500.000 €, entsteht eine Finanzierungslücke von 500.000 €. Würde er drei Monate vor der geplanten Veräußerung der Anleihen Futures, die einen Gegenwert von 5.000.000 € darstellen, verkaufen, also eine Short-Futures-Position eingehen und würden die Futures hernach im gleichen Maße fallen wie die Anleihen, würden die Glattstellungsgewinne bei Einnahme einer Long-Futures-Position den Wertverlust der Anleihen ausgleichen. Es entstünde keine Finanzierungslücke.

5.9 Unproblematische Leerverkäufe

Bevor wir im Einzelnen auf die Kunst der Absicherungsgeschäfte eingehen, sei noch auf die bemerkenswerte Leichtigkeit hingewiesen, mit der sich Short-Positionen im Futures-Markt aufbauen und glattstellen lassen.

Wer Wertpapiere „shortet", short geht oder wie man auch sagt, leerverkauft, also Effekten verkauft, die er nicht besitzt, muss sich diese von irgend jemandem gegen entsprechende Gebühren leihen.

Da es sich bei Futures, die übrigens so wenig wie Optionen nach deutschem Recht als Wertpapiere gelten, um Geschäfte handelt, deren Erfüllung in der Zukunft liegen, besteht bei Short-Positionen vor Fälligkeit kein Grund, das zugrundeliegende Objekt auszuleihen. Die Leihkosten entfallen, und somit ist das Eingehen von Short-Positionen billiger als im Kassamarkt.

Short-Positionen sind deshalb und wegen der weiter oben ausführlich erläuterten Effizienz der Clearing-Stelle ebenso leicht einzugehen, aber auch per Reversing- oder Offsetting-Trades wieder rückgängig zu machen wie Long-Positionen.

Wir können jetzt zusammenfassend in einem kleinen Überblick die Vorzüge des Futures-Geschäfts und somit einen Teil der Gründe – es gibt auch exogene, von Veränderungen in der Weltwirtschaft herrührende Gründe – für dessen phänomenalen Erfolg seit Anfang der siebziger Jahre angeben.

5.10 Die Attraktivität und hohe Liquidität von Futures-Märkten

Die entwickelten Futures-Märkte sind außerordentlich liquide – liquider als die mit ihnen verbundenen Kassamärkte. In Futures-Märkten lassen sich deshalb auch größte Transaktionen schnell, kostengünstig und ohne unerwünschte Wellenschläge durchführen.

Ursächlich sind hierbei

- das Angebot von Absicherungsstrategien, die im Kassamarkt nicht oder schwieriger durchzuführen sind,

- die Vielfalt von einzigartigen und im Risiko begrenzten Handelsanlässen,
- der geringere Kapitaleinsatz und die damit verbundene Hebelwirkung (Leverage),
- die Erfüllungssicherheit,
- die geringen Such- und Informationskosten,
- die Anonymität des Handels,
- die Möglichkeit eines unkomplizierten und umgehenden Sichlösens aus bestehenden Positionen,
- die sich aus alledem ergebenden niedrigeren Transaktionskosten und somit
- die größere Breite und Vielfalt der Marktteilnehmerschaft sowie
- die Möglichkeit, rascher und kostengünstiger auf neue Informationen durch adäquates Handelsgebaren zu reagieren.

6. Absicherungsgeschäfte (Hedging) bei Zins-Futures

Es gibt, wie schon angedeutet, zwei Grundarten beim „Hedgen" mit Futures:

- den **Long-Hedge,** bei dem man einen Futures-Kontrakt kauft, oder im Jargon: „long geht", um den bei einem zu einem zukünftigen Zeitpunkt beabsichtigen Erwerb des betreffenden Kassaobjekts zu zahlenden Preis schon heute festzulegen, sowie
- den **Short-Hedge,** bei dem man einen Futures-Kontrakt verkauft, oder „short geht", um eine bestehende Kassa-Long-Position gegen einen Wertverfall abzusichern.

Um diese Hedge-Verfahren anhand von Zins-Futures, also Futures-Kontrakten, die sich auf Finanztitel des Geld- oder des Kapitalmarktes beziehen, konkretisieren zu können, sei einiges über die Eigenarten dieser zugrundeliegenden Instrumente vorausgeschickt. Übrigens: Finanztitel, die eine Laufzeit von bis zu einem Jahr haben, gehören dem Geldmarkt, solche mit einer Laufzeit von über einem Jahr dem Kapitalmarkt an.

6.1 Einige Eigenschaften festverzinslicher Titel

Die Rendite aus einer Investition in derlei Instrumente errechnet sich für den, der beabsichtigt, die Titel bis zum Ende ihrer Laufzeit zu halten, aus der Differenz zwischen dem Kaufpreis, den Zinseinnahmen (Kuponzahlungen), dem Satz, zu dem die eingehenden Zinsen wiederangelegt werden können, und dem Tilgungswert, d. h. dem Preis, zu dem der Titel vom Emittenten bei Endfälligkeit zurückgekauft wird.

Es gibt auch Titel, bei denen überhaupt keine Kuponzahlungen vorgesehen sind. Die Rendite solcher Instrumente kann der gleichwertiger, jedoch kuponzahlender Anlagen über eine entsprechende Senkung des Kaufpreises oder eine Anhebung des Rückkaufpreises angepasst werden.

Die Ausstattungsmerkmale (Kuponzahlungen, Rückzahlungsbetrag etc.) der meisten Geld- und Kapitalmarkttitel sind während ihrer Laufzeit unveränderlich, so dass eine Anpassung ihrer aktuellen Rendite an das durch alternative Anlagen vorgegebene Renditeniveau nur über den Preis erfolgen kann. Setzt man den Preis einer Anleihe herab, steigt ihr Ertrag, ihre Rendite, denn man zahlt nun weniger bei gleichem Zinszufluss und Tilgungsbetrag. Setzt man den Preis herauf, fällt die Rendite, denn das Verhältnis von Ausgaben und Einnahmen verschlechtert sich.

Dies begründet den außerordentlich wichtigen, in Abb. 47 dargestellten inversen Zusammenhang zwischen Zinsen und den Preisen von Geld- und Kapitalmarktpapieren. Steigen die Marktzinsen, müssen die Preise dieser Instrumente fallen, um sie dem neuen Renditeniveau anzugleichen und so ihre Konkurrenzfähigkeit zu bewahren. Umgekehrt: Fallen die Zinsen, gleichen sich die Instrumente durch einen Preisanstieg dem niedrigeren Renditeniveau an.

Wenden wir uns nun dem liquidesten und gleichzeitig ältesten (1975 entstanden) aller Zinsfutures-Märkte zu – dem amerikanischen. Bei amerikanischen Staatsanleihen (Treasury Bonds) ist zu beachten, dass Preisnotierungen wie nachstehend erfolgen:

Die Kurse von US Treasury Bonds und US Treasury Bond-Terminkontrakten werden in ganzen Punkten, von denen ein Punkt $ 1.000 repräsentiert, und in Bruchteilen von je 1/32 eines Punktes (= $ 31,25 = $ 1.000/32) notiert.

Folglich wird ein Preis von $ 90.000 (= 90 × $ 1.000) mit 90–00 notiert. Ein Preis von $ 76 750 wäre als 76–24 anzugeben. Denn: $ 76.000 = 76 Punkte; $ 1.000 ×?/32 = $ 750; ($ 750/$ 1.000) × 32 = 24.
Ein Preis von $ 90.500 würde als 90–16 notiert werden, denn: (90 + 16/32) × $ 1.000 = $ 90.500.

6.2 Long-Hedge

Eine Portefeuille-Managerin gelangt am 1. April 1980 zu der Einsicht, dass die auf Grund von Inflationsängsten betriebene Politik des teueren Geldes (= hohe Zinsen) kaum weiter verschärft werden wird und deshalb die seit Oktober 1979 steigenden Zinsen ihren Höhepunkt erreicht haben dürften.

BEISPIEL: Indes ist der oben genannten Portefeuille-Managerin bekannt, dass ihr in drei Monaten $ 1.000.000 zur Verwaltung überlassen werden, die sie verpflichtet ist, in festverzinslichen Anlagen der höchsten Bonität, also in Staatspapieren anzulegen. Angesichts der Erwartung rückläufiger Zinsen und somit steigender Preise für Anleihen wäre es ideal, wenn sie schon jetzt, da sie die Zinsen am höchsten und die Preise am niedrigsten wähnt, die Investition tätigen könnte.
Diesem Ziel kommt sie in der Tat näher, indem sie einen Long-Hedge durch Kauf von Futures einrichtet. Ein Futures-Kontrakt auf Treasury Bonds (Amerikanische Staatsanleihen) hat einen Nominal wert von $ 100.000. Die Portefeuille-Managerin kauft zehn Futures Kontrakte zu je 68–10. Der Preis der Bonds beläuft sich auf 68–14.
Drei Monate später, am 2. Juli, liegen die Zinsen wie erwartet deutlich tiefer, so dass zwischenzeitlich der Preis der Staatsanleihe auf 82–13 und der Preis des Futures auf 80–07 gestiegen ist. Der Kauf von zehn Futures zu 68–10 und Wiederverkauf zu 80–07, trägt einen Gewinn in

Höhe von $ 119.062,50 ein. Dieser Gewinn gleicht den Opportunitätsverlust in Höhe von $ 139.687,50 fast ganz aus, der dadurch entsteht, dass zehn Treasury Bonds zu 82–13 statt zu 68–14 gekauft werden. Statt $ 824.062,50 für zehn Treasury Bonds mit einem Nominalwert von $ 1.000.000 zahlt sie effektiv nur $ 705.000.

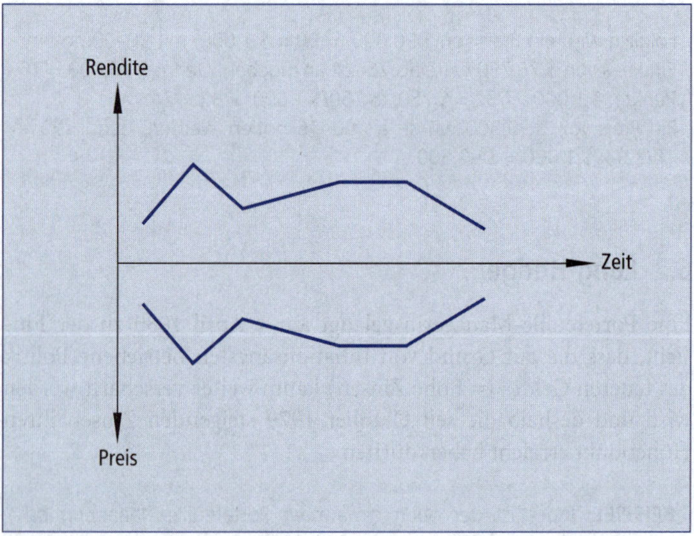

Abb. 47: Zusammenhang zwischen Preis und Rendite eines Finanztitels

Die gestiegenen Anschaffungskosten der Treasury Bonds werden zum größten Teil durch Gewinne aus der Glattstellung der Long-Position in Futures abgefangen. Die Tatsache, dass der Futures-Gewinn die gestiegenen Kosten des Erwerbs des Kassainstruments dennoch nicht gänzlich ausgleicht, ist der zwischenzeitlichen Veränderung der Basis zuzuschreiben.

6.3 Short-Hedge

Wie schon erwähnt, setzte die US-Notenbank in einem Versuch, Geld teurer zu machen und so die drohende Inflationsgefahr zu bannen, im Oktober 1979 die Zinsen deutlich herauf. Prompt fielen die Preise von Anleihen. Ein Rentenhändler hätte sich gegen den hierdurch ausgelösten Wertverfall seiner Anleihebestände mittels eines Short-Hedges absichern können.

BEISPIEL: Zur Illustration: Ein Händler von Treasury Bonds hält am 1. Oktober in seinem Bestand Staatsanleihen mit einem Nominalwert von $ 1.000.000, die gegenwärtig zu 94–26 notieren. Er entschließt sich, zehn Futures-Kontrakte zu einem Kurs von 86–28 dagegen zu verkaufen.

Am 31. Oktober sind die Zinsen deutlich höher und die Preise der Anleihen in seinem Bestand deutlich niedriger. Der Preis der Treasury Bonds ist von 94–26 auf 86–16 gefallen, so dass der Anleihenbestand $ 83.125 weniger wert ist als noch zu Anfang des Monats. Dieser Wertverlust wird jedoch größtenteils kompensiert, wenn der Händler seine Futures-Position glattstellt durch Rückkauf zu einem Preis von 79–26. Auf diese Weise verdient er nämlich pro Kontrakt $ 7.062,50 und insgesamt an allen zehn Kontrakten $ 70.625,00.

Der Short-Hedge hat viele Anwendungen, so zum Beispiel im Emissionsgeschäft. Emissionshäuser (= Underwriter im Neudeutschen, Konsorten im etwas konservativeren Sprachgebrauch) erleichtern die Weiterleitung von Kapital zwischen Sparern und Investoren, Kapitalnehmern und Kapitalgebern, indem sie die Wertpapiere von Firmen, die Kapitalbedarf haben, abnehmen und sie an professionelle Investoren und die breite Öffentlichkeit weiterverkaufen. Dabei kauft nicht selten ein einziges Emissionshaus, der Lead-Manager einer kapitalsuchenden Institution, einem Unternehmen etwa, welches einige hundert Millionen zu Investitionszwecken benötigt, Aktien oder eine Anleihe in vollem Umfang ab und garantiert so dem Emittenten den angestrebten Kapitalzufluss. Weil die hierbei in Frage stehenden Beträge sehr groß zu sein pflegen, syndiziert das Emissionshaus den „deal", d. h. es versucht Teile der übernommenen Emission an andere Konsorten, meist Banken, weiterzuverkaufen.

Ein immer wieder auftretendes Risiko im Konsortialgeschäft ergibt sich aus der **Phasenverschiebung** zwischen der Festlegung der Ausstattungsmerkmale des zu syndizierenden Emissionsgegenstandes (Anleihe, Aktie etc.) und dem Begebungszeitpunkt. Was zum Zeitpunkt der Konditionengestaltung marktgerecht gewesen sein mag, kann wenig später, wenn es zur Distribution der übernommenen Emission kommt, vom Markt als gänzlich unangemessen bewertet werden.

So mag es vorkommen, dass eine zum festen Preis übernommene Anleihe angesichts zwischenzeitlich gestiegener Zinsen nicht mehr profitabel weiterverkauft werden kann. Hat ein Emissionshaus beispielsweise € 50.000.000 einer Neuemission zum Preis von 100 % des Nominalwertes der Anleihe übernommen, so kann, wie das obige Exempel des Short-Hedges zeigte, durch Leerverkauf von Terminkontrakten sichergestellt werden, dass selbst bei steigenden Zinsen kein oder ein wesentlich geringerer Wertverlust im zu syndizierenden Bestand eintritt.

6.4 Cross-Hedge

Im Emissionsgeschäft, um bei diesem Beispiel zu bleiben, wo nicht selten Positionen in Titeln übernommen werden, für die es keine Futures-Märkte gibt, sieht man sich oft gezwungen, einen sogenannten Cross-Hedge einzurichten.

Als Cross-Hedging bezeichnet man ein Verfahren, bei dem das Preisrisiko eines Kassainstruments, zum Beispiel das der Anleihe eines Unternehmens, dadurch reduziert werden soll, dass man eine Futures-Position in einem Futures-Kontrakt einnimmt, welcher sich zwar nicht auf das Kassainstrument, sondern ein anderes, im Preisverhalten allerdings möglichst ähnliches Instrument, zum Beispiel eine Staatsanleihe, bezieht. Entscheidend beim Hedging mit Futures ist bekanntlich die Basis. Wenn der Preis von Bananen strikt parallel zu dem von Diamanten verläuft, kann man die wertvollen Edelsteine mit einem perfekten Bananen-Cross-Hedge vor der Gefahr eines Preisverfalls abschirmen.

6.5 Chancen und Risiken beim unvollkommenen Hedge

Die Kehrseite dieser Absicherungsmaßnahme und überhaupt jeder Art von Hedge besteht darin, dass Gewinne, die sich bei günstiger Zinsentwicklung über die Kassaposition realisieren lassen, durch Verluste im Terminmarkt ganz oder teilweise aufgehoben werden.

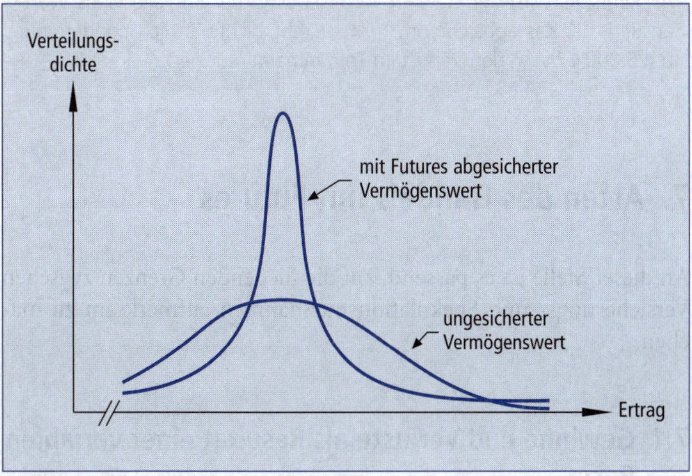

Abb. 48: Verteilung der Erträge mit und ohne Short-Hedge

Wie Abb. 48 verdeutlicht, kann über einen Futures-Hedge die Wahrscheinlichkeit, einen großen Verlust zu erleiden, stark begrenzt werden im Vergleich zu einer nichtgesicherten Kassaposition. Diesen Vorteil erkauft man sich aber um den Preis eines ebenfalls stark begrenzten Gewinnpotentials.

Diese Erkenntnis muss stets einbezogen werden in die Entscheidung darüber, ob eine Position gesichert werden soll oder nicht. Es besteht jedoch auch die Möglichkeit, durch Feinsteuerung der sogenannten **Hedge-Ratio** (Anzahl von Terminkontrakten pro Kassakontrakt) den Teil des Kassabestandes, der durch das beschriebene Verfahren abgesichert ist, zu reduzieren und somit mehr oder weniger große Segmente der zugrundeliegenden Position am „normalen“ Gewinn- und Verlustpotential teilhaben zu lassen.

BEISPIEL: Wenn zum Beispiel eine Position von 1.000.000 € durch einen Short-Hedge in Höhe von nur 500.000 € abgesichert wird, dann wird unter Absehung von jeglichem Basisrisiko bei einer Werteinbuße der Kassaposition von 1 % nicht der ganze Verlust von 10.000 €, sondern nur ein solcher von 5.000 € durch das Termingeschäft ausgeglichen. Andererseits wird der Gewinn von 10.000 €, der im Falle eines Wertanstiegs der Kassaposition um 1 % entsteht, nicht gänzlich, sondern nur um 5.000 € durch den Verlust im Terminmarkt reduziert.

7. Arten des Handels mit Futures

An dieser Stelle ist es passend, auf die fließenden Grenzen zwischen Versicherungs- und Spekulationsmaßnahmen aufmerksam zu machen.

7.1 Gewinne und Verluste als Resultat einer variablen Basis

Wie oben schon zu sehen war, tauscht der Futures-Hedger nämlich das **Preisrisiko** des Kassainstruments gegen das **Basisrisiko** der Hedge-Position ein. So wie er mit dem Preisrisiko auch die Chance einer erfreulichen, sprich gewinnbringenden Preisentwicklung des Kassainstruments abgibt, so übernimmt er mit dem Basisrisiko auch die Chance, von einer vorteilhaften Veränderung der Basis über das Absicherungsziel hinaus zu profitieren.
Wenn wir von der in der Literatur häufiger verwendeten Definition der Basis

$$b = k - f$$

ausgehen, dann gilt:

Bei einem Short-Hedge erwirtschaftet man über die Kompensation der Kassaverluste hinaus einen Nettogewinn, wenn **die Basis sich verstärkt.** Die Basis verstärkt sich, wenn der Kassapreis stärker steigt als der Futures-Preis oder wenn der Futures-Preis in größerem Maße fällt als der Kassapreis. Fällt nämlich der Futures-Kurs genauso tief, wie der Kassakurs steigt, gleichen sich Gewinn und Verlust aus der Glattstellung im Futures und der Glattstellung im Kassamarkt genau aus. Fällt aber der Futures-Kurs stärker, als der Kassakurs steigt, übertrifft der Glattstellungsgewinn beim Futures den Glattstellungsverlust im Kassamarkt. Nur wenn sich die Preisdifferenz zwischen dem Kontrakt, den man ursprünglich gekauft hat, und demjenigen, den man ursprünglich verkauft hat, vergrößert, führt diese Konstellation zum Gewinn. Je höher der Wert der Basis, desto mehr verstärkt sie sich und desto größer wird der Nettogewinn aus dem Short-Hedge.

Beim Long-Hedge kommt ein Nettogewinn zustande, wenn der Kassapreis rascher fällt als der Futures-Preis, oder aber, wenn der Futures-Preis schneller ansteigt als der Kassapreis. Man spricht dabei von einer **sich abschwächenden Basis.**

7.2 Spreading

Die Betrachtung des Effekts einer Stärkung oder Schwächung der Basis auf die Nettogewinn- oder Verlustrechnung eines Hedgers bereitet gleichzeitig den Boden für die Beschreibung einer sehr wichtigen Art der Arbitrage und der Spekulation in Futures-Märkten – dem Spreading. Das Spreading ist eine Verallgemeinerung des Basis-Handels, wie wir ihn bis jetzt kennengelernt haben. Bislang begegnete uns die Basis als das relative Preisverhältnis zwischen Futures und zugrundeliegendem Instrument. Die Preisdifferenz, also die Basis zwischen zwei Futures-Kontrakten, bezeichnet man als Spread. Es gibt eine Vielzahl von Spreads, wie zum Beispiel solche zwischen einzelnen Futures-Kontrakten unterschiedlicher Laufzeit oder zwischen Futures-Kontrakten mit unterschiedlichen zugrundeliegenden Instrumenten oder zwischen Futures und beliebigen anderen Instrumenten, wie die oben angesprochene Praxis des Cross-Hedging demonstriert.

7.2.1 Kauf und Verkauf von Spreads

Von den Beobachtungen über den Einfluss von Basisveränderungen auf die Hedge-Performance kann man folgende Regeln für das **Spread-Trading,** also der Spekulationen auf die Basis, d. h. die Preisdifferenz zwischen zwei verschiedenen Futures-Kontrakten, ableiten:

Man **kaufe den Spread,** wenn man seine Stärkung absieht, d. h.: wenn (A1–B1) (A2–B2), wobei A und B die beiden Beine des Spreads sind und A1 und B1 die Anfangspositionen und A2 und B2 die Positionen bei Glattstellung bezeichnen – kaufe A1 und verkaufe B1. Damit die Beziehung stimmt, muss B1

(a) stärker zurückgehen oder

(b) weniger stark steigen als A1.

Geht B1 stärker zurück als A1, wird der Glattstellungsgewinn der B-Position größer sein als der Glattstellungsverlust der A-Position.

BEISPIEL: (a) Kaufe A zu 90, verkaufe B zu 80. Zwischenzeitlich fällt B stärker als A.
Verkaufe A zu 88, realisiere einen Gesamtverlust der A-Position von 2; kaufe B zu 77, realisiere einen Gesamtgewinn der B-Position von 3. Alles in allem bleibt ein Gesamtgewinn aus dem Spread von 1.
Alternativ nehmen wir an:
(b) A steigt von 90 auf 92 und B steigt von 80 auf 81.
Der Glattstellungsverkauf der A-Position fährt einen Gewinn von 2 ein, der Glattstellungskauf der B-Position verursacht einen Verlust von 1.

Man **verkaufe den Spread,** wenn man seine Schwächung absieht, d. h.: wenn (A1–B1) > (A2–B2), verkaufe man A1 und kaufe B1.

Damit die postulierte Beziehung stimmt, müsste A1 entweder (a) weniger stark steigen als B1 oder (b) stärker fallen als B1.

BEISPIEL: (a) Verkaufe A zu 90, kaufe B zu 80.
A wird zu 93 glattgestellt und bringt einen Verlust von 3; B wird zu 84 glattgestellt und erwirtschaftet einen Gewinn von 4; Gesamtgewinn: 1.
(b) Verkaufe A zu 90, kaufe B zu 80.
Man stellt A zu 86 glatt und streicht einen Gewinn von 4 ein. B wird zu 77 glattgestellt und verursacht einen Verlust von 3; Gesamtgewinn: 1.

Zur Verdeutlichung sei ein Beispiel aus der Vielfalt praktischer Anwendungen des Spread-Handels hier herausgegriffen. Es ist jedoch hilfreich, eine kurze Vorüberlegung anzustellen, die das Preisverhalten festverzinslicher Titel betrifft.

Von zwei Anleihen, die sich nur in der Restlaufzeit unterscheiden, reagiert der Preis derjenigen stärker auf eine gegebene Veränderung im Zinsniveau, welche die längere Laufzeit aufweist. Der Grund hierfür liegt darin, dass der Zahlungsstrom dieser Anleihe stärker, weil nämlich über eine größere Anzahl von Perioden abgezinst wird.

Um ein verhältnismäßig durchsichtiges Beispiel zu wählen, gehen wir von einem Abzinsungspapier aus. Der Zahlungsstrom eines Abzinsungspapiers besteht aus der Perspektive des Investors nur aus einem Abfluss, dem Kaufpreis, und einem Zufluss, dem bei Fälligkeit eingenommenen Tilgungs- oder Rückzahlungsbetrag. Der Rückzahlungsbetrag ist größer als der Kaufpreis, so dass man sich durch Erwerb dieses Titels eine garantierte Rendite sichert – den Gewinn aus der Differenz zwischen Kaufpreis und Rückzahlungskurs, abgezinst auf den gegenwärtigen Zeitpunkt.

Ein Abzinsungspapier etwa mit fünfjähriger Laufzeit, einer auf der Basis jährlicher Verzinsung berechneten Rendite von 10 % und einer einzigen Auszahlung am Ende der Laufzeit von 1.000.000 € wird einen geringeren Bar- oder Gegenwartswert und somit einen geringeren aktuellen Preis, aber auch

eine stärkere Veränderung

- des Betrags seines Werts und somit
- seines Preises

aufweisen als ein identisch ausgestattetes Papier mit nur einem Jahr Restlaufzeit.

BEISPIEL: Ein einmaliges Abzinsen (zu 10 %) eines Betrags in Höhe von 1.000.000 € ergibt:
1.000.000 € × $(1/(1,10)^1)$ = 909.090,91 €. Das entspricht, um die im deutschen Rentenhandel übliche Notierungsweise zu verwenden, ausgedrückt als Prozentsatz des Nominalwerts in Höhe von 1.000.000 €, einem Preis von 90,91 %.

Ein fünfmaliges Abzinsen (zu 10 %) eines Betrags in Höhe von 1.000.000 € hingegen ergibt:
1.000.000 € × $(1/(1{,}10)^5)$ = 620.921,32 €, was einem Preis von 62,09 % entspricht.

Aus dem gleichen Grunde bewirkt eine Veränderung des verlangten Renditeniveaus um ein Prozent (von 10 % auf 9 %) eine stärkere Veränderung des Preises im Langläufer als im Kurzläufer:

BEISPIEL: 1.000.000 € × $(1/(1{,}09)^1)$ = 917.431,19 € – Die Herabsetzung des Abzinsungsfaktors um 1 % verändert den Wert der Anleihe um etwa 8.000 € (von 909.090 € auf ca. 917.000 €).
Beim Langläufer ist die Situation dramatischer:
1.000.000 € × $(1/(1{,}09)^5)$ = 649.931,39 €. Die Herabsetzung des Abzinsungsfaktors um 1 % verändert den Wert des Langläufers um etwa 29.000 € (von 620.921 € auf ca. 650.000 €).

Der umgekehrte Sprung vom letzten Beispiel zum vorletzten zeigt, dass eine Heraufsetzung des Abzinsungsfaktors ebenfalls beim Langläufer zu einer nachhaltigeren Änderung als beim Kurzläufer führen würde. Diesen Umstand kann sich ein Spread-Händler im Futures-Markt folgendermaßen zu Nutzen machen.

Vorauszuschicken ist, dass US-Notes (Schatzanweisungen) Laufzeiten von zwei bis zehn Jahren und US Treasury Bonds (Staatsanleihen) Laufzeiten von mehr als zehn und bis maximal 30 Jahren aufweisen. Ansonsten sind die Ausstattungsmerkmale identisch einschließlich der Adresse des Emittenten, dem amerikanischen Staat.

Bei steigenden Zinsen werden auf Grund des soeben dargestellten Sachverhalts die Preise von langlaufenden Anleihen, wie US Treasury Bonds, stärker nachgeben als die von – im Vergleich dazu – Kurzläufern, wie US Treasury Notes.

Da, wie wir sahen, ein Spread-Geschäft sich immer dann anbietet, wenn die Beziehung der Preisverläufe zweier Handelsgegenstände sich zu ändern beginnt, wäre es bei Erwartung höherer Zinsen sinnvoll, in diesem Fall in Note-Futures long und in Bond-Futures short zu gehen. Der Preisrückgang der Notes müsste geringer sein als der der Bonds, so dass der Verlust aus der Glattstellung der Long-Position geringer sein wird als der Gewinn aus der Glattstellung der Short-Position.

BEISPIEL:

T-Note-Futures	T-Bond-Futures
Anfangsposition: Long bei 82–00 = $ 82 000	Anfangsposition: Short bei 88–24 = $ 88 750
Schlussposition: Short bei 80–00 = $ 80 000	Schlussposition: Long bei 85–00 = $ 85 000
Netto-Position: – 2–00 = – $ 2000	Netto-Position: 3–24 = $ 3750
Netto-Profit des Spreads: 3–24 – 2–00 = 1–24 = $ 1750	

Obigem Rechenexempel liegt im Einzelnen folgende Strategie zugrunde: In Erwartung steigender Zinsen geht eine Investorin Note-Futures zu 82–00 long und baut einen Spread auf, indem sie gleichzeitig T-Bond-Futures zu 88–24 ($ 88.750) short geht.

Der erwartete Zinsanstieg stellt sich tatsächlich ein, und der oben geschilderte Mechanismus bewahrheitet sich: Der Preis des Note-Kontrakts fällt um 2 Punkte und reagiert damit erwartungsgemäß weniger stark als der langlaufende Bond-Kontrakt, der um 3–24 abfällt. Die Investorin stellt den Note-Futures glatt, indem sie ihn zu 80–00 oder $ 80.000 short geht; gleichzeitig vollendet sie den Spread, indem sie auch den Bond-Futures glattstellt durch eine Long-Position, welche zu 85–00 oder $ 85.000 eingenommen wird.

Damit steht einem Verlust von $ 2.000 in der Note-Futures-Position ein Gewinn in Höhe von $ 3.750 in der Bond-Futures-Position gegenüber.

Das von uns gewählte Beispiel stellt eine Kombination aus mehreren Grundtypen von Spreads dar.

7.2.2 Verschiedene Arten von Spreads

Es gibt drei Haupt-Arten von Spreads: Intra-Delivery-, Intra-Market- oder Intra-Contract-Spreads. Hierbei handelt es sich um den gleichzeitigen Kauf eines Futures einer bestimmten Fälligkeit und dem Verkauf des gleichen Kontrakts mit anderer Fälligkeit.

Der **Inter-Market-Spread** ist ein typischer Arbitrage-Spread, bei dem man einen Futures an einer Börse kauft (verkauft) und den gleichen Kontrakt an einer anderen Börse gleichzeitig verkauft (kauft).

Der **Inter-Contract-Spread** eignet sich zur Ausnützung von irregulären Preisbeziehungen zwischen unterschiedlichen, aber deutlich korrelierenden Handelsobjekten. Man kauft dabei den Futures auf das eine Objekt und verkauft den Futures auf das andere. Hierbei kann es durchaus sein, dass die in Frage stehenden Objekte an unterschiedlichen Börsen gehandelt werden.

Die Vielfalt der Möglichkeiten beim Spreading ist immens. Beim sogenannten Butterfly-Spread wird sogar die Preisbeziehung, die Basis zweier Spreads, auszunutzen versucht. Dabei kauft man z. B. den Butterfly, wenn man davon ausgeht, dass der zeitlich nähere Spread sich mehr verstärkt oder weniger abschwächt als der entferntere.

Spread-Trading ist in der Regel nicht so riskant wie andere Formen des spekulativen Handels, weil die Instrumente, zwischen denen „gespreadet" wird, auf Grund ihrer Ähnlichkeit im wesentlichen von den gleichen Einflussfaktoren betroffen sind, gut ausarbitriert zu sein pflegen und somit nur beschränkten Basisveränderungen unterliegen.

Doch vergesse man nicht:

> There was a one-lot trader named Fred,
> who tried to reduce risk with a spread.
> But the spread was his demise –
> He overdid position size,
> trading not one but ten instead.

7.3 Das Zusammenspiel der drei Teilnehmergruppen

Man kann also, grob gesprochen, drei **Motive für die Teilnahme am Futures-Handel** unterscheiden:

Die Erzielung von Vorteilen durch

- Arbitrage,
- Spekulation und
- Hedging (= Absicherung).

7.3.1 Arbitrageure

Arbitrage gewährleistet,

- dass Futures- und Kassamärkte in einer verbindlichen Beziehung zueinander stehen,
- dass insbesondere die für das Hedging unverzichtbare tendenzielle Gleichgerichtetheit der Preisentwicklung in beiden Märkten vorherrscht, und
- dass sich das Basisrisiko in verhältnismäßig engen Korridoren bewegt.

7.3.2 Spekulative Händler

Die Aussicht auf Arbitragegewinne ist gleichzeitig triftiger Anlass für Spekulanten, im Markt zu agieren und so Hedgern jederzeit Partner für die von ihnen benötigten Handelsabschlüsse bereitzustellen.

Neben der arbitragemotivierten Spekulation befinden sich auch sogenannte **Position-Trader** im Markt, die sich eine Meinung über die Preisentwicklung des Futures-Kontraktes auf Grund fundamentaler (d. h. grundlegende ökonomische Faktoren berücksichtigender) oder technischer (die kurzfristige Marktverfassung betreffender) Einschätzungen gebildet haben und damit Geld verdienen zu können glauben. Auch sie tragen zur Markttiefe, zur größeren Liquidität und somit zur leichten Einnahme und Glattstellung beliebiger Positionen bei. Man unterscheidet die verschiedenen Typen von Position-Traders gerne nach der Länge des Zeitraums, während dessen sie ihr spekulatives Engagement aufrechtzuhalten bereit sind.

Scalpers sind nur ganz kurzfristig im Markt. Sie leben von den kleinen Ausschlägen, den zahllosen kleinen „Zacken", die man im großen Markttrend entdeckt, wenn man seinen Verlauf durch die Lupe betrachtet. Geht der Preis geringfügig herunter, kauft der Scalper. Wenige Minuten später, wenn der Preis wieder ein wenig angestiegen ist, verkauft er mit kleinem Gewinn. Viele Geschäfte dieser Art, zumal, wenn beträchtliche Volumina bewegt werden, können im Laufe der Zeit erkleckliche Einnahmen erbringen. Das Wirken solcher Scalpers ist von großer Bedeutung für die Liquidität des Markts. Zudem leisten sie einen wichtigen Beitrag zur Minimierung von Kursfluktuationen.

Der Scalper gehört der Gemeinschaft der **Day-Trader** an. Der Day-Trader zeichnet sich dadurch aus, dass er keine offenen Positionen über Nacht hält, weil ihm die Gefahr einer zwischenzeitlichen, nachhaltigen Wertänderung seiner Position, die über Nacht eintreten könnte, zu groß erscheint.

Minimum-Tick: Im Rahmen der Standardisierungs- und sonstigen Bemühungen, den Handel in Futures zu rationalisieren, ist es üblich, den kleinstmöglichen Betrag einer Änderung des notierten Kontraktwerts festzulegen. Diesen Betrag, der gerne auch als Prozentsatz des Nominalwerts des Kontrakts ausgedrückt wird, bezeichnet man als **„Tick"**. Handelsangebote, die unter diesem Wert liegen, sind gegenstandslos. So kann sich beim Futures auf Bundesanleihen, der sogleich behandelt werden soll, der Wert eines Kontrakts von einer Handelsquotierung zur nächsten um nicht weniger als 10 € ändern.

In der Literatur unterscheidet man in der Regel zwischen Scalper und Day-Trader insofern, als ersterer schon nach ein, zwei oder ganz wenigen sogenannten „Ticks" zur Glattstellung schreitet, während letzterer, wenn auch nur im Rahmen der Preisbewegungen eines Tages, größere Kursänderungen bei seinen Spekulationen in Kauf nimmt.

Die bislang besprochenen Typen von Futures-Händlern machen erfahrungsgemäß das Gros der spekulativ gesonnenen Marktteilnehmerschaft aus. Es ist bemerkenswert, dass sie alle dabei Vorsicht walten lassen. Statt sich in wilde Spekulationen zu stürzen, statt sich auf Gratwanderungen am Rande unabsehbarer Abgründe des Bankrotts einzulassen, operieren sie, schön konservativ, mit Sicherheitsnetz.

Der Spreader gibt sich mit den deutlich niedrigeren Ertrags- aber auch Risikoaussichten des Basishandels zufrieden. Der Scalper lässt es erst gar nicht darauf ankommen, von großen Kursveränderungen zermalmt werden zu können; und der Day-Trader ist ebenfalls nur zu Wagnissen bereit, die sich gut übersehen und schnell beschränken lassen.

Zur großen Überraschung derer, die zu wissen glauben, dass Futures von Natur aus gefährliche Spekulationsinstrumente sind, zeigt sich, dass die verschiedenartigen Techniken und Möglichkeiten des Futures-Handels die Markteintrittsschwellen gerade für verhältnismäßig risikoscheue Investoren herabsetzen; d. h. Investoren, welche die Teilnahme am Aktienhandel mit seinen hohen Preisrisiken aus geringer Risikobereitschaft ablehnen, könnten sich dennoch wegen der niedrigeren Handelsrisiken bei den soeben vorgestellten Formen des Marktengagements vielleicht als Händler in Termingeschäften betätigen.

Schießlich gibt es Händler, die Positionen über Tage, Wochen oder gar Monate halten – also auf den langfristigen Trend setzen. Auch diese können sich durch weitgefächerte Diversifikationsstrategien und eine eisenharte Handelsdisziplin effektvoll vor Spekulationsgefahren schützen. Besonders wichtig sind im Voraus festgelegte Trigger-Points, bei deren Erreichen Gewinne, auch gegen den Widerstand innerer Gier, oder aber Verluste, diese gegen den Widerstand der Eitelkeit oder des Nichtwahrhabenwollens, unerbittlich realisiert werden.

7.3.3 Hedger

Wie zu sehen war, benutzt der **Hedger** den Futures-Markt, um sich gegen Preisfluktuationen abzusichern. Damit der Hedger jederzeit die für seine Absicherungsbedürfnisse erforderliche Position eingehen kann, ist es unverzichtbar, dass Arbitrageure, „Spekulanten" wie Day-Trader, Scalper und andere liquiditätsspendende Teilnehmer im Markt sind; Menschen, die auf Grund anderer Markteinschätzung oder größerer Risikobereitschaft die Gegenposition einzunehmen bereit sind.

Für diesen Dienst sollten sie belohnt werden. Es ist deshalb zu erwarten, und empirische Studien unterstützen dies, dass in einem effizienten Futures-Markt ein Netto-Kapitaltransfer von Hedgern zu Spekulanten stattfindet. Anders ausgedrückt: Spekulanten als Gesamtgruppe werden im Durchschnitt mit Nettogewinnen aus ihren Transaktionen hervorgehen, wobei diese Gewinne sich wohl auf die geschicktesten und effizientesten Händler konzentrieren dürften. Diese Überlegung zeigt einmal mehr, dass Spekulation nichts Schlechtes sein muss, sondern eine wichtige volks- und betriebswirtschaftliche Funktion erfüllt, deren Bereitstellung angemessen honoriert wird.

8. Hedging mit Bund-Futures an der Eurex

Einige wichtige Eigenarten moderner Zins-Futures lassen sich am besten anhand eines konkreten Kontrakts erläutern und sollen deshalb nun am Beispiel eines Futures-Kontrakts auf deutsche Bundesanleihen besprochen werden.

8.1 Notionelle Bundesanleihe als Handelsgegenstand des Bund-Futures

Der Erwerb eines Bund-Futures-Kontraktes bringt die Verpflichtung mit sich, zu einem festgelegten Zeitpunkt, dem Liefertag, eine notionelle Bundesanleihe mit einem Nominalwert in Höhe von

€ 250.000, einer Laufzeit von $8^1/_2$ bis 10 Jahren und einer Rendite von 6 % zu kaufen; die Veräußerung eines solchen Kontrakts verpflichtet zum Verkauf der notionellen Anleihe.

Was ist eine notionelle Bundesanleihe? Es handelt sich dabei um eine rein gedankliche Konstruktion, die nur als Referenzgröße fungiert. Der Bund-Futures-Kontrakt ist nämlich so konstruiert, dass nicht nur eine, sondern eine ganze Auswahl von tatsächlich existenten Bundesanleihen zur Lieferung in Frage kommen – namentlich alle Bundes- und Treuhandanleihen mit einer Restlaufzeit von $8^1/_2$ bis 10 Jahren.

Um die verschiedenen lieferbaren Titel vergleichbar zu machen und alle auf einen einzigen, dafür umso liquideren Futures-Kontrakt beziehen zu können, werden alle in Frage kommenden Anleihen für den Zweck der Berechnung ihres Werts bei Lieferung auf einen gemeinsamen Nenner, den notionellen Referenztitel, nach einer noch zu besprechenden Methode umgerechnet.

8.2 Direct-Hedge

Die einfachste Form eines Futures-Hedges ist der sogenannte **Direct-Hedge.** Beim Direct-Hedge wird vorausgesetzt, dass die Änderungen des absoluten Betrags des Preises des Kassatitels und des Preises des dem Futures zugrundeliegenden lieferbaren Titels identisch sind. Wenn dem so ist, wird der Gewinn (Verlust) der Kassaposition durch den Verlust (Gewinn) der Futures-Position exakt kompensiert. Das Verhältnis der Anzahl von Kassatiteln und Futures-Kontrakten, die sich in einem Hedge gegenüberstehen müssen, um dieses Ziel zu erreichen, bezeichnet man als **Hedge-Ratio:**

$$\frac{\text{Nominalwert des Kassatitels}}{\text{Nominalwert des lieferbaren Titels des Futures-Kontrakts}} = \text{Hedge-Ratio}$$

Der Direct-Hedge ist auch unter dem Begriff des **naiven Hedge** bekannt, weil die Annahme der Gleichheit der Ausstattung (Laufzeit, Kupon, Bonität etc.) und damit die Annahme der Gleichheit der Preisänderungen bei Kassatitel und lieferbarem Futures-Titel selten in der Realität erfüllt wird.

8.3 Seller's Option

Für gewöhnlich bezieht sich ein Futures-Kontrakt eben nicht nur auf einen, sondern mehrere ganz unterschiedlich ausgestattete lieferbare Titel, von denen der Verkäufer des Futures nach eigener freier Wahl (Seller's Option) einen ihm genehmen für die Lieferung bestimmen kann. Die Zulassung mehrerer lieferbarer Titel hat den Vorzug, ein breites Spektrum von Anleihen in den Genuss einer Unterlegung mit einem Terminkontrakt (Absicherungsmöglichkeiten, Arbitragegelegenheiten, verbesserte Preisfindung) kommen zu lassen. Gleichzeitig erhöht sich die Liquidität des Futures, da viele Anleihen auf nur einen Futures-Kontrakt bezogen werden und somit Besitzer von vielen verschiedenen Anleihen den gleichen Futures handeln.

Schutz vor Corners: Zudem ist der Aufbau marktbeherrschender Positionen im lieferbaren Titel stark erschwert. Bei nur einem zugrundeliegenden Titel wäre es einem Marktteilnehmer, der sehr große Posten im lieferbaren Titel besitzt, möglich, durch Kauf und Ausübung des Futures erheblichen Preisdruck auf das zugrundeliegende Instrument auszuüben. Die Händler, die ihm gegenüber verpflichtet sind, bei Fälligkeit zu liefern, müssten ja die Titel bei ihm wiederum erstehen. Sie wären ihm auf Gedeih und Verderb ausgeliefert. Die systematische Ausnutzung einer solchen Situation bezeichnet man als Corner.

Um der Gefahr eines Corners zu begegnen, wird die maximale Anzahl von Futures, in denen man engagiert sein darf, durch Positionslimite beschränkt. Zudem werden mehrere alternative Instrumente zur Lieferung zugelassen, so dass es möglich ist, bei drohendem Corner auf andere Titel auszuweichen. Daraus ergeben sich, wie nachfolgend dargestellt, zwei wichtige Besonderheiten des Futures-Kontrakts.

8.4 Der Preisfaktor

Der Käufer des Futures-Kontrakts an der EUREX erhält gemäß Kontraktspezifikation bei Lieferung eine Anleihe, die bei einer Laufzeit von $8^1/_2$ bis 10 Jahren eine Rendite von 6 % aufweist. Da aber der Verkäufer wegen der Seller's Option das Recht hat, auch eine Anleihe anzudienen, die eine von 6 % verschiedene Rendite hat, muss der Preis dieser Anleihe so gewichtet werden, dass er eine Rendite von 6 % impliziert. Dieses Gewicht bezeichnet man als Preisfaktor, Umrechnungsfaktor oder Konversionsfaktor.

Der Preisfaktor des Future-Kontrakts auf Bundesanleihen ist dabei definiert als derjenige Preis pro 1 € nominal der jeweiligen Bundesanleihe, bei welchem sich die Rendite (auf Endfälligkeit bezogen) exakt auf 6 % beläuft.

Rechnerisch wird der Preisfaktor ganz einfach dadurch ermittelt, dass man den Preis, zu dem eine gegebene Anleihe die in den Futures-Spezifikationen festgelegte Referenzrendite erzielt, durch 100 dividiert. Dabei ist es üblich, diesen Wert bis auf sechs Stellen hinter dem Komma zu berechnen. Eine Anleihe, die bei einem Kurs von 100,5544 die Referenzrendite erzielt, hat somit einen Umrechnungsfaktor von 1,005544.

Kassainstrumente mit einem geringeren Nominalzinssatz als 6 % haben einen Preisfaktor, der kleiner als eins ist. Liefert man eine Anleihe mit einem Kupon von 4 %, so muss deren Preis niedriger sein als der Preis einer Anleihe mit einem Kupon von 6 % und also mit einem Faktor kleiner eins gewichtet werden, um die gleiche Rendite wie die ansonsten identische Anleihe mit 6 %igem Kupon zu erzielen.

Desgleichen: Ist der Kupon des Kassatitels höher als 6 %, muss dessen Preis um einen Faktor größer eins angehoben werden, um gleich zu rentieren.

8.5 Cheapest-to-deliver (CTD)

Wegen der Seller's Option muss sich der Verkäufer des Futures Gedanken darüber machen, auf welchen der zulässigen Titel die Wahl bei Fälligkeit fallen soll. Hierzu vergleicht er die Kosten, welche damit verbunden wären, die in Frage kommenden Anleihen im Kassamarkt zu kaufen. Die Cheapest-to-deliver (CTD) Anleihe ist diejenige unter den zulässigen Titeln, die, wie der Name andeutet, angesichts des bei Andienung einzunehmenden Lieferpreises auf der einen Seite und der bei ihrem Erwerb entstehenden Kosten auf der anderen Seite per saldo am günstigsten ausfiele, d. h. den vergleichsweise höchsten Nettogewinn oder den geringsten Nettoverlust mit sich bringen würde.

Bevor wir näher eingehen auf Methoden der Berechnung der CTD sei noch kurz auf den Begriff der Stückzinsen und ihrer Rolle im Futures-Geschäft eingegangen.

8.5.1 Stückzinsen

Kuponzahlungen erfolgen bei Anleihen normalerweise jährlich oder halbjährlich. Wer am Tage der Zinsfälligkeit den Kupon vorlegt, erhält die Zinsen für die gesamte abgelaufene Zinszahlungsperiode (eben ein Jahr oder ein halbes Jahr). Es ist daher Usus beim zwischenzeitlichen Verkauf einer kupontragenden Anleihe, dem Verkäufer den Teil der gesamten Zinszahlung als Zuschlag zum Kaufpreis zu überlassen, der vor dem Verkauf angefallen ist. Die Addition dieser sog. Stückzinsen zum Kaufpreis ergibt den **ausmachenden Betrag** einer Anleihe. Bei der Cash-and-carry-Arbitrage müssen beim Kauf einer Anleihe also neben deren Marktpreis auch aufgelaufene Stückzinsen bezahlt werden. Am Liefertag, wenn die Short-Futures-Position durch Lieferung der Anleihe geschlossen wird, erhält der so zum Verkäufer einer Anleihe gewordene Inhaber der Short-Futures-Position selbst wiederum Stückzinsen.

8.5.2 CTD und implizierter Finanzierungssatz

Wir wissen bereits, dass der fair value des

Futures = Kassapreis + Finanzierungskosten – Zuflüsse

ist. Kassapreis und Zuflüsse sind bei Anleihen bekannte Größen.

Der tatsächlich im Handel zustandegekommene Futures-Kurs sei 96. Der implizierte Finanzierungssatz ist derjenige, der keine Arbitragegewinne zulässt.

Ein Händler berechnet auf Grund seiner Finanzierungskosten den fair value wie folgt:

BEISPIEL:

Kassa	= 100
Finanzierungskosten	= 5
Zuflüsse	= 7
Fair value	= 100 + 5 – 7 = 98

Der tatsächliche Futures-Kurs ist aber 96 und impliziert somit einen Finanzierungssatz von 3 (= 100 + 3 – 7= 96). Der implizierte Finanzierungssatz ist um 2 niedriger als der tatsächliche – Reverse-cash-and-carry-Arbitrage ist angezeigt:

BEISPIEL:

Verkaufe Anleihe	erhalte 100
Anlage zum Finanzierungssatz	erhalte 5
Kaufe Futures	zahle 96
Entgangene Zuflüsse	7
Arbitragegewinn	100 + 5 – 96 – 7 = 2

Cash-and-carry-Arbitrage kommt in Frage, wenn der implizierte Finanzierungssatz über dem tatsächlichen liegt.

BEISPIEL:

Kassa	= 98
Finanzierungssatz	= 7
Zuflüsse	= 5
Fair value	= 98 + 7 – 5 = 100
Tatsächlicher Futures-Preis	= 101
implizierter Finanzierungssatz	= 8
Leihe Geld zum Finanzierungssatz	zahle 7
Kaufe Kassa	zahle 98
Streiche Zuflüsse ein	erhalte 5
Verkaufe Futures	erhalte 101
Arbitragegewinn	101 + 5 – 7 – 98 = 1

Je höher der absolute Betrag der Differenz zwischen dem implizierten und dem tatsächlichen Finanzierungssatz ist, desto höher sind die Arbitragegewinne.

Die CTD ist diejenige Anleihe, die den höchsten implizierten Finanzierungssatz ergibt, denn mit ihr können die größten Gewinne bei der Cash-and-carry-Arbitrage realisiert werden, d. h. sie ist gegenüber dem Futures die billigste Anleihe.

Eine nützliche Schnellmethode zur Feststellung der Cheapest-to-deliver-Anleihe besteht übrigens darin, das sogenannte **Umtauschverhältnis** zu ermitteln:

Umtauschverhältnis = Marktpreis/Umrechnungsfaktor.

Die Anleihe mit dem niedrigsten Umtauschverhältnis repräsentiert die CTD.

Der bei der Berechnung von Hedge-Ratios neben dem abzuhedgenden relevanten Titel wird daher immer der cheapest-to-deliver sein, also derjenige Titel unter den verschiedenen lieferbaren Anleihen, der die günstigste Spanne ergibt zum Rechnungsbetrag des Futures.

8.6 Der Rechnungsbetrag

Dies ist der Geldbetrag, den der Verkäufer eines Futures-Kontrakts am Liefertag vom Käufer für die angediente Anleihe erhält. Wie in der englischsprachigen Literatur wird der Rechnungsbetrag oft auch in der deutschen als **Invoice Amount** bezeichnet. Er errechnet sich für den Bund-Futures der EUREX wie folgt:

((BFSK/100 × f) + (Ad/250.000)) × 250.000 €

BFSK = Börslich festgelegter Schlusskurs (settlement price)
f = Preisfaktor
Ad = Aufgelaufene Zinsen am Liefertag

BEISPIEL: Eine Bundesanleihe mit einem Kupon von 6 % und Fälligkeit am 4. Juli 2007 soll am 10. September 1998 geliefert werden. Es sind Stückzinsen von 69 Tagen aufgelaufen, die einen Betrag in Höhe von 2875 € ausmachen. Der Schlusskurs des Futures ist am 8. September 1998 112,51 € und der Umrechnungsfaktor beträgt 0,999563.

Rechnungsbetrag:
((112,51/100 × 0,999 563) + (2.875 €/
250.000 €)) × 250.000 € = 284.027,08 €

Weil die (jeweils aktuelle) CTD-Anleihe diejenige ist, welche geliefert werden würde, ist sie es auch, die für alle Arbitrage- und Hedge-Berechnungen maßgeblich ist. Denn: Beim Cash-and-carry-Handel wird ein Arbitrageur selbstverständlich diejenige Anleihe wählen, die den größten Gewinn erwirtschaftet – also die CTD. So lässt sich denn die allgemeine Gleichung für den korrekten Preis eines Futures, dem mehrere lieferbare Titel zugrundeliegen, folgendermaßen präzisieren:

$$\text{Futures-Preis} = \frac{\text{Preis des lieferbaren Titels} + \text{Finanzierungskosten} - \text{Zuflüsse}}{\text{Preisfaktor}}$$

$$\text{Futures-Preis} = \frac{(\text{CTD} + \text{CTDpv} \times r \times t - \text{Ad} - \text{As})}{\text{Preisfaktor des CTD}}$$

wobei

CTD	=	Kurs der CTD
CTDpv	=	Barwert der CTD
CTDpv × r × t	=	Finanzierungskosten
Ad	=	aufgelaufene Zinsen am Liefertag
As	=	aufgelaufene Zinsen bei Abschluss
t	=	Zeit (in Jahren) von Geschäftsabschluss bis Lieferung
r	=	Finanzierungssatz (p. a.) von Geschäftsabschluss bis Liefertag

8.7 Preisfaktor-Hedge

Um sicherzustellen, dass die auf unterschiedlichen Kuponniveaus und unterschiedlichen Laufzeiten beruhende Ungleichläufigkeit der Preisveränderungen das Hedge-Ziel nicht beeinträchtigt, kann man die Hedge-Ratio, wie wir sie aus dem Direct-Hedge kennen, mit dem Preisfaktor der CTD-Anleihe gewichten:

$$\frac{\text{Nominalwert des Kassatitels}}{\text{Nominalwert der lieferbaren Anleihe} \times \text{Preisfaktor der CTD-Anleihe}}$$

Es ist jedoch zu beachten, dass die Methode der Preisfaktoranpassung nur dann die vielen verschieden ausgestatteten lieferbaren Anleihen hinsichtlich ihrer Zinsreagibilität vergleichbar macht, wenn eine flache Zinskurve unterstellt werden darf. Wie zu sehen war, bewirkt die Gewichtung der unterschiedlich rentierenden lieferbaren Anleihen mit einem Preisfaktor, dass alle einer Rendite von 6 % entsprechen. Wenn hingegen die in Frage stehenden Anleihen sich auf unterschiedlichen Renditeniveaus befinden, kommt der Umstand zum Tragen, dass eine gegebene Renditeänderung sich unterschiedlich stark auf die prozentuale Änderung der Kurse der Anleihen auswirkt. So wird denn eine Anleihe mit einer Rendite von 8 % einen stärkeren Kursabschlag erleben, um die Referenzrendite von 6 % zu rentieren, als eine Anleihe mit 6,5 % und somit von beiden die CTD-Anleihe sein. Um diesen Unterschied auszugleichen, gewichtet man die Hedge-Ratio mit dem Basispunktwert oder der Duration einer Anleihe oder eines Anleiheportefeuilles.

8.8 Kennzahlen der Zinsreagibilität bei Anleihen

Zwei wichtige Maßzahlen für die Bestimmung der Zinsreagibilität von Anleihen stehen uns im Basispunktwert und in der Duration zur Verfügung.

8.8.1 Basispunktwert

Der Basispunktwert (BPW) einer Anleihe gibt an, um welchen absoluten Betrag sich der Wert einer Anleihe ändert, wenn es zu einer Zinsänderung von einem Basispunkt (= 0,01 % = 0,0001) kommt.

Man ermittelt den Bar- oder Gegenwartswert der Anleihe für den Fall, dass sie

(a) einen halben Basispunkt (= 0,00005) unter,

(b) einen halben Basispunkt (= 0,00005) über

ihrer aktuellen Rendite notiert.

Die Differenz dieser beiden Beträge gibt näherungsweise an, um welchen absoluten Betrag der Wert der Anleihe sich ändert, wenn die Rendite um einen Basispunkt steigt oder fällt.

$$\frac{\text{Nominalwert der Anleihe}}{1 + r + 0{,}00005} - \frac{\text{Nominalwert der Anleihe}}{1 + r - 0{,}00005} = \text{BPW}$$

Der Basispunktwert, der übrigens auch für ein ganzes Portefeuille von Anleihen berechnet werden kann, erweist sich als recht brauchbare Kennzahl für Renditeänderungen, die 50 Basispunkte nicht überschreiten. Eine ständige Neuberechnung des BPW empfiehlt sich aber nicht nur bei größeren Renditeschwankungen, sondern überhaupt auch weil sich BPW und die später zu besprechende Duration von Anleihen mit der Zeit verändern.

Basispunktwert-Hedge: Hat man die Basispunktwerte der im Hedge einander gegenübergestellten Instrumente nach obigem Verfahren ermittelt, ergibt sich die korrekte Hedge-Ratio, also die Anzahl von Futures-Kontrakten, die benötigt wird, um eine Vollabsicherung zu gewährleisten, nach folgender Formel:

$$\frac{\text{BPW d. abzus. Anleihe}}{\text{BPW der CTD-Anleihe}} \times \frac{\text{Nennwert d. abzus. Anleihe}}{\text{Nennwert des Futures}}$$

BEISPIEL:

(1) Die Rendite einer abzusichernden Anleihe mit Nennwert 20.000.000 € sei 7,2621 % (inklusive Stückzinsen)
halber Basispunkt nach unten: 7,2571
halber Basispunkt nach oben: 7,2671
Differenz: 0,042 € pro 100 € nominal.
Bei einer Renditeänderung um einen Basispunkt würde sich der Wert der Anleihe um 0,042 € pro 100 € des Nominalwerts ändern. Bei 20.000.000 € ändert sich der Kurswert um 8.400 €.
(2) Die Rendite der CTD-Anleihe sei 7,0454 %
halber Basispunkt nach unten: 7,0404
halber Basispunkt nach oben: 7,0504
Differenz: 0,065 € pro 100 € nominal.
(3) Ermittlung der benötigten Anzahl von Futures-Kontakten:

$$\frac{0{,}042\ €}{0{,}065\ €} \times \frac{20\,000\,000\ €}{250\,000\ €} = 52 \text{ Kontrakte}$$

8.8.2 Duration

Die Durationsmethode ist verwandt mit der Basispunktwertmethode. Bei der Duration wird der Grad der Zinsreagibilität statt in absoluten Geldbeträgen in Jahren, genauer gesagt, als gewichtete durchschnittliche Laufzeit einer Anleihe ausgedrückt.

Anleihen mit hoher Duration erfahren proportional eine größere Preisänderung bei einer gegebenen Renditeänderung als Anleihen mit weniger hoher Duration.

Bei der Berechnung der Duration einer Anleihe werden die einzelnen Komponenten des Zahlungsstroms dieses Instruments nach dem relativen Beitrag gewichtet, den sie zum Barwert des Gesamtzahlungsstroms leisten. Von zwei Kuponzahlungen, die gleich groß sind, jedoch zu unterschiedlichen Zeitpunkten in der Zukunft erfolgen, wird die entferntere einen größeren Beitrag zur Änderung des Barwerts des Zahlungsstroms einer Anleihe leisten, da sie stärker, d. h. über mehr Perioden abgezinst wird, als das bei der anderen der Fall ist.

Man bezeichnet die Duration auch als mittlere Bindungsdauer des Kapitals, das den Zahlungsstrom der Anleihe darstellt.

BEISPIEL: Der aktuelle Kurs, also der Barwert aller Kuponzahlungen und der Tilgungszahlung einer Anleihe, ergäbe 100 €. Der Kupon der Anleihe sei 10 % des Nominalwerts von 100 €, also 10 €, ihre Rendite, d. h. der bei der Ermittlung des Barwerts zur Anwendung kommende Abzinsungsfaktor 10 %. Die Restlaufzeit betrage 4 Jahre.
10 €, die in einem Jahr anfallen, sind nach den Gesetzen der Zinsrechnung heute 9,09 € wert. 10 €, die in zwei Jahren anfallen sind heute 8,26 € wert. 10 €, die in drei Jahren anfallen haben einen Gegenwartswert von 7,51 €. Die Kuponzahlung von 10 € und der Tilgungsbetrag von 100 €, die in vier Jahren anfallen, sind heute 75,13 € wert. Man sieht, dass der Einfluss der entferntesten Zahlung auf den Barwert am stärksten ist, den größten Beitrag zur Änderung des Kurses der Anleihe leistet. Aus diesem Grunde gewichtet man bei der Berechnung der Duration die einzelnen Barwerte mit dem Zeitpunkt ihrer Zahlung und setzt die Summe der gewichteten Barwerte ins Verhältnis zum aktuellen Kurs, den Gesamtbarwert:
((9,09 € × 1 Jahr) + (8,26 € × 2 Jahre) + (7,52 € × 3 Jahre) + (75,13 € × 4 Jahre))/100 € = Duration = 3,49 Jahre.

Die 100 €, die im Nenner erscheinen, sind die Summe aller einzelnen Barwerte. Die Dimension € kürzt sich also aus der Formel, und die Duration erscheint in der Dimension Jahre.

Duration-Hedge: Ein Portefeuille von Anleihen mit einer Duration von 5 Jahren stelle einen Nominalwert von 100.000.000 € dar. Der Nominalwert des Futures-Kontrakts mache 250.000 € aus, und die dem Futures-Kontrakt zugrundeliegende CTD-Anleihe habe eine Duration von 4 Jahren. Aufgrund folgender Formel für die Ermittlung der korrekten Hedge-Ratio für einen Duration-Hedge

$$\frac{\text{Nominalwert Portefeuille}}{\text{Nominalwert Futures}} \times \frac{\text{Duration des Portefeuilles}}{\text{Duration der CTD-Anleihe}}$$

benötigt man demnach

$$\frac{1.000.000\,€}{250.000\,€} \times \frac{5}{4} = 5 \text{ Futures-Kontrakte}$$

für die Vollabsicherung des Portefeuilles.

Diese Formel pflegt in der Praxis oftmals sehr brauchbare Hedge-Resultate zu erbringen. Es muss aber gleichzeitig auch darauf hingewiesen werden, dass für ein professionelles Hedge-Management eine Vertiefung des Durationsansatzes und die Berücksichtigung zahlreicher anderer Ansätze, die hier nicht besprochen werden können, unbedingt erforderlich sind.

9. Aktienindex-Futures

9.1 Risikoarten

Im ersten Kapitel war zu sehen, dass das Risiko einer Aktieninvestition sich in unsystematisches und systematisches Risiko aufspaltet.

Das **unsystematische Risiko** ist spezifisch für die einzelne Firma und lässt sich durch Engagements in Aktien anderer Firmen, die gut performieren, wenn jene schlecht abschneidet, und umgekehrt hinwegdiversifizieren.

Das Risiko, das sich nicht durch Diversifikation eliminieren lässt, bezeichnet man als **systematisches Risiko** oder Marktrisiko, denn es betrifft alle Aktien, d. h. den gesamten Markt. Zur Quantifizierung des Risikos wird die Kennzahl **Beta** verwendet.

Beta misst, wie stark eine bestimmte Aktie von diesem Marktrisiko betroffen ist. Ein Beta von eins bedeutet, dass die Aktie mit jeder Einheit, die der Gesamtmarkt steigt (fällt) ebenfalls um eine Einheit steigt (fällt). Ein Beta von 0,5 bedeutet, dass die Aktie nur um eine halbe Einheit steigt (fällt), wenn der Gesamtmarkt um eine Einheit steigt (fällt) und ein Beta von 1,5 besagt, dass die Aktie stärker, nämlich um anderthalb Einheiten steigt (fällt), wenn der Markt um eine Einheit steigt (fällt).

Das Beta einer Aktie ist deshalb auch wichtig für Handelsentscheidungen. Erwartet man eine Hausse, lohnt es sich in Aktien mit hohem Betawert zu investieren, denn diese steigen schneller als der Markt. Ist hingegen ein fallender Markt zu erwarten, empfehlen sich Titel mit einem Beta von unter eins, da diese weniger stark an Wert verlieren als der Gesamtmarkt.

Wenn es möglich wäre, den Markt als Ganzen zu erfassen, handelbar zu machen und einen Futures-Kontrakt, der ihn zum Gegenstand hat, zu kreieren, könnte auch das systematische Risiko „abgehedget" werden, indem man im Futures-Markt die der Kassaposition entgegengesetzte Position einnimmt.

9.2 Indizes zur Nachbildung des Gesamtmarkts

Was aber ist der Gesamtmarkt? Man bedient sich sogenannter Indizes, um den Markt sinnvoll zu approximieren, annäherungsweise nachzubilden. Einer der wichtigsten Marktindizes ist der Standard & Poors 500 Aktienindex, kurz: der S & P 500.

Der **S & P 500 Aktienindex** umfasst die Aktien von 500 amerikanischen Firmen höchster Güte, sogenannte **blue chips.** 400 dieser Firmen sind Industrieunternehmen, 40 Versorgungsunternehmen, 20

Firmen gehören der Transportwirtschaft an und 40 sind Finanzinstitutionen. Der Marktwert dieser 500 Firmen macht ungefähr 80 % des Marktwertes aller an der New Yorker Börse gehandelten Aktiengesellschaften aus.

Der Wert des S & P wird so ermittelt, dass der relative Marktwert der ihn konstituierenden Aktien Berücksichtigung findet, d. h. die Kursänderung einer in großer Zahl zirkulierenden Aktie wirkt sich auf den Index stärker aus als die einer Aktie mit einer geringeren Anzahl ausstehender Stücke. Das Grundprinzip der Berechnung des Werts eines sogenannten **kapitalisierungsgewichteten Index,** wie des S & P 500, erkennt man an folgendem vereinfachenden Beispiel.

BEISPIEL: Ein Index bestehe aus drei Aktien A, B und C. Die Marktkapitalisierung jeder einzelnen Aktie ergibt sich aus dem Produkt von Preis und der Anzahl ausstehender Aktien. Bei A sei die Marktkapitalisierung durch einen Preis von 30 € und 175.000.000 ausstehenden (= in Zirkulation befindlichen) Aktien festgelegt: 5.250.000.000 €.

Aktie	Preis der Aktie	Anzahl ausstehender Aktien	Kapitalisierung
A	30	175.000.000	5.250.000.000
B	90	50.000.000	4.500.000.000
C	50	100.000.000	5.000.000.000
			14.750.000.000

$$\frac{\text{Gesamt-Marktkapitalisierung}}{\text{zweckmäßiger Divisor}} = \frac{14.750.000.000}{147.500.000} = 100 = \text{Indexwert}$$

Abb. 49: Berechnung eines Aktienindex I

Abb. 49 zeigt die Gesamt-Marktkapitalisierung als Summe der Marktkapitalisierungen der einzelnen Aktien. Die so zustandekommende Zahl ist unhandlich und kann durch Division mit einer zweckmäßig gewählten Zahl verkleinert werden. Eine Division durch 147.500.000 führt in unserem Beispiel zu einem Indexwert von 100.

Ändert sich der Preis der Aktien in der Zwischenzeit, so nimmt auch der Aktienindex einen anderen Wert an, wie aus Abb. 50 zu ersehen ist.

Der Preis des S & P 500 Futures-Kontrakts kommt meist dem nach obigem Prinzip ermittelten Index-Wert sehr nahe, ist aber, außer am Fälligkeitstag, aus sogleich zu schildernden Gründen nicht identisch mit ihm.

Der genaue Wert eines S & P 500 Aktienindex-Futures-Kontrakts errechnet sich konventionsgemäß, indem man den Futures-Preis mit $ 250 multipliziert. Bei einem Futures-Preis von 300,50 ist somit für einen Futures-Kontrakt $ 250 × 300,5 = $ 75.125 zu zahlen.

Die Lieferung des Aktienindex-Futures erfolgt durch **Barausgleich:** Man zahlt oder erhält die Differenz zwischen dem vereinbarten Futures-Preis und dem am Tag der Lieferung herrschenden Indexwert.

Aktie	Preis der Aktie	Anzahl ausstehender Aktien	Kapitalisierung
A	40	175.000.000	7.000.000.000
B	80	50.000.000	4.000.000.000
C	60	100.000.000	6.000.000.000
			17.000.000.000

$$\text{Indexwert} = \frac{17.000.000.000}{147.000.000} = 115{,}25$$

Abb. 50: Berechnung eines Aktienindex II

9.3 Hedging mit Aktienindex-Futures

Man gehe von einer umsichtigen Investorin aus, die ein breit diversifiziertes Aktienportefeuille verwaltet, dessen Wert sie jedoch für die absehbare Zukunft angesichts der Gefahr eines fallenden Marktes bedroht sieht.

Eine Reihe von Gründen mögen es ihr dennoch nahelegen, von einem direkten Verkauf des Aktienportefeuilles abzusehen. U. a. sind zu nennen: steuerliche Gesichtspunkte, bevorstehende Dividendenzahlungen von einigem Umfang, hohe Transaktionskosten, unzureichende Liquidität in einzelnen Bestandteilen des Portefeuilles, welche die Veräußerung dieser Werte in Frage stellt, die Erwartung einer nur zeitweiligen Schwäche des Aktienmarkts oder der Wunsch, an einem in Hinblick auf langfristige Zielsetzungen optimal zusammengestellten Aktien-Portefeuille festzuhalten.

Diese oder andere Überlegungen können die Investorin veranlassen, einen **Short-Hedge** unter Verwendung von **Aktienindex-Futures** durchzuführen. Dabei werden Aktienindex-Futures statt Aktien verkauft. Bewahrheitet sich die Vermutung eines Markteinbruchs, verliert der Markt als Ganzes und somit der Index an Wert, so dass die Glattstellung der Short-Position im Aktienindex einen Gewinn einbringt (Kauf erfolgt bei niedrigerem Indexwert als Verkauf), der idealerweise den Wertverlust, den selbstverständlich das Aktienportefeuille erlitten hat, exakt kompensiert.

Um ein Aktienportefeuille im Werte von $ 2.000.000 abzusichern, wäre eine Anzahl von S & P Futures-Kontrakten zu verkaufen, die man durch folgende Formel approximieren kann:

(Protefeuillewert)/(Indexwert × $ 250).

Dabei handelt es sich jedoch um eine recht ungenaue Absicherungsmaßnahme, da die Gefahr besteht, dass der Wert des abzusichernden Portefeuilles sich nicht im gleichen Maße wie der Aktienindex verändert.

Eine genauere Absicherungsstrategie erfordert die **Ermittlung des Betas des Aktienportefeuilles.** Dieses Beta, welches verrät, um wie viel Prozent der Wert des Portefeuilles sich verändert, wenn der Index sich um eine Einheit ändert, verwendet man als Hedge-Ratio der Absicherungsmaßnahme.

Bei einem Beta des Aktienportefeuilles von 1,14 und einem Indexwert von 285 errechnet sich die benötigte Anzahl von Futures-Kontrakten, die „geshortet“ werden müssen, dann wie folgt:

$$\frac{\$\,2.000.000}{\$\,250 \times 285} \times 1{,}14 = 32.$$

Eine akkurate Abdeckung des Portefeuilles verlangt in diesem Fall den Verkauf von 32 Futures-Kontrakten. Die schnelle Erfassung von

Änderungen im Wert des Portefeuilles (entstehend durch Umschichtung etwa), des Index und des Betas muss ständig gewährleistet sein, um die Vollkommenheit und die Verlässlichkeit der Absicherungsmaßnahme zu bewahren.

Die größte Gefahr bei einer solchen Maßnahme liegt darin, dass das Beta falsch prognostiziert worden ist. Erfahrungsgemäß ist das Beta eines Portefeuilles umso stabiler und somit leichter abschätzbar, je größer dessen Diversifikationsgrad ist. Zu bedenken ist natürlich auch, dass Verluste, die in der Futures-Position entstehen, sofort durch entsprechende Nachschüsse beglichen werden müssen. Wenn die Nachschussforderungen sehr hoch sind, mag dies zu einer vorzeitigen Auflösung des Hedges – oder aber zu einem Verkauf (von Teilen) des abzusichernden Aktienbestandes zwingen. Das Basisrisiko beim S & P 500 Futures-Kontrakt ist für gewöhnlich gering – Ausnahmen bestätigen die Regel, wie später bei der Diskussion des Börsenkrachs zu sehen sein wird.

9.4 Der Deutsche Aktienindex (DAX) und der DAX-Futures

Der wichtigste deutsche Markt-Index ist der DAX. Als Laufindex, der alle 15 Sekunden aktualisiert wird, spiegelt der DAX die aktuelle Kursentwicklung während einer Börsensitzung sehr genau wider. Er misst die Performance der 30 hinsichtlich Orderbuchumsatz und Marktkapitalisierung größten deutschen Unternehmen; und zwar jener, die dem Prime Standard Segment angehören, d. h. Firmen, die den besonders hohen Transparenzanforderungen (Quartalsberichterstattung, internationale Rechnungslegungsstandards, jährliche Analystenkonferenz, englische Berichterstattung) internationaler Anleger gerecht werden. Auf diese Weise bilden die 30 Werte des DAX etwa 85 % des gesamten deutschen Aktienmarktes mit einer Marktkapitalisierung von 390 Mrd. € ab (Stand Ende 2004). Bei der Ermittlung des jeweiligen DAX-Standes werden die Bar-Dividenden der zugrundeliegenden Aktien rechnerisch in den Index reinvestiert. Dividendenabschläge machen sich also im DAX nicht bemerkbar. Diese Berechnungsmethode ist eine sinnvolle Antwort darauf, dass in der Bundesrepublik Deutschland jährliche, im internationalen Vergleich verhältnismäßig hohe Dividenden während eines Zeitraums von zwei Monaten ausgeschüttet werden, wodurch der Index einer Verzerrung unterläge.

Der Wert des DAX-Futures-Kontraktes der EUREX errechnet sich wie folgt:

1 DAX-Punkt = 25 €
Stand des DAX bei Kauf des Futures = 4.000
Wert des Futures = 4.000 × 25 € = 100.000 €

Stand des DAX bei Verkauf des Futures = 4.300
Wert des Futures = 4.300 × 25 € = 107.500 €

Glattstellungsgewinn = 107.500 – 100.000 = 7.500 €

Auch beim DAX-Futures realisiert man Gewinne oder Verluste per cash settlement, also durch einen Barausgleich. Es gibt übrigens auch Futures auf Aktien-Indizes, die am Liefertag nicht einen Barausgleich, sondern die effektive Lieferung von Aktien bewirken.

10. Index-Arbitrage, Programm-Handel und der Börsenkrach vom Oktober 1987

Der Futures-Kontrakt dient gewissermaßen als Ersatz, als Substitut für den Besitz der Aktien, die den Index ausmachen. Der Wert dieses Substituts unterscheidet sich vom Wert des Index deshalb, weil Inhaber von Futures-Kontrakten keinen Anspruch auf Dividenden haben, so wie das der Fall ist, wenn man das S & P 500 Portefeuille in Form von Aktien besitzt. Andererseits ist der Kapitaleinsatz geringer, als wenn man Direktinvestitionen tätigen würde. Das durch Investition im Substitut eingesparte Geld lässt sich anderweitig, z. B. in festverzinslichen Staatspapieren, anlegen.

Die Formel für die Ermittlung des korrekten Aktien-Index-Futures-Preises ist ganz analog zu der, die bei Zins-Futures zur Anwendung kommt:

Futures-Preis = Kassapreis + Finanzierungskosten – Zuflüsse aus Kassaposition

genauer:

Futures-Preis = Index-Preis + Finanzierungskosten – Dividenden.

Kassa-Index und Futures-Index sind gleichwertige Wirtschaftsleistungen, abgesehen davon, dass bei einem Futures-Engagement das Geld, welches beim Kauf der Einzelkomponenten des Index gebunden wird (Finanzierungskosten), zur Wiederanlage zur Verfügung steht. Andererseits entgehen dem Futures-Inhaber die Dividendeneinnahmen, die Inhabern von Kassa-Positionen zufließen.

In der Vergangenheit belief sich der Dividendenertrag der 500 S & P Aktien um die 3 % – 5 %. Dividenden werden in jährlichen oder noch kleineren Abständen gezahlt, so dass Vergleichsrechnungen sich auch auf Finanzinstrumente beziehen sollten, die eine Laufzeit von nicht mehr als einem Jahr haben. Instrumente dieser Art bezeichnet man, wie schon gesagt, als **Geldmarkttitel.** Sofern die Geldmarktsätze, also die Zinsen, die man für kurzzeitige, sprich maximal einjährige Anlage von Geld erzielen kann, über dem Dividendenertrag liegen, was in der Vergangenheit auch meist der Fall gewesen ist, wären die Futures günstiger und müßten daher einen höheren Wert als der Index aufweisen.

Es gibt auch andere triftige Gründe, warum der Futures für gewöhnlich höher als der zugrundeliegende Index notieren sollte: Ein aus Aktien zusammengestellter Index wäre aufwändiger in der Anschaffung und Verwaltung und bei weitem nicht so liquide wie der Futures.

Ist der Renditeunterschied zwischen Kassa und Futures nicht adäquat in den an den Parallelmärkten notierten Preisen ausgedrückt, setzt Arbitrage ein. Da Kassa und Futures zur Fälligkeit hin zusammenfallen, ergibt der Verkauf des zu hoch bewerteten und der gleichzeitige Kauf des zu niedrig bewerteten Instruments unfehlbar einen risikolosen Arbitragegewinn. Index-Arbitrage dieser Art und eine Vermögensverwaltungsstrategie, die man als **Portfolio-Insurance,** also Portefeuille-Versicherung, bezeichnet und die sich auf den Gebrauch von S & P 500 Futures stützt, sowie die zur Durchführung dieser zwei Handelsarten benötigten vollcomputerisierten Geschäftsabläufe des sogenannten **Programmhandels** haben einen Großteil der durch den **Börsenkrach vom Oktober 1987** ausgelösten Kritik auf sich gezogen.

Bei der Portfolio-Insurance geht es darum, durch Wahl einer geeigneten Handelsstrategie zu gewährleisten, dass ein aus Aktien und Geldmarkttiteln bestehendes Protefeuille nicht unter eine Minimalrendite fällt, gleichzeitig aber an Ertragszuwächsen der Aktien teilnehmen kann, wenn sich der Aktienmarkt haussierend entwickelt. Dabei gilt es, in richtigen Proportionen in Aktien und Geldmarktpapieren investiert zu haben. Steigt der Aktienmarkt, werden die risikolosen Geldmarktengagements reduziert und in Aktien investiert; fällt der Aktienmarkt, verkauft man Aktien und investiert in Geldmarkttitel, so dass das von ihnen erbrachte Zinseinkommen den Wertverlust der Aktienbestände ausgleicht und den erwünschten Minimalertrag sicherstellt.

Wie zum Teil schon zu sehen war sind Aktienindex-Futures unkompliziert in der Abwicklung, liquider und mit bedeutend geringeren Transaktionskosten verbunden als Aktien selbst und werden deshalb gerne anstelle der eigentlichen Aktien gehandelt, um den Zweck der Portefeuille-Absicherung zu erfüllen. Bei fallenden Aktienkursen verkauft man den Index, legt das zufließende Geld im Geldmarkt an und verbucht gleichzeitig Gewinne auf der Index-Short-Position, die den Wertverlust des Aktienportefeuilles ganz oder teilweise ausgleichen.

Diese Versicherungsstrategie beruht auf dem Prinzip der **„stop loss order“**, einem Auftrag zum Verkauf von Wertpapieren bei Erreichen einer bestimmten unteren Kursgrenze. Computer überwachen die verschiedenen Parameter, nach deren Maßgabe zu handeln ist, und steuern die Versicherungsstrategie durch Auslösung von entsprechenden Käufen und Verkäufen. Überwachung und Auswertung komplexer Kriterien und automatische reaktionsschnelle Orderausführung machen den Gebrauch von Computern und programmierter Strategiedurchführung, mit einem Wort: den **Programmhandel,** zum unerlässlichen Hilfsmittel sowohl bei der Portefeuille-Versicherung als auch bei der Index-Arbitrage. Während die computerisierte

Index-Arbitrage nach der Einführung des S & P 500 Index im Jahr 1982 zunächst von führenden Investmenthäusern der Wall Street auf eigene Rechnung, später aber auch im Auftrag ihrer Kunden vorgenommen wurde und mit wachsender Popularität immer geringere Arbitragespannen entstanden und immer größere Handelsvolumina zur Erzielung nennenswerter Gewinne erforderlich wurden, kam indes die ebenfalls computerintensive Portfolio-Insurance mit den immer beliebter werdenden passiven Anlagestrategien auf.

Passives Portefeuillemanagement trägt der sowohl theoretisch als auch empirisch gut gestützten Einschätzung Rechnung, dass es im Durchschnitt schwer möglich sein wird, den Markt zu übertreffen. Im ersten Kapitel wurde ein Abriss einiger für unsere Zwecke wichtiger Aspekt der modernen Kapitalmarkttheorie und des für sie zentralen Begriffs der Effizienz versucht. In einem effizienten Markt werden Informationen, die für die richtige Bewertung von Anlageinstrumenten, wie Aktien, benötigt werden, vollständig, umgehend und allen bekannt. Je mehr der reale Markt sich diesem Ideal nähert, desto schwieriger wird es, „den Markt zu schlagen", die Gesamtmarktrendite zu übertreffen und von über- oder unterbewerteten Anlagen, die den Mitbewerbern gar nicht oder erst später als Quell überdurchschnittlicher Erträge bekannt werden, zu profitieren. So wird der Erfolg professioneller Vermögensverwalter heutzutage oft an der Ertragsentwicklung der von ihnen verwalteten Depots im Vergleich zu repräsentativen Marktindizes, wie dem S & P 500, gemessen. Ein Portefeuille, das wie ein Index strukturiert ist, bietet dem Vermögensverwalter die Chance, eine Investitionsstrategie zu verfolgen, bei der er nicht schlechter als der Index, möglicherweise aber besser – nämlich durch Erwirtschaftung von zusätzlichen Gewinnen aus Arbitrage- und Portfolio-Insurance-Strategien – abschneidet.

Was hat das alles mit dem Börsenkrach zu tun?

Fallen Aktienkurse, verkaufen, wie schon gesagt, Portefeuille-Versicherer Index-Futures und verbuchen auf den somit entstehenden Index-Short-Positionen mit fallenden Kursen Gewinne, die den Wertverfall des Aktienbestandes (teilweise) ausgleichen. Dieser Verkaufsdruck kann dazu führen, dass der Index-Futures den Aufschlag, mit dem er gewöhnlich über dem Kassa-Index gehandelt wird, gegen einen Abschlag eintauscht. Wenn dies geschieht, treten die Index-Arbitrageure auf den Plan und kaufen den „zu billigen" Futures, um gleichzeitig die „zu teuren" Aktien zu verkaufen. Dies wiederum erhöht den Verkaufsdruck, der auf den Aktien lastet, so dass Portefeuille-Versicherer sich veranlasst sehen, Index-Futures massiv abzusetzen. Ein Teufelskreis – wie es scheint. Die Kritik am Programmhandel in Form von Index-Arbitrage und Portefeuille-Versicherung stellt auf eben diesen Zusammenhang ab.

Besonders der ungewöhnliche Abschlag von 19 Indexpunkten, mit dem der Futures-Kontrakt am 19. Oktober 1987, dem schwarzen Montag, eröffnete, hat den nachhaltigen Eindruck bei vielen Beobachtern hervorgerufen, dass der Futures-Markt wohl auf Grund von massiven Verkaufsaufträgen seitens Portefeuille-Versicherern den Börsen-Krach ausgelöst hat, um schließlich den Aktienmarkt im Sinne des soeben geschilderten circulus vitiosus mit sich zu ziehen. Die so gegen den Futures-Markt erhobenen Vorwürfe lassen sich tatsächlich entkräften.

Grundsätzlich gilt: Wenn eine starke Veränderung von Angebot und Nachfrage in einem der beiden Märkte das korrekte Preisverhältnis zwischen Kassa- und Futures-Markt zeitweilig stört, sollte es zur Arbitrage kommen, die die Märkte wieder in Einklang miteinander bringt und vor allen Dingen dabei auch den Veränderungsschock im Gefüge von Angebot und Nachfrage über zwei Märkte verteilt und somit in seiner ursprünglichen Vehemenz reduziert.

Eine faire Einschätzung der Ereignisse um den 19. Oktober 1987 herum erfordert deshalb einerseits die Identifizierung der Ursachen für den Veränderungsschock im Gefüge von Angebot und Nachfrage und andererseits die Klärung der Frage, warum die Schockdämpfungsfunktion der Arbitrage zwischen den Parallelmärkten nicht oder nur unzureichend zum Tragen kam.

Was letzteren Punkt betrifft, so ist festzuhalten, dass die normalen Arbitrageprozesse in der Tat gestört waren: Unter normalen Umständen setzen massive Korrekturen bereits bei einer Abweichung um einen Indexpunkt von der wirtschaftlich gerechtfertigten Differenz zwischen Kassa-Index und Index-Futures ein. Der ungewöhnliche Abschlag von 19 Punkten bei Aufnahme des Futures-Handels am 19. Oktober 1987 ist darauf zurückzuführen, dass die Ermittlung von Anfangskursen auf Grund unterschiedlicher Verfahren und wegen des gleichfalls ungewöhnlichen Verkaufsdrucks im Aktienmarkt asynchron in den Parallelmärkten verlief.

Während nämlich vor Handelsbeginn akkumulierte Kauf- oder Verkaufsüberhänge im Chicagoer Futures-Markt ohne Verzug bei Eröffnung der Börsensitzung an die Marktteilnehmer zur Bildung eines neuen und mitunter drastisch veränderten Preisniveaus weitergeleitet worden sind, ist es an der New Yorker Aktienbörse möglich gewesen, den Beginn des Handels zu verzögern, um Gelegenheit zu haben, einen anfänglichen Überhang etwa von Verkaufsorders durch später hinzukommende Kauforders auszugleichen oder zu reduzieren.

Wenn keine aktuellen Aktienkurse vorliegen, was an jenem Tag eben wegen der Handelsverzögerung in vielen Fällen zutraf, gehen die entsprechenden Schlusskurse des Vortages in die in Abständen von wenigen Sekunden erfolgende Berechnung des Kassa-Index ein. So geschah es, dass der über Nacht in beiden Märkten aufgekommene Verkaufsüberhang nur in einem adäquat wiedergegeben wurde: im Futures-Markt, der deshalb zu einem exzessiven Abschlag notierte. Des Weiteren führte die Aussetzung des Handels an der New Yorker Aktienbörse auch zu einer Umleitung des Verkaufsdrucks nach Chicago an die dortige Terminbörse, was wiederum teilweise für das Ausmaß des Abschlags ursächlich gewesen sein dürfte. Dieser ungewöhnliche Abschlag hat bei vielen und natürlich besonders bei denen, die nur darauf warten, das Termingeschäft in Abrede zu stellen, den irreführenden Eindruck hervorgerufen, dass die vermeintlichen Umtriebe und undurchsichtigen Machenschaften der Spekulanten am Futures-Markt den Kollaps des Kassamarkts präfiguriert, vorbereitet und letztlich verursacht haben.

Eine unbehinderte, normale Interaktion zwischen Kassa- und Futures-Markt hat gerade in Zeiten erhöhten Stresses eine wertvolle Funktion. Wenn auch der zeitweilige Zusammenbruch dieser Interaktion am 19. Oktober 1987 stattfand, so ist hierin nicht die Ursache des Crashs zu suchen.

Was den Kardinalvorwurf der Preisführerschaft des Futures-Markts gegenüber dem Kassamarkt betrifft, muss richtiggestellt werden, dass auf Grund der geringeren Transaktionskosten und der deutlich größeren Effizienz am Terminmarkt die Preisfindung dort schneller und früher erfolgen kann als im Kassamarkt. Man mache sich nur klar, dass der Kauf oder Verkauf eines Aktienindex-Futures eine einzige Transaktion, der Kauf oder Verkauf eines äquivalenten Portefeuilles aber 200 oder mehr einzelne Titel umfassen müsste. Der Futures-Markt reagiert deshalb tendenziell schneller auf neue Informationen. Dieses am Futures-Markt oft leichter zu betreibende Geschäft der Entdeckung des richtigen Preisniveaus ist nicht zu verwechseln mit einer willkürlichen Spekulation.

Die Arbitrierbarkeit der Parallelmärkte ist Garant dafür, dass das, was angeblich beim Crash passiert sein soll, gar nicht eintreten kann – jedenfalls nicht ohne externe Schocks, die mit dem Futures-Markt per se nichts zu tun haben: Es kann nämlich eben nicht sein, dass der Futures-Markt sich gleichsam selbstständig macht, in einen Abwärtsstrudel gerät und daraufhin den unschuldigen, eigentlich ganz anders gesonnenen Kassamarkt brutal mit sich in die Tiefe reißt.

Der gewaltige Verkaufsdruck, der sich am Morgen des 19. Oktober 1987 an beiden Märkten entlud, war schon seit einiger Zeit angeschwollen, besonders deutlich in der vorhergehenden Woche, und hatte seine **Ursachen** in Ereignissen, die mit der Natur und den Eigenarten von Futures nichts zu tun haben.

Unter diesen exogenen, von außerhalb des Marktes herantretenden Wirkkräften sind besonders folgende hervorzuheben: Rendite und Preis entwickeln sich, wie zu sehen war, invers. Wenn die Inflationsrate ansteigt, verlangen Investoren eine angemessene Anhebung der Rendite, um den Teil des Ertrags, der von der Inflation „aufgefressen“ wird, wiederzugewinnen. Von Dezember 1986 bis Oktober 1987 stieg die Inflationsrate in den Vereinigten Staaten um rund 3 %. Die Renditen für Staatspapiere folgten mit einer Erhöhung um etwa 3 % – wie sonst wären Investoren für die Finanzierung der Staatsschulden zu gewinnen gewesen! Der Kursverfall des Treasury Bonds mit dreißigjähriger Laufzeit und Kupon von 7,5 % betrug übers Jahr bis zum Crash gerechnet fast 22 % – annähernd so viel wie der Kursverfall, den die Aktienbörse nach dem Crash zu konstatieren hatte.

Als **Auslöser des Crashs** wird neben der deutlichen Verschlechterung der Aktienrenditen gegenüber alternativen Anlageformen auch immer wieder auf Steueränderungen hingewiesen, die Unternehmensübernahmen, ein bis dahin florierendes und die Aktienkurse hochtreibendes Geschäft, erschweren würde. Der Ankündigung dieser Steueränderung am 13. Oktober folgten tags darauf enttäuschende Handelsbilanzzahlen und am 15. Oktober die Erhöhung eines wichtigen Leitzinssatzes in den Vereinigten Staaten. Wenn die Wechselkurse zwischen Ländern, so wie im damals aktuellen Louvre-Accord vorgesehen, stabil gehalten werden, müssen Zinserhöhungen in einem Land zu Zinserhöhungen in den anderen Ländern führen. Deshalb kam es unter anderem in Deutschland und Japan zu einem Anstieg der Geldmarktsätze, der ökonomisch zwar logisch, politisch aber belastend war: Deutschland und Japan sollten nach Absprache mit den USA Expansionspolitik zur Verringerung des Budget-Defizits, zur Stabilisierung der Finanzmärkte und somit eine Politik des billigen Geldes und nicht der steigenden Zinsen betreiben.

Die Zinserhöhung zog einen Streit zwischen dem damaligen US-Finanzminister *Baker* und der Deutschen Bundesbank nach sich, der zusammen mit dem am 16. Oktober erfolgten Angriff der Iraner auf einen US-Tanker und der Wiederholung der Drohung eines Dollar-Kollapses durch *Baker* die nervösen Märkte extrem verunsicherte. Die Bereitschaft von Investoren, Aktienpositionen zu liquidieren, ist nicht zuletzt auch vor dem Hintergrund sich einerseits deutlich verschlechternder fundamentaler Faktoren (weltweiter Wachstumsrückgang und anziehende Zinsen) und andererseits einer seit 1982 anhaltenden Aktienhausse zu sehen.

Für viele bedeutete der Rückzug aus dem Aktienmarkt, dass nur ein (oft kleiner) Teil der aus der langanhaltenden Hausse stammenden Buchgewinne effektiv verloren gehen würden. Wer vor der Jahreswende 1986/87 in die amerikanische Börse eingestiegen war, konnte auch im Crash noch mit Gewinn verkaufen – ganz zu schweigen von denen, die Engagements vor dieser Zeit eingegangen waren.

11. Optionen auf Futures

Besitzer von Puts auf den S & P 500 Futures-Kontrakt verdienten Unsummen am Crash, weil die ins Gigantische angestiegene Volatilität und der Markteinbruch den Wert von Verkaufsoptionen auf dem Markt hochschießen ließen. Puts auf den Futures-Kontrakt erwiesen sich deshalb auch als vorzüglicher Hedge gegen das Börsendesaster. Die phänomenalen Gewinne aus den Put-Engagements konnten die Riesenverluste im Aktienportefeuille abfangen.

Wenn so viel Lärm gemacht werden würde um die dramatischen Absicherungserfolge von Optionen und Futures wie um die spekulativen Exzesse inkompetenter und verantwortungsloser Spekulanten, dann würde *Udo Rettbergs* Schlagzeile im Handelsblatt – „Wer sich nicht an Terminmärkten engagiert, ist ein Spekulant" – heute schon den meisten wie eine Binsenwahrheit und nicht wie ein geradezu anstößiges, schockierendes Paradoxon anmuten.

Das Vorhandensein von **Index-Optionen** war in der Tat, von der Öffentlichkeit nahezu unbemerkt, dennoch für alle von Vorteil, als der Crash seinen Lauf nahm. Die mit Optionen abgesicherten Marktteilnehmer waren eben nicht gezwungen, sich am ohnehin schon gewaltigen Verkaufsdruck zu beteiligen. Darüber hinaus konnten sie aus stabiler Position heraus, nicht selten auch auf Grund von Nettogewinnen, Käufe der zum Teil deutlich unterbewerteten Aktien unternehmen und so zur Normalisierung der Börse beitragen.

11.1 Das Beispiel der US-Treasury-Bond-Terminkontrakte

Es gibt gute Gründe, warum Optionen, deren Basiswert ein Futures-Kontrakt ist, in die Palette von Optionskontrakten aufgenommen worden sind. Sie bieten klare Vorteile gegenüber Optionen, deren zugrundeliegender Gegenstand Handelsobjekt eines herkömmlichen Kassamarkts ist.

Ein effizienter Markt im zugrundeliegenden Instrument ist die Voraussetzung für einen effizienten Optionsmarkt; da im Falle von amerikanischen Staatsanleihen (Treasury Bonds) zum Beispiel der Preisbildungsprozess und die Liquidität im Futures-Markt besser entwickelt sind als im Kassamarkt, sind die Optionen auf Futures auf Treasury Bonds leistungsfähiger als Optionen auf Treasury Bonds.

Dies lässt sich im Einzelnen auf folgende Umstände zurückführen: Der Handel im Futures-Markt ist mit geringeren Transaktionskosten verbunden und umfasst (nicht nur, aber auch) deshalb eine größere Anzahl von Marktteilnehmern. Diese sind zudem der Disziplin einer zentralisierten börslichen Zusammenkunft unterworfen. Damit ist gewährleistet, dass jederzeit ein eindeutiger aktueller Preis ermittelt werden kann. Der Handel im Terminmarkt ist kontinuierlicher, so dass auch Preissignale genauer und öfter erfolgen als im Telefonhandel des Kassamarktes für Treasury Bonds.

Im Kassamarkt hingegen dominieren verhältnismäßig wenige Händler, die zu einem gegebenen Zeitpunkt unterschiedliche Notierungen abgeben können.

Anders als im Kassamarkt lassen sich Short-Positionen in Futures genauso leicht aufbauen wie Long-Positionen. Auch ist die Gefahr eines Corners sehr viel geringer, wegen der in den zugrundeliegenden Futures-Kontrakten eingebauten, weiter oben erläuterten Seller's Option.

Bei Ausübung eines Calls (Puts) auf Treasury Bonds hat der Käufer des Calls (oder der Verkäufer des Puts) die der Gegenpartei entgehenden Stückzinsen mit einer **Ausgleichszahlung** zu kompensieren. Dies entfällt bei Optionen auf Futures auf Treasury Bonds. Schließlich gewinnt der Futures-Markt an zusätzlicher Effizienz auf Grund der Tatsache, dass der Handel in Optionen und Futures am gleichen Ort stattfindet und so die rasche Durchführung von Arbitragemaßnahmen erlaubt. Es lässt sich zusammenfassend zur Frage des zusätzlichen Nutzens von „futures-based" Optionen feststellen: Die Einführung dieses Produktes beruht auf der Erkenntnis, dass die Substitution des Basiswertes (Treasury Bond) durch einen strukturverwandten, aber effizienter bewerteten neuen Basiswert (Treasury Bond Futures) zur verlässlicheren Wertbestimmung des Optionsrechts und letzten Endes zur leichteren und flexibleren Verwendung des Optionsinstruments gereichen.

11.2 Die Praxis des Handels

Wenn der Käufer einer solchen Option den Call (Put) ausübt, erwirbt er damit eine Long-(Short-)Position im zugrundeliegenden Futures-Kontrakt. Die andere Partei des Handels, der Call-(Put-) Verkäufer übernimmt eine Short-(Long-)Position im Futures-Kontrakt und muss somit bei Ausübung der Option Terminkontrakte zum Optionsbasispreis verkaufen (kaufen).

Das heißt, um es noch einmal unmissverständlich zu sagen, die hier in Frage stehenden Optionen sind Optionen auf Futures-Kontrakte und nicht auf die den Futures-Kontrakten zugrundeliegenden Treasury Bonds.

Natürlich müssen diese Optionen nicht ausgeübt werden; tatsächlich sehen die meisten Optionsinhaber von einer Ausübung ab; sie stellen sich vielmehr durch Verkauf (bei vormaligem Optionskauf) oder durch Rückkauf (bei vormaligem Leerverkauf) glatt. In diesen Fällen entstehen Gewinne oder Verluste aus dem Anstieg oder dem Rückgang der Optionsprämie.

Der anhand von konkreten Geschäftsbeispielen vorzunehmenden Darstellung des Strategiespektrums dieses Instruments sei eine kurze Einführung in die **Notierungskonventionen** bei (1) Treasury Bonds, Futures auf Treasury Bonds und (2) Optionen auf Treasury Bonds Futures vorangestellt.

(1) Wir sahen bereits: Die Kurse von US Treasury Bonds und US Treasury Bond-Terminkontrakten werden in ganzen Punkten, von denen ein Punkt $ 1.000 repräsentiert, und in Bruchteilen von je $^1/_{32}$ eines Punktes (= $ 31,25 = $ 1.000/32) notiert. Folglich wird ein Preis von $ 90.000 (= 90 × $ 1.000) mit 90–00 notiert.

Ein Preis von $ 76.750 wäre als 76–24 anzugeben. Denn:

$ 76.000 = 76 Punkten; $ 1.000 × ?/32 = $ 750;
($ 750 / $ 1.000) × 32 = 24.

Ein Preis von $ 90.500 würde als 90–16 notiert werden.

Denn: (90 + 16/32) × $ 1.000 = $ 90.500.

(2) Die Notierung von Optionen auf Treasury Bond Futures unterscheidet sich demgegenüber dadurch, dass Optionsprämien in 1/64 Punkten notiert werden. Jedes 1/64 entspricht einem Wert von $ 15,625 (= $ 1.000/64). Mithin beträgt eine Optionsprämie von 2–16 genau 2 und 16/64 Punkte, gleich $ 2.250. Eine Prämie von 2–48 (2 48/64) würde $ 2.750 ausmachen.

Die engeren Notierungsintervalle bezwecken eine größere Flexibilität des Markts. Diesem Ziel dient auch die Staffelung der Optionen nach verschiedenen Basispreisen und Verfalldaten. Es gibt Basispreise, die sowohl unter als auch über dem aktuellen Terminkontraktpreis liegen.

Sowie die Futures-Kurse steigen oder fallen, können zusätzliche Optionen mit höherem oder niedrigerem Basispreis hinzugefügt werden. Dabei bemüht man sich, die Futures-Kurse der jeweils drei nächstgelegenen Verfallmonate mit Ausübungspreisen, die zwei Basispunkte voneinander entfernt liegen, „einzuklammern".

Eine typische Preistabelle mag wie nachstehend aussehen:

Terminkontraktpreise & Optionsprämien			
Basispreis	März (62–00)	Juni (62–07)	Sept. (62–19)
60 call	2–49 ($ 2.766)	3–44 ($ 3.687)	4–26 ($ 4.406)
60 put	0–52 ($ 812)	1–38 ($ 1.594)	2–05 ($ 2.078)
62 call	1–42 ($ 1.656)	2–44 ($ 2.688)	3–29 ($ 3.453)
62 put	1–42 ($ 1.656)	2–30 ($ 2.469)	2–58 ($ 2.906)
64 call	0–54 ($ 844)	1–54 ($ 1.844)	2–40 ($ 2.625)
64 put	2–52 ($ 2.812)	3–33 ($ 3.516)	3–58 ($ 3.906)

Im Folgenden sollen die Umstände untersucht werden, unter denen es einer rationalen Strategie entspricht, **Long-Positionen in Optionen** auf Treasury Bond Futures einzunehmen. Danach werden analoge Überlegungen über Short-Positionen vorgestellt.

Long-Calls sind für folgende Strategien geeignet:

- Spekulationsgewinn bei niedrigerem Zinsniveau,
- Absicherung der Rendite einer Anlage,
- Verbesserung der Performance von Termingeschäften.

Der **Erwerb eines Puts** empfiehlt sich, wenn Folgendes erreicht werden soll:

- Spekulationsgewinn bei höherem Zinsniveau,
- Absicherung der Rendite einer Anlage,
- Festlegung der Kosten für eine Kreditaufnahme,
- Verbesserung der Performance von Termingeschäften.

11.3 Verhalten bei niedrigem Zinsniveau

Eine offensichtliche Einsatzmöglichkeit von Calls auf Optionen auf Treasury Bond Futures (fürderhin OTBF) ergibt sich für denjenigen Investor, der von einem **Zinsrückgang** ausgehen zu dürfen glaubt. Da, wie wir sehen konnten, ein Rückgang der langfristigen Zinssätze zu höheren Preisen für Rententerminkontrakte führt, könnte ein Anleger, der etwa während der nächsten sechs Monate niedrigere Zinssätze erwartet, versuchen, durch den Erwerb von OTBF-Calls mit sechsmonatiger Laufzeit hieraus Nutzen zu ziehen.

Stellt sich seine Einschätzung als zutreffend heraus, und niedrigere Zinssätze lassen die Preise für Terminkontrakte um mehr als die Einstandskosten der Option(en) über den Basispreis ansteigen, kann er durch Verkauf oder Ausübung der Optionen einen durch die Hebelwirkung der Optionen noch verstärkten prozentualen Gewinn realisieren.

BEISPIEL: Anfang März notiert der September-Terminkontrakt bei 52–00, was einem langfristigen Zinssatz von 16 % entspräche. Eine Anlegerin kauft nun in Erwartung eines niedrigeren Zinsniveaus und somit künftig höherer Rentenkurse eine September-52–00-Kaufoption, d. h. zum Basispreis, der dem derzeitigen Marktpreis des zugrundeliegenden Terminkontraktes entspricht, und zahlt die Prämie von 2–32 (= $ 2.500).

Im August seien nun die Zinssätze tatsächlich deutlich gefallen und liegen bei 14 %, was den Preis des September-Terminkontrakts auf etwa 60–00 hat ansteigen lassen. Die aktuelle Optionsprämie wird mindestens dem inneren Wert der Option entsprechen: $ 8.000 (= $ 60.000 – $ 52.000).

Der Verkauf der Option trägt der Anlegerin einen Gewinn von $ 5.500 ein, bei einem Einsatz und größtmöglichem Verlustpotential von $ 2.500.

11.3.1 Absicherung der Rendite einer Anlage

Im Gegensatz zum soeben geschilderten „mild“ spekulativen Gebrauch von OTBF-Calls (Spekulation auf Zukunftsereignisse mit klar begrenztem und niedrig zu haltendem Verlustmaximum) zeigt die nun vorzustellende Strategie den Wert von OTBF für ausgesprochen konservativ gesinnte Anleger.

Eine Long-Position in OTBF bietet sich etwa für denjenigen an, der in nicht allzu ferner Zukunft den Eingang eines bestimmten Kapitalbetrags erwartet und diesen Zufluss gegen die Gefahr eines niedrigeren zukünftigen Anlagezinssatzes absichern möchte.

BEISPIEL: Ende Mai ist für einen Anleger abzusehen, dass ihm im August $ 60.000 zur Wiederanlage zufließen werden.
Der Preis für September-Terminkontrakte von 56–00 entspricht einer Rendite von etwas unter 15 %, und die Gefahr besteht, dass der Zinssatz bis August kräftig absinken könnte. Der Kauf von OTBF-Calls verringert dieses Risiko, denn sinken die Zinssätze, so bewirken die höheren Bond- und Bond-Futures-Preise, dass auch der Call an Wert zunimmt und somit den höheren Kosten beim Erwerb von Rentenpapieren entgegenwirkt.
Der Investor kauft nun im Mai eine September-56–00-Kaufoption, welche einem Zinssatz von 15 % entspricht, und bezahlt eine Optionsprämie von 1–32 ($ 1.500).
Nun fallen die Zinsen tatsächlich wie erwartet: Treasury Bonds rentieren 13 % und kosten nun pro Bond $ 65.000 statt $ 56.000 wie noch im Mai. Gleichzeitig aber dürfte der Preis für September-Kontrakte auch auf etwa 65–00 gestiegen sein, was die Möglichkeit erschließt, die September-56–00-Kaufoption zu einem Mindestpreis in Höhe ihres inneren Wertes von (65–00 – 56–00 = 9–00 =) $ 9.000 zu verkaufen. Der Reingewinn (unter Vernachlässigung von Transaktionskosten) beträgt $ 7.500 und wiegt den größten Teil der erhöhten Einstandskosten bei den Rentenpapieren auf.

11.3.2 Verbesserung der Performance bei Termingeschäften

Eine Anlegerin, die direkt im Terminmarkt tätig wird, hat die Möglichkeit, die den beträchtlichen Gewinnchancen gegenüberstehenden Risiken dieses Instruments durch den Kauf von OTBF abzuschwächen.

BEISPIEL: In Erwartung wesentlich höherer Zinssätze und somit niedrigerer Rentenkurse unternimmt eine Investorin den Leerverkauf eines Terminkontraktes zum Preis von 68–00. Sie sichert sich gegen die Möglichkeit einer entgegengesetzten Zinsbewegung, indem sie gleichzeitig eine OTBF-Kaufoption mit Basispreis 68–00 und sechsmonatiger Laufzeit zu 2–32 ($ 2.500) erwirbt.
Treten die Erwartungen der Investorin ein, und der Preis des Terminkontraktes geht auf 60–00 zurück, so entsteht ein Reingewinn von ($ 8.000 – $ 2.500 =) $ 5.500, der einem maximalen Verlust in Höhe der Optionsprämie ($ 2.500) bei gleich großer, aber entgegengesetzter Zinsbewegung, und einem maximalen Verlust in Höhe von $ 8.000 bei Verzicht auf Optionsabsicherung gegenübersteht.

Des Weiteren geben OTBF-Long-Positionen Anlegern gleichsam längeren Atem und größeres Durchhaltevermögen bei deren Termingeschäften.

BEISPIEL: Eine spekulative, zu 68–00 eingenommene Short-Position im Terminkontrakt droht zum Desaster zu werden, nachdem niedrigere Zinssätze den aktuellen Kurs auf 71–00 haben hochschnellen lassen. Eine Glattstellung dieser prekären Position würde einen Verlust von $ 3.000 verursachen und ein weiterer Zinsverfall erhöhte den Schaden noch mehr. Hätte man die Futures-Short-Position hingegen mit einem OTBF-Long-Call mit dreimonatiger Laufzeit, einem Ausübungspreis von 68–00 und einem Optionspreis von 1–32 ergänzt, so wäre das Verlustmaximum auf $ 1.500 begrenzt. Unter diesen Umständen fiele es leichter, an der Leerposition festzuhalten, um auf eine Erholung des Futures-Kurses zu warten.

Selbstverständlich lässt sich solch ein Call bei günstiger Kursentwicklung wieder und wieder verwenden. Angenommen, man verfügt über einen sechsmonatigen Call und nimmt eine spekulative Short-Position im Futures ein, die nach zwei Monaten gewinnbringend glattgestellt wird. Danach mag man eine neue Short-Position eingehen, die vielleicht nach weiteren zwei Monaten bei Glattstellung einen Gewinn „abwirft". Und schließlich führt ein dritter Spekulationsversuch im Futures nach zwei Monaten zu einem Gewinn. Alle drei Futures-Positionen wurden von ein und demselben Call abgesichert.

Long-Positionen in OTBF-Calls können auch dazu benutzt werden, einen Gewinn aus einer bereits bestehenden Leerposition in einem Futures abzusichern und so ein Festhalten an der eingegangenen Futures-Position zum Zwecke der Ausnutzung zukünftiger noch größerer Gewinnchancen ermöglichen.

BEISPIEL: Ein Futures-Händler verkauft einen Terminkontrakt zu 68–00; der Preis fällt auf 62–00, so dass ihm $ 6.000 auf seinem Einschusskonto gutgeschrieben werden. Der Händler ist von einem weiteren Preisverfall überzeugt, legt gleichzeitig aber Wert darauf, den bislang entstandenen Gewinn wenigstens teilweise sicherzustellen.
Zu diesem Zwecke erwirbt er eine Kaufoption mit Ausübungspreis 62–00 für $ 1.500; somit hat er Gewissheit, dass sein Reingewinn „nach oben" unbegrenzt weiterwachsen, gleichzeitig aber nicht unter $ 4.500 fallen kann.

11.4 Verhalten bei erwartetem Zinsanstieg

Bei steigenden Zinsen und fallenden Rentenkursen wächst der Wert eines OTBF-Puts und realisiert dann bei Wiederverkauf einen Gewinn; das Verlustpotential bleibt auf die Höhe der Put-Prämie beschränkt.

11.4.1 Absicherung der Rendite einer Anlage

Durch den Kauf eines OTBF-Puts ist es möglich, ein bestehendes Engagement in Treasury Bonds gegen einen Wertverfall zu versichern. Ein Investor, der sich der Versicherungswirkung von OTBF-Puts bedient, mag dies tun, weil er aus steuerlichen Gründen an einer bestehenden, aber im Wert bedrohten Position festhalten möchte. Ein weiteres Motiv für Versicherung durch einen Put-Kauf liegt darin, in Zeiten großer (Preis-) Schwankungsbreite an möglichen Wertzuwächsen partizipieren zu wollen.

BEISPIEL: Als die Zinssätze bei 14 % lagen, war es einem Anleger möglich, einen T-Bond mit einem Kupon von 8 % und einem Nennwert von $ 100.000 zu $ 60.000 zu erwerben. Zwischenzeitlich sind die langfristigen Zinsen auf 12 % zurückgegangen, und der Wert der Obligation ist auf $ 70.000 angestiegen. Befürchtet der Anleger, dass die Zinsen ihren Tiefstpunkt erreicht haben und von nun an eher anziehen werden, so dass der Wert seines Bonds geringer werden muss, so bietet es sich an, einen OTBF-Put mit Basispreis 70–00 zu einer Prämie von $ 1.500 zu erwerben. Damit ist er gegen einen Rückgang der Rentenkurse gefeit und hat zudem die Möglichkeit, von der entgegengesetzten Kursentwicklung zu profitieren.
Steigen die Zinsen vor Ablauf des Puts auf 13 %, so dass der Bond 64–16 ($ 64.500) notiert, so lässt sich der Verlust von $ 5.500 auf der Rentenposition durch einen Optionsgewinn in Höhe von mindestens $ 4.000 größtenteils kompensieren: mindestens $ 5.500 (innerer Wert der Option) – $ 1.500 (Optionsprämie) = $ 4.000.

Fielen die Zinsen und stiegen die Rentenkurse, wäre dem Investor jeglicher Wertzuwachs der Obligationen über die für die Verkaufsoption gezahlten $ 1.500 zugute gekommen.

11.4.2 Festlegung der Kosten für eine Kreditaufnahme

BEISPIEL: Eine Investorin hat vor, in sechs Monaten, wenn sie den nötigen Betrag erspart haben wird, eine 25-jährige Hypothek in Höhe von $ 70.000 auf ein Wohn- oder Geschäftsgrundstück zu beantragen. Zurzeit könnte sie ein solches Darlehen zu etwa 16 % Zinsen erhalten, aber sie befürchtet, dass der Satz in sechs Mo-naten eher bei 18 % liegen könnte. Eine solche Erhöhung würde ihre Monatsrate von $ 933 (= $ 70.000 × 0.16)/12) auf $ 1.050 (= $ 70.000 × 0.18)/12) anheben.

Die Anlegerin stellt fest, dass eine Verkaufsoption mit einem Basispreis von 64–00 zu einer Prämie von $ 1.500 zu kaufen ist. Da sie weiß, dass die Option an Wert gewinnt, wenn das allgemeine Zinsniveau steigt, kauft sie die Verkaufsoption zu $ 1.500. Wenn die Hypothekensätze während der nächsten sechs Monate auf 18 % steigen und die Preise für Terminkontrakte auf etwa 55–00 sinken, kann die zu $ 1.500 gekaufte Verkaufsoption dann zu mindestens $ 9.000 verkauft werden. Die Investorin gewinnt $ 7.500.

Wenn sie den Gewinn von $ 7.500 dazu verwendet, den Betrag des aufzunehmenden Darlehens auf $ 62.500 herabzusetzen, beträgt ihre Monatsrate (selbst bei 18 % Zinsen) lediglich $ 937 (= $ 70.000 × 0.18)/12. Das ist praktisch genausoviel, als wenn sie $ 70.000 zu 16 % aufgenommen hätte. Der Kauf der Verkaufsoption hat die Anlegerin daher wirkungsvoll vor höheren Zinssätzen geschützt.

11.4.3 Verbesserung der Performance von Termingeschäften

Wer niedrigere Zinssätze und höhere Rentenkurse erwartet, könnte einen Terminkontrakt kaufen (dessen Wert mit steigenden Rentenkursen zunimmt) und gleichzeitig eine Verkaufsoption mit einem Basispreis in Höhe des derzeitigen Preises für den Terminkontrakt erwerben. Auf diese Weise begrenzt die Verkaufsoption das Risiko aus fallenden Preisen auf die Kosten der Verkaufsoption.

Denn wenn beispielsweise ein Terminkontrakt zu 70–00 und ein OTBF-Put mit Ausübungspreis 70–00 zu $ 1.500 erworben wurden, dürfte jeglicher Rückgang des Terminkontraktpreises unter 68–16 durch eine Wertsteigerung der Verkaufsoption ausgeglichen werden.

Ein anderer Verwendungszweck von OTBF-Puts in diesem Zusammenhang ist die Absicherung nicht realisierter Gewinne aus Terminpositionen.

BEISPIEL: Ein zu 65–00 gekaufter Terminkontrakt ist zwischenzeitlich auf 75–00 gestiegen. Eine Investorin hat noch viel „Zinsphantasie", d. h. sie hält weitere Zinsrückgänge, somit höhere Anleihepreise und auch höhere Futures-Preise für möglich. Sie möchte deshalb die Terminposten noch nicht aufgeben. Sie kann nun einen Gewinn von mindestens $ 8.500 sicherstellen, wenn sie eine Verkaufsoption mit Ausübungspreis 75–00 zu $ 1.500 erwirbt. Darüber hinaus bleibt ihr weiterhin die Möglichkeit, von fallenden Zinsen via ihres Terminengagements zu profitieren.

11.5 Short-Positionen

Während die geschilderten Long-Positionen aus den unterschiedlichsten Motiven heraus eingenommen werden, sind Short-Positionen größtenteils auf die eine Begründung gestützt: Erzielung zusätzlichen Einkommens durch Einnahme von Optionsprämien.

Short-Positionen unterscheiden sich von Long-Positionen weiter darin, dass sie in verhältnismäßig ereignislosen Märkten mit wenig ausgeprägten Kursanstiegs- oder Kursabfallstendenzen am effektvollsten sind.

Es ist besondere Vorsicht geboten bei der Entscheidung, Short-Positionen einzugehen, da, erinnern wir uns, diese, anders als Long-Positionen, bei denen das Gewinnpotential unbeschränkt und das Verlustpotential begrenzt ist, fixe Gewinnmaxima und potentiell unbegrenzte Risiken aufweisen.

Schließlich unterscheidet sich das Schreiben (= Verkaufen) von Optionen vom Kauf von Optionen dadurch, dass dem Stillhalter (= Verkäufer) zusätzlich zum Anfangseinschuss weitere Nachschüsse abverlangt werden können, um eventuell eingetretene Verluste abzudecken.

Eine beliebte Short-Strategie ist das Schreiben einer gedeckten Kaufoption.

BEISPIEL: Es befinde sich ein US-Treasury-Bond (Nennwert $ 100.000; Kupon 8 %) im Besitz eines Anlegers, dem diese Investition zurzeit monatlich $ 667 einbringt.
An einem bestimmten Tag im Juni lautet der Preis des September-Terminkontrakts über eine solche Obligation 66–00, und eine September-68–00-Kaufoption mit einem Basispreis von mehr als 66–00 notiere zu $ 1.000. Um seine Anlagerendite zu verbessern, schreibt der Investor diese Kaufoption und erhält die Prämie.
Wenn die Preise für den Terminkontrakt bis September unter 68–00 bleiben, verfällt die Option wertlos und der Investor bleibt weiterhin im Besitz der Obligation. Neben den rund $ 2.000 Zinsen, die sich während der drei Monate angesammelt haben, verfügt der Anleger über zusätzliche $ 1.000 aus dem Optionsverkauf, welche seine Gesamtanlagerendite um 50 % verbessern.

7. Kapitel

Das binomiale Optionspreismodell und die Bewertung von Firmen, Finanzierungsinstrumenten und Investitionen

1. Herleitung des Optionspreismodells

Im Kapitel 3 haben wir im Abschnitt 3.5 bereits kurz im Zusammenhang mit der Bewertung von Optionen das Binomial-Modell angesprochen.

Mittlerweile gibt es eine wachsende Vielzahl von Anwendungen der Optionspreistheorie, die unaufhaltsam in Bereiche vorstößt, die man bislang nicht als ihr Terrain anzusehen gewohnt war. Deshalb soll hier etwas ausführlicher darauf eingegangen werden. Wegen der großen Anzahl neuer Anwendungen des optionstheoretischen Instrumentariums und der Komplexität der erforderlichen Modifikationen des Grundwerkzeugs, wollen wir uns in diesem Buch auf den kleinsten gemeinsamen Nenner konzentrieren. Damit meinen wir die Grundlagen des vermutlich vielseitigsten und gebräuchlichsten Bewertungsansatzes in der zeitgenössischen Optionstheorie. Es ist dies das Binomialmodell, wie es im wesentlichen von *Cox, Ross* und *Rubinstein* entwickelt worden ist. Wir bieten hier eine Darstellung der grundsätzlichen Methodik des Binomialansatzes und beschäftigen uns dann mit Anwendungen aus dem Bereich der betrieblichen Finanzwirtschaft (Corporate Finance). Dabei gehen wir auf die Bewertung von Firmen, Finanzierungsinstrumenten und Projekten (Investitionsrechnung) ein.

1.1 Die Grundannahmen

Beginnen wir mit **drei Grundannahmen,** die uns vor einer Ausuferung des Modells bewahren sollen:

(1) Wir gehen von vollkommenen Märkten aus, d. h. wir leben in einer Welt, die keine Transaktionskosten kennt, keine Einschusserfordernisse und keine Steuern. Der Erlös aus Leerverkäufen steht in vollem Umfang und sofort zur Verfügung. Die für die hier gewählten Handelsstrategien benötigten Instrumente sind beliebig teilbar – es gibt in der binomialen Welt also beispielsweise halbe Aktien. Es können Transaktionen von beliebigem Umfang zu den vorherrschenden Markt- (= Gleichgewichts-) Preisen stattfinden. Es gibt nur einen Zinssatz, zu dem sowohl geliehen als auch verliehen werden kann – beides risikolos.

(2) Für jedes Betrachtungsintervall (Periode) sind der Zinssatz (r) und die Größe von Kursanstiegen (u) und Kursabstiegen (d) bekannt. Die Größen u, d und r müssen nicht konstant, aber immer bekannt sein.

(3) Marktteilnehmer haben eine unbedingte Präferenz für Vermögenswachstum, d. h. sie werden, wann immer es in ihrer Macht steht, so handeln, dass ihr Verhalten vermögensvermehrend ist. Somit werden sie jede sich bietende risikolose Arbitragegelegenheit nutzen.

Wir treffen keine Annahmen über den erwarteten oder benötigten Ertrag der hier behandelten Investitionen, auch nicht über die Wahrscheinlichkeit von Kursan- oder -abstiegen, oder den Grad der Risikoaversion der Handelnden.

Den Ausgangszeitpunkt bezeichnen wir als T – 1, den Zeitpunkt, der nach Ablauf der ersten Periode eintritt, designiert T.

1.2 Die Herleitungsschritte

Bei der Herleitung eines binomialen Optionspreismodells für (nur) eine Periode gehen wir in folgenden Schritten vor:

(1) Wir definieren den Prozess, der die Kursentwicklung bestimmt. Vom heutigen Kurs ausgehend, kann die Aktie zum nächsten Zeitpunkt nur einen von zwei möglichen Werten annehmen: $(1 + u) \times$ aktueller Kurs oder $(1 + d) \times$ aktueller Kurs.

(2) Wir bestimmen die zwei Endwerte einer Call-Option, die in Abhängigkeit vom Endwert der Aktie eintreten.

(3) Wir setzen die Pay-Offs eines zunächst in seiner genauen Komposition unbekannten Äquivalenzportefeuilles, bestehend aus Aktien und Anleihen, mit den Pay-Offs der Option gleich.

(Unter Pay-Offs wollen wir die Mittelzuflüsse verstehen, die uns aus der Verwertung eines Finanzaktivums entstehen können. Die Pay-Offs eines Long-Calls mit Ausübungspreis 100 auf eine Aktie, die nur 150 oder 200 wert sein kann, wären somit 50 und 100).

Da hierbei nur zwei Gleichungen (je eine für die beiden möglichen Endwerte der Aktie) und zwei Unbekannte (die Anzahl von Aktien und das Kreditvolumen) in Erscheinung treten, kann die Zusammensetzung des Äquivalenzportefeuilles ohne weiteres bestimmt werden.

(4) Wir stützen uns auf das Gesetz vom einen Preis (law of one price), demzufolge Aktiven mit in jedem künftigen Welt-Zustand identischen Pay-Offs aktualiter den gleichen Preis haben müssen. Per Konstruktion sind Call und Äquivalenzportefeuille pay-off-kongruent und müssen somit den gleichen aktuellen Preis aufweisen.

1.3 Das einperiodige Binomialmodell

Wir bewegen uns in einem Modell, das nur eine Periode und zwei Zeitpunkte kennt, den Anfangszeitpunkt $T - 1$ und den Endzeitpunkt T. Zum Zeitpunkt $T - 1$ sei der Aktienpreis S_{T-1}. Zu T, dem Ende der Laufzeit der Option, nimmt die Aktie einen von zwei Werten an: $S_{T,u} = (1 + u)S_{T-1}$, und zwar, wenn ein Uptick erfolgt, d. h. die Aktie gestiegen ist, oder aber den niedrigeren Wert $S_{T,d} = (1 + d)$ $S_{T-1,}$ wenn ein Downtick eingetreten, die Aktie also gefallen ist.

Die Größen u und d stellen die möglichen Erträge des Basiswerts dar. Die Größe r repräsentiert den risikolosen Zinssatz der betrachteten Periode, so dass u > r > d gelten muss, wenn keine Arbitragegelegenheiten bestehen sollen. Wären nämlich u und d größer r, ließen sich Arbitragegewinne erwirtschaften, indem man so viel als möglich Geld aufnimmt, um den Basiswert zu kaufen. Denn zu T wird in diesem Fall der Preis des Basiswerts hoch genug sein, um durch dessen Veräußerung den Kredit voll bedienen und einen darüber hinausgehenden Erlös realisieren zu können. Wenn u > d > r, dann gilt

Zeitpunkt T – 1	Zeitpunkt T Uptick	Zeitpunkt T Downtick
Borge 1 €	– 1 € (1 + r)	– 1 € (1 + r)
Kaufe für 1 € Aktien	+ 1 € (1 + u)	+ 1 € (1 + d)
Geldzufluss = 0 €	u – r > 0	d – r > 0

Umgekehrt würde niemand den risikobehafteten Basiswert kaufen, wenn gelten würde, dass r > u > d, denn bei solcher Lage der Dinge würde die risikolose Anlage in jedem Fall mehr rentieren als der Basiswert. Die Arbitragestrategie, die zu verfolgen wäre, wenn diese Situation dennoch aufträte, lautet: „shorte" den Basiswert und kaufe mit dem Erlös aus dem Leerverkauf die risikolose Anlage.

Wenn nun T das Verfalldatum eines Calls C mit Ausübungspreis K ist, dann wird bei gestiegenem Aktienkurs der Call einen Wert von $C_{T,u} = \max(0, S_{T,u} - K)$ haben. Ist die Aktie jedoch zu T gefallen, so lautet der Wert des Calls dann $C_{T,d} = \max(0, S_{T,d} - K)$.

Versuchen wir nun ein Portefeuille, bestehend aus Aktien (Equity) und risikolosen Anleihen (Debt; auszusprechen wie „Dett"), zu konstruieren, das zum Zeitpunkt T die gleichen Pay-Offs generiert wie der Call.

Zu diesem Zweck kaufen wir Δ Aktien und investieren den Betrag B in risikolosen Anleihen. Es wird sich zeigen, dass bei der Synthetisierung eines Calls durch ein Äquivalenzportefeuille der geschilderten Art Δ immer nur einen nicht-negativen Wert annehmen, also entweder positiv oder gleich null, während B immer nur negativ oder gleich null sein wird. Anders gesagt: Das Äquivalenzportefeuille entsteht durch Einnahme einer Long-Position in Aktien und Aufnahme eines Kredits zur Finanzierung des Aktienkaufs. Der Nachbau eines Puts vermöge eines Debt-Equity-Äquivalenzportefeuilles hingegen verlangt eine Short-Position in Aktien und die Ausreichung eines Kredits, d. h. hier wird Δ stets nicht-positiv und B immer nicht-negativ sein.

Wir wissen, dass das Äquivalenzportefeuille zu T – 1 also

$S_{T-1} + B$ wert ist und zu T

entweder $\Delta S_{T,u} + (1 + r)B = \Delta (1 + u)S_{T-1} + (1 + r)B$,

oder $\Delta S_{T,d} + (1 + r)B = \Delta (1 + d)S_{T-1} + (1 + r)B$

wert sein wird.

Nun setzen wir die Pay-Offs des Äquivalenzportefeuilles mit den Pay-Offs des Calls, wie sie zu T eintreten können, gleich:

$$\Delta (1 + u)S_{T-1} + (1 + r)B = C_{T,u}$$

$$\Delta (1 + d)S_{T-1} + (1 + r)B = C_{T,d}$$

Es kommen die üblichen Lösungsverfahren für lineare Gleichungssysteme mit zwei Variablen zur Anwendung:

$$\Delta = (C_{T,u} - C_{T,d}) / ((u - d)S_{T-1}) = (C_{T,u} - C_{T,d}) / (S_{T,u} - S_{T,d})$$

und

$$B = ((1 + u)C_{T,d} - (1 + d)C_{T,u}) / ((u - d)(1 + r)).$$

Verallgemeinernd können wir auch schreiben:

$$\Delta = (C_u - C_d) / ((u - d)S) = (C_u - C_d) / (S_u - S_d)$$

und

$$B = ((1 + u)C_d - (1 + d)C_u) / ((u - d)(1 + r)).$$

Δ verrät uns, wie viele Aktien gekauft werden müssen, um den Call zu replizieren, wobei $0 \leq \Delta \leq 1$. Der Wert von B, für den auch gilt, dass $B \leq 0$, bestimmt die Höhe des zur Finanzierung des Aktienkaufs benötigten Kredits.

Wenn die Pay-Offs des Calls und des Äquivalenzportefeuilles zum Zeitpunkt T identisch sind, dann muss auch der Preis des Calls und des synthetischen Calls zum Zeitpunkt T – 1 gleich sein.

$$C_{T-1} = \Delta\, S_{T-1} + B$$

und allgemein

$$C = \Delta\, S + B.$$

Wäre der Call zu einem geringeren Preis zu haben als das Äquivalenzportefeuille, würden Arbitrageure den Call kaufen und das ihn replizierende Portefeuille verkaufen, d. h. sie würden die Aktien verkaufen und Geld verleihen. Das Resultat wäre, ungeachtet der späteren Entwicklung des Aktienkurses, ein Geldzufluss zu T – 1, dem weder ein Geldzufluss noch ein Geldabfluss zu T folgt. Wir werden diesen Sachverhalt gleich anhand eines Beispiels illustrieren, das uns auch dazu dienen soll, das bisher entwickelte Modell ein wenig mit Leben zu füllen:

Ein Call hat gerade noch eine Periode „zu leben". Der gegenwärtige Aktienkurs (S_{T-1}) liegt bei \$ 40. Zu T wird die Aktie entweder $S_{T,u}$ = \$ 50 oder $S_{T,d}$ = \$ 35 wert sein. Der Ausübungspreis der Option (K) beträgt \$ 45.

Wenn die Aktie auf \$ 50 steigt, was ist der Call dann wert? Die Antwort fällt nicht schwer: \$ 5. Doch welchen Wert nimmt u an? Nun: 0,25, denn

$$S_{T,u} = (1 + u)S_{T-1}, \text{ d. h. } \$\,50 = (1 + 0{,}25)\ \$\,40.$$

Fällt die Aktie auf \$ 35, was ist dann der Call wert und welchen Wert können wir d zuschreiben? Der Call ist natürlich wertlos und d beträgt –0,125, denn

$$S_{T,d} = (1 + d)S_{T-1}, \text{ d. h. } \$\,35 = (1 - 0{,}125)\ \$\,40.$$

Wie muss das Äquivalenzportefeuille gewichtet sein? Wenn der für die verbleibende Periode gültige Zinssatz 1 % beträgt, dann benötigt man $^1/_3$ Aktie und einen Kredit in Höhe von \$ 11,551155.

Denn gilt Aktie = \$ 50 und Call = \$ 5, ergibt sich auch ein Äquivalenzportefeuille = \$ 5 = \$ 50/3 – \$ 11,551155 (1,01). Ist die Aktie nur \$ 35 und der Call deshalb \$ 0 wert, so ist auch hier das Replikationsportefeuille wie der Call nichts wert:

$\$ 35/3 - \$ 11{,}551155\ (1{,}01) = \$ 0.$

Folglich können wir den Wert des Calls am Anfang der betrachteten Periode so aus dem Wert der Bestandteile des Äquivalenzportefeuilles bestimmen:

$C_{T-1} = S_{t-1}/3 - 11{,}551155 = 1{,}782178.$

Jetzt kommen wir zurück auf die obige Arbitrageempfehlung für den Fall, dass der Call unterbewertet ist. Sagen wir, der Call, der tatsächlich \$ 1,782178 wert ist, wird zu \$ 1,50 gehandelt.

Wir kaufen den Call, verkaufen $^1/_3$ Aktie und leihen einen Betrag von \$ 11,551155 zum Periodenzinssatz von 1 % aus:

Kauf des Calls:	– \$ 1,50
Aktienverkauf:	+ \$ 13,333333 (= \$ 40/3)
Kreditvergabe:	– \$ 11,5511155
Arbitragegewinn:	+ \$ 0,282178

Gleichgültig, wie sich der Aktienkurs entwickeln wird, es wird dem Arbitrageur nun kein Geld mehr zu- oder abfließen, denn wenn die Aktie bei \$ 35 liegt, ist der Call wertlos und die Kreditrückführung erbringt genau den Betrag, den wir benötigen, um die Short-Position in der Aktie glattzustellen: \$ 11,66667 (= \$ 11,551155 (1,01)). Ist die Aktie hingegen auf \$ 50 gestiegen, ist zwar der Call \$ 5 wert, doch erhöht sich auch der Betrag, der zur Glattstellung der Aktien-Short-Position aufgebracht werden muss, um \$ 5.

Werfen wir noch einen kurzen Blick auf den Fall, bei dem der Call überbewertet ist. Hier verkaufen wir natürlich den Call, borgen Geld und kaufen $^1/_3$ Aktie:

Verkauf des Calls:	+ \$ 2
Aktienkauf:	– \$ 13,333333
Kreditaufnahme:	+ \$ 11,551155
Arbitragegewinn:	+ \$ 0,217822

Auch hier wieder kommt es zu T zu keinem Nettogeldzu- oder -abfluss, denn verfällt der Call wertlos (Aktie = \$ 35), entspricht der Erlös aus dem Aktienverkauf dem Betrag, der für die Kreditrückführung aufgebracht werden muss. Ist die Aktie bei \$ 50, so dass die Ausübung des Calls einen Verlust von \$ 5 einbringt, gleicht der höhere Erlös aus dem Aktienverkauf diese zusätzliche Belastung aus.

Doch nun weiter in der Herleitung des binomialen Optionspreismodells für eine Periode. Oben haben wir eine Formel für den Wert von Δ, eine für den Wert von B und eine für den Wert von C_{2T2-21} entwickelt. Wir setzen nun die Ausdrücke, die wir für Δ und für B hergeleitet haben, in die Formel für C_{T-1} ein und erhalten nach einigen vereinfachenden Umformungen:

$$C_{T-1} = (pC_{T,u} + (1 - p)C_{T,d}) / (1 + r),$$

wobei

$$p = (r - d) / (u - d)$$

und

$$(1 - p) = (u - r) / (u - d)$$

Hieraus ergibt sich die allgemeine Formel des binomialen Optionspreismodells für eine einperiodige Call-Option auf eine Aktie, die keine Dividenden zahlt:

$$C = (pC_u + (1 - p)C_d) / (1 + r).$$

1.4 Die Ausweitung des Binomialansatzes auf zwei Perioden

Der Ausgangszeitpunkt ist nun nicht mehr T – 1, sondern T – 2. Wenn die Größen u und d als konstant angenommen werden, verläuft der Prozess, nach dem sich die möglichen Werte der Aktie zu T bilden, wie folgt:

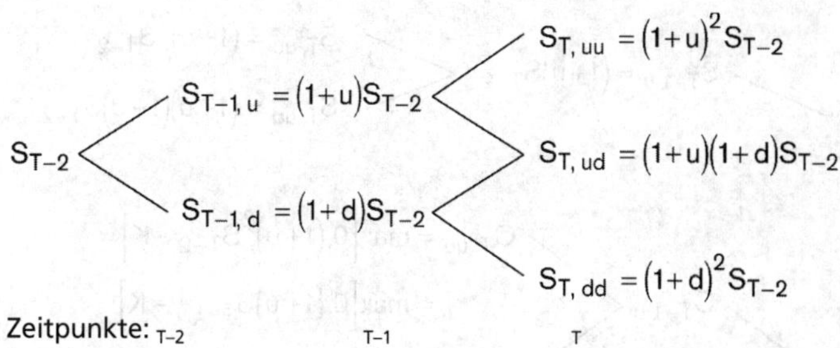

Der Wert der Aktie zum Ausgangszeitpunkt ist S_{T-2}. Am Ende der ersten Periode, d. h. zu T – 1, kann die Aktie nur einen von zwei Werten, nämlich im Falle eines Upticks $S_{T-1,u}$ oder im Falle eines Downticks $S_{T-1,d}$ annehmen. Am Ende der zweiten Periode, d. h. zu T, kommen drei Werte in Frage. Hier ist jedoch zu beachten, dass der Aktienkurs der gleiche sein wird, wenn ein Uptick auf einen Downtick oder ein Downtick auf einen Uptick folgt.

Der Prozess, der den Wert des Calls bestimmt, sieht so aus:

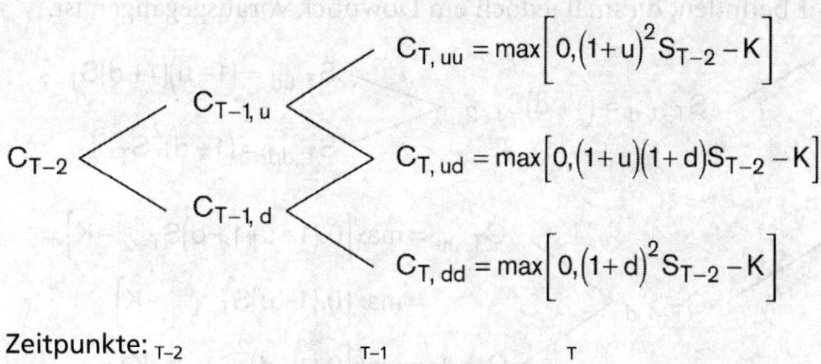

Um C^{T-2} zu ermitteln, können wir wie beim einperiodigen Modell vorgehen, d. h. wir beginnen vom rechten Rand und arbeiten uns nach links vor. Anders gesagt: Wir tun so, als befänden wir uns in T – 1 und die Aktie sei gerade einem Uptick gefolgt.

$$\ldots \quad S_{T-1,u} = (1+u)S_{T-2} \quad \begin{cases} S_{T,uu} = (1+u)^2 S_{T-2} \\ S_{T,ud} = (1+u)(1+d)S_{T-2} \end{cases}$$

$$\ldots \quad C_{T-1,u} \quad \begin{cases} C_{T,uu} = \max\left[0,(1+u)^2 S_{T-2} - K\right] = \\ \qquad\quad = \max\left[0,(1+u)S_{T-1,u} - K\right] \\ C_{T,ud} = \max\left[0,(1+u)(1+d)S_{T-2} - K\right] = \\ \qquad\quad = \max\left[0,(1+d)S_{T-1,u} - K\right] \end{cases}$$

Die folgende Formel gibt den Wert des Calls an zu T – 1, wenn in der ersten Periode ein Uptick erfolgt ist:

(1) $C_{T-1,u} = (pC_{T,uu} + (1-p)C_{T,ud}) / (1+r)$

Als Nächstes treffen wir die Annahme, dass wir weiterhin uns in T – 1 befinden, diesmal jedoch ein Downtick vorausgegangen ist.

$$\ldots \quad S_{T-1,d} = (1+d)S_{T-2} \quad \begin{cases} S_{T,ud} = (1+u)(1+d)S_{T-2} \\ S_{T,dd} = (1+d)^2 S_{T-2} \end{cases}$$

$$\ldots \quad C_{T-1,d} \quad \begin{cases} C_{T,uu} = \max\left[0,(1+u)(1+d)S_{T-2} - K\right] = \\ \qquad\quad = \max\left[0,(1+u)S_{T-1,d} - K\right] \\ C_{T,dd} = \max\left[0,(1+d)^2 S_{T-2} - K\right] = \\ \qquad\quad = \max\left[0,(1+d)S_{T-1,d} - K\right] \end{cases}$$

Wieder ist es so, dass die Annahme eines Downticks in der ersten Periode uns nun in eine einperiodige Welt versetzt. Die weiter oben entwickelte allgemeine Formel für den einperiodigen Wert eines Calls kommt zur Anwendung, so dass

(2) $C_{T-1,d} = (pC_{T,ud} + (1-p)C_{T,dd}) / (1+r)$.

Wir kennen nunmehr den Wert des Calls, wenn in der ersten Periode entweder ein Uptick oder ein Downtick erfolgt ist, und können unter Anwendung des einperiodigen Verfahrens den Wert zum Zeitpunkt T – 2 berechnen.

$$S_{T-2} \begin{cases} S_{T-1,u} = (1+u)S_{T-2} & \ldots \\ & \ldots \\ S_{T-1,d} = (1+d)S_{T-2} & \ldots \end{cases}$$

$$C_{T-2} \begin{cases} C_{T-1,u} & \ldots \\ & \ldots \\ C_{T-1,d} & \ldots \end{cases}$$

Zu T – 2 können wir ein Äquivalenzportefeuille bilden, mit den gleichen Pay-Offs zu T – 1, wie sie auch der Call an den Tag legen wird. $\Delta S_{T-2} + B$ kann zwei Werte annehmen, je nachdem, ob es einen Uptick oder einen Downtick in der ersten Periode geben wird:

$$\Delta S_{T-2} + B \begin{cases} (1+u)\Delta S_{T-2} + (1+r)B = \Delta S_{T-1,u} + (1+r)B \\ (1+d)\Delta S_{T-2} + (1+r)B = \Delta S_{T-1,d} + (1+r)B \end{cases}$$

Nun setzen wir die Pay-Offs des Äquivalenzportefeuilles zu T – 1 mit denen des Calls gleich:

$\Delta\,(1+u)S_{T-2} + (1+r)B = C_{T-1,u}$
$\Delta\,(1+d)S_{T-2} + (1+r)B = C_{T-1,d}.$

Wir lösen das Gleichungssystem nach Δ und B auf und erhalten:

$$(3)\quad \Delta = \frac{C_{T-1,u} - C_{T-1,d}}{(u-d)S_{T-2}} = \frac{C_{T-1,u} - C_{T-1,d}}{S_{T-1,u} - S_{T-1,d}}$$

$$(4)\quad B = \frac{(1+u)C_{T-1,d} - (1+d)C_{T-1,u}}{(u-d)(1+r)}$$

$\Delta = (C_u - C_d) / (S_u - S_d)$
$B = (1+4)C_d - (1+d)C_u / ((u-d)(1+r))$

Diese Gleichungen verraten uns die Komposition des Äquivalenzportefeuilles, die zu T – 2 erforderlich ist, um zu T – 1 identische Pay-Offs beim Call und seinem synthetischen Zwilling zu gewährleisten. Wenn zwei Vermögensgegenstände identische Pay-Offs zu T – 1 besitzen, so müssen sie zu T – 2 den gleichen Preis haben, und somit gilt:

(5) $C_{T-2} = \Delta\, S_{T-2} + B.$

Die Substitution von (1) und (2) in (3) und (4) und die Substitution der so entstandenen Ausdrücke in (5) ergibt die Formel zur Berechnung des Werts des Calls, wenn noch zwei Perioden ausstehen:

(6) $$C_{T-2} = \frac{p^2 C_{T,uu} + 2p(1-p)C_{T,ud} + (1-p)^2 C_{T,dd}}{(1+r)^2}$$

Alle Größen auf der rechten Seite der Gleichung sind bekannt, insbesondere p = (r – d) / (u – d).

1.5 Das multiperiodige Modell

(6) ist wie folgt zu erweitern, wenn drei Perioden berücksichtigt werden sollen:

(7) $$C_{T-3} = \frac{p^3 C_{T,uuu} + 3p^2(1-p)C_{T,uud} + 3\,p(1-p)^2 C_{T,udd}}{(1+r)^3} + \frac{(1-p)^3 C_{T,ddd}}{(1+r)^3}$$

Um einen allgemeinen Ausdruck für beliebig viele Perioden zu finden, stellen wir uns die Frage, auf wie viele Arten der Aktienkurs einen Wert der letzten Periode ansteuern kann. Anders gesagt: Auf wieviele Arten kann der Aktienkurs j = 0,1,2,3. . . Upticks in n Perioden erfahren? Solange u und d konstant sind, ist die Anordnung der Upticks gleichgültig; ob uud, udu oder duu erfolgen, alle diese Wege führen zum gleichen Aktienkurs zu T. Die Antwort auf unsere Frage liefert der Binomialkoeffizient:

$$\binom{n}{j} = \frac{n!}{j!(n-j)!}$$

Wenn wir drei Perioden unterstellen, also n = 3, ist zu fragen, auf wieviele Arten wir zwei Upticks und einen Downtick bekommen können:

$$\frac{3}{2!(3-2)!} = \frac{3 \times 2 \times 1}{(2 \times 1) \times (1)} = \frac{6}{2} = 3 \text{ Arten}$$

Oder auf wie viele Arten kann eine Aktie sechs Upticks in zehn Perioden erleben?

$$\frac{10!}{6!(10-6)!} = \frac{10 \times 9 \times 8 \times 7 \times 6 \times 5 \times 4 \times 3 \times 2 \times 1}{(6 \times 5 \times 4 \times 3 \times 2 \times 1) \times (4 \times 3 \times 2 \times 1)}$$

$$= \frac{10 \times 9 \times 8 \times 7}{4 \times 3 \times 2 \times 1} = 210 \text{ Arten}$$

(7) kann jetzt wie folgt umgeschrieben werden:

$$C_{T-3} = \frac{\binom{3}{3} p^3 C_{T,uuu} + \binom{3}{2} P^2(1-p) C_{T,uud}}{(1+r)^3}$$

$$+ \frac{\binom{3}{1} p(1-p)^2 C_{T,udd} + \binom{3}{0} (1-p)^3 C_{T,ddd}}{(1+r)^3}$$

$$\begin{aligned} \text{wobei } C_{t,uuu} &= \max[0,(1+u)^3(1+d)^0 S_{T-3} - K] \\ C_{t,uud} &= \max[0,(1+u)^2(1+d)^1 S_{T-3} - K] \\ C_{t,udd} &= \max[0,(1+u)^1(1+d)^2 S_{T-3} - K] \\ C_{t,ddd} &= \max[0,(1+u)^0(1+d)^3 S_{T-3} - K] \end{aligned}$$

oder als

$$(8)\quad C_{T-3} = \frac{1}{(1+r)^3} \sum_{j=0}^{3} \binom{3}{j} p^j (1-p)^{3-j} \max[0,(1+u)^j (1+d)^{3-j} S_{T-3} - K]$$

Die Verallgemeinerung für beliebig viele Perioden ergibt:

$$(9)\quad C = \frac{1}{(1+r)^n} \sum_{j=0}^{n} \binom{n}{j} p^j (1-p)^{n-j} \max\left[0, (1+u)^j (1+d)^{n-j} S_{T-n} - K\right]$$

wobei n = Anzahl der Perioden
j = Anzahl der Upticks.

2. Einsatzfelder des Optionspreismodells

2.1 Der synthetische Kredit

Ein Unternehmen benötigt dringend einen Kredit in Höhe von 49 Dukaten. Leider sind kürzlich Zinsobergrenzen staatlich verordnet worden, so dass unser Unternehmen größte Schwierigkeiten hat, Kreditgeber zu finden. Anfragen bei diversen Geldverleihern ergeben nämlich, dass ein Zinssatz von 12 % (der Staat erlaubt maximal 10 %) erforderlich wäre, um eine Kreditvergabe gerechtfertigt erscheinen zu lassen. Schließlich gerät der Finanzchef des Unternehmens an einen ingeniösen Bankier, der ihm einen Kredit in Mummenschanz anbietet.

Das Unternehmen bemüht sich um 49 Dukaten, der Bankier um einen Ertrag von 12 %; anders gesagt müssen letzterem 55 Dukaten (oder 55–49/49 = 12 %) am Ende der Laufzeit des Kredits zufließen. Das Unternehmen hält Aktien einer anderen börslich notierten Gesellschaft im Bestand, die der Bankier zu ihrem aktuellen Kurswert von 44 Dukaten anzukaufen bereit ist, vorausgesetzt, dass der Kreditnehmer ihm auch einen Put auf diese Aktien mit Ausübungspreis i. H. v. 55 Dukaten für 5 Dukaten verkauft. Das Unternehmen erhält die gewünschten 49 Dukaten (44 für die Aktien und 5 für den Put), während der Bankier am Ende der Kreditlaufzeit entweder die Aktien durch Ausübung der Put-Option zu 55 Dukaten an den Kreditnehmer zurückgeben kann, oder, wenn ihr Kurswert über 55 Dukaten liegen sollte, am Markt mit entsprechendem zusätzlichen Gewinn veräußern kann. Der Finanzchef der kreditsuchenden Firma ist nicht ganz einverstanden mit dieser Lösung. Der Bankier würde nach dieser Konstruktion nicht genau 12 %, sondern *wenigstens* 12 % für die Kreditausreichung „einstreichen". Der Finanzchef ist Fachmann genug, um zu wissen, dass im Falle seiner Firma Kapitalkosten von 10 % unrealistisch niedrig, aber auch, dass solche über 12 % im Bereich des Wuchers lägen. Er schlägt dem Bankier daher vor, seiner Firma einen Call mit gleichem Ausübungspreis, gleicher Laufzeit und gleichem Basiswert wie die des Puts zu verkaufen. Der zusätzliche Verkauf des Calls an den Kreditnehmer stellt sicher, dass sich der Zinsertrag unter allen Umständen auf exakt 12 % belaufen wird.

Kreditnehmer erhält	Kreditgeber zahlt aus		
	Aktien	Put	Call
49 =	44	+ 6	– 1
Aktie =	58 Dukaten		
Put verfällt wertlos:	0		
Call-Ausübung lohnt:	55		
Aktie =	34 Dukaten		
keine Call-Ausübung:	0		
Put-Ausübung lohnt:	55		

Die Beziehungen, die dem synthetischen Kredit zugrunde liegen, lassen sich verallgemeinern:

$K_r^{-t} = S + P - C$

mit

K_r^{-t} = Barwert des Ausübungspreises

S = Wert der Aktie

P = Wert des Puts

C = Wert des Calls

(Der Verkauf der Aktie und des Puts abzüglich des Kaufpreises des Calls müssen per Saldo einen Betrag ergeben, der bei sofortiger Anlage zum Ende der Laufzeit der Optionen auf deren Ausübungspreis angewachsen sein wird.)

Wenn aber $K_r^{-t} = S + P - C$, dann muss auch gelten:

$$C - P - S + K_r^{-t} = 0.$$

Ist diese Bedingung verletzt, ist es möglich, einen sicheren Gewinn „einzuheimsen", ohne auch nur eine Nettoinvestition tätigen zu müssen. Man verkauft die überbewertete Option, kauft die relativ unterbewertete mit dem Erlös und nimmt je nach Konstellation einen Kredit auf oder legt Geld an (reicht einen Kredit aus) und „shortet" die Aktie oder geht sie long.

Gibt es einen europäischen Put und einen europäischen Call auf den gleichen Basiswert, die sich weder im Ausübungspreis noch in der Laufzeit unterscheiden, so muss die Differenz der Preise der Optionen einen ganz spezifischen Wert annehmen, denn sonst lassen sich prinzipiell unbegrenzte Arbitrageprofite realisieren. Die Optionen befinden sich in Parität zueinander, wenn die Differenz ihrer Preise gleich ist der Differenz zwischen dem Barwert des ihnen gemeinsamen Ausübungspreises und dem aktuellen Wert des Basiswerts:

$$P - C = K/(1 + r_f)t - S$$

mit

P = Wert des Puts

C = Wert des Calls

K = Ausübungspreis

r_f = risikoloser Zinssatz

Gesetzt, die Differenz, P – C sei tatsächlich größer als es die Paritätsgleichung verlangt. In diesem Fall gilt doch gleichzeitig, wie eine einfache Umformung zeigt:

$$(1 + r_f)t \times (S + P - C) > K$$

Diese Ungleichung ist pures Geld wert. Denn sie besagt knapp und präzise, dass der Nettoerlös aus dem Leerverkauf von S, dem Verkauf von P und dem Ankauf von C, angelegt zum risikolosen Zinssatz, größer sein wird als K, dem Ausübungspreis beider Optionen.

Das ist erfreulich, denn um unsere Short-Position in der Aktie glattstellen zu können, werden wir immer nur K zu zahlen haben, nämlich bei Ausübung des Calls (wenn S > K) oder bei Andienung des Puts (wenn S K). Wir können also unsere Positionen zu einem Preis in Höhe von K schließen, erhalten aber gleichzeitig wegen obiger Ungleichung einen Betrag > K aus der Investition der Nettoerlöse, die uns bei Einnahme der Positionen zugeflossen waren. Wir streichen demnach einen Gewinn ein, ohne dass wir ursprünglich eigenes Geld einbringen mussten und ohne ein Risiko eingegangen zu sein.

Betrachten wir nun den umgekehrten Fall: Die Preisdifferenz zwischen Put und Call ist geringer als das Paritätspostulat gebietet:

$(1 + r_f)t \times (S + P - C) < K$

Herrlich! Kaufen wir doch die Aktie und den Put und verkaufen den Call. Den Nettoaufwand finanzieren wir im Wege einer Kreditaufnahme (zum risikolosen Zinssatz). Die linke Seite der Ungleichung verrät uns den Betrag, den wir zum Zeitpunkt t an unseren Kreditgeber rückführen müssen. Da dieser aber per definitionem kleiner als K ist und wir andererseits wegen unserer Put- und Call-Positionen gewiss sein können, beim Wiederverkauf von S einen Betrag in Höhe von K zu erhalten, stellt sich wiederum ein risikolos erwirtschafteter Restgewinn ein.

2.2 Optionen und Corporate Finance

Ausgehend von der Put-Call-Paritätsbeziehung sollte es möglich sein, nicht nur das Wertverhalten einer Aktie eines Unternehmens durch ein aus Long Call, Short Put und Anlage des Ausübungspreises zum risikolosen Satz bestehendes Portefeuille „nachzubauen", sondern sogar ein Unternehmen, dessen Kapitalstruktur auch Fremdfinanzierungsanteile einschließt, simulativ zu bewerten.

2.2.1 Aktien und Zero-Bonds

Nehmen wir das Beispiel einer Aktiengesellschaft, die sich durch die Emission von Aktien und einer Nullkupon-Anleihe (= Zero-Bond) finanziert. Ein Zero-Bond funktioniert übrigens ganz nach der Strickart obigen Dukatenkredits: Du zahlst mir heute 49 Dukaten, ich zahle dir 55 Dukaten zurück. Es kommen keine Kupon- oder Ratenzahlungen vor. Dafür impliziert der höhere Rückzahlungsbetrag einen Zinssatz in Höhe von 12 %.

Bei Fälligkeit der Zero-Bonds ist der vereinbarte Tilgungsbetrag an die Anleihegläubiger zu zahlen, oder die Firma geht in den Besitz der Kreditgeber über. Reicht zu diesem Zeitpunkt der Wert des Unternehmens nicht, um die Schuldtilgung zu leisten, gehen die Aktionäre „leer aus", sie verlieren das Eigentum an der Firma, bleiben aber ansonsten unbehelligt (beschränkte Haftung), indes die Gläubiger nunmehr alleinige Anwartschaft auf den Firmenwert haben. Liegt hingegen der Firmenwert hoch genug, um die Schulden zu begleichen, verfügen die Aktionäre über (F)irmenwert minus (W)ert der Forderungen der Anleihegläubiger. Die Aktionäre haben somit einen Call auf den Firmenwert erstanden, ihre Aktienanteile sind also max(0, F – W) wert. Die Anleihegläubiger ihrerseits haben den Aktionären einen Call auf den Firmenwert verkauft. Gleichzeitig haben sie ihnen auch einen Put auf den Firmenwert verkauft, denn der Zero-Bond ist nicht frei von Ausfallrisiken. Ist die Firma nicht in der Lage, die Schulden bei den Anleihegläubigern zu bedienen, üben die Aktionäre (die ja nur beschränkt haften) den Put auf die Firma aus, womit das Unternehmen den Anleihegläubigern angedient wird.

Firmenwert = Wert von Call auf Firmenwert
– Wert eines Puts auf den Firmenwert
+ Barwert des Tilgungsbetrags

Der Wert des Zero-Bonds lässt sich also zusammengesetzt denken aus:

Wert einer risikolosen Anleihe
– Wert der Putoption auf den Firmenwert.

Die Aktionäre üben den Call aus, wenn der Firmenwert genügend groß ist, um nach der Bedienung der Schuldner noch für sich selbst zu profitieren, zahlen den Tilgungsbetrag und lassen den Put verfallen.

Im Falle des Firmenbankrotts bleibt der Call auf den Firmenwert unausgeübt, wohingegen die Aktionäre von ihrer beschränkten Haftung Gebrauch machen, d. h. den Fremdkapitalgläubigern den Firmenwert durch Ausübung des Puts andienen.

Die Aktie entpuppt sich also als Option, als Call nämlich auf den Firmenwert mit einem Ausübungspreis in Höhe der Gläubigerforderung:

Wert der Aktie (= Call auf Firmenwert)
= Firmenwert
– Wert einer risikolosen Anleihe
+ Wert eines Puts auf den Firmenwert.

Diese Gleichung birgt in sich die Put-Call-Paritätsbeziehung dergestalt, dass jede der vier Komponenten der Gleichung durch die verbleibenden drei Komponenten repliziert, d. h. per Synthese bereitgestellt werden kann. Wir können also mit Aktien, Calls und Kreditaufnahme/-vergabe einen Put erschaffen, eine Aktie synthetisch herstellen mittels Call, Put und Kreditaufnahme/-vergabe und, wie eingangs ausführlich erläutert, ein Kreditverhältnis künstlich mit Hilfe von Aktien, Puts und Calls ins Leben rufen.

Denken wir uns eine Holding-Gesellschaft, die Knete-Holding, die ihr gesamtes Kapital in 1.000 Aktien des Unternehmens ABC investiert hat. Die Aktien notieren zu 127 T(halern). Die Knete-Holding hat ihrerseits 1.000 eigene Aktien und 120 Zero-Bonds emittiert, die bei Endfälligkeit mit je 1.000 T getilgt werden müssen. Bei Fälligkeit der Anleihen werden also 120.000 T aufzubringen sein. Die Knete-Holding wird bis zur Fälligkeit der Anleihe keine Dividenden zahlen und muss auch sonst bis dann keine Auszahlungen tätigen, da die Zero-Bonds keine zwischenzeitlichen Kuponzahlungen erforderlich machen. Die Aktionäre der Holding haben vor, die Anleihe bei Fälligkeit mit dem Erlös einer weiteren Anleihe-Emission zurückzuzahlen. Steht die ABC-Aktie jedoch zu diesem Zeitpunkt bei weniger als 120 T (pro Aktie), wird dieses Vorhaben scheitern, da sich kaum Anleger finden lassen werden, die 120.000 T für eine Anleihe zahlen, die einen Teilanspruch auf Aktiva im Wert von weniger als 120.000 T darstellen. Aus dem nämlichen Grund dürfte auch die Ausgabe weiterer Aktien der Holding keine Aussicht auf Erfolg haben. Die Aktionäre der Holding haben keinen Anlass, die Differenz aus den eigenen Taschen auszugleichen, da sie nur beschränkt haften und besser gestellt sind, wenn sie den Differenzbetrag zur Gründung einer neuen Firma verwendeten, die frei ist von Forderungen der Anleihegläubiger. Die Aktionäre werden es also zum Konkurs der Knete-Holding kommen lassen; die ABC-Aktien gehen somit in den Besitz der Anleihegläubiger über. Gewiss könnten diese die Holding am Leben erhalten, indem sie die Konditionen der zu bedienenden Anleihe mit den Schuldnern neu aushandeln. Doch welchen Anreiz hätten sie, das zu tun? Keinen. Ach so, die ABC-Aktien könnten bald werthaltig genug sein, um den erwarteten Schuldendienst voll leisten zu können. Uninteressant. Diese Lösung könnte unter dem Motto stehen: „Kopf – ihr gewinnt, Zahl – wir verlieren." Die Anleihegläubiger trügen allein das Risiko einer ungünstigen Kursentwicklung, müssten aber bei vorteilhafter Entwicklung den Gewinn mit den Aktionären teilen, ihn gar in (unbegrenzter Höhe) an diese abtreten, sofern der Wert der Aktie ihre Tilgungsforderung übersteigt. Nein, da ist es schon klüger, den Konkurs hinzunehmen, so in den Besitz der ABC-Aktien zu gelangen und damit alleiniger Nutznießer ihrer eventuellen Wertsteigerung zu werden.

Aber bitte schön, wer sagt denn, dass ein so unleidlicher Zustand eintreten muss. Liegt der Wert der ABC-Aktie über 120 T bei Fälligkeit der Anleihe, sollte es den Aktionären der Knete-Holding gelingen, ihr Vorhaben umzusetzen und einen Konkurs zu vermeiden.

	F ≤ 120'	F L 120'
Knete-Holding Bonds	F	120'
Knete-Holdinig Aktien	0	F – 120'
mit F = Firmenwert der Knete-Holding = Wert der ABC-Aktien		

Abb. 51: Pay-Offs der Finanztitel der Knete-Holding bei Endfälligkeit

So wie die Dinge stehen, was dürfen die Anleihen und Aktien der Knete-Holding heute, da die ABC-Aktie zu 127 T notiert, kosten? Klar: 127.000 T – der Gesamtwert aller Aktiva der Holding; doch wie sollte sich dieser Betrag auf Aktien und Bonds im Einzelnen verteilen?

Ein Blick auf Abb. 51 zeigt, wie unsere Kenntnisse in Sachen Optionen hier zu einer vernünftigen Antwort führen können. Jede Aktie der Knete-Holding hat genau das gleiche Werteverhalten wie ein Call auf eine Aktie der ABC-Firma mit Ausübungspreis 120 T und einem Fälligkeitszeitpunkt wie die Null-Kupon-Anleihe der Knete-Holding. Damit befinden sich die Anleihegläubiger als Gesamtheit in der gleichen Lage wie ein Covered Call Writer, der 1.000 ABC-Aktien besitzt und auf diese 1.000 Calls (natürlich berechtigt jeder Call, abweichend von börsenüblichen Standards, in diesem Fall zum Bezug nur einer Aktie) geschrieben oder verkauft hat. Ein Blick in die Finanzzeitung verrät, dass Calls auf ABC-Aktien mit der benötigten Laufzeit (= Fälligkeit der Zero-Bonds) und einem Ausübungspreis von 120 T zu einem Preis von 21 T gehandelt werden. Daraus müssen wir schließen, dass die Aktie der Knete-Holding ebenfalls 21 T wert sein sollte, denn Calls auf ABC- und Knete-Holding-Aktien sind gleichwertige Wirtschaftsgüter. Die Anleihe müsste daher einen Wert haben von

127.000 – 21.000 = 106.000
oder 106.000/120 = 833,33 pro Anleihe;
wir erinnern uns:
es wurden 120 Anleihen begeben.

Werfen wir noch einmal einen Blick auf Bild 51, um zu erkennen, dass das Wertverhalten, das sich aus der Position der Anleihegläubiger ergibt, dem gleicht, dessen Portefeuille aus einer risikolosen Null-Kupon-Anleihe mit Tilgungszahlungen bei Endfälligkeit i. H. v. 120.000 T und 1.000 europäischen Short Puts (Ausübungspreis und Fälligkeit wie gehabt) auf ABC-Aktien besteht.

Erklären die Aktionäre den Bankrott, so nehmen die Anleihegläubiger einen Verlust wie den des Put-Schreibers hin, nämlich: Gläubigerforderung – Firmenwert. Sie dürfen deshalb eine Put-Prämie verlangen und also den Anleihewert um diese senken.

Da der Knete-Holding-Anleihe offensichtlich ein Ausfallrisiko anhaftet, wird sie zu einem Preis gehandelt, der niedriger ist als der einer risikolosen Staatsanleihe. Die Differenz zwischen den Preisen dieser Anleihen entspricht exakt dem Wert der europäischen Puts, die die Anleihegläubiger geschrieben haben. Sie repräsentiert eine Ausfall-Prämie, die angibt, um wieviel die Rendite (yield-to-maturity) einer Anleihe höher sein muss als die einer ansonsten gleichartigen Anleihe ohne Ausfallrisiko.

2.2.2 Nachrangige Nullkuponanleihe (NKA)

Erweitern wir das bisherige Modell um ein drittes Finanzierungsinstrument. Die Knete-Holding möge neben Aktien und einer Nullkuponanleihe auch noch eine nachrangige NKA (Tilgungswert 30.000 T) emittiert haben, deren Gläubiger erst nach den Gläubigern der oben besprochenen NKA befriedigt werden können.

Zum Zweck der Bewertung der nachrangigen NKA sollten wir uns fragen, was alles am Tag ihrer Fälligkeit geschehen kann? Sind zu diesem Zeitpunkt die Aktiva des Emittenten weniger als 120.000 T wert, können nur die Vorranggläubiger mit einem Zufluss rechnen. Nachranggläubiger und noch allemal die Aktionäre gehen „leer" aus. Mit Aktiva im Wert von zwischen 120.000 und 150.000 T werden die Vorranggläubiger voll befriedigt und die Nachranggläubiger erhalten den Rest – einen Teil oder sogar den vollen Betrag ihrer Forderungen. Wieder stehen die Aktionäre mit leeren Händen da.

Laufen die Dinge gut, so dass die ABC-Aktien mehr als 150.000 T wert sind, kommt die Knete-Holding um den Konkurs herum; sämtliche Fremdkapitalgläubiger werden voll befriedigt, und es bleibt noch etwas für die Aktionäre.

	$F \leq 120'$	$120'\ F \leq 150'$	$F > 150'$
Vorr. Bonds	F	120'	120'
Nachr. Bonds	0	F – 120'	30'
Aktien	0	0	F – 150'

Abb. 52: Wert bei Endfälligkeit in Abhängigkeit vom Firmenwert (F)

Die Vorranggläubiger bleiben wie gehabt Covered Writer, die Calls auf 1.000 ABC-Aktien geschrieben haben. Die Aktionäre besitzen im Prinzip Calls auf ABC-Aktien – nur, dass der Ausübungspreis nun 150 und nicht 120 T ist. Die Nachranggläubiger haben ebenfalls eine Position, die einer Optionsstrategie entspricht: Sie sind Inhaber eines Bull-Vertical-Spreads in Optionen auf die ABC-Aktien, wobei sie 1.000 Calls (Ausübungspreis 120 T) long und 1.000 Calls (Ausübungspreis 150 T) short sind.

Der Firmenwert beläuft sich auf 127.000 T. Der Wert der vorrangigen Anleihe ist uns bekannt: 106.000 T. Der Wert der nachrangigen Anleihe ergibt sich aus den Preisen des 120er Calls (21 T) und des 150er Calls, sagen wir: 7,50 T.

Bullish Vertical Spread: 21 T – 7,50 T = 13,50 T

Somit:

Firmenwert	=	Vorr. Bond	+	nachr. Bond	+	Aktie
127.000 T	=	106.000 T	+	13.500 T	+	7.500 T

2.2.3 Warrants (Bezugsscheine)

Warrants sind sehr enge Verwandte der Kaufoptionen, wie wir sie bereits in diesem Buch kennengelernt haben. Der Inhaber eines Warrants hat das Recht, eine bestimmte Anzahl von Aktien eines Unternehmens zu einem im Voraus festgelegten Preis jederzeit bis zu einem bestimmten Zeitpunkt erwerben zu dürfen.

Warrants unterscheiden sich von börsennotierten Calls darin, dass sie von Unternehmen statt von Individuen emittiert werden, ihre Ausübung neue Aktien ins Leben ruft und die Zahlung des Ausübungspreises dem sie emittierenden Unternehmen als Aktivum zufließt. Auch kommt es vor, dass, anders als bei börsennotierten Optionen, der Ausübungspreis eines Warrants während dessen Lebenszeit verändert wird. Warrants sind meist individuell gestaltet, also nicht so standardisiert wie börsliche Optionen.

Bevor wir uns näher mit Warrants befassen, sei noch auf einen bemerkenswerten Spezialfall hingewiesen: Covered Warrants. Unternehmen A begibt Warrants, deren Ausübung aber zum Bezug der Aktien eines anderen Unternehmens B berechtigt. Typischerweise wird das emittierende Unternehmen A eine Long-Position in den bei Ausübung zu beziehenden Aktien der Firma B eingegangen sein. In diesem Spezialfall lassen sich Warrants tatsächlich wie ganz gewöhnliche Optionen bewerten.

Wenden wir uns der Pinkepinke-Holding zu, einer Firma ähnlich der Knete-Holding. Die Pinkepinke-Holding hat ebenfalls all ihr Vermögen in 1.000 ABC-Aktien investiert. Allerdings haben die Aktionäre der Pinkepinke-Holding statt Anleihen eben Warrants emittiert. Die Kapitalstruktur sieht im Einzelnen wie folgt aus: Neben 1.000 ABC-Aktien sind noch 250 Warrants im Umlauf, von denen ein jeder nach Zahlung eines Ausübungspreises von 120 T in eine neue Aktie der Pinkepinke-Holding getauscht werden kann, und zwar nur am 18. November des Jahres 19. . (die meisten Warrants können jedoch jederzeit ausgeübt werden).

Wie verhalten sich die Inhaber der Warrants am Tag ihrer Fälligkeit? Die Ausübung wird klarerweise nur erfolgen, wenn an diesem Tag die zu beziehende Aktie mehr als 120 T wert ist.

Wenn die 1.000 ABC-Aktien, in die die Pinkepinke-Holding investiert hat, an diesem Tag einen Wert F darstellen und die Warrant-Inhaber ausüben, wird sich der Wert der Aktien der Holding auf

$$F + 120\ T \times (250) = F + 30.000\ T$$

erhöhen.

Die Warrant-Inhaber mit ihren 250 neu ausgegebenen Aktien besitzen nunmehr 250/(1.000 + 250) = 20 % der im Umlauf befindlichen Aktien. Daraus können wir schließen, dass sie immer dann auszuüben bereit sein werden, wenn 20 % von F + 30.000 T mehr als 30.000 T ausmacht. Das aber wird immer der Fall sein, sofern F größer als 120.000 T. Andernfalls lassen sie die Warrants unausgeübt verfallen.

	F ≤ 120'	F > 120'
Pinkepinke-Aktien	F	0,8 (F + 30') = F – 0,2 (F – 120') = 120' + 0,8 (F – 120')
Pinkepinke-Warrants	0	0,2 (F + 30') – 30' = 0,2 (F – 120')

Abb. 53: Pay-Offs der Pinkepinke-Finanztitel bei Endfälligkeit

Da die Warrant-Inhaber insgesamt 20 % von 1.000 Calls (Ausübungspreis 120 T) auf ABC-Aktien besitzen und, wie wir wissen, der Preis eines dieser Calls 21 T ist, können wir darauf schließen, dass der Gesamtwert der Warrants 20 % × (1.000) × (21 T) = 4.200 T und jeder einzelne Warrant 4.200 T/250 = 16,80 T wert sein muss. Zusammen genommen sind die involvierten Anlagen 127.000 T wert, so dass die Aktien 127.000 – 4.200 = 122.800 oder 122,80 T je Aktie wert sein müssen.

Es zeigt sich, dass die Aktionäre der Pinkepinke-Holding mit ihrem Entschluss, Warrants statt Bonds zu begeben, durchaus nicht kühner waren als die Aktionäre der Knete-Holding.

Ein Blick auf Abb. 53 macht sichtbar, dass die Pinkepinke-Aktionäre die gleichen Pay-Offs erzielen, als wenn sie ein Portefeuille, das sämtliche Knete-Holding Bonds und 80 % der Knete-Aktien beinhaltet, erworben hätten, während die Knete-Aktionäre nur die Aktien, nicht aber die Bonds der Knete-Holding besitzen.

Um diese Überlegungen zu verallgemeinern, lassen Sie uns an ein Unternehmen denken, dessen Kapitalstruktur nur aus n Aktien und m (europäischen) Warrants besteht, von denen jeder einzelne bei Zahlung des Ausübungspreises K zum Bezug einer neuen Aktie des Unternehmens berechtigt. Wir bezeichnen den Wert eines einzelnen Warrants mit W, so dass für dieses Unternehmen gilt:

$$F = nS + mW.$$

Lohnt die Ausübung der Warrants, so wird der Gesamtwert aller Warrants folgender sein:

$$mW = (m/(n + m)) (F + mK) - mK = ((m/n + m)) (F - nK),$$

und ein einzelner Warrant wird so viel wert sein:

$$W = ((1/n + m)) (F - nK).$$

Die Ausübung lohnt nur, wenn $F > nK$. Die Pay-Offs der Aktien und der Warrants sind Abb. 54 zu entnehmen.

	Ausgangszeitpunkt	Bei Endfälligkeit		Darstellungsweise mit europ. Calls
		$F \leq nK$	$nK < F$	
Aktien	nS	F	$\left(\frac{n}{n+m}\right)(F + mK)$	$F - \left(\frac{n}{n+m}\right) C\,(F; nK)$
Warrants	mW	–	$\left(\frac{n}{n+m}\right)(F + nK)$	$\left(\frac{n}{n+m}\right) C\,(F; nK)$

Abb. 54: Europäische Warrants

Bei genauerem Hinsehen auf Abb. 54 drängt sich der Schluss auf, dass europäische Warrants und europäische Calls identische Pay-Offs haben und daher, um Arbitrage auszuschließen, gleichwertig sein müssen. Wir sehen, dass bei einer Kapitalstruktur, die nur Aktien und Warrants umfasst, eine Aktie S = (F + mK) / (n + m) wert ist, wenn S > K. Und also wird der Call max [0, (F + mK) / (n + m) – K] wert sein. Dies aber ist genau das Resultat, das wir für einen einzelnen Warrant ablesen können. Dennoch ist der Schluss nicht zulässig, dass Warrants und Calls den gleichen Preis haben müssen.

Um die Gründe hierfür erkennen zu können, stellen wir einen Vergleich an zwischen einem Call auf eine Firma A, die keine Warrants emittiert hat, und einem Warrant einer ansonsten gleichartigen Firma B, die Warrants emittiert hat. Der Wert der Firma A sei F = nS. Der Wert der Firma B ist dann F = nS + mW. Um die Gleichartigkeit der Firmen zu gewährleisten, nehmen wir an, dass der Mittelzufluss aus der Warrantemission so verwendet wird, dass er keinen Einfluss auf den Barwert des Unternehmens hat – er mag etwa als Bonusdividende an die Aktionäre abgeführt worden sein. Es gilt somit F = nS + mW = S*, wobei S* der Ex-Dividende-Wert der Aktie ist, nachdem der Mittelzufluss so verwendet wurde, dass er den Wert der Firma nicht beeinflusst. Wenn S' der Preis pro Aktie ist, der zum Ausübungszeitpunkt der Warrants besteht, wenn keine Warrants emittiert worden sind, dann wird die Ausübung der Warrants der Firma B lohnen, wenn

$$S^* = (nS' + mK) / (n + m) = (S' + \lambda K) / (1 + \lambda),$$

wobei $\lambda = m/n$ der Verwässerungsfaktor ist, mit dem wir der Tatsache Rechnung tragen, dass der Wert der Aktie auch abhängig ist von der Anzahl der im Umlauf befindlichen Aktien, und ein gegebener Firmenwert sich in umso kleineren Proportionen auf die einzelnen Aktien verteilt, je mehr von ihnen kursieren.

Der Zähler stellt den Gesamtwert der umlaufenden Aktien dar, während der Nenner die Anzahl der umlaufenden Aktien angibt. Eine Ausübung der Warrants rechnet sich nur, wenn $S^* > K$.

Das heißt, dass zum Ausübungszeitpunkt der Wert des Warrants $W = \max [0, S^* - K]$ ist, oder anders ausgedrückt:

$$W = \begin{cases} S' - K / (1 + \lambda), \text{ wenn } S^* > K \\ 0, \text{ wenn } S^* \leq K. \end{cases}$$

Dies kontrastiert mit dem Werteverhalten, das wir vom Call erwarten dürfen:

$$C = \begin{cases} S^* - K, \text{ wenn } S^* > K \\ 0, \text{ wenn } S^* \leq K. \end{cases}$$

Da bei Ausübung ein Portefeuille von 1 + l Warrants den gleichen Wert haben wird wie ein Call, müssen sie den gleichen Preis haben, sprich

$$W = (1/(1 + \lambda))C.$$

Der Verwässerungseffekt führt also dazu, dass ein europäischer Warrant zu einem geringeren Preis handelt als ein ansonsten identischer europäischer Call. Über die Größe dieses Abschlags entscheidet l, das Verhältnis der Anzahl im Umlauf befindlicher Warrants zur Anzahl von Aktien, die vor der Ausübung zirkulieren.

Neben diesem Kapitalstruktureffekt gibt es noch andere Gründe, warum Warrants nicht das gleiche Preisverhalten an den Tag legen wie Calls. Diese Abweichungen zeigen sich bei der Anwendung der

Black-Scholes-Formel auf Warrants. Wegen der in der Regel wesentlich längeren Laufzeit von Warrants im Vergleich zu börsennotierten Calls ist der bei der Berechnung veranschlagte risikolose Zinssatz bei ihnen von viel größerem Gewicht. Ein Warrant mit zehnjähriger Laufzeit, einem Ausübungspreis von $ 40, der als Basiswert eine Aktie im Werte von $ 40 hat, deren annualisierte Volatilität 30 % beträgt, ändert, nach *Black-Scholes* gerechnet, bei einem Anstieg des risikolosen Zinssatzes von 5 % auf 6 % seinen Wert von $ 20,87 auf $ 22,06, während ein ähnlicher Call mit neunmonatiger Laufzeit auf diese Änderung nur mit einem Preisanstieg von $ 4,82 auf $ 4,96 reagiert. Auch ist zu bedenken, dass Warrants, wenn sie, wie Calls, keine Dividendenanpassung erfahren, sehr sensibel auf Veränderungen der Dividende reagieren. Im obigen Beispiel würde die Einbeziehung einer konstanten Dividende von 2,5 % bei einem Zinssatz von 5 % den Wert des Warrants von $ 20,87 auf $ 13,73 sinken lassen, während der Call von $ 4,82 auf $ 4,38 fiele.

2.2.4 Wandelanleihen (Convertibles)

Wandelanleihen verbinden einige der Eigenschaften von Warrants und Bonds. Wie „normale" Anleihen verbriefen sie das Recht auf Kupon- und Tilgungszahlungen und gehen dem Aktienkapital im Range vor. Wie Warrants können sie von ihren Inhabern jederzeit bei der emittierenden Firma zum Tausch gegen eine im Voraus bestimmte Anzahl neuer Aktien eingereicht werden. Im Gegensatz zu Warrants bedarf diese Umwandlung jedoch nicht der Entrichtung eines Entgelts. An die Stelle eines Kaufpreises für die bezogenen Aktien tritt bei Wandelanleihen der Verzicht auf künftige Kupon- und Tilgungszahlungen. Damit ist eine Wandelanleihe als Paket anzusehen, welches aus einem „normalen" Bond und einem Warrant besteht, der einen variablen Ausübungspreis jeweils in Höhe des aktuellen Werts des Bonds besitzt.

Wandelanleihen können als Antwort interpretiert werden auf die Interessenkonflikte, die sich zwischen Femdkapitalgläubigern und Aktionären ergeben. Die konfliktmindernde Strategie besteht darin, Fremdkapitalgläubigern das Recht einzuräumen, selbst Aktionäre zu werden.

Gehen wir nunmehr davon aus, dass die Pinkepinke-Holding Wandelanleihen statt wie im vorherigen Beispiel Warrants begeben hat. Insgesamt hat das Unternehmen 1.000 Aktien und 120 Bonds emittiert, von denen ein jeder zu 10.000 T bei Fälligkeit getilgt wird. Der Unterschied zu den Bonds der Knete-Holding besteht darin, dass die Pinkepinke-Bonds am Tag ihrer Fälligkeit (und nur dann) gegen jeweils $33^1/_3$ neuer Aktien eingetauscht werden können.

Unter welchen Umständen käme ein solcher Tausch in Betracht? Wenn die Bond-Inhaber von ihrem Wandlungsrecht Gebrauch machen, besitzen sie $120 \times (33^1/_3)/(1.000 + 120 \times (33^1/_3)) = 80\,\%$ von F. Unterlassen sie die Konversion, erhalten sie 120.000 T oder F, je nachdem welche Größe kleiner ist. Zur Konversion schreiten sie also immer dann, wenn 80 % von F einen größeren Betrag ergibt als 120.000 T, was wiederum immer dann der Fall ist, wenn F 150.000 T übertrifft.

	F ≤ 120'	120', F 150'	F > 150'
Pinkepinke-Wandelanleihen	F	120'	0,8F = 120' + 0,8 (F – 150')
Pinkepinke-Aktien	0	F – 120'	0,2F = 30' + 0,2 (F – 150')

Abb. 55: Pay-Offs der Pinkepinke-Finanztitel bei Endfälligkeit

Bei genauerer Betrachtung wird man sehen, dass die Inhaber der Pinkepinke-Bonds die gleichen Pay-Offs erzielen wie jemand, der 80 % der Knete-Aktien und sämtliche vorrangigen Knete-Bonds hält. Demnach sollte der Marktwert der Bonds 80 % × (7.500 T) + 106.000 T = 112.000 T ausmachen.

Indessen verfügen die Pinkepinke-Aktionäre über Pay-Offs, wie jemand, der die restlichen 20 % der Knete-Aktien und sämtliche nachrangigen Knete-Bonds im Depot hat. Der Marktwert der Aktien sollte sich also auf 127.000 – 112.000 = 20 % × (7.500 T) + 13.500 T = 15.000 T oder 15 T pro Aktie belaufen.

Hieran erkennt man, dass das Werteverhalten der Aktie einer sich mit Wandelanleihen finanzierenden Unternehmung dem einer nachrangigen Anleihe sehr ähneln kann.

Verallgemeinernd lässt sich festhalten: Bei einer Kapitalstruktur, bestehend aus n Aktien, die keine Dividenden abwerfen, und m Wandelanleihen (mit fester Verzinsung und Tilgung von K/m per Bond), von denen eine jede in k neue Aktien umgetauscht werden kann, besitzen die Inhaber der Wandelanleihe bei Konversion

$\lambda = (mk) / (n + mk)$

des Firmenwerts. Eine Konversion kommt nur in Frage, wenn $F > K/\lambda$.

	Ausgangs-zeitpunkt	Bei Endfälligkeit			Darstellungsweise mit europ. Calls
		$F \leq K$	$K\ F \leq F/\lambda$	$K/\lambda < F$	
Anleihen	B	F	K	λF	$F - C\ (V;K) + \lambda + C\ (V;\ K/\lambda)$
Aktien	nS	–	$F - K$	$(1 - \lambda)F$	$C\ (V;\ K) - \lambda C\ (V;\ K/\lambda)$

Abb. 56: Wandelanleihen

Die vorzeitige Ausübbarkeit des Wandelrechts, die tatsächlich den Regelfall darstellt, tut solange nichts zur Sache, als keine im Sinne unseres Modells außerordentlichen Zahlungen, wie etwa Dividenden, auftreten.

Außerordentliche Zahlungen hingegen können die vorzeitige Ausübung angelegen erscheinen lassen; doch gilt auch dann, dass ein Umtausch vor Fälligkeit der Wandelanleihe niemals optimal ist, wenn der Wert der Kuponzahlungen größer ist als λ-mal die Summe aller Kupon- und Dividendenzahlungen, die vor Fälligkeit erfolgen. Mit anderen Worten: Inhaber von Wandelanleihen sollten nie zum Umtausch schreiten, wenn der Wert der ihnen zufließenden Auszahlungen vor Wandlung einen größeren Teil aller Auszahlungen ausmachen als nach Wandlung.

Wir werden noch sehen, dass Wandelanleihen zwar nicht direkt als Optionen und doch mit Hilfe der Optionspreistheorie exakt bewertet werden können.

2.2.5 Anleihen mit Kündigungsrecht seitens des Emittenten (Callable Bonds)

Die meisten „normalen“ Anleihen, aber auch Wandelanleihen sichern dem Emittenten das Recht, die Emission jederzeit zu einem im Voraus festgelegten Preis (Call-Preis) zurückzukaufen. Üblicherweise liegt der Call-Preis etwas über dem Ausgabekurs und wird herabgesetzt, je später die Kündigung erfolgt. Mitunter bleibt das Kündigungsrecht für eine anfängliche Frist ausgesetzt und greift erst nach einigen Monaten oder Jahren.

Wozu ein solches Recht? Damit Firmen die Freiheit haben, sich in der Zukunft (z. B. wenn die Zinsen gefallen sind) zu günstigeren Konditionen zu finanzieren? Das wäre nur dann ein triftiges Argument, wenn man davon ausgehen dürfte, Investoren neigten dazu, Callable Bonds systematisch unterzubewerten. Investoren werden aber wohl versuchen, dem Emittenten den Vorzug der Kündbarkeit auf dem Wege eines niedrigeren Kaufpreises in Rechnung zu stellen.

Fremdkapitalgläubiger schützen ihre Rechte durch zahlreiche Klauseln und Einspruchsrechte, die den Bewegungsspielraum eines Managements zum Teil erheblich einengen können. Kündigungsrechte legen eine Obergrenze fest für den Preis, den ein Emittent zahlen muss, um eine Anleiheemission und damit die mit ihr einhergehenden Auflagen und Beschränkungen aus seiner Kapitalstruktur zu eliminieren.

Das Kündigungsrecht ist eine Option. Das wird deutlich, wenn wir uns eine Firma vorstellen, die nur zwei Typen von Verbindlichkeiten zu bedienen hat: n Aktien und einen „normalen“ Callable Bond (= fixe Kupon- und Tilgungsbeträge).

Solange keine Dividendenzahlungen auftreten und solange der Call-Preis größer ist als der Barwert der Kupon- und Tilgungszahlungen, wäre die Ausübung des Kündigungsrechts suboptimal und hätte zu unterbleiben.

2.2.6 Kündbare Wandelanleihen (Callable Convertibles)

Nehmen wir das Beispiel eines Unternehmens, das 150 Aktien und 100 kündbare Wandelanleihen, die nach zwei Perioden fällig werden, emittiert hat. Die Inhaber der Wandelanleihen erhalten am

Ende einer jeden Periode 100 T und bei Fälligkeit einen Tilgungsbetrag von 1.000 T. Die Aktionäre haben das Recht, die Wandelanleihe jederzeit unter Zahlung von 1.100 T zu kündigen, während die Inhaber des Bonds diese jederzeit in eine Aktie des Unternehmens wandeln können. Bei Ausübung ihres Wandlungsrechts gelangen sie in den Besitz von 100/(150 + 100) = 40 % des Unternehmens.

Gehen wir davon aus, dass der gegenwärtige Firmenwert (nach Abzug der Kuponzahlungen) 200.000 T beträgt und in jeder künftigen Periode entweder um 50 % steigt oder fällt. Abb. 57 zeigt die möglichen Zustände der Firma und die Fälligkeitswerte der Wandelanleihe.

Es zeigt sich, dass bei Fälligkeit der Wandelanleihe nur dann die Wandlung in Frage käme, wenn der Ex-Kupon-Wert der Firma 425.000 T betrüge. In jedem anderen möglichen Endzustand würde man besser daran tun, seine Rechte als Anleihengläubiger wahrzunehmen.

Anhand der oben besprochenen rekursiven Methode von *Cox-Ross-Rubinstein* können wir nun von den Endwerten ausgehend bestimmen, welcher Wert der Anleihe eine Periode vor Endfälligkeit beizumessen ist. In unserem Beispiel ist

p = (1,08 – 0,5)/(1,5 – 0,5) = 0,58
und 1 – p = 0,42, so dass

der Wert der Emission, wenn man sie für eine weitere Periode behält und ihr jetziger Wert (ohne den Wert der abfließenden Kuponzahlungen) 290.000 T beträgt,

((0,58 × 170.000 T) + 0,42 × (100.000 T))/1,08)
+ (10.000 T/1,08)
= 139.144 T

ausmacht.

(10.000 T/1,08) ist der Gegenwartswert der Kuponzahlungen, in deren Genuss man bei Endfälligkeit kommt. Aktualiter würde eine Konversion den Anleihegläubigern nur 40 % von 290.000 T, sprich 116.000 T einbringen, also weniger als den Wert der Wandelanleihe, wenn man an ihr für eine weitere Periode festhält – eben jene oben ermittelten 139.144 T.

Was aber, wenn die Aktionäre die Wandelanleihe (WA) jetzt kündigen? Die WA-Inhaber würden den Konversionswert – 116.000 T –

mit dem Kündigungswert – 110.000 T – vergleichen und also konvertieren, auch wenn sie eigentlich lieber noch eine Periode gewartet hätten. Bei einem Call-Preis von 1.200 T pro Bond wäre ihre Entscheidung anders ausgefallen; sie hätten nicht konvertiert, sondern die Kündigung und die damit verbundene Zahlung von 120.000 T hingenommen.

Wäre der Ex-Kupon-Wert der Anleihe 90.000 T statt 290.000 T, so berechnete sich der Wert des Festhaltens an der Anleihe in die nächste Periode hinüber wie folgt:

(0,58 × (100.000 T) + 0,42 × (35.000 T))/1,08

+ 10.000 T/1,08

= 76.574 T.

Da der Konversionswert 40 % × 90.000 T ist, würden die WA-Inhaber nicht konvertieren, die Aktionäre nicht kündigen, denn sie müssten 110.000 T für etwas zahlen, das gerade mal 77.000 T wert ist, weshalb die Anleihe eine weitere Periode am Leben bleibt.

Firmenwert			Wert der Anleihen bei Endfälligkeit	
			konvertiert	nicht konvertiert
		435 – 10 = 425	170	100
	300 – 10 = 290			
		145 – 10 = 135	54	100
200				
		135 – 10 = 125	50	100
	100 – 10 = 90			
		45 – 10 = 35	14	35

Abb. 57: Mögliche Zustände der Firma und Fälligkeitswerte der Wandelanleihen

Nun verfügen wir über alles, was wir wissen müssen, um den Wert der WA zu bestimmen, so wie er sich zwei Perioden vor Endfälligkeit darstellt:

(0,58 × (116.000 T) + 0,42 × (76.574 T))/1,08
+ 10.000 T/1,08
= 101.334 T

Da dieser Betrag niedriger ist als die Auszahlungen, die bei Kündigung zu erfolgen haben, unterlassen die Aktionäre die Ausübung ihres Call-Rechts. Die WA-Inhaber sehen von der Konversion ab, da diese nur 40 % von 200.000 T = 80.000 T, also weniger als den Wert der WA zwei Perioden vor ihrer Fälligkeit erbringen würde.

2.3 Realoptionen – optionstheoretische Investitionskalküle

2.3.1 Optionen, überall Optionen

Optionen, wie wir sie bisher in diesem Buch kennengelernt haben, sind Finanzinstrumente, bei deren Bewertung u. a. auch ein systematisch hergeleiteter, begründbarer Preis für Volatilität erhoben wird. Die Welt ist gekennzeichnet von Volatilität. Wie wir gleich sehen werden, ignorieren viele der traditionellen Methoden finanzwirtschaftlicher und ökonomischer Analyse die Volatilität oder weisen ihr einen zu geringen Stellenwert zu. Die Nutzung optionstheoretischer Bewertungsansätze tut hier eine neue Dimension auf, deren Beherrschung und kreative Anwendung auf zeitgenössische Phänomene nicht nur im Bereich der Kapitalmärkte besseres Verständnis der maßgeblichen Zusammenhänge, leistungsfähigere Prognosen und profitablere Strategien ermöglicht. Der ideengeschichtliche Ursprung der Optionspreistheorie geht zurück auf das Bedürfnis, Finanzinstrumente rational zu bewerten, die ihrer bewusst gewählten Struktur nach Optionen darstellen. Die Fülle unseres Daseins bringt aber eine noch viel größere Anzahl von natürlichen Optionen – oder wie man auch sagen kann – **Realoptionen** hervor, d. h. unausweichlich an uns herantretende Entscheidungszusammenhänge, die bei informierter Betrachtungsweise Optionscharakter verraten und uns also mit der Kardinalfrage konfrontieren, ob die vom Leben gebotene(n) Option(en) vorteilhaft ausgeübt werden soll(en) oder nicht. Menschlichen Anliegen wie der Wahl einer Lebensgefährtin oder der Frage der persönlichen Fortbildung, des Umgangs mit politischen Alternativen, der Erwägung der Kodifizierung oder Nichtkodifizierung aktueller Präferenzen des Rechtsempfindens, aber auch zahllosen Geschäftsentscheidungen lässt sich nicht selten besser beikommen, wenn man sie als Investitionskalküle mit Optionskomponente auffasst. Die Erkenntnishilfen optionstheoretischer Kalküle bei der Untersuchung nichtfinanzwirtschaftlicher Phänomene stellen ein vielversprechendes Neuland dar, auf das wir hier naturgemäß nicht weiter eingehen können. Stattdessen wollen wir die Grundrisse eines neuartigen Ansatzes bei der **Investitionsrechnung** vorstellen, der erstmals den Wert von Realoptionen, die von der klassischen **Kapitalbudgetierung**spraxis ignoriert werden, miterfasst.

2.3.2 Optionstheorie, Investitionsrechnung (Kapitalbudgetierung) und ökonomische Prognostik

Herkömmlicherweise wird die Frage, ob z. B. eine neue Fabrik gebaut werden soll, von der Investitionsrechnung so beantwortet, dass der Barwert des mit dieser Investition verbundenen Ausgabenstroms vom Barwert des erwarteten Einnahmenstroms abzuziehen ist und die sich daraus ergebende Differenz, der sogenannte **Nettobarwert,** die Entscheidung über Bau oder Nichtbau regeln soll; ist der Nettobarwert (NBW) größer als null, gilt die Investition als lohnend, ist er null, kann man das Projekt in Angriff nehmen oder es auch sein lassen, und liegt er unter null, so ist das Projekt tunlichst zu unterlassen, da bei seiner Durchführung Kapital vernichtet würde. Eine so klare und einfache Entscheidungsregel ist deshalb möglich, weil bei der Ermittlung der Barwerte die Abzinsung mit den sogenannten Kapitalkosten (als mittelbedürftige Wirtschaftseinheit steht ein Unternehmen in Konkurrenz zu anderen Investitionen und muss Investoren deshalb einen Ertrag anbieten, der nicht geringer sein darf als der vergleichbarer Anlagen; diesen von rationalen Investoren benötigten Ertrag bezeichnet man als Kapitalkosten)

d. h. dem Ertrag aus der bestmöglichen Alternativinvestition (mit vergleichbarem Risiko), vorgenommen wird. Ein negativer (positiver) NBW bedeutet somit, dass ein um den Betrag des NBW geringerer (höherer) Kapitalgewinn und so ein Marktwertverlust(zuwachs) der projektdurchführenden Firma zu erzielen ist, verglichen mit der besten Alternativinvestition (z. B. Bau einer Fabrik an anderem Standort oder Wertpapieranlage). Ein NBW von null bedeutet, dass die verglichenen Investitionsalternativen gleich gut sind. Dieses Entscheidungskalkül ist auch als NBW-Regel **(Net Present Value Rule)** bekannt.

Untersuchungen des tatsächlichen Investitionsverhaltens von Unternehmen deuten verblüffenderweise darauf hin, dass erst Projekterträge, die sehr viel (d. h. drei bis vier Mal) höher sind als die Kapitalkosten, Firmen dazu bewegen, Investitionen vorzunehmen. Umgekehrt ist ebenfalls zu beobachten, dass Unternehmen auffallend häufig an Projekten festhalten, auch wenn sie deutlich weniger rentieren als erforderlich. Der Grund hierfür liegt darin, dass Firmen bei ihrem Investitionsverhalten Faktoren intuitiv berücksichtigen, die sich durch optionstheoretische Überlegungen präzisieren lassen. Die klassische Investitionsrechnung übersieht demgegenüber zwei wesentliche Gesichtspunkte einer Investition: ihre (häufig anzutreffende) teilweise oder gänzliche **Irreversibilität** und den **Wert des Aufschubs des Investitionsakts.** Unter Irreversibilität verstehen wir das Entstehen von nichtamortisierbaren Kosten, d. h. Kosten, die für unverkäufliche Leistungen entstehen. Das Aufschieben des Investitionsakts ist potentiell wertvoll, weil es einem eine verbesserte Informationsbasis erschließen kann, von der aus überlegenere Entscheidungen getroffen, nichtamortisierbare Kosten vermieden und höhere Erträge erzielt werden können. So gesehen gleicht eine **irreversible Investitionsentscheidung** einer Call-Option: Das investierende Unternehmen besitzt eine Option, die ihm das Recht, nicht aber die Verpflichtung zuspricht, ein Aktivum zu einem ihm genehmen Zeitpunkt in der Zukunft zu erwerben. Die Durchführung der Investition kommt der Ausübung der Option gleich. Mit der Vornahme der Investition gibt das Unternehmen die Möglichkeit auf, neue Informationen, die wichtig für die Wahl des richtigen

Zeitpunkts und die Entscheidung der grundsätzlichen Vorteilhaftigkeit der Investition sein können, abzuwarten. Der Verlust dieser Option schafft Opportunitätskosten, die als Teil der Investitionskosten betrachtet werden müssen. Dies erklärt, warum Unternehmen nicht selten erst bei sehr viel höheren Projekterträgen, als die NBW-Methode erwarten ließe, zu Investitionen schreiten. Wir kehren zu diesem Punkt bald mit einem Beispiel zurück.

Da die Optionskosten von Investitionen sehr beträchtlich sein können, und das umso mehr, je volatiler die Zeiten und je rasanter der Wandel des wirtschaftlichen Umfeldes sind, neigen volkswirtschaftliche Prognosemodelle, die den Optionsaspekt ignorieren, gerade in Zeiten hoher Schwankungsbreiten bei den entscheidungsrelevanten Größen wie etwa dem Trend der Zinsentwicklung dazu, einen sehr viel direkteren Zusammenhang zwischen Zinsniveau und Investitionsbereitschaft zu postulieren als sich ex post nachweisen lässt.

Der Optionsansatz bringt auch Licht in die aus orthodoxer Sicht verwirrende Erfahrungstatsache, dass Firmen oft und lange an Projekten festhalten, die höhere Verluste erbringen als die reine Lehre der Investitionsrechnung für tolerierbar ansieht. Die vollständige Aufgabe einer Investition ist nämlich auch wieder mit Opportunitätskosten verbunden, die sich aus dem Wert der Option ergeben, Kapital zu erhalten, das zu einem späteren Zeitpunkt wieder profitabel eingesetzt werden kann. Das scheinbar unerklärlich zögerliche Verhalten der Firmen beruht darauf, dass es günstiger sein kann, zeitweise unrentable Kapitalien bereitzuhalten als nach vollständiger Aufgabe bestehender Aktiven später neue zu erwerben. Je größer die Ungewissheit, desto höher ist der Wert dieser **Kapitalerhaltungs-Option,** und desto länger wird ein Unternehmen benötigen, um verlustreiche Projekte endgültig aufzugeben.

Je kostspieliger die Entlassung von Mitarbeitern ist, desto stärker nähert sich der Investitionsakt „Einstellung von Mitarbeitern" dem Typus der irreversiblen Mittelanlage. Ist die Entscheidung, weitere Mitarbeiter einzustellen, leicht, d. h. ohne ins Gewicht fallende Kosten rückgängig zu machen, liegt nur geringer Wert in der Option, die Anwerbung neuer Kräfte herauszuschieben. Im umgekehrten Fall, wo der Wert dieser Option sehr hoch ist, ergeben sich Anlässe rationalen unternehmerischen Verhaltens, die Verwerfungen in das Bild tragen, das sich die herkömmliche Ökonomie von einer Wirtschaft und den in ihr handelnden Subjekten macht. So sind etwa die trotz wirtschaftlichem Wachstums hohe Arbeitslosigkeit bzw. unzureichende Bereitschaft, neue Arbeitsplätze anzubieten, oder auch die damit in Zusammenhang stehende Neigung von Firmen, ihre Leistungserstellung durch einen hohen Anteil sehr teurer Überstundenarbeit abzustützen, durchaus optionstheoretisch zu begründen. Je höher der Wert der Option, Einstellungen herauszuschieben, desto höher dürfen die Kosten von Maßnahmen sein, die zusätzliche Einstellungen vermeiden helfen.

2.3.3 Bewertung einer Investitionsoption

Betrachten wir den Fall eines Unternehmens, das erwägt eine Fabrik für hebgedrehte Schickimickidingsdas zu errichten. Die Investition sei absolut irreversibel, d. h., wenn kein Markterfolg sich einstellt, sind die aufgebrachten Gelder durch nichts mehr wiederzugewinnen. Einfachheitshalber nehmen wir an, dass die Fabrik im Nu erstellt werden kann. Sie produziert bis in alle Ewigkeit ein hebgedrehtes Schickimickidingsda pro Jahr, ohne dass Betriebskosten entstehen. Zurzeit ist der Preis für das zu erstellende Produkt 200 €; nächstes Jahr wird der Preis mit einer Wahrscheinlichkeit von q auf 300 € steigen oder mit einer Wahrscheinlichkeit von (1–q) auf 100 € sinken. Der Preis verharrt auf ewig auf dem Niveau, das nächstes Jahr eintreten wird. Für die Abzinsung der Cash-flows unterstellen wir den risikolosen Satz von 10 %. Die Investitionskosten belaufen sich auf I = 1.600 € und q sei 0,5. Auf der Basis dieser Informationen fragen wir nun: Handelt es sich um eine lohnende Investition? Sollte man mit der Investition sofort beginnen, oder wäre es vernünftiger, noch ein Jahr abzuwarten, um zu sehen, wie sich das Preisniveau entwickelt haben wird?

Berechnen wir doch zunächst nach dem oben geschilderten klassischen Verfahren den heutigen Wert der Investition. Berücksichtigt man, dass der erwartete zukünftige Preis immer 200 € sein wird, ergibt sich:

$$NBW = -\ 1.600 + \sum_{j=0}^{\infty} \frac{200}{(1,1)^t}$$

$$NBW = -\ 1.600 + 2.200 = 600\ €$$

Es hat allen Anschein, dass dieses Projekt verfolgenswert ist; der NBW ist positiv; die abdiskontierten Kosten in Höhe von 1.600 € sind geringer als die abdiskontierten Einnahmen in Höhe von 2.200 €, die auch als der Gegenwartswert der Fabrik angesehen werden können.

Und doch ist die Schlussfolgerung, das Projekt in Angriff nehmen zu sollen, inkorrekt, denn unberücksichtigt bleiben die Opportunitätskosten der sofortigen Investition, die ausschließt, dass man abwartet, um bei einer ungünstigen Preisentwicklung doch noch von einer Investition Abstand zu nehmen. Um dies zu verdeutlichen, berechnen wir den NBW, wie er sich ergibt, wenn man ein Jahr abwartet und nur investiert, wenn der Preis den erhofften Verlauf genommen hat:

$$NBW = (0,5)\left(\frac{-\ 1.600}{1,1} + \sum_{t=1}^{\infty} \frac{300}{(1,1)^t}\right) =$$

$$NBW = 850/1,1 = 773\ €$$

Im Jahr 0 findet keine Investition statt, sondern erst im Jahr 1, und zwar mit der Wahrscheinlichkeit 0,5 und eben nur dann, wenn der Preis auf 300 € gestiegen sein sollte.

Der Gewinn aus der sofortigen Ausübung der Investitionsoption beträgt 2.200 € – 1.600 € = 600 €. Doch mit der Ausübung geht die Option unter und damit zugleich ihr Wert in Höhe von 773 €. Die vollen Kosten einer sofortigen Investition treten erst zu Tage, wenn diese Opportunitätskosten einbezogen werden: 1.600 € + 773 € = 2.373 € > 2.200 €. Eine sofortige Investition sollte zugunsten einer abwartenden Strategie unterlassen werden.

Die Freiheit, nicht sofort investieren zu müssen, sondern, wenn gewünscht, noch ein Jahr abzuwarten, ist 173 € wert. Nimmt man die letzte Formel und setzt den linken Ausdruck auf 600 € statt auf 773 € und löst die Gleichung nach I, den Investitionskosten, auf, zeigt sich, dass die Möglichkeit, heute 1.600 € investieren zu müssen, den gleichen Wert besitzt, wie die Möglichkeit, das gleiche Projekt entweder heute oder in einem Jahr zu Kosten von 1.980 € zu errichten.

Die hier behandelte Investitionsgelegenheit ist das Analogon einer Call-Option auf eine Aktie. Sie gibt uns das Recht, das wir nicht ausüben müssen, eine investive Ausgabe zu tätigen (Ausübungspreis der Option), die, wenn ausgeübt, uns in den Besitz eines Projekts (einer Aktie) bringt, deren jeweiliger Wert stochastischen Fluktuationen ausgesetzt ist. In unserem Beispiel liegt eine Option vor, die in-the-money ist, d. h., ihre sofortige Ausübung erbringt einen Nettozufluss an Mitteln, einen positiven Payoff. Obwohl die Option im Geld ist, ist es nicht ratsam, sie auszuüben. Man sollte an ihr festhalten, denn steigt der Preis auf 300 € im nächsten Jahr, erhalten wir gegen Zahlung von 1.600 € ein Aktivum im Wert von 3.300 €. Fällt hingegen der Preis, ist das Aktivum nur 1.100 € wert. Dann lohnt der Bezug durch Ausübung der Option nicht, und man kann sich freuen, keine nichtarmortisierbaren Kosten mit sich herumschleppen zu müssen.

Die Bewertung der Investitionsoption lässt sich noch auf eine zweite Weise vornehmen, die zum gleichen Befund führt. Sie beruht auf dem Binomialansatz, den wir eingangs dieses Kapitels hergeleitet haben (siehe auch Kapitel 3). Wir kennen den Wert F21, den die Investitionsgelegenheit in einem Jahr haben wird: 3.300 € – 1.600 € = 1.700 € oder aber 0. Wenn es uns gelingt, ein Portefeuille, bestehend aus der Investitionsgelegenheit und einer bestimmten Anzahl von hebgedrehten Schickimickidingsdas, zusammenzustellen, dessen Wert unabhängig ist von der Preisentwicklung in einem Jahr und also einen sicheren, risikolosen Ertrag gewährleistet, können wir den heutigen Wert der Investitionsgelegenheit dadurch ermitteln, dass wir den Portefeuilleertrag mit dem risikolosen Zinssatz gleichsetzen. Der heutige Wert des Portefeuilles ist $POR_0 = F_0 - nP_0 = F_0 - 200n$. Im nächsten Jahr beträgt der Wert des Portefeuilles $POR_1 = F_1 - nP_1$. Ist $P_1 = 300$, so wird $F_1 = 1.700$ und $POR_1 = 1.700 - 300n$ sein. Ist $P_1 = 100$, dann ist $F_1 = 0$ und $POR_1 = -100n$. Indem wir $1.700 - 300n = -100n$ setzen, lässt sich der Wert für n errechnen, der dazu führt, dass POR_1 immer den gleichen Wert haben wird, egal wie sich der Preis entwickeln wird.

Nun ist der Wert unseres Portefeuilles leicht zu berechnen. Er entspricht dem erwarteten Kapitalgewinn $POR_1 - POR2_0$ abzüglich der Zahlungen, die erbracht werden müssen, um eine Short-Position in Schickimickidingsdas eingehen zu können. Da der erwartete Kapitalgewinn auf Schickimickidingsdas gleich null sein wird, gilt wegen der Annahme, dass der erwartete Preis gleich dem aktuellen sein wird: Ein rationaler Investor wird den risikolosen Ertrag von 200 € erwarten (10 %), wenn er eine Long-Position in Schickimickidingsdas eingehen soll. Das bedeutet, dass das Eingehen einer Short-Position mit einem Aufwand von 200 € × 10 % = 20 € verbunden sein wird. Geht man 8,5 Einheiten short, sind 170 € zu zahlen, und also

$$\begin{aligned} POR_1 - POR_0 - 170\,€ &= POR_1 - (F_0 - nP_0) - 170\,€. \\ &= -850 - F_0 + 1700 - 170 \\ &= 680 - F_0 \end{aligned}$$

Dieser Ertrag ist risikolos und muss daher 10 % von $POR_0 = F_0 - nP_0$, dem Anfangswert des Portefeuilles ausmachen. Also:
$680 - F_0 = 0{,}1\ (F_0 - 1.700)$ und somit $F_0 = 773$ €.

8. Kapitel

Kreditderivate

You can't always get what you want,
but if you try sometimes, you just might find,
you get what you need …
Mick Jagger, Keith Richards

1. Was sind Kreditderivate?

Ob nun Geld bei einer Bank oder am Kapitalmarkt durch die Emission einer Anleihe aufgenommen wird, für die Zwecke dieses Kapitels sprechen wir in beiden Fällen von Krediten.

Zur schnellen Orientierung: Ein Kreditderivat ist – nicht unbedingt im streng juristischen Sinne, doch in der Sache – ein Versicherungsinstrument, das einen Kreditgeber gegen den finanziellen Schaden schützt, der entsteht, wenn ein Kreditnehmer seinen Zahlungsverpflichtungen nicht nachkommt. Bei variiertem Zuschnitt, können Kreditderivate auch dazu dienen, die Wahrscheinlichkeit eines solchen Schadens herabzusetzen, oder allgemeiner dadurch, dass Diversifikationsmöglichkeiten zur Verbesserung der Risiko-Ertragsrelation von Investitionen erschlossen werden, die andernfalls entweder nicht zur Verfügung stehen oder – beim Einsatz anderer Verfahren – höhere Kosten verursachen und geringere Wirksamkeit erzielen.

Grundsätzlich funktionieren Kreditderivate so:

Fällt der Kreditnehmer aus, erhält der Kreditgeber die ihm zustehenden Zahlungen nun von seinem Versicherungsgeber (meist spricht man vom „Sicherungsgeber"), dem Verkäufer des Kreditderivats. Es handelt sich also um eine „Versicherungswette", die eingegangen wird, wenn der Wert des Schutzes dem Versicherungsnehmer (meist spricht man vom „Sicherungsnehmer") groß genug erscheint, um eine Versicherungsprämie (vorab oder in Raten) zu zahlen, die wiederum dem Versicherungsgeber in einem vernünftigen Verhältnis zu dem von ihm übernommenen Risiko zu stehen scheint. So kann ein einziger Kreditausfall, der für den Versicherungsnehmer ruinös oder immerhin schwerwiegend wäre und somit zu vernünftigen Konditionen versichert werden sollte, für einen Versicherungsgeber ohne weiteres tragbar sein, z. B. angesichts seiner Prämieneinnahmen aus einer großen Zahl von Kreditversicherungen, die mit hoher Wahrscheinlichkeit nicht in solcher Zahl in Anspruch genommen werden, dass ein angemessener Ertrag aus den Prämieneinnahmen gefährdet wäre.

Bei dieser Gelegenheit sei gesagt, dass jedes Versicherungsinstrument in unkluger Weise verwendet werden kann, dass nicht jedes beliebige Risiko versichert werden kann und dass bei einer solchen Umverteilung von Risiken nicht nur herbe Fehleinschätzungen der Kontrahenten, sondern auch schwer abzusehende Fundamentalereignisse (Wirtschaftskrisen z. B.) die Leistungsfähigkeit der verwendeten Instrumente überfordern können. Dies sollte man sich bewusst machen, statt Versicherungsgeschäfte dieser Art in Bausch und Bogen zu verurteilen, die, wie wir sehen werden, tatsächlich das Arsenal des Risikomanagements um wertvolle Hilfsmittel erweitern.

Es ist hier nicht der Ort, über den Hinweis hinauszugehen, dass die dirigistische Geldpolitik des allerorten vorherrschenden Zentralbankwesens mit dem ihm zugestandenen Privileg der Kreditschöpfung *ad libitum* wahrscheinlich ursächlich ist für das Auftreten schädlicher Konjunkturzyklen (*boom and bust*), und dass Kreditderivate (nicht anders als gewöhnliche Kredite) die so angeheizten Trends nur nachvollziehen, wenngleich vielleicht mit verstärkender Wirkung. Aufschlussreiches hierzu findet sich im Werk von Ludwig von Mises, Murray Rothbard und anderen Autoren bei: http://www.mises.org/articles.aspx

Als Derivate bezeichnet man Finanzinstrumente, deren Wert wiederum aus dem Wert einer zugrundeliegenden Bestimmungsgröße (dem Underlying oder Basiswert) oder einem Bündel solcher Größen abgeleitet wird (lat. *derivare*, [eigentlich: von einem Fluss abzweigen], *ableiten*).

Das Underlying oder der Basiswert (bei Kreditderivaten spricht man gerne vom „Referenzaktivum"), aus dem der Preis von Kreditderivaten abgeleitet wird, sind Zahlungsströme, die einem Kreditgeber vertragsgemäß von einem Kreditnehmer zustehen. Bei der Preisgestaltung eines Kreditderivats ist daher vor allem zu berücksichtigen, wann und in welcher Höhe diese Zahlungsströme vorgesehen sind, und welche Wahrscheinlichkeit besteht, dass sie nicht ordnungsgemäß erfolgen und deshalb vom Versicherer übernommen werden müssen.

Im Rahmen dieser grundsätzlichen Struktur von Kreditderivaten sind die Möglichkeiten bei der individuellen Gestaltung dieser Produkte außerordentlich vielfältig hinsichtlich des Umfangs der Versicherungsleistung, ihrer Laufzeit und der Umstände, die den Versicherungsfall definieren.

2. Kreditrisiko, herkömmliche Formen des Umgangs mit Kreditrisiken und die Rolle von Kreditderivaten beim Management von Kreditrisiken

Um Sinn und Zweck von Kreditderivaten einzuordnen, ist es hilfreich, sich damit zu befassen, wie das Kreditrisiko bestimmt wird, wen es betrifft und auf welche Weise man sich dagegen schützen kann, dass aus der möglichen Gefahr, die das Kreditrisiko umreißt, ein realer Schaden entsteht.

Es wird sich zeigen, dass die Schutzmechanismen, die den Betroffenen vor dem Aufkommen der Kreditderivate zu Gebote standen,

Lücken offenbarten, die sich mit diesen neuen Instrumenten zum Teil schließen lassen (Marktvervollständigung).

Kreditinstitute, Emittenten von Anleihen und Anleger, die in Anleihen investieren, bilden die Gruppe, die dem Kreditrisiko am stärksten und am häufigsten ausgesetzt sind.

Das Kreditrisiko – auch Ausfallrisiko genannt – wird virulent, d. h. die Gefahr, die es zunächst als eine Wahrscheinlichkeit erfasst, tritt ein, sobald die Zahlungen, zu denen der Kreditnehmer (Schuldner) dem Kreditgeber (Gläubiger) gegenüber verpflichtet ist, ausbleiben. Das Spektrum von Ereignissen, die aus dem Kreditrisiko ein manifestes Problem machen, reicht somit vom einmaligen Ausbleiben einer im Verhältnis zur Gesamtschuld kleinen Zahlung bis zum Totalausfall, wenn der Schuldner weder Zinsen zahlt noch das aufgenommene Kapital zurückerstattet. Dem Schuldner entsteht ein mehr oder weniger großer Verlust.

Vergessen wir nicht, dass Unternehmen, auch solche, die Kredite vergeben, nicht in einem „Profitsystem" agieren, sondern in einem Gewinn-**und**-Verlust-System. Wer seine Dienste verschleudert, kann wirtschaftlich nicht überleben. Deshalb müssen auch Banken sehr darauf bedacht sein, ihr Geld wirtschaftlich tragfähigen Projekten zuzuführen.

Sie müssen daher ein klares Bild gewinnen von den Bestimmungsgrößen des Kreditrisikos, das von einem Kreditnehmer ausgeht.

Wie misst man also das Kreditrisiko? Das läuft auf die Frage hinaus, wie sich die Wahrscheinlichkeit feststellen lässt, dass ein Schuldner seinen Zahlungsverpflichtungen nicht nachkommen wird.

Dazu ist es hilfreich, zwei Betrachtungsebenen zu wählen: das allgemeine wirtschaftliche Umfeld (systematisches Risiko) und die speziellen Umstände des Schuldners (unsystematisches Risiko). Für Unternehmen kann man allgemein sagen, dass das Kreditrisiko in Phasen des wirtschaftlichen Aufschwungs geringer ist, während sie in gesamtwirtschaftlichen Krisenzeiten eher schlechter verdienen und dementsprechend größere Mühe haben können, ihre Schulden zu bedienen. So gesehen steigt und fällt das Kreditrisiko mit dem konjunkturellen Wasserstand. Andererseits können Faktoren, die auf Besonderheiten des Unternehmens zurückzuführen sind (unsystematisches Risiko), unabhängig sein vom Stand des Konjunkturzyklus – denken wir an eine Firma, die bei bester Wirtschaftslage ein stark nachgefragtes und hoch rentables Produkt anbietet, das jedoch ökologisch sensibel ist. Eine derartige Besonderheit wird bei der Analyse des Kreditwunsches dieser Firma genau in Betracht zu ziehen sein: So sehr die Geschäfte der Firma florieren mögen, eine Änderung der rechtlichen Rahmenbedingungen oder eine ökologisch zuträgliche Neuerung können ihren Erfolg in Frage stellen, selbst wenn Hochkonjunktur herrscht.

Die Bewertung des Kreditrisikos eines Unternehmens wird gerne zusammengefasst in einem so genannten Rating, einer Note, wenn man so will, die Auskunft gibt darüber, wie riskant eine Investition in das Unternehmen ist. Das Rating spiegelt die Kreditwürdigkeit des Unternehmens wieder, also das Bild, dass sich potenzielle Gläubiger von der Fähigkeit des Unternehmens machen, seinen Zahlungsverpflichtungen nachzukommen. Die Rating-Agentur *Standard & Poor's* z. B. erfasst die Kreditwürdigkeit (oder Bonität, wie man auch sagt) von Firmen mittels eines Bewertungsschemas, das – bei langfristiger Betrachtung – in 13 Stufen von AAA (höchste Kreditwürdigkeit) bis D (Nichteinhaltung von Zahlungsverpflichtungen in der Vergangenheit und hohe Wahrscheinlichkeit künftiger Zahlungsunfähigkeit) und – bei kurzfristiger Betrachtung – in 6 Stufen in etwa analog von A1 bis D reicht.

Eine Kennzahl, die eine wichtige Rolle im Zusammenhang mit Kreditderivaten spielt, ist die Kreditrisikoprämie (credit risk premium). Sie bezeichnet die Differenz zwischen dem Zinssatz, den ein Unternehmen zur Bedienung seines Schuldendienstes zu zahlen hat, und dem Zinssatz eines als risikofrei angesehenen Wertpapiers – z. B. eine US-Staatsanleihe. Die Kreditrisikoprämie verkörpert also den Zinsaufschlag gegenüber dem risikofreien Zinssatz, der am Kapitalmarkt oder von Kreditgebern verlangt wird, um einen angemessenen Ausgleich zu erhalten für die Mittelgewährung an Kunden, die ihrer Verpflichtung, Zinsen zu entrichten, oder das von ihnen geliehene Geld zurückzuzahlen, unter Umständen nicht nachkommen werden.

Je höher das Kredit-Rating, desto geringer die Kreditrisikoprämie und umgekehrt. Eine Herabstufung (Anhebung) des Ratings führt also zu höheren (niedrigeren) Kosten bei der Mittelaufnahme.

Damit ergibt sich schon ein Motiv für den Einsatz von Kreditderivaten: Eine Firma, die in einigen Monaten eine Anleihe begeben will, möglicherweise aber bis dahin eine Herabstufung ihres Ratings hinnehmen muss, kann sich gegen die damit verbundene Erhöhung ihrer Finanzierungskosten versichern. Und selbst wenn das Rating unverändert bleibt, mag eine derartige Versicherung in Betracht gezogen werden, denn es kann durchaus vorkommen, dass eine Eintrübung der gesamtwirtschaftlichen Lage eine höhere Kreditrisikoprämie und somit höhere Finanzierungskosten nach sich zieht.

Aus der Sicht von Investoren, die Anleihen in ihren Beständen haben, besteht auch ein Preisrisiko, denn ein höheres Kreditrisiko, sprich ein Anstieg der Kreditrisikoprämie, drückt den Wert/Preis der Anleihe. Für sie bietet sich eine besondere Form von Kreditderivaten an – so genannte Kredit-Optionen –, die es erlauben, eine Anleihe oder sogar ein ganzes Portfolio von Anleihen zu einem vorab festgelegten Preis zu veräußern. Wenn die Anleihe einen starken Bonitätsverlust erleidet, besteht die Möglichkeit, den Wertverfall der Investition durch Ausübung dieser Verkaufsoption auf ein vorab festgelegtes Maß zu begrenzen.

2.1 Herkömmliche Verfahren des Managements von Kreditrisiken

Traditionell hat man versucht, dem Kreditrisiko Herr zu werden, indem man (a) eine möglichst genaue Einschätzung der Kreditwürdigkeit vornimmt, (b) die Höhe und die Bedingungen (Besicherung etc.) des Kredits dem Risikograd des Kreditnehmers anpasst, (c) Kreditengagements auf eine Anzahl von Kreditnehmern verteilt, die nicht alle oder nicht in großer Häufung in Schwierigkeiten geraten dürften oder (d) Kredite strukturiert, d. h. Provisionseinnahmen mit der Gestaltung von Kreditkonstruktionen erzielt, die Kreditgeberrolle anderen Parteien überlässt oder die Kredite (in Teilen oder gänzlich) weiterverkauft, so dass das Ausfallrisiko (teilweise oder ganz) an Dritte übergeht.

(a) und (b): Die klassische Kreditwürdigkeitsprüfung eines Firmenkunden berücksichtigt dessen Ertragslage, die Gewinnmarge, bestehende Verbindlichkeiten, Wettbewerbsbedingungen, Produktzyklen, Wachstumsaussichten und dergleichen Faktoren, die Aufschluss geben über die wahrscheinliche Geschäftsentwicklung. Im Lichte dessen werden die Höhe des Kredits, die Modalitäten der Zinszahlung und der Tilgung und die erforderlichen Sicherheiten möglichst so gestaltet, dass sie dem Kreditnehmer angemessen sind und für den Kreditgeber ein akzeptables Maß an Sicherheit gewährleisten. So können die Inanspruchnahme (Mittelzufluss aus dem zugesagten Kredit) und Rückzahlungsmodalitäten einer Kreditlinie dem saisonalen Muster des Kreditnehmers angepasst sein – es mag z. B. sein, dass ein Kreditarrangement eine höhere Inanspruchnahme in Zeiten saisonal bedingter Mittelbedürftigkeit und Rückzahlungsspitzen in Zeiten saisonal bedingt hoher Liquidität vorsieht.

(c): Bei der Auswahl von Kreditnehmern achtet man darauf, dass sie unterschiedlichen Risikozyklen unterliegen, sodass sich Kreditausfälle nicht zu stark häufen können. Unterschiedliche Risikozyklen können viele Ursachen haben: Besonderheiten der Region, der Branche, der unternehmensspezifischen Konjunkturabhängigkeit etc.

(d): Schließlich kann es sinnvoll sein, zwei Aspekte des Kreditgeschäfts zumindest in einigen Fällen von einander abzukoppeln:

(1) Die Strukturierung des Kredits, also seine vertragliche Gestaltung, worin Banken naturgemäß sehr viel Erfahrung und Können besitzen (sollten) und

(2) die Fähigkeit, Kreditrisiken zu tragen.

Die Verbriefung (securitization, d. h. das Handelbarmachen durch Umwandlung in Rechte mit Wertpapiercharakter) von Kreditportfolios und der Verkauf von (einzelnen) Krediten (loan sales) bieten unter gewissen Umständen erhebliche Vorteile für Banken und Investoren. Bei der Verbriefung von Kreditportfolios (securitization) wird eine Vielzahl von Einzelkrediten zu einem Investitionsgegenstand zusammengefasst, der in ausreichend kleiner Stückelung an zahlreiche Investoren verkauft wird. Nehmen wir das Beispiel der Spezialbank eines Automobilherstellers, der alle oder einen großen Teil seiner Autokredite zu einem einzigen Investment zusammenfasst und Anteile daran an eine Vielzahl von Investoren verkauft. Die Bank wird ihr Ausfallsrisiko los. Die Investoren haben ebenfalls Vorteile; zum einen, weil das Investment in sich diversifiziert ist, es handelt sich ja um Ansprüche aus vielen einzelnen Autokrediten, die nicht alle ausfallen werden. Zudem kaufen die Investoren einen beschränkten Anteil des verbrieften Kreditportfolios, in sich eine Risikobegrenzung. Und schließlich werden sie darauf achten, dass das verbriefte Kreditportfolio, an dem sie sich beteiligen, keine enge Korrelation mit anderen Investments in ihrem Besitz aufweist, also zur Schaffung eines diversifizierten Portfolios beträgt, d. h. die Ertragserwartung des Gesamtportfolios stabilisiert und zugleich dessen Kreditrisiko reduziert.

Die Bündelung von Krediten in dieser Form setzt jedoch eine gewisse Homogenität der Einzelelemente, insbesondere standardisierte Tilgungsmodalitäten und gleichartige Risikoeigenschaften voraus, wie sie z. B. bei Hypothekendarlehen oder Autokrediten anzutreffen sind. Bei Krediten mit stark individualisierten Merkmalen ist eine Verbriefung schwer darzustellen; stattdessen bieten sich Kreditderivate für das Kreditrisikomanagement an.

3. Konkrete Formen von Kreditderivaten

Wiewohl alle hier besprochenen Kreditderivate Elemente beinhalten, die Optionscharakter besitzen, wird bei ihnen nach allgemeiner Gepflogenheit zwischen drei Kategorien unterschieden:

- Kredit-Swaps (s. 3.1),
- Kredit-Optionen (s. 3.2), und
- weitere Mischformen (s. 3.3).

Mit dem Entstehen des Marktes für Kreditderivate Anfang der 1990er Jahre haben sich vier Basisprodukte herausgeschält: Der Total

(Rate of) Return Swap, der Credit (Default) Swap, die Kredit-Option und Credit Linked Instrumente, vor allem Credit Linked Notes.

3.1 Kredit-Swaps

Eine Bank deren Kredit-Portfolio stark auf eine geografische Region oder eine Branche ausgerichtet ist, kann ihr Kreditrisiko begrenzen, indem sie Kredite an Schuldner aus anderen Regionen oder anderen Branchen vergibt. Sie kann auch Teile des bestehenden Portfolios veräußern und Kredite ankaufen, die eine bessere Diversifikation gewährleisten.

Eine weitere Alternative stellt der Kredit-Swap dar. Er ermöglicht es, Zahlungsströme, die dem Kreditgeber aus einem von ihm vergebenen Kredit zustehen, gegen die Zahlungsströme aus einem Kredit einzutauschen, der von einem anderen Kreditgeber ausgereicht worden ist.

Ein einfaches Beispiel für einen Kredit-Swap liefert der Kredit-Portfolio-Swap. Bei diesem Typus von Kredit-Swap werden Zahlungsansprüche aus einem Portfolio, also aus einer Vielzahl von Krediten, zwischen den ursprünglichen Kreditgebern ausgetauscht, um das Risiko einer zu starken Ballung gleichartiger Risiken herabzusetzen.

Bank A z. B. mag einen Großteil seiner Kredite an Landwirte ausreichen, während Bank B hauptsächlich Kredite an Firmen aus Branchen vergibt, die einigermaßen unberührt zu sein pflegen von Risiken, die den Agrarsektor bedrohen. Und umgekehrt: Szenarien, die diese Branchen in Schwierigkeiten bringen können, haben keine Bedeutung für die Landwirtschaft. Indem Bank A Zahlungsansprüche aus einem Teil ihres Kreditportfolios gegen Zahlungsansprüche aus einem Teil des Kreditportfolios von Bank B eintauscht, reichern beide Institute ihre Portfolios mit Bestandteilen an, deren Ausfallrisiko gegenläufig ist zu dem des restlichen Portfolios. Insgesamt reduziert sich also das Kreditrisiko beider Portfolios, weil in beide jeweils Komponenten aufgenommen werden, die gerade dann verhältnismäßig risikoresistent sind, wenn der restliche Teil des Portfolios in Gefahr gerät. Es ist also „im Falle eines Falles" insgesamt mit geringeren Ausfällen zu rechnen.

3.2 Total (Rate of) Return Swap

Hierbei handelt es sich um eine beliebte Variante des Kredit-Swaps, wobei die Tauschpartner einen Zahlungstausch vereinbaren dergestalt, dass für beide der Ertrag der Gesamttransaktion vorab festgelegt und garantiert ist. Bank A gibt ihre Zahlungsansprüche bezogen auf, sagen wir, € 50 Mio ihrer Privatkunden-Kredite z. B. an ein Versicherungsunternehmen ab, das seinerseits Bank A zusichert, Zinszahlungen auf diesen Nennbetrag in Höhe von 2 % über US-Treasury Bills mit dreimonatiger Laufzeit zu leisten. Damit hat Bank A den Ertrag aus ihren Zahlungsansprüchen bezüglich eines Teils ihrer Kredite eingetauscht gegen einen garantierten, an einen Gleitzins gebundenen Ertrag und somit das Kreditrisiko eines Teils ihrer Kredite (im Nennwert von € 50 Mio) eliminiert. Zumindest aber hat sich das Kreditrisiko verringert, wenn wir unterstellen, dass die Kontrahenten, d. h. die Bank und die Versicherung, eine höhere Bonität besitzen als die eigentlichen Kreditnehmer.

Im Gegensatz zum Verkauf von Krediten, bleibt Bank A der Kreditgeber ihrer Kunden und begleitet die Kredite weiterhin in allen Belangen, sodass dem Versicherungsunternehmen kein Aufwand durch die Kreditverwaltung entsteht, für die sie ohnehin ungeeignet sein mag. Bank A erzielt Kontinuität in ihren Kundenbeziehungen und gibt einen Teil des von ihr eingegangenen Kreditrisikos ab, während auch die Versicherung eine verbesserte Risiko-Ertrags-Relation in ihrem Gesamtportfolio erzielt.

Insgesamt sieht die Grundstruktur bei einem Total (Rate of) Return Swap (TRORS oder TRS) so aus: Eine Partei, die als Sicherungsgeber (protection seller) bezeichnet wird, erhält den positiven Investitionsertrag eines Finanzinstruments, das im Besitz einer anderen Partei, dem Sicherungsnehmer (protection buyer), ist – und bleibt. Im Falle einer Anleihe z. B. bedeutet positiver Investitionsertrag (oder positive wirtschaftliche Leistung): Kuponzahlungen und Kursgewinne. Der Erwerber (Sicherungsgeber) der positiven wirtschaftlichen Leistung des Instruments geht ein solches Engagement ein, entweder weil es die einzige Möglichkeit darstellt, an den Erträgen des betreffenden Instruments teilzuhaben (z. B. wie bei einem Nichtbank-Investor, der sein Portfolio mit Krediten anreichern will) oder weil er auf diese Weise geringere Partizipationskosten und/oder andere Vorteile genießt: Bilanzneutralität, geringe Kapitalbindung, Verbesserung des Diversifikationsprofils seines Portfolios etc. Doch warum nennt man den Käufer der Wirtschaftsleistung der Anleihe Sicherungsgeber (protection seller)? Nun, im Gegenzug übernimmt diese Partei der Transaktion das Markt- und Kreditrisiko des Instruments, d. h. der Sicherungsgeber gleicht dem Sicherungsnehmer Kursverluste aus. Außerdem übernimmt der Sicherungsgeber die Zahlungsverpflichtungen des Emittenten der Anleihe gegenüber dem Sicherungsnehmer, falls der Emittent ausfallen sollte. Der Sicherungsnehmer ersetzt also das Kontrahentenrisiko des Emittenten durch das des Sicherungsgebers und erhält vom diesem neben dem Schutz gegen das Markt- und Kreditrisiko einen fest vereinbarten Zins, meist einen variablen Referenzzinssatz (z. B. EIBOR) plus fester Marge.

Der TRS-Markt entstand, als Banken einen Weg fanden, sich nach folgendem Muster zu ergänzen: Eine Partei (Bank A) hat ihre bilanziellen Möglichkeiten für die Ausweitung ihres Bestands an einträglichen Aktiven ausgeschöpft, während eine andere Partei (Bank B) Interesse an der wirtschaftlichen Leistung eines Teils der bestehenden Aktiva von Bank A hat. Mittels eines TRS kann Bank A mit ihren Aktiva auf synthetischem Wege zusätzliches Einkommen bei geringerem Risiko generieren, wenn nämlich Bank B derartige Aktiven von Bank A „anmietet", indem sie regelmäßige Zahlungen an Bank A entrichtet und dieser eine „Garantie" gegen Kapitalverluste einräumt.

Kurz zusammengefasst: Bei einem Total Return Swap tauscht ein Sicherungsnehmer die Erträge aus einem Referenzaktivum (z. B. einer Anleihe) sowie dessen Wertsteigerungen mit einem Sicherungsgeber gegen die Zahlung eines variablen oder festen Bezugszinses und den Ausgleich der Wertminderungen des Referenzaktivums periodisch aus. Der Sicherungsgeber übernimmt vom Sicherungsnehmer damit für die Laufzeit des Geschäfts neben dem Kredit- auch das gesamte Kursrisiko aus dem Referenzaktivum.

3.3 Kredit-Optionen

Kredit-Optionen sind eine Form der Versicherung, dem Prinzip nach nicht unähnlich einer Kfz- oder anderen Versicherungen, wie wir sie alle kennen. Für eine Gebühr (Prämie) erhält man Schutz gegen einen definierten Schaden – hier gegen den Ausfall eines Kredits. Ein Anleger kann sich durch den Erwerb einer Kreditoption z. B. gegen den Fall absichern, dass die ihm zustehenden Zahlungen aus dem Besitz einer Anleihe ausbleiben.

Versicherungsunternehmen treten als Anbieter solcher Optionen auf, die ausgeübt werden, wenn ein Mindestschaden – der Selbstbehalt, wenn man so will – überstiegen wird. Sie haben Erfahrung in der Einschätzung von Schadensszenarien, verstehen es, eine angemessene Versicherungsprämie zu bestimmen und diversifizieren das übernommene Risiko durch entsprechende Engagements in verschiedenen Branchen und Regionen, so dass das gesamte Prämienaufkommen einen befriedigenden Ertrag gewährleistet, selbst wenn eine Reihe von Versicherungsoptionen ausgeübt werden.

Credit (Default) Swap: Analog der Inanspruchnahme einer Versicherungsleistung ermöglichen Credit Default Swaps, Verluste abzuwälzen, nämlich dann, wenn Umstände (so genannte Kreditereignisse oder „credit events") eintreten, bei denen das Basisinstrument oder Referenzaktivum („reference asset", z. B. eine Anleihe), auf die sich die Vereinbarung bezieht, Leistungsstörungen aufweist, d. h. die mit ihnen verbundenen Verpflichtungen überhaupt nicht, in eingeschränktem Maße oder nur unter erschwerten Bedingungen erfüllt werden können, etwa im Falle der völligen Zahlungsunfähigkeit, unvollständiger oder vorübergehend aussetzender Bedienung des Schuldendienstes oder einer Herabstufung des Bonitätsstatus des Kreditnehmers (die z. B. zu höheren Finanzierungskosten und somit zu erschwertem Schuldendienst führen kann).

In einem Credit Default Swap entrichtet ein Sicherungsnehmer (protection buyer) eine „Versicherungs"prämie normalerweise in laufenden Raten an den Sicherungsgeber (protection seller), der sich verpflichtet, die fälligen Zahlungen beim Auftreten der im Voraus spezifizierten Kreditereignisse zu übernehmen, und nur dann.

Die Bezeichnung „Swap“ ist insofern irreführend als es sich tatsächlich beim Credit Default Swap um eine Kredit-Option handelt, namentlich um eine Put-Option, die den Inhaber eines Portfolios von Krediten z. B. für den Fall absichert, dass mehr als eine bestimmte Anzahl der in seinem Portfolio enthaltenen Kredite ausfallen. Das Portfolio könnte z. B. aus 20 Anleihen bestehen, die, wenn alles gut geht, jeweils $ 1.000 am Jahresende „abwerfen“. Der Portfolioinhaber sieht sich in der Lage, kleinere Ausfälle zu verkraften, möchte sich aber dagegen absichern, dass es zu umfangreicheren Ausfällen kommt. Zu diesem Zweck zahlt er $ 20 für den Erwerb eines Credit Default Swap, dessen Versicherungsschutz wirksam wird, wenn z. B. drei oder mehr der im Portfolio enthaltenen Anleihen fallieren. Für jede Anleihe, die ausfällt, erhält er vom Versicherungsgeber $ 1.000 abzüglich des Restwerts der betreffenden Anleihen.

Während ein Credit Default Swap eher einer Option gleicht, insofern als die volle Inanspruchnahme seiner wirtschaftlichen Leistung kontingent ist, d. h. vom Eintreten der Ausübungsbedingungen (Kreditereignissen) abhängt, hat sich der Terminus „Swap“ deshalb eingebürgert, weil üblicherweise die Prämienzahlungen nicht – wie bei Optionen – einmalig und vorab, sondern – wie bei Swaps – nach und nach geleistet werden.

Credit-Spread Put-Option: Instrumente dieses Typs können als eine Variante von Credit Default Swaps (die, wie gesagt, eigentlich eher Optionen sind) angesehen werden, bei denen jedoch der Sicherungsgeber nicht durch das Eintreten eines Kreditereignisses zur Zahlung veranlasst wird, sondern nur dann, wenn die Renditedifferenz (Spread) gegenüber einem Referenzzinssatz ein gewisses Maß überschreitet.

3.4 Weitere Mischformen

Credit Linked Notes: Dieses Instrument stellt eine Kombination aus einer Anleihe und einer Kredit-Option dar. Der Emittent einer Anleihe verwendet diese Struktur, indem er, wie bei einer gewöhnlichen Anleihe, einen festen Zinssatz (z. B. einen Kupon in Höhe von 8% des Nennwerts der Anleihe) und eine abschließende Tilgungszahlung anbietet. Zusätzlich aber lässt er sich von den Abnehmern der Anleihe, eine Option einräumen, die es ihm gestattet, die Kuponzahlungen unter bestimmten Bedingungen herabzusetzen, sagen wir: auf 4%.

Dafür ist der Ausgabepreis der Anleihe niedriger als dies der Fall wäre, wenn der Emittent die Anleihe ohne diese Option ausstatten würde. Aufgrund des niedrigeren Ausgabepreises erwirtschaften die Investoren einen desto höheren Ertrag, wenn die Option nicht ausgeübt wird.

Doch wann wird diese Option ausgeübt? Nehmen wir den Fall eines Anbieters von Kreditkarten. Dieser refinanziert die Ausweitung seines Kartengeschäfts durch Emission einer Credit Linked Note. Bei recht niedrigem Ausgabepreis zahlt diese Anleihe einen Kupon in Höhe von 8%, aber nur solange ein allgemein anerkannter Richtwert für Kreditausfälle (in einem bestimmten Land z. B.) diese auf weniger als 5% aller ausstehenden Kredite beziffert. Steigt der Richtwert auf 5% oder mehr, ist der Emittent der Credit Linked Note berechtigt, seine Option auszuüben, d. h. den Kupon von 8% auf 4% herabzusetzen. Auf diese Weise gewähren die Käufer der Credit Linked Note dem Emittenten einen gewissen finanziellen Puffer zur Abfederung von Kreditausfällen im Portfolio seiner Kreditkartenkunden.

4. Einordnung der Kreditderivate in das Gesamtbild der Kapitalmärkte

Kreditderivate erweitern den Spielraum für das Risikomanagement, indem sie ein genaueres Aussteuern spezifischer Risikokomponenten ermöglichen. Investments zeichnen sich häufig durch eine Vielzahl unterschiedlicher Risiken aus. Früher war es oft so, dass man ein ganzes Investment, z. B. eine Position in Anleihen eines bestimmten Emittenten, aufgeben musste, wenn sich nur eine unter vielen Risikokomponenten entsprechend verschlechterte. Mit Hilfe von Kreditderivaten kann man eine solche Komponente individuell „anpeilen“, positiv beeinflussen oder absichern, ohne das Investment als Ganzes zu verändern.

Beispiel: Unternehmensanleihen lassen sich auffassen als Bündel von Risiken unterschiedlichen Typs: Duration (Veränderungen des Preises der Anleihe infolge von Veränderungen des Zinsniveaus), Konvexität (Veränderungen der Duration infolge von Veränderungen des Zinsniveaus), Callability (vorzeitige Kündigung der Anleihe durch den Emittenten). Zinsderivate schaffen die Möglichkeit, Duration, Konvexität und Callability individuell auszusteuern, zu neutralisieren oder angemessen zu beschränken, ohne „das Kind mit dem Bade auszuschütten“, sprich: sich vom betreffenden Investment ganz zu verabschieden. Kreditderivate leisten das Gleiche hinsichtlich des Kreditrisikos, womit sowohl die Gefahr eines tatsächlichen Ausfalls als auch die Gefahr eines nachteiligen Verlaufs der Ausgleichsprämien für das Kreditrisiko gemeint sein kann.

Denn wie wir gesehen haben, muss z. B. eine Bank sich nicht mehr unbedingt von einem wichtigen Kunden trennen, nur weil dieser eine Durststrecke durchläuft, in der sich dessen Kreditrisiko merklich erhöht und für die Bank einfach nicht mehr tragbar ist. Sie kann an den Kreditengagements mit diesem Kunden festhalten, das Kreditrisiko über Kreditderivate neutralisieren oder abwälzen, den Kunden treu durch schwere Zeiten begleiten und danach, wenn der Kunde sich wieder „gefangen“ hat, vielleicht sogar desto bessere Geschäfte mit ihm machen.

4.1 Vollständige Märkte in der Theorie

Wie andere Derivate steigern auch Kreditderivate die Effizienz der Kapitalmärkte, indem sie den Prozess der Marktvervollständigung (market completion) unterstützen. Das heißt, sie erweitern das Spektrum von erwünschten Dienstleistungen, die ein Markt befriedigen kann.

In seiner ursprünglichen technische Bedeutung bezeichnet der Terminus „vollständiger Markt“ (complete market) einen Markt, in dem jedes Derivat repliziert werden kann durch eine Kombination aus Geld und dem betreffenden Basiswert, oder genereller noch: einen Markt, in dem jedes Derivat ersetzt werden kann durch andere Finanzinstrumente mit den gleichen Leistungsmerkmalen wie das Derivat. Daraus ergibt sich eine zweite theoretische Interpretation des Konzepts, der zufolge vollständige Märkte solche sind, in denen Absicherungsgeschäfte für alle auf ihnen angebotenen Finanzinstrumente durchgeführt werden können. Bezogen auf die Gesamtwirtschaft sind vollständige Märkte also solche, in denen Konsumenten, Produzenten und Investoren über ein Höchstmaß an Flexibilität bei der Gestaltung ihrer Zahlungsströme und der Absicherung gegen ungewisse Gefahren verfügen. Die Schlussfolgerung lautet: Je höher diese Flexibilität, desto besser wird es allen ergehen, desto größer die Wohlfahrtsgewinne. Die Wirtschaftssubjekte sind imstande, die für sie jeweils angemessensten Handelsentscheidungen zu treffen, d. h. es ist ihnen möglich, die für sie relativ unvorteilhaftesten gegen die für sie relativ vorteilhaftesten Leistungen oder Güter auszutauschen.

Die Theorie vollständiger Märkte hat sich als ein analytisches Hilfsmittel etabliert, um die Entwicklung neuer Finanzinstrumente und neuer Märkte anzustoßen und in zahlreichen Fällen wichtige Beiträge zu ihrer Verwirklichung beigesteuert. Kreditderivate liefern hierfür ein Beispiel par excellence:

4.2 Vollständige Märkte in der Praxis – das Beispiel der Kreditderivate

Kreditderivate sind bilaterale Finanzverträge, die es erlauben, bestimmte Aspekte des Kreditrisikos eines Finanzinstruments zu isolieren und zwischen beiden Parteien umzuverteilen. Damit erzielen Kreditderivate eine Abkopplung des Eigentums an und der Managementverantwortung für Kreditrisiken von anderen qualitativen und quantitativen Aspekten von Finanzaktiva. Durch Marktvervollständigung bewirken sie einen Effizienzzuwachs im Umgang mit speziellen Erfordernissen der Portfolioverwaltung, die ohne die Möglichkeit des Einsatzes von Kreditderivaten weniger zufriedenstellend oder überhaupt nicht erfüllt werden könnten.

Aufgrund der Segmentierung ganz bestimmter Risikokomponenten in für sich handelbare Komponenten, schaffen Kreditderivate die Voraussetzung dafür, dass selbst illiquide Kreditengagements aus Portfolios von Marktteilnehmern, die sie nicht (mehr) tragen können oder wollen, in Portfolios anderer Marktteilnehmer überwechseln, wo eine Anreicherung mit derartigen Risiken erwünscht ist.

Je genauer die Aufspaltung solcher Risiken in separat handelbare Gegenstände ist, desto angemessener die Paarung von Käufer und Verkäufer und desto sachgerechter und subjektiv befriedigender die Preisgestaltung beim Risikotransfer. Damit steigt die Wahrscheinlichkeit, dass die volkswirtschaftliche Allokation sich insgesamt verbessert, also Transfers stattfinden, die vorher nicht vonstatten gehen konnten und jene zusammenführen, die dafür am besten geeignet sind und ihren Transaktionen den bestmöglichen Preis zugrunde legen können.

Kreditderivate verändern die Art und Weise, wie Banken das Kreditrisiko bewerten, dessen Preis bestimmen und bei der vertraglichen Ausgestaltung behandeln.

Folgende Besonderheiten von Kreditderivaten veranlassen Banken, sie in steigendem Maße einzusetzen:

(1) Die Partei, deren Kreditrisiko durch Inanspruchnahme eines Kreditderivats transferiert wird, muss nicht unbedingt an dieser Transaktion beteiligt sein, noch muss sie Kenntnis von ihr haben.

Damit lassen sich diskrete Lösungen finden beim Management von Kreditrisiken, das auf diese Weise verbessert werden kann, ohne eine Kundenbeziehung zu belasten. Demgegenüber erfordert der Verkauf eines Kredits die Benachrichtigung des Kreditnehmers. Bei einer stillen Beteiligung eines anderen Instituts an einem Kredit müssen die Umstände des Kreditnehmers ebenfalls offengelegt werden.

Insofern als die Partei, um deren Kreditrisiko es letztlich geht, nicht an der Ausgestaltung der Vertragsbedingungen (Laufzeit, Rückzahlungsvorrang, Zahlungsmodalitäten etc.) beteiligt ist, die dem Kreditderivat zugrunde liegen, kann die betreffende Transaktion sehr genau auf die Bedürfnisse von Käufer und Verkäufer des Kreditrisikos zugeschnitten werden; d. h. ohne Rücksicht nehmen zu müssen auf die Anforderungen des ursprünglichen Kreditnehmers etwa hinsichtlich der Laufzeit und des Liquiditätsgrades des Kredits.

Da Kreditderivate das Kreditrisiko abkoppeln von Aspekten der Kundenbeziehung (zwischen eigentlichen Kreditnehmer und eigentlichem Kreditgeber) und anderen Gesichtspunkten des Eigentums am Asset, sind sie einer disziplinierten Konditionengestaltung förderlich, d. h. Bewertung und Preisgestaltung werden nicht „aufgeweicht" durch geschäftspolitische Überlegungen.

Auf diese Weise erhöhen Kreditderivate die Objektivität bei der Preisbildung und schaffen einen besseren Maßstab für die Ermittlung der tatsächlichen Opportunitätskosten von Transaktionen. Auch tragen sie zu höherer Liquidität bei:

(2) Kreditderivate bieten erstmals die Möglichkeit, Leerverkäufe (short sales) bei Kreditinstrumenten verlässlich durchzuführen, weil sie den Inhabern solcher Positionen ausreichende Marktliquidität und damit auch einen Schutz vor einem *Short Squeeze* bieten – wobei man unter einem Short Squeeze ein den Preis hochtreibenden Überhang an Käufern, die sich aus Short Position lösen wollen, versteht.

Während es praktisch unmöglich ist, einen Kredit tatsächlich zu „shorten"; lässt sich gleichwohl der Leerverkauf eines Kredits synthetisch erzeugen, indem man durch Einsatz von Kreditderivaten eine Versicherung gegen das Kreditrisiko erwirbt. Eine synthetische Short-Position in einem Kredit führt zur Umkehrung des asymmetrischen Profils dessen, der für eine vergleichsweise geringe Prämie(neinnahme) ein vergleichsweise großes Risiko übernimmt. Eine Short-Position dieser Art bedeutet nämlich, dass man eine kleine Prämie zahlt, dafür aber die Chance erhält, einen großen Gewinn einzufahren, wenn sich das Kreditrisiko später deutlich erhöht.

Damit sind Portfoliomanager imstande, spezifische Kredite oder einen Index von Kreditprodukten zu „shorten", entweder zu Absicherungszwecken oder um Handelsgewinne zu erzielen, die sich einstellen, falls eine negative Beurteilung der Entwicklung des Kreditrisikos sich bewahrheitet.

Die Möglichkeit, Short-Positionen einzugehen, bedeutet auch, dass sich Arbitragegeschäfte durchführen lassen, also Inkonsistenzen in der Preisgestaltung ausgenutzt und schließlich abgebaut werden können, wodurch die Effizienz der betreffenden Märkte steigt.

Die weltweiten Kreditmärkte zeichnen sich tatsächlich durch Preisinkonsistenzen aus zwischen Asset-Klassen, Laufzeiten, Ratings, Zeitzonen, Währungen und so weiter.

(3) Transaktionen, die auf Kreditderivaten beruhen, sind größtenteils außerbilanzielle Vorgänge, die größere Flexibilität bei Fremdfinanzierungen erlauben. Je teurer bilanzwirksame Finanzierungen sind, desto reizvoller sind außerbilanzielle Lösungen.

Alles in allem sind also Kreditderivate ein Instrument der Marktvervollständigung und bilden gewissermaßen einen Spezialfall vieler anderer Investitionsformen, die dazu dienen, den Umfang versicherbarer Umstände auszuweiten.

Die enge Verwandtschaft von Kreditderivaten mit Versicherungsgeschäften zeigt sich auch daran, dass eine Reihe von ihnen im juristischen Sinne als Versicherungsverträge abgefasst sind, z. B. CAT-Anleihen (catastrophe bonds), die Versicherungsunternehmen, als Alternative zu herkömmlichen Rückversicherungsgeschäften, Schutz bieten für den Fall, dass bestimmte Naturkatastrophen auftreten (Erdbeben, Wirbelstürme etc). Während eine CAT-Anleihe Investoren eine vergleichsweise sehr hohe Verzinsung sichert, verzichten diese gegebenenfalls auf die Rückzahlung des durch Emission der Anleihe aufgenommenen Kapitals, das nämlich beim Eintritt des zuvor definierten Schadensfalls vom Versicherer verwendet werden kann, um seinen auf Grund einer Naturkatastrophe gestiegenen Versicherungsverpflichtungen nachzukommen.

Ein weiteres Beispiel liefert die Flotte geleaster Fahrzeuge eines japanischen Herstellers, der deren Restwert versichert hat, so dass ihm ein garantierter Mindestbetrag zufließt, wenn der Gebrauchtwagenmarkt sich schwächer entwickeln sollte, als erwartet.

Auch Pop-Legenden wie David Bowie oder James Brown („...get on up, and then shake your moneymaker...“) haben sich solcher Konstrukte bedient, Versicherungswetten, wenn man so will, wobei sie die Ansprüche auf ihre künftigen Tantiemen gegen eine Vorabzahlung von $ 55 Mio. bzw. $ 100 Mio. abgetreten haben. Der Sicherungsgeber nimmt das Risiko in Kauf, dass ihre Lieder – der Kern ihrer Bonität – in der Zukunft an Popularität einbüßen könnten.

9. Kapitel

Devisengeschäfte

1. Derivative im Fremdwährungsbereich

Zwecke und Handlungsmöglichkeiten der Nutzung von Derivativen im Devisenbereich unterscheiden sich prinzipiell nicht von jenen, die wir in diesem Buch schon ausführlich erläutert haben. Wir sehen deshalb davon ab, einzelne Geschäftsintentionen und die für ihre Erfüllung bereitstehenden Strategievarianten nochmals anhand von Devisenderivaten zu besprechen. Wir wollen uns daher darauf beschränken, einige Besonderheiten dieser Instrumente darzustellen.

Wir wollen uns zunächst mit einigen Eigentümlichkeiten der Forex-Märkte vertraut machen, in denen man drei **grundlegende Geschäftsarten** antrifft. Unter Forex-Märkten (Foreign Exchange) versteht man die Gesamtheit aller mit Devisen verbundenen Transaktionen. Diese spielen sich vorwiegend im Interbankengeschäft und dabei insbesondere auf dem Wege des Telefonhandels ab. Doch nun zu den dort üblichen Grundgeschäftsarten:

(1) **Spot-Transaktionen** (= Kassageschäft), bei denen (a) auf verschiedene Währungseinheiten lautende Beträge zum aktuell bestehenden Wechselkurs ausgetauscht werden und (b) zwischen Geschäftsabschluss und der Lieferung der involvierten Devisen nicht mehr als zwei Tage liegen.

(2) **Forward- oder Termingeschäfte,** deren Erfüllung weiter als zwei Tage in der Zukunft liegt, die Konditionen aber vorab beschlos-

sen werden (z. B. der Kauf von Dollars in drei Monaten zu jetzt festgelegtem Wechselkurs). In diesen Bereich fallen Forwards, Futures und Optionen auf Fremdwährungen.

(3) **Swap-Transaktionen,** die beide Elemente – ein Kassa- und ein Termingeschäft – in sich vereinigen, dergestalt, dass ein Spot-Tausch (z. B. Kauf von Dollars per Kasse) mit einem Glattstellungsgeschäft per Termin (z. B. Verkauf von Dollars per Termin) gekoppelt ist. Es sei ausdrücklich darauf hingewiesen, dass in diesem Buch nur Swap-Transaktionen im Forex-Bereich, nicht aber Zins-Swaps behandelt werden, bei denen Zins- und/oder Tilgungsverpflichtungen unter Schuldnern ausgetauscht werden.

Wechsel- und Devisenkurse werden entweder per direkter Notierung, der sogenannten Preisnotierung, wobei der Inlandspreis pro Einheit ausländischer Währung (z. B. 0,77429 pro $ 1) ausgedrückt wird, oder per indirekter oder Mengennotierung angegeben, wobei die Auslandswährung pro Einheit der Inlandswährung (z. B. $ 1,29150 pro 1 €) dargestellt wird.

Eine Preisnotierung in New York für 1 € könnte auf $ 0,77393 – $ 0,77429 lauten. Ein amerikanischer Händler, der Geld- und Briefkurs so stellt, signalisiert damit, dass er 1 € für $ 0,77393 (sein Geldkurs) anzukaufen bereit ist, für den Verkauf von 1 € hingegen $ 0,77429 (sein Briefkurs) verlangt. In London, wo Mengennotierungen üblich sind, könnte man einer Dollar-Quotierung wie dieser begegnen: $ 1,85560 – $ 1,85820 per 1 Pfund Sterling. Sein Bid (= Geldkurs) für das Pfund beläuft sich auf 1,85560, er ist also bereit 1 Pfund Sterling für $ 1,85560 zu kaufen. Sein Ask (= Briefkurs) zeigt an, dass er 1 Pfund Sterling für $ 1,85820 zu verkaufen bereit ist.

Der Umkehrwert einer Mengennotierung ergibt ihre korrespondierende Preisnotierung (bspw. für das Pfund Sterling):

£ 1 = $ 1,85560
$ 1 = £ 1/$ 1,85560 = £ 0,53891

Bei Forwards sind beide Notierungskonventionen anzutreffen, bei Futures hauptsächlich und bei Optionen ausschließlich die Preisnotierung.

2. Forward-Geschäfte (Devisentermingeschäfte)

Der Terminkurs (forward rate) kann „outright“, d. h. unter expliziter Nennung des für den künftigen Abschluss festgelegten Wechselkurses, als Swapsatz-Marge oder als prozentualer Swapsatz angegeben werden. Die Differenz zwischen Termin- und Kassakurs wird als Swapsatz bezeichnet. Er wird entweder als Aufschlag (= Report = Terminkurs > Kassakurs) oder als Abschlag (= Deport = Terminkurs Kassakurs) zum Kassakurs ausgedrückt.

Bei einem Kassakurs von 1,0155 und einem Terminkurs von 1,0000 ergibt sich eine Swapsatz-Marge von 0,0155 oder 155 Stellen, wie man auch sagt, oder ein prozentualer Swapsatz (Swapsatz als Prozentsatz des Kassakurses) von 1,53 % (= 0,0155/1,0155).

Ein Deport stellt sich ein, wenn die Zinsen der Auslandswährung höher sind als die im Inland. Im umgekehrten Fall ergibt sich ein Report. Bei Inlandszinsen Auslandszinsen ist der Swapsatz also negativ und wird vom Kassakurs abgezogen. Ein Report liegt vor, wenn Inlandszinsen > Auslandszinsen, so dass der Swapsatz zum Kassasatz addiert werden muss. Bei indirekter oder Mengennotierung verhält es sich umgekehrt: Der Abschlag wird zum Kassakurs addiert, der Aufschlag von ihm abgezogen, um die outright forward rate (Devisenkurs per Termin) zu ermitteln.

Es drängt sich nun die Frage auf: Wie kommen Unterschiede zwischen Kassa- und Terminkursen zustande? Der bestimmende Zusammenhang zwischen Kassa- und Terminkursen sowie den Zinssätzen in den Ländern der zu vergleichenden Währungen wird als Zinsparität bezeichnet. Sie geht vom „Gesetz von einem Preis“ (law of one price) aus: Gleichwertiges muss den gleichen Preis haben. Das heißt insbesondere, dass der Ertrag aus einer risikolosen Anlage hier (z. B. in den USA) der gleiche sein muss wie dort (z. B. in Deutschland). Genauer gesagt, eine risikolose Anlage im Ausland sollte zum Zeitpunkt der Repatriierung ihres Ertrags einem Wechselkursverhältnis unterliegen, das einen etwaigen Minder- oder

Mehrertrag ausgleicht. Das wird damit erreicht, dass der Terminkurs, zu dem der höhere (niedrigere) ausländische Ertrag zurückübersetzt wird in inländische Währungseinheiten soviel weniger (mehr) Einheiten der inländischen Währung zu kaufen vermag wie zur Gewährleistung der Ertragsgleichheit erforderlich sind. Konkret kommen die oben erwähnten Reports und Deports so zustande:

Denken wir uns Land B mit Währung B, in dem der risikolose Zinssatz 6 % p. a. (0,5 % pro Monat) sei. In Land A mit Währung A ist der korrespondierende Satz 10 % p. a. (0,83 % pro Monat). Wer also 1.000.000 B für einen Monat anlegt, kann fest auf 1.005.000 B nach einem Monat rechnen. Genau der gleiche Betrag sollte ihm zufließen, wenn er 1.000.000 B in A tauscht, sie in A für einen Monat anlegt und nach 30 Tagen diese Anlage realisiert und in B zurücktauscht.

Nehmen wir an, man erhält für 1 A per Kasse 0,4 B; d. h. 1.000.000 B können in 2.500.000 A umgetauscht werden, die für einen Monat angelegt 2.500. 000 × 0,83 = 2.520.750 A abwerfen.

Wäre zu diesem Zeitpunkt das Kursverhältnis von B zu A immer noch das Gleiche, erhielte man 1.008.300 B, also 3.300 B mehr als bei inländischer Anlage. Der Wechselkurs per Termin (in einem Monat) müsste ein anderer sein, nämlich 0,398608B/1A, als der per Kasse (0,4B/1A), um diese Ungleichheit wettzumachen. Per Termin ersteht man in diesem Fall mit einer Einheit A weniger B als per Kasse. Dies gleicht die Zinsdifferenz aus. Wären die Zinsen in B höher als in A, würde es sich umgekehrt verhalten, man würde per Termin mehr B pro A erhalten als per Kasse. Als Gleichung gefasst, besagt die **Zinsparität:**

$F_B/S_B = (1 + r_B)/(1 + r_A)$

mit:

F_B = Ein-Monats-Terminkurs in B's pro einer Einheit A

S_B = Kassakurs in B's pro einer Einheit A

r_B = Zinssatz für risikolose einmonatige Anlage in B

r_A = Zinssatz für risikolose einmonatige Anlage in A

Zur Probe: $F_B/0{,}4 = 1{,}005/1{,}0083$

$F_B = 0{,}3986908$

In der Praxis wird die outright forward rate (unter Annahme einfacher Verzinsung) nach folgender Formel berechnet:

$$Ft = S_t \times (((1 + (r_i \times T/t))/(1 + (r_a \times T/t)))$$

mit:

F_t = forward rate = Terminkurs

S_t = spot rate = Kassakurs (in Preisnotierung)

ri = inländischer Zinssatz

r_a = ausländischer Zinssatz

T = Laufzeit des Forwards in Tagen

t = Basis, d. h. Anzahl der Tage eines Jahres (– je nach vorherrschender Usance in den relevanten Geldmärkten 360 oder 365 Tage).

Bei indirekter oder Mengennotierung sind Zähler und Nenner des in Klammern gefassten Ausdrucks, mit dem die spot rate multipliziert wird, zu invertieren.

Kalkulieren wir einen Drei-Monats-Terminkurs für Sterling/Yen, wobei wir eine Basis von 365 Tagen sowie indirekte oder Mengennotierung unterstellen und einfachheitshalber mid-rates ((Geldkurs + Briefkurs)/2) verwenden. Die relevanten Geldmarktzinsen sind in Großbritannien, wie wir aus folgendem Zahlenbeispiel ersehen, circa 340 Basispunkte höher als in Japan.

$$\text{Forward rate (Yen)} = \frac{230{,}50 \times ((1 + 0{,}0778125) \times 0{,}25)}{1 + 0{,}111875 \times 0{,}25} = 228{,}54$$

Alternativ könnten wir eine Forward Marge (Swapsatz) angeben, die dann dem Kassakurs zu- oder abgeschlagen wird, um die outright forward rate zu erhalten:

$$\text{Swapsatz} = \frac{((r_i - r_a) \times S \times T)}{(365 \times 100)}$$

Klarerweise wird der Swapsatz ein positives Vorzeichen haben, wenn r_i. r_a, so dass der Terminkurs einen Aufschlag gegenüber dem Kassakurs aufweist. Ist r_a. r_i, notiert der Terminkurs mit einem Abschlag. Zur Erinnerung: Reports werden bei direkter Quotierung (Preisnotierung) dem Kassakurs zuaddiert und bei indirekter Quotierung von ihm abgezogen. Deports zieht man bei direkter Quotierung vom Kassakurs ab, bei indirekter Quotierung addiert man sie hinzu. In unserem Beispiel ergibt sich folgender Swapsatz:

$$\frac{((11{,}1875 - 7{,}78125) \times 230{,}50 \times 91{,}25)}{(365 \times 100)} = +\ 1{,}96 \text{ Yen}$$

Da der Sterling-Zinssatz höher ist als der Yen-Satz, hat die yen forward rate einen Report gegenüber dem Kassakurs.

Wie oben gezeigt, ergibt sich der Terminkurs also als

230,5 – 1,96 = 228,54.

Um einen Verkauf von Yen per Termin zu hedgen, muss man Sterling borgen, Yen per Kasse erwerben und am Yen-Geldmarkt bis zur Fälligkeit des Forwards anlegen. Angesichts der Tatsache, dass das Zinsniveau in unserem Beispiel im Vereinigten Königreich (wie lange noch Königreich?) höher ist als im Land der aufgehenden Sonne, stellt sich ein positiver Wert für die Nettofinanzierungskosten (net cost of carry = Zinsaufwendungen – Zinseinkünfte) ein. Diese Nettokosten werden dem Kontrahenten des Termingeschäfts – im Falle einer indirekten Quotierung – dadurch belastet, dass man ihm per Termin weniger Yen pro Pfund Sterling andient als per Kasse.

3. Covered Interest Arbitrage

Die Zinsparitätsbeziehung, die dem Pricing von Devisen-Forwards und Futures zugrunde liegt, wird in ihr Recht gesetzt durch Covered Interest Arbitrage, (dem Forex-Pendant zur Cash-and-Carry-Arbitrage, die wir aus der Behandlung von Futures kennen), die bei ausgeprägten Abweichungen vom Paritätsniveau einsetzt. Zur Verdeutlichung folgendes Beispiel: Wäre in unserem Sterling/Yen-Beispiel die Zinsdifferenz größer als

((228,54 – 230,50)/230,50) × (365/91,25) = 3,4 % p. a.,

würden Arbitrageure Yen-Kredite aufnehmen (so den Yen-Zinssatz steigen lassen), Yen im Kassamarkt in Pfund umtauschen (der Wert des Pfundes per Kasse stiege) und den Erlös am britischen Geldmarkt kurzfristig anlegen (der Sterling-Zinssatz gäbe nach) und schließlich die Zuflüsse aus dieser Anlage per Termin verkaufen (das Pfund würde im Terminmarkt nachgeben, der Report und damit die Kosten von Absicherungsgeschäften per Termin stiegen). Dieses Spiel hörte erst dann auf, wenn die Zinsdifferenz und die Kosten der Terminarbitrage wieder ihr Gleichgewichtsniveau gefunden hätten.

Das Pricing von Devisenfutures ist analog zu dem von Devisenforwards. Im Falle der Futures herrscht die direkte Quotierung vor, und die relevanten Zinssätze sind die am Euro-Markt bestehenden, so dass

$$\text{Futures-Preis} = \frac{S \times (1 + \text{Euro-}r_i\ (T/t))}{(1 + \text{Euro-}r_a\ (T/t))}.$$

Die Differenz zwischen Kassa- und Futureskurs heißt Basis, die zwischen Kassakurs und theoretischem Futurespreis nennt man equilibrium basis; sie ist nichts anderes als die net cost of carry (Nettofinanzierungskosten) und im Währungsbereich gleich dem Report oder Deport, wie wir sie bei Forwards kennengelernt haben.

Die Basis errechnet sich als

$$(r_i - r_a) \times (T/t),$$

so dass die equilibrium basis positiv und der Futureskurs über dem Kassakurs sein müssen, wenn $r_i > r_a$.

Ist r_i r_a, wird die equilibrium basis negativ und der Futureskurs liegt unter dem Kassakurs.

Trotz des hohen Grades der Artverwandtschaft zwischen Devisenforwards und Devisenfutures bestehen wichtige Unterschiede zwischen diesen Instrumenten: Devisenfutures sind wie auch andere Futures streng standardisiert, während Forwards sehr individuell gestaltet werden können. Devisenfutures unterliegen dem Prinzip des mark-to-market, verlangen also ein umsichtiges Cash-Management, während man offene Positionen in ihnen führt. Bei Forwards schlägt die Stunde der Wahrheit nur einmal. Bei Endfälligkeit – und nur dann – werden entsprechende Gewinne und Verluste realisiert. Auch ist das Erfüllungsrisiko bei Forwards potentiell höher als bei Futures – zum einen wegen des Verzichts auf die Methode des mark-to-market, zum anderen, weil man von der Bonität eines einzigen Kontrahenten und nicht wie bei Futures auf die des Clearing-Hauses mit seinen vielen Mitgliedern abhängt. Das höhere Kreditrisiko von Forwards findet aber in der Praxis kaum Niederschlag in höheren Preisen, da der Forward-Markt von großen Institutionen mit bester Bonität dominiert wird. Die Vorherrschaft der Großen in diesem Geschäftszweig macht Forwards weniger attraktiv für kleinere Investoren, die wegen der geringen Mindestbeträge, der niedrigeren Transaktionskosten und der unproblematischen Glattstellungsmöglichkeiten Futures bevorzugen. Allerdings ist der Markt für Forwards sehr liquide, so dass es in der Regel möglich sein wird, sich unerwünschter Positionen durch Einnahme entgegengesetzter Positionen zu entledigen.

4. Forwards, Futures und Optionen im Forex-Bereich (Foreign Exchange)

Eine amerikanische Firma nimmt an der Ausschreibung eines japanischen Unternehmens für einen Auftrag teil, der in Yen bezahlt werden soll. Nehmen die Japaner das Angebot des amerikanischen Unternehmens an, so fließen 500 Mio Yen dem Unternehmen zu. Zum aktuellen Wechselkurs (135 Yen/$ 1) erhielten die Amerikaner also $ 3.703.703,70, was dem minimalen Ertrag entsprechen soll, der benötigt wird. Leider aber wird das Resultat der Ausschreibung erst in drei Monaten bekannt werden. Der amerikanische Bewerber sieht sich mit zwei Unsicherheitsfaktoren konfrontiert: Wird der Auftrag überhaupt an ihn erteilt und sind 500 Mio Yen in drei Monaten genügend Dollar wert, um den benötigten Dollar-Gewinn zu gewährleisten?

Der Verkauf von Yen per Termin entweder durch Forwards oder Futures ist problematisch; zwar ließe sich so das Währungsrisiko ausschalten, doch was geschieht, wenn der Auftrag an eine andere Firma geht? In diesem Fall besäße man eine reine Spekulationsposition in Devisenfutures- oder -forwards. Wenn der Yen bei Fälligkeit des Termingeschäfts stärker geworden ist, könnte eine Glattstellung nur unter Verlust erfolgen. Hier können Devisenoptionen hilfreich sein. Puts auf den japanischen Yen mit einem Ausübungspreis in Höhe von $ 0,0074/1 Yen (1/135 = 0,0074) würden sich anbieten. Kommt das Unternehmen in Japan nicht zum Zug, verliert es maximal die von vorneherein bekannte Optionsprämie (die die Firma in ihre Angebotskalkulation einbeziehen sollte). Erhält sie den Zuschlag, ist der Minimalgewinn gesichert, vielleicht sogar um eine zusätzliche Marge ergänzt, wenn der Yen sich entsprechend entwickelt.

5. Devisenoptionen

Devisenoptionen verleihen dem Käufer einer Option gegen Zahlung einer Prämie das Recht, einen bestimmten Währungsbetrag, das Underlying oder den Basiswert, zu einem im Voraus festgelegten Preis, dem Basispreis, jederzeit während (amerikanische Forex-Option) oder nur am Ende der Laufzeit der Option (europäische Forex-Option) zu kaufen (Call) oder zu verkaufen (Put). Der Basispreis ist hierbei ein Wechselkurs, das Tauschverhältnis, in dem zwei Währungen zueinander stehen.

So war etwa an der Philadelphia Stock Exchange, der Vorreiterin des börslichen Devisenoptionsgeschäfts, am 4. März 1991 das Underlying für Optionen auf den Tausch von Dollars in britische Pfund auf 31.250 Pfund festgelegt. An diesem Tag notierte der Kassakurs bei 189, 91 Cents pro Pfund oder $ 1,8991/brit. Pfund. Es wurden Optionen angeboten mit Basispreisen, die zwischen 180 Cents/ Pound und 197,5 Cents/Pound lagen. Der März-Call mit Basispreis 190 Cents/Pound notierte zu 1,05 Cents/Pound, so dass eine März-Call-Option einen Preis von 31.250 × 0,0105 = $ 328,125 hatte.

Bei der Bewertung von Devisenoptionen lässt man sich von dem Gedanken leiten, dass Devisen als Anlageformen angesehen werden können, die einen fixen Ertrag, und zwar in Höhe des risikolosen ausländischen Zinssatzes erbringen.

Wer einen Devisen-Call im Sinne des Binomialmodells zu replizieren sucht, wird Geld aufnehmen, um das Underlying zu kaufen. Wir haben bereits gesehen, dass im Binomialsatz ein Aktien-Call „nachgebaut" werden kann, indem man Δ Aktien kauft und gleichzeitig einen Kredit aufnimmt. Einen Forex-Call repliziert man dadurch, dass man Δ Einheiten der Fremdwährung kauft und einen Inlandskredit aufnimmt; die Fremdwährungsmittel werden dann im Ausland investiert, wo man den ausländischen risikolosen Zinsertrag erwirtschaftet.

Zur Bewertung europäischer Devisenoptionen kann man das *Black-Scholes*-Optionspreismodell heranziehen, und zwar in einer Abwandlung der Version, die verwendet wird, um Aktien mit konstantem Dividendenertrag zu „pricen". Die uns aus dem 4. Kapitel, Abschnitt 3.3 vertraute *Black-Scholes*-Formel für Optionen auf dividendenlose Aktien lässt sich unschwer für Optionen auf Aktien mit konstantem Dividendenertrag kalibrieren. Man definiert $S^* = S_0e^{-dT}$, wobei d der annualisierte konstante Dividendenertrag und T die Restlaufzeit des Calls ist. Um nun die *Black-Scholes*-Formel für europäische Devisenoptionen zu operationalisieren, definiert man analog $S^* = Se^{-r_{for}T} = S(1+r_{for})^{-T}$.

S^* ist der Barwert des Kassakurses, und der Abzinsungsfaktor entspricht dem ausländischen risikolosen Zinssatz. Es ergibt sich somit diese Version der *Black-Scholes*-Formel für einen europäischen Call auf den Devisenkassakurs:

$C = S^*N(d_1) - Ke^{-rT}N(d_2)$,

wobei

e = *Euler*sche Zahl (= 2,7128)

r = konstanter risikoloser inländischer Zinssatz

r_{for} = konstanter risikoloser ausländischer Zinssatz

T = Restlaufzeit des Calls

S = Kassapreis einer Einheit ausländischer Währung

K = Basis- oder Ausübungspreis

S^* = $Se^{-r_{for}T}$ = Barwert des Kassapreises, diskontiert zum risikolosen ausländischen Zinssatz

$N(d_1)$, $N(d_2)$ = Funktionswerte der kumulativen Normalverteilung an der Stelle d für d_2 und d_1, respektive

$$d_1 = \frac{\ln(S^*/K) + (r + \tfrac{1}{2}\sigma^2)\,T}{\sigma\sqrt{T}}$$

$d_2 = d_1 - \sigma\sqrt{T}$

σ = Standardabweichung der prozentualen Veränderung des Fremdwährungspreises

So ergibt sich denn folgender Wert für einen Call auf 31.250 Einheiten einer Fremdwährung, wenn

FX = Fremdwährungseinheit

S = \$ 1,50/FX

T = 0,5 Jahre

r_{for} = 0,04/Jahr (ausländ. Zinssatz)

r = 0,06/Jahr (inländischer, hier US-Zinssatz)

s = 0,20/Jahr

K = 1,50

$S^* = 1{,}5e^{-(0{,}04)(0{,}5)} = 1{,}470298$

$$d_1 = \frac{\ln(1{,}470298/1{,}5) + (0{,}06 + 0{,}02)\,(0{,}5)}{(0{,}2)\,(0{,}707107)} = 0{,}1414$$

$d_2 = 0{,}1414 - (0{,}2)\,(0{,}707107) = 0{,}0$

$N(d_1) = 0{,}55625$

$N(d_2) = 0{,}5$

$C = (1{,}470298)\,(0{,}55625) - (1{,}5e^{-(0{,}6)(0{,}5)})\,(0{,}5)$

$= 0{,}09$

Der Wert eines Calls auf eine Fremdwährungseinheit beläuft sich also auf \$ 0,09. Der Wert eines Calls auf 31.250 Fremdwährungseinheiten beträgt dann \$ 2.812,50.

Zur Bewertung eines europäischen Fremdwährungs-Puts bedient man sich zunächst dieser modifizierten *Black-Scholes*-Formel für

Forex-Calls und löst sodann die Put-Call-Paritätsgleichung nach dem Wert des Puts auf:

$$P = C - S^* - Ke^{-rT}.$$

Auch wenn einige Studien Hinweise dafür zu liefern scheinen, dass amerikanische Forex-Optionen nur in den wenigsten Fällen vorzeitig ausgeübt werden, gilt dennoch grundsätzlich, dass die Ausübung vor Erreichen der Endlaufzeit optimal sein kann, so dass amerikanische Forex-Optionen wegen dieses zusätzlichen Handlungsspielraums fast immer einen höheren Wert besitzen sollten als ihre europäischen Verwandten.

Diese Überlegung verliert dann ihre Gültigkeit, wenn die Optionen dermaßen „weit aus dem Geld" sind, dass niemand ernsthaft mehr mit einer lohnenden vorzeitigen Ausübung rechnen kann. Ansonsten ist zu beachten, dass eine amerikanische Forex-Call-Option umso eher vorzeitig ausgeübt werden wird, je höher der Zinssatz im Stammland der Fremdwährung ist. Umgekehrt ist die Wahrscheinlichkeit einer vorzeitigen Ausübung einer Forex-Put-Option umso höher, je niedriger das ausländische Zinsniveau liegt.

Anhang

1. Zinseszinsrechnung

1.1 Der Zinseszins

Mit dem Anfangskapital K_0 und dem **Jahreszins p %** erhält man nach 1 Jahr

$$K_1 = K_0 \left(1 + \frac{p}{100}\right) = K_0 (1 + i), \text{ wobei } i = \frac{p\%}{100} \text{ ist,}$$

nach 2 Jahren

$$K_2 = K_1 (1 + i) = K_0 (1 + i)(i + 1) = K_0 (1 + i)^2, \text{ u.s.w.,}$$

nach n Jahren ist also die **Aufzinsung:**

$$K_n = \underbrace{K_0 (1 + i)(1 + i) \cdots (1 + i)}_{n \text{ Faktoren}} = K_0 (1 + i)^n$$

Beispiel: $K_0 = 1000$ €; $p = 5\%$; $n = 6$ Jahre

$$K_6 = K_0 (1 + i)^6; \; i = \frac{5}{100} = 0{,}05$$

$$\mathbf{K_6} = 1000 \cdot 1{,}05^6 = 1000 \cdot 1{,}340 = \mathbf{1340} \text{ €}$$

(hier auf ganze Einheiten gerundet)

Ist zu gegebenen K_n; n; $i = \frac{p\%}{100}$, das **Anfangskapital K_0 gesucht,** so ist **die Abzinsung:**

$$K_0 = \frac{K_n}{(1+i)_n}$$

Ist zu gegebenen K_0; K_n; $i = \frac{p\%}{100}$, die **Zahl der Jahre n gesucht,**

so ergibt sich diese aus $\frac{K_n}{K_0} = (1+i)^n$

$$\log_a = \left(\frac{K_n}{K_0}\right) = n \cdot \log_a (1+i)$$

$$n = \frac{\log_a \left(\frac{K_n}{K_0}\right)}{\log_a (1+i)}$$; mit Logarithmen zu beliebiger Basis.

Ist zu gegebenen K_0; K_n; n; **p% gesucht,** so ergibt sich dieser aus

$$\frac{K_n}{K_0} = (1+i)^n$$

$$1 + i = \sqrt[n]{\frac{K_n}{K_0}} = \left(\frac{K_n}{K_0}\right)^{\frac{1}{n}}$$

$$i = \sqrt[n]{\frac{K_n}{K_0}} - 1 = \left(\frac{K_n}{K_0}\right)^{\frac{1}{n}} - 1 \rightarrow \mathbf{p = i \cdot 100\%}$$

1.2 Stetige Verzinsung

Es soll jetzt auch innerhalb eines jeden Jahres m Mal verzinst werden, wobei aber der Zinssatz nur $\frac{i}{m}$ statt i betragen soll.

Statt der vorhin ermittelten jährlichen Verzinsung $K_n = K_0 (1+i)^n$ ist jetzt also nach n Jahren, $m \cdot n$ Zinsstufen

$$K_n = K_0 \left(1 + \frac{i}{m}\right)^{m \cdot n}$$

Insbesondere werde jetzt der Fall unbegrenzt wachsender Zahl m der Zwischenstufen innerhalb eines jeden Jahres untersucht:

Man erweitere den Exponenten im obigen Ausdruck mit i:

$$K_n = K_0 \left(1 + \frac{i}{m}\right)^{\frac{m}{i} \cdot i \cdot n} = K_0 \left[\left(1 + \frac{i}{m}\right)^{\frac{m}{i}}\right]^{i \cdot n}$$

Die Grenzwertbildung $m \to \infty$ ergibt bekanntlich aus dem Ausdruck in eckiger Klammer die irrationale Zahl e = 2,718 ...

$$K_n = K_0 \cdot \lim_{m \to \infty} \left[\left(1 + \frac{i}{m}\right)^{\frac{m}{i}}\right]^{i \cdot n} = K_0 \cdot e^{in}$$

Gegeben sei der Zinssatz i_j der jährlichen Verzinsung.

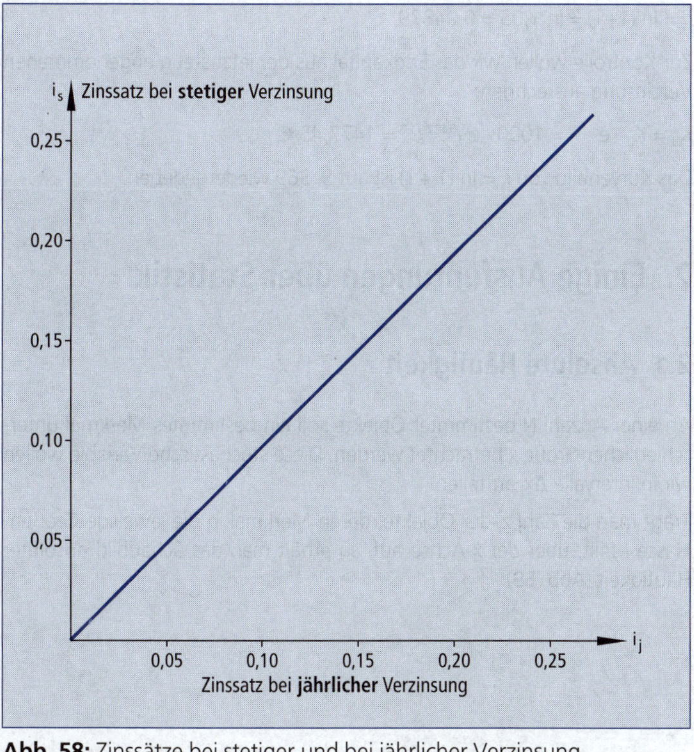

Abb. 58: Zinssätze bei stetiger und bei jährlicher Verzinsung

Gesucht: Zinssatz i_s, der bei der stetigen Verzinsung gleichen Anfangskapitals, nach **gleich vielen Jahren gleiches Endkapital ergibt.**

Gleichsetzung:
$$K_0\, e^{i_s n} = K_0\,(1+i_j)^n$$
$$e^{i_s} = 1+i_j$$
$$i_s = \ln(1+i_j)$$

Beispiel: $K_0 = 1000$ € ergibt mit dem Jahreszins $i_j = \frac{p\%}{100} = \frac{5}{100}$

nach 8 Jahren

$K_8 = K_0\,(1+i_j)^n = 1000 \cdot 1{,}05^8 = 1477{,}45$ €.

Der Zinssatz i_s der stetigen Verzinsung, der das gleiche Endkapital nach gleich viel Jahren erbringt, ist

$i_s = \ln(1+i_j) = \ln 1{,}05 = 0{,}04879$

Zur Kontrolle wollen wir das Endkapital aus der jetzt stetig angenommenen Verzinsung ausrechnen:

$K_8 = K_0 \cdot e^{i_s \cdot n} = 1000 \cdot e^{0{,}04879 \cdot 8} = 1477{,}45$ €.

Das Kurvenbild von $i_s = \ln(1 + i_j)$ ist auf S. 369 wiedergegeben.

2. Einige Ausführungen über Statistik

2.1 Absolute Häufigkeit

An einer Anzahl N bestimmter Objekte soll ein bestimmtes Merkmal unterschiedlicher Größe x betrachtet werden. Diese stochastische Variable wollen wir in Intervalle Δx_i aufteilen.

Trägt man die Zahl z_i der Objekte, deren Merkmal in die jeweilige Größenklasse i fällt, über der x-Achse auf, so erhält man das Schaubild absoluter Häufigkeit (Abb. 59).

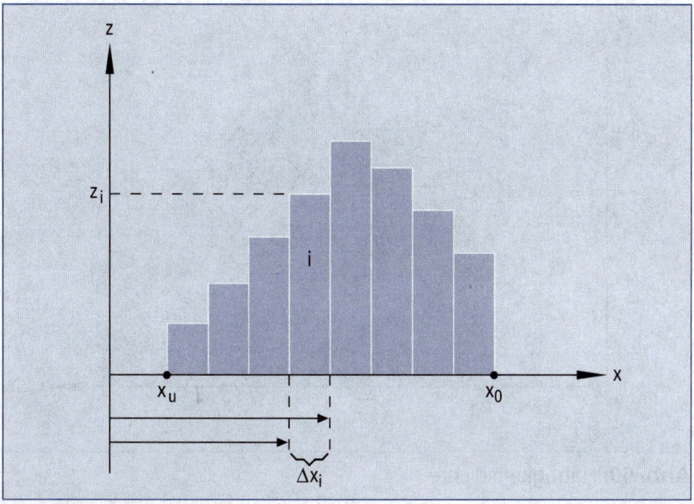

Abb. 59: Absolute Häufigkeit

2.2 Relative Häufigkeit

Dividiert man die Anzahl z_i der in das Intervall · x_i fallenden Fälle durch die Gesamtzahl N, so hat man die Darstellung der relativen Häufigkeit.

Die Definition der Wahrscheinlichkeit besagt, dass diese jeweiligen $\frac{z_i}{N}$ als **Wahrscheinlichkeit** dafür gedeutet werden können, dass ein aus N Elementen herausgegriffenes Element in die Klasse i gehören wird.

2.3 Häufigkeitsdichte, Dichtefunktion f (x)

Setzt man $\frac{z_i}{N} = f_i\,(x) \cdot \Delta x_i$, so hat man damit eine Funktion f (x) definiert, welche man die Häufigkeitsdichte, auch Dichtefunktion nennt (Abb. 60).

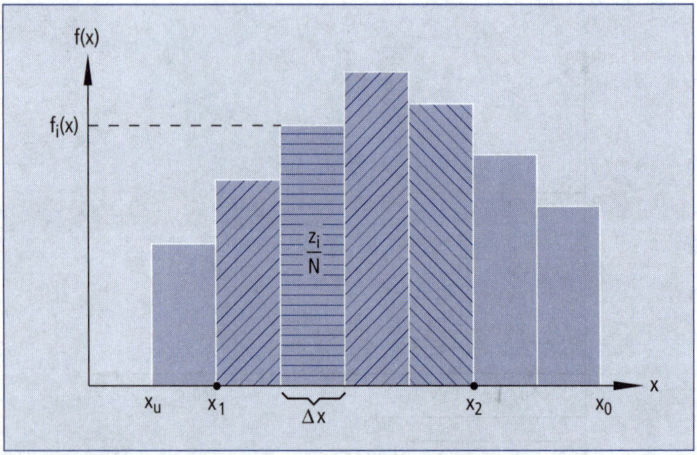

Abb. 60: Häufigkeitsdichte

Ein Flächenstreifen i unter dieser Stufenkurve stellt **die Wahrscheinlichkeit** dafür dar, dass ein herausgegriffenes Element in das Intervall · x_i fällt. Die Summe aller in Abb. 60 schraffierten Streifenflächen ergibt die Wahrscheinlichkeit dafür, dass ein herausgegriffenes Element zu dem x-Bereich zwischen x_1 und x_2 gehört. Im Hinblick auf diese Deutung als Wahrscheinlichkeit wird die Funktion f (x) auch als **Wahrscheinlichkeitsdichte** bezeichnet.

2.4 Häufigkeitssumme, Verteilungsfunktion F (x)

Diese Funktion wird oft – sprachlogisch falsch – Summenhäufigkeit genannt. Auch: Verteilungsfunktion. Trägt man den Betrag der von links anwachsenden Fläche unter f (x) über x auf, so hat man

$$F(x) = \sum_{x_u}^{x} f_i(x) \cdot \Delta x_i$$

Der Wert F (x) an einer Stelle x gibt somit die Wahrscheinlichkeit dafür an, dass ein herausgegriffenes Element der betrachteten Menge zu dem Bereich zwischen x_u und x gehört (Abb. 61).

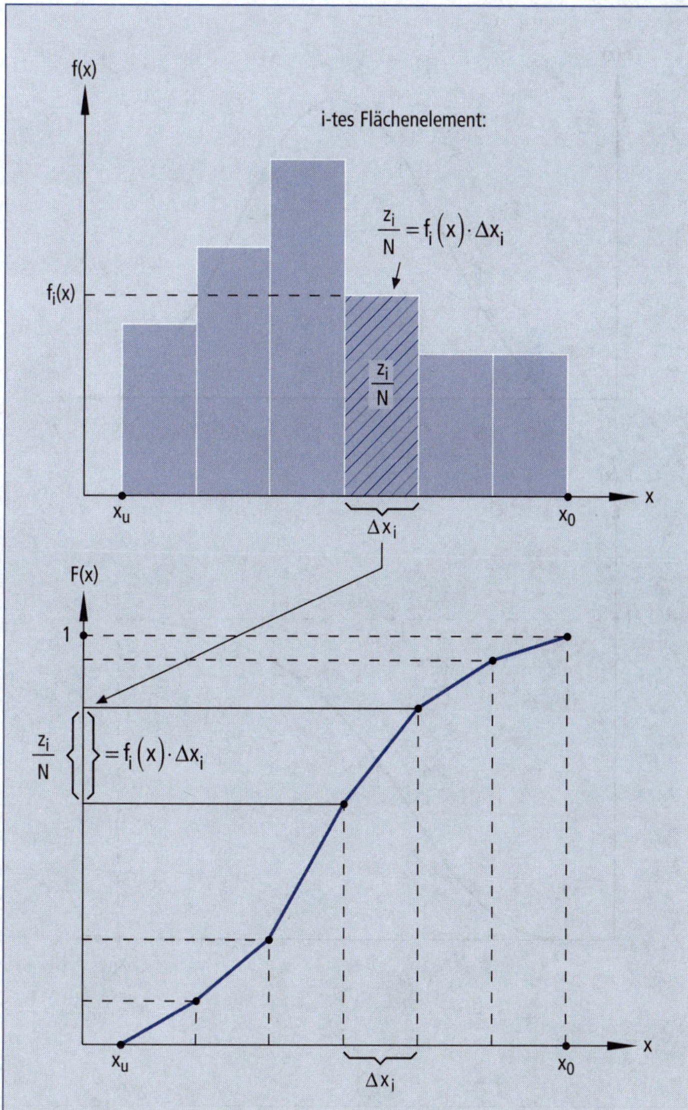

Abb. 61: Die Verteilungsfunktion – Integral der Häufigkeitsdichte

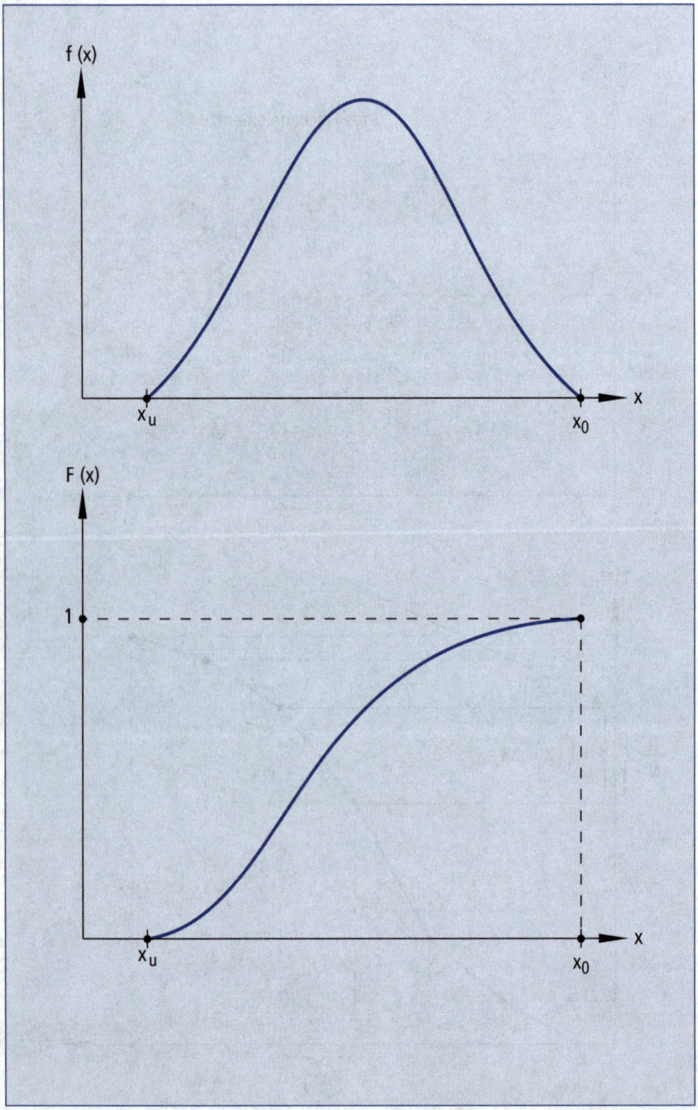

Abb. 62: Häufigkeitsdichte und die Verteilungsfunktion einer stetigen Verteilung

2.5 Stetige Verteilungen

Denkt man sich die bisherige Stufenfunktion f (x) als Grenzprozess für alle $\Delta x_i \rightarrow 0$, so kommt man von der bisherigen diskreten Verteilung zu einer stetigen Funktion (Abb. 62).
Aus der Häufigkeitsdichte f (x) kann man die Häufigkeitssumme mittels des Integrals

$$F(x) = \int_{x_u}^{x} f(t) \cdot dt$$

mit der jeweiligen oberen Grenze x bestimmen.

Natürlich kann man sich, falls zweckmäßig, auch durch eine endliche Anzahl der Stufen eine stetige Kurve für f (x) interpoliert vorstellen.

2.6 Statistische Kenngrößen

Nur die zwei wichtigsten Kenngrößen seien hier angegeben:

(1) Der Mittelwert:

$$\mu = \sum_{i=1}^{i=K} x_i \cdot f_i(x) \cdot \Delta x_i \text{ , *)}$$

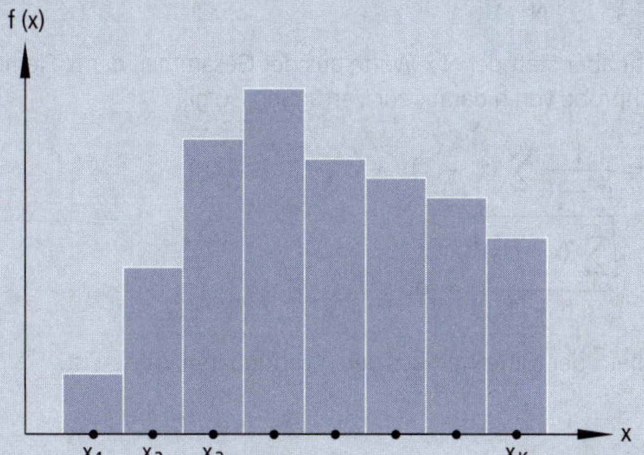

Abb. 63: Erläuterung zur Mittelwertbildung – *) x_i sind hier Intervallmitten

Mit $f(x) \cdot \Delta x = \frac{z_i}{N}$ wird der obige Mittelwert zu

$$\mu = \sum_{i=K} x_i \cdot f(x) \cdot \Delta x = \frac{\sum^{i=K} x_i z_i}{N}$$

$$= \frac{z_1 x_1 + z_2 x_2 + \cdots + z_K \cdot x_K}{N} = \bar{x}.$$

Dieses **gewogene Mittel** wird auch mit $\bar{x}$ bezeichnet.

Im kontinuierlichen Falle ist der Mittelwert

$$\mu = \int_{x_u}^{x_0} x \cdot f(x) \cdot dx.$$

(2) Varianz σ^2 und die Standardabweichung σ.

Die Varianz ist als der Mittelwert der Abweichungsquadrate von μ definiert:

$$\sigma^2 = \frac{1}{N} \sum_1^N (x_i - \mu)^2.$$

Die Standardabweichung beträgt

$$\sigma = \sqrt{\frac{\sum_1^N (x_i - \mu)^2}{N}}$$

Steht aber statt der N x-Werte aus der Gesamtheit der N Elemente nur eine Stichprobe von n daraus zur Verfügung, so gilt

$$s^2 = \frac{1}{n-1} \sum_1^n (x_i - \bar{x})^2 \approx \sigma^2,$$

$$s = \sqrt{\frac{\sum_1^n (x_i - \bar{x})^2}{n-1}} \approx \sigma,$$

wobei $\bar{x}$ der Mittelwert aus den n verfügbaren Werten ist.

2.7 Die Normalverteilung

Unter den verschiedenen theoretischen Verteilungsdichte-Funktionen und Verteilungsfunktionen ist die „*Gauß*sche Normalverteilung" für die Praxis besonders wichtig.

Diese zwei Funktionen seien hier mit φ (x) und Φ (x) bezeichnet:

$$f(x) = \frac{1}{\sigma\sqrt{2\pi}} \cdot e^{-\frac{1}{2}\cdot\left(\frac{x-\mu}{\sigma}\right)^2} = \varphi(x)$$

$$F(x) = \frac{1}{\sigma\sqrt{2\pi}} \int_{-\infty}^{x} \cdot e^{-\frac{1}{2}\cdot\left(\frac{x-\mu}{\sigma}\right)^2} \cdot du = \Phi(x)$$

Mit der Substitution $\frac{x-\mu}{\sigma} = t$ erhält man als bequeme Standardform

$$\varphi(t) = \frac{1}{\sigma\sqrt{2\pi}} \cdot e^{-\frac{1}{2}t^2}$$

$$\Phi(t) = \frac{1}{\sqrt{2\pi}} \int_{-\infty}^{x} {}^{-\frac{1}{2}t^2} \cdot d\tau$$

Für praktische Zwecke bieten sich hier sehr nützliche Vorstellungen an. Unter anderem: Man erinnere sich, dass die Fläche unter der Kurve der Verteilungsdichte als Wahrscheinlichkeit deutbar ist, dass ein herausgegriffenes Element zu dem unter diesem Flächenabschnitt liegenden Abszissenbereich gehört (Abb. 60).

Im Bereich	liegen	
$\mu - \sigma \leq x \leq \mu + \sigma$	68,3 %	aller Fälle
$\mu - 2\sigma \leq x \leq \mu + 2\sigma$	95,5 %	aller Fälle
$\mu - 3\sigma \leq x \leq \mu + 3\sigma$	99,7 %	aller Fälle

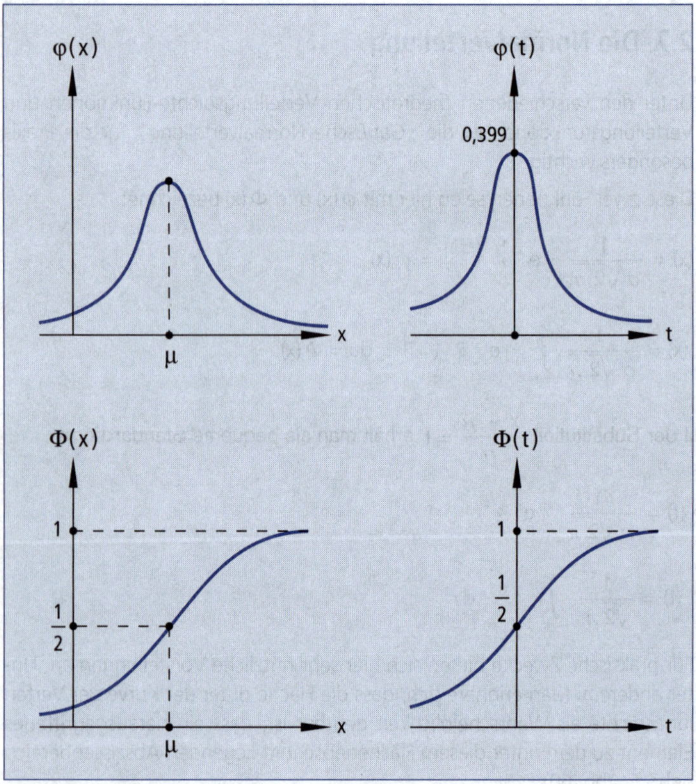

Abb. 64: Gaußsche Normalverteilung

Beispiel: Es soll untersucht werden, ob der folgende, festgestellte Sachverhalt der *Gauß*schen Verteilung folgt.

Aus der Gesamtheit von 520 Kursfeststellungen einer Aktie (z. B. Tagesschlusskurse), die zu 100 € erworben wurde (Basis 100), sollen die entsprechenden Teilmengen (absolute Häufigkeit) über der Rendite (in %) aufgetragen werden. Teilintervalle zu je 3 %.

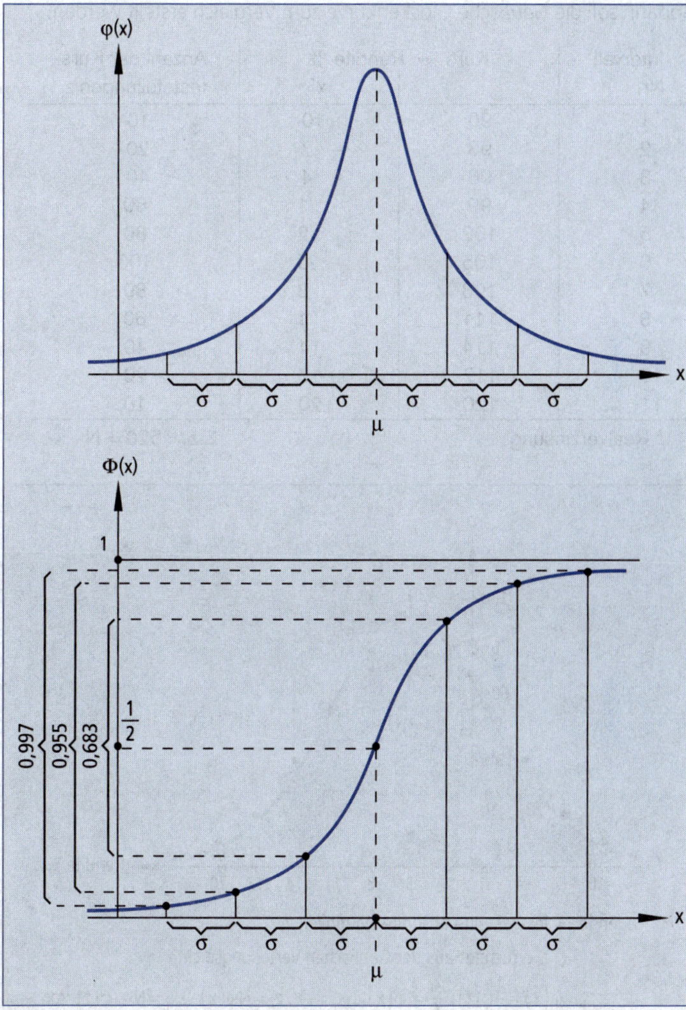

Abb. 65: Verteilung um den Mittelwert bei der Gaußschen Normalverteilung

Sodann soll die *Gaußsche* Glockenkurve zum Vergleich erstellt werden.

Intervall Nr. i	Kurs → Rendite %		Anzahl der Kursfeststellungen z_i
		x_i^*	
1	90	– 10	10
2	93	– 7	20
3	96	– 4	40
4	99	– 1	60
5	102	2	80
6	105	5	100
7	108	8	80
8	111	1	60
9	114	14	40
10	117	17	20
11	120	20	10

* Realverzinsung $\qquad \Sigma z_i = 520 = N$

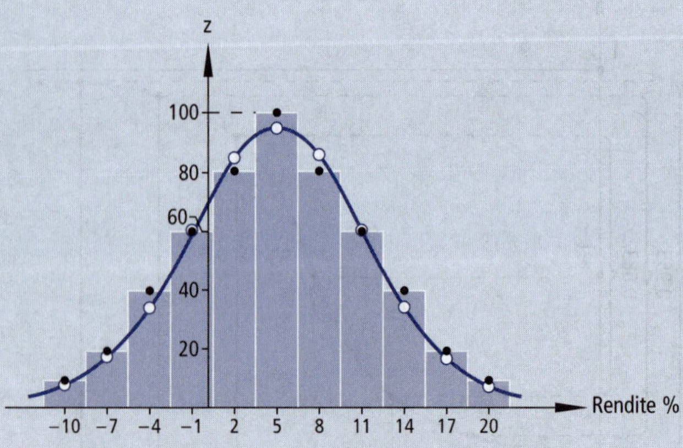

Legende: • festgestellte absolute Häufigkeit z_i

○ z_i errechnet aus der Gaußschen Verteilungsdichte

$$\varphi(x) = \frac{1}{s}\varphi(t): \ \frac{z_i}{N} = \varphi(x)\cdot\Delta x_i \ \rightarrow \ z_i = N\varphi(x)\cdot\Delta x_i = N\cdot\frac{1}{s}\varphi(t)\cdot\Delta x_i$$

Abb. 66: Häufigkeitskurve des gegebenen Beispiels

Der Sachverhalt ist sogar symmetrisch – gute Aussichten für die Approximation durch die *Gauß*sche Glockenkurve! Zunächst aber erstellen wir das Diagramm absoluter Häufigkeit als Stufenkurve mit den x_i als Intervallmitten!

Der **Mittelwert** der Realrendite ist hier ohnehin sofort ersichtlich. Es beträgt:

$$\bar{x} = \frac{z_1 \cdot x_1 + z_2 x_2 + \cdots + z_n x_n}{N} = \frac{2600}{520} = 5$$

Obiges Datenmaterial betrachten wir als eine Stichprobe aus einer viel größeren Menge.

Für die Varianz gilt:

$$s^2 = \frac{\sum (x_i - \bar{x})^2}{N - 1} \approx \sigma^2$$

$$s^2 = 2 \cdot \frac{10 \cdot 15^2 + 20 \cdot 12^2 + 40 \cdot 9^2 + 60 \cdot 6^2 + 80 \cdot 3^2}{519} = 43{,}35$$

Die **Standardabweichung** beträgt

$$s = \sqrt{43{,}35} = 6{,}58$$

Die *Gauß*sche Glockenkurve wollen wir auf unsere absolute Häufigkeit beziehen, um ein möglichst konkretes Bild beizubehalten. Dazu nehmen wir unsere Definition der Dichtefunktion (Anhang, Abschnitt 2.3):

$$\frac{z_i}{N} = f(x)_i \cdot \Delta x_i; \text{ Hier speziell } \textit{Gauß:} \quad f(x) = \varphi(x),$$

$$z_i = N \cdot (f(x)_i \cdot \Delta x_i = N \cdot \varphi(x) \cdot \Delta x_i$$

Tafelwerte enthalten die Werte für $\cdot\, \varphi(t) = s \cdot \varphi(x)$, wobei:

$$t = \frac{x - \bar{x}}{s}.$$

Somit:

$$z_i = N \cdot \frac{\varphi(t)_i}{S} \cdot \Delta\bar{x}_i$$

Diese Werte werden wir jetzt zum Vergleich mit den anfangs gegebenen errechnen:

$$\frac{N \cdot \Delta x}{s} = \frac{520 \cdot 3}{6{,}58} = 237. \text{ Somit:}$$

$$z_i = 237 \cdot \varphi(t);\ t_i = \frac{x_i - \bar{x}}{s} = \frac{x_i - 5}{6{,}58}$$

x_i	$x_i - \bar{x} = x_i - 5$	$t_i = \frac{x - \bar{x}}{s} = \frac{x - 5}{6{,}58}$	$\varphi(t)$ aus Tafeln	$z_i = \frac{N + \Delta x}{s} \cdot \varphi(t) = 237 \cdot \varphi(t)$
– 10	– 15	– 2,28	0,029	6,9
– 7	– 12	– 1,82	0,076	18,0
– 4	– 9	– 1,37	0,156	37,0
– 1	– 6	– 0,912	0,263	62,3
2	– 3	0,456	0,360	85,3
5	0	0	0,399	94,6
8	3	0,456	0,360	85,3
11	6	0,912	0,263	62,3
14	9	1,37	0,156	37,0
17	12	1,82	0,076	18,0
20	15	2,28	0,029	6,9

Im Diagramm (Abbildung 66) ist erkennbar, wie zutreffend die hier zuletzt theoretisch ermittelte **Verteilungsdichte** im Vergleich mit der tatsächlich vorliegenden erscheint. In analogen Sachverhalten ist also die *Gauß*sche Verteilung brauchbar – auch für Voraussagen.

Nach der Verteilungsdichte – nun die **Verteilungsfunktion F (x),** bzw. Φ selbst:

$$F(x) = \frac{1}{N} \sum z_i = \sum f(x)_i \cdot \Delta x_i$$ – siehe folgende Tafel und Abbildung 67.

x_i	$x = x_i + \frac{1}{2} \Delta x$	z_i s.o.	$\sum z_i$	$\frac{1}{N} \sum z_i$	$t = \frac{x - 5}{6{,}58}$	Φ (t)
– 10	– 8,5	10	10	0,019	– 2,05	0,020
– 7	– 5,5	20	30	0,058	– 1,60	0,055
– 4	– 2,5	40	70	0,135	– 1,14	0,127
– 1	0,5	60	130	0,250	– 0,684	0,247
2	3,5	80	210	0,404	– 0,228	0,410
5	6,5	100	310	0,596	0,228	0,590
8	9,5	80	390	0,750	0,684	0,753
11	12,5	60	450	0,865	1,14	0,873
14	15,5	40	490	0,942	1,60	0,945
17	18,5	20	510	0,981	2,05	0,980
20	21,5	10	520	1,00	2,51	0,994

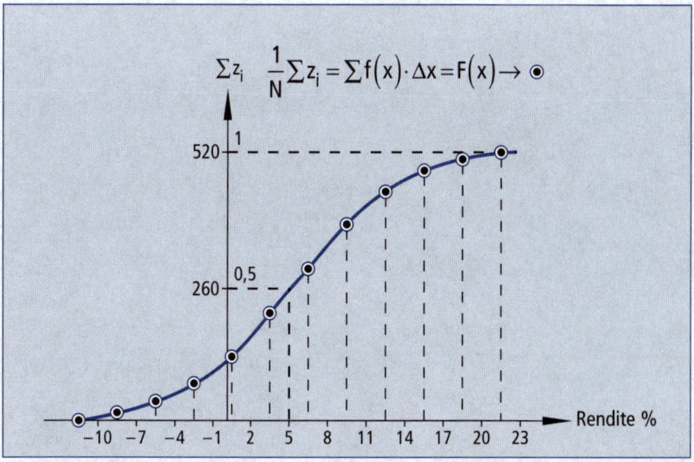

Abb. 67: Übereinstimmung zwischen den festgestellten (·) und den theoretischen (o) Verteilungswerten im gegebenen Beispiel

Zum Vergleich sei die Gaußsche Verteilungsfunktion Φ (t) mit

$$t = \frac{x - \bar{x}}{s} = \frac{x - 5}{6{,}58}$$

einem Zahlentafelwerk entnommen. Es zeigt sich eine eindrucksvolle Übereinstimmung.

Sachverzeichnis

A

B

S

Z